Contemporary French Culture and Society

Société et culture
de la
France contemporaine

GEORGES SANTONI

State University of New York Press
ALBANY

A grant from the National Endowment for the Humanities made possible the first *Institute on Contemporary French Culture and Society.*

Published by
State University of New York Press, Albany
© 1981 State University of New York
All rights reserved
Printed in the United States of America

For information, address State University of New York Press, State University Plaza, Albany, N.Y., 12246

Library of Congress Cataloging in Publication Data
Main entry under title:
Contemporary French culture and society.
Based on seminar lectures given during the Institute on Contemporary French Culture and Society held at the State University of New York at Albany, June 25–Aug. 3, 1979.
  English or French.
  Bibliography: p.
  Includes index.
  1. France — Civilization — 1945 — Addresses, essays, lectures. I. Santoni, Georges, 1938–
II. New York (State). State University, Albany.
DC415. C66   944.083   80-25773
ISBN 0-87395-514-5
ISBN 0-87395-515-3 (pbk.)

10   9   8   7   6   5   4

To Laurence Wylie

Contents

viii

Preface

This book was written with the intention of providing an accurate summary of the seminars conducted during the Institute on Contemporary French Culture and Society held at the State University of New York at Albany from June 25 to August 3, 1979, in the hope that its contents would be both interesting and useful to all who study and teach French. The Institute, funded by the National Endowment for the Humanities, was created in order to help accelerate the trend in American colleges and universities toward systematic teaching, curriculum development and research in the field of French culture and society. The purpose of the Institute was to allow twenty professors of French to work closely with six eminent social scientists whose research and publications focus mainly on French culture and society.

Laurence Wylie, author of the celebrated *Village in the Vaucluse* and *Beaux gestes*, launched the seminar series by discussing the various principles and techniques involved in teaching French value orientations, socialization, and nonverbal communication. Commenting on our complex and ambiguous situation in offering courses on French society and culture in foreign language departments, Wylie cautions us against a blind reverence for the social sciences. We should accept our limitations, he maintains, do our work in our own terms, create our own courses, in our own language, for our own students.

Evelyne Sullerot, the well-known sociologist who co-founded the French family planning in the 1950s and who is presently a member of the Social and Economic Council of the French Republic, sets forth three major aspects of her research and publication: French demography, marriage and the family, the working women of France. Retracing the various demographic "crises" since 1750, she outlines the possible negative consequences that a low birthrate, combined with the present economic crisis, would have on working women. She also points out how intellectually stimulating and enriching an analysis of French society can be when refracted through the prism of the *condition de la femme*.

Gérard Vincent, professor of contemporary history at the *Institut d'Etudes Politiques de Paris,* presents a detailed description of the French socioprofessional groups and categories as they are classified by the *Institut National des Statistiques et des Etudes Economiques.* Showing that a country's system of classification can be very revealing of its civilization trends, he instructs us in the fine art of deciphering graphs, statistics, and opinion polls. Retracing the evolution, ideology, and roles of each social category, Professor Vincent proceeds to describe the complex mechanics of social mobility, emphasizing the existence and perpetuation of a dominant class at the top.

Stanley Hoffmann, Chairman of the West European Studies Center at Harvard University, retraces the relationship between the citizen and the State from *l'Ancien Régime* to the Fifth Republic. Indeed, the *Ancien Régime,* the Revolution, the Third and Fourth Republics have all left profound traces not only in today's institutions but also in the behavior of contemporary French citizens. These traces are fundamental and must be kept in mind if we want to understand fully the transformations, contradictions, and developments or declines which, in the last thirty years, have marked French political, economic, social, and cultural life. The reasonably stable majority, the predominance of the executive over the legislative branch, a Constitution not openly challenged, except by the Communists, and the power of a technocratic elite, do not erase political ambiguities which might eventually reactivate old turbulences in the relations of the French citizenry with their State.

Claude Fischler, field researcher at the *CNRS* and the *Ecole Pratique des Hautes Etudes,* illustrates through two specific cases how urban and industrial policy made by a central bureaucracy affects local life. Basing his remarks on personal field work in the *quartier de la Défense* in Paris and in the industrial complex of Fos-sur-Mer near Marseille, he describes how such utopian operations of *aménagement du territoire* contributed to the gradual emergence of a regionalist and ecological conscience. Interested in the social modifications taking place in daily life, Fischler goes on to describe and analyze the new culinary and dietary habits and fashions in contemporary France.

The final chapter is devoted to the current cultural and intellectual life. No one is in a better position to give us a portrait of the

French intelligentsia than Jean-Marie Domenach. Director of *Esprit* until 1976, currently teaching at the *Centre de formation des journalistes*, he has indeed lived in the midst of all the cultural and intellectual conflicts of the past three decades. Reviewing the definition, the role, the evolution of *les intellectuels* in French society, Domenach then examines their relationship to the State, the press, the media, and the masses.

For obvious reasons, it would have been impossible to include in this volume all of the activities, debates, and discussions which took place during the intensive six weeks of the Institute. I have therefore elected to produce an abridged version of our daily seminars, while striving to maintain as much as possible the tone and the rhythm of each speaker who was delivering a spontaneous lecture rather than a formal paper. Any errors or infelicities of expression marring these texts should be attributed not to the speakers but to me. Indeed, I wish to thank all of them for their attentive corrections and for accepting this written version of their presentations. I am grateful to Claude Fischler for editing his own text and to Helen Ortali for assistance in editing Laurence Wylie's text. I assume full responsibility for whatever flaws the volume may contain. It is of course understood that the various and sometimes controversial opinions expressed in this book do not necessarily represent the views of the National Endowment for the Humanities.

From the day I began writing the proposal, through the weeks of the Institute itself, to the day this book was sent to the publisher, I have turned to many patient and gracious people for help.

I wish to express my profound appreciation to Cynthia W. Frey, Program Officer at the National Endowment for the Humanities, and to my colleagues at SUNYA, Mary Beth Winn and Robert W. Greene, for their constant support, their attentiveness, their invaluable suggestions and corrections.

For their enthusiastic and stimulating participation, for their unfailing patience and cooperation, I wish to thank my colleagues who were selected from more than eighty applicants to participate in this Institute. They were: Elizabeth Cardonne Arlyck (Vassar College), Janice Berkowitz (Grinnell College), Thérèse M. Bonin (Ohio State University), Claud A. DuVerlie (University of Maryland), Thomas H. Goetz (SUNY at Fredonia), Jean-Max Guieu (Georgetown University), John K. Hyde (Indiana University), Isabelle Kaplan (Northwestern University), Anne Duhamel-Ketchum (University of Colorado), Milan Kovacovic (University of Minnesota), Norma Jane Nice Murphy (Drake University), Bernard Petit (SUNY at Brockport), Annabelle M. Rea (Occidental College), Michèle Richman (University of Pennsylvania), Alan J. Singerman (University of Maine at Orono), Wolfgang Franz Sohlich (University of Oregon), Andrew G. Suozzo Jr. (University of Texas at Austin), Robert H. Welch (College of William and Mary), Jacques M. Wendel (University of San Diego).

My thanks also to Martine Meusy and the services of the *Documentation Française* for their generous support, and to Mary Watson, who, with unfailing good humor, accomplished so many thankless tasks. Finally, I am especially grateful to Helen Ortali who transcribed hundreds of thousands of spoken words onto pages that sprang to life. Her steady calm and pertinent suggestions were a constant source of encouragement.

I dedicate this book to Laurence Wylie, who, through his powers of empathy and his intimate descriptions of French life, has contributed more than anyone else to our understanding of the people and culture we teach and study.

GEORGES SANTONI

Laurence Wylie

For more than two decades, Laurence Wylie has been C. Douglas Dillon Professor of French Civilization at Harvard University. Well-known both in France and the United States for his celebrated classic, Village in the Vaucluse, *he also contributed to the collection of essays,* In Search of France, *and is the author of* Chanzeaux: A Village in Anjou, Deux Villages, Les Français, *and* Beaux Gestes. *Never would we have attained such an understanding of Franco-American cross-cultural differences without his piercing insight into the daily life of the French people, his warm and objective descriptions of the systems of values, the gestures, and the body talk of the French.*

THE CIVILIZATION COURSE

I am happy to be here, but I confess I am a bit sad, too. I am jealous of you, and I'd like to participate in your great opportunity. My impression is that the field of French civilization is about to open up as it never has during all the years I have taught. Now I am about to teach my last course in French civilization: in our university system, when you reach the age of 70 you've had it! So I say I envy your opportunity and am all the more grateful to be asked to meet with you at the beginning of your deliberations.

I gather I am here to share my experience with you, not to add to your fund of information about France. We are already flooded with information: our big problem is to know how to use it in teaching. I think the best way to spend our time together is to pool our experience and suggest what seem to be the best ways of structuring our courses. If during this summer you succeed in this search, this may well be the most important meeting on French studies that has taken place in the fifty years I have been involved in the subject. French departments at long last seem ready to accept the teaching of French civilization as an equal with language and literature. So what you do

1

here may influence the training and function of French teachers for years, just as the M.L.A. Colman Report of the '20s established a trend for the '30s, and the M.L.A. Agard Report on the so-called Army teaching method set a trend for the '50s and '60s.

But to *déblayer le terrain*, I think you should start by asking yourselves some questions. Why are you teaching French in the first place? Why are you trying to develop a course on French civilization? What is there about France that brings you to this? I'm afraid that many American French teachers are rather alienated from their own culture and trying to make their students share their love affair with French life. This is the wrong reason for teaching French civilization, for most students are conditioned not to share the love. You may pass it on to one or two out of a class of twenty, but with the rest you only intensify their reaction to things French.

Our goal should be less sentimental, more attainable, more intellectual: we should simply be trying to help Americans achieve a more tolerant understanding of another culture. All of us have stereotypes about foreign cultures; we should try to improve them, making them correspond more closely to reality. This is not only to promote better international relations but, more directly linked with liberal education, to help us understand ourselves better. I think we cannot understand ourselves and our own culture except by comparison with some other culture. As teachers of French civilization, this is the real justification for our existence. We should plan our whole French curriculum for the sake of the nineteen students and not for the deviant who, like those of us here, decides to major in French, goes on to graduate school and eventually ends up as a French teacher.

We must plan by taking into account the motivation of the other nineteen students in the class. Take the case of French history and geography. I think that no one can understand French behavior without a basic knowledge of these subjects because of the emphasis the French have traditionally placed on them. American students have little taste for these subjects, especially as the French can conceive of them. But if you take as a point of departure a question like: "How do French and Americans differ in their conception of their past and of their physical environment?"—"How does this difference explain certain differences in their behavior?"—you can get American students to read about French history and geography because they are interested in this sort of question. So, indirectly, they learn something about the subjects themselves—certainly as much as if they were forced to take an achievement exam on the facts.

You will certainly lose the nineteen students if you take as a point of departure your conviction that the French are more cultivated than Americans, if you orient the course in order to help Americans learn more about French literature and art so that they may become cultivated.

I think you will lose those students as well as the respect of your colleagues if you make the course too practical—that is, if the course is simply a way to order a meal, buy a ticket, pay the hotel bill. It does not help to dignify these little episodes as "culture capsules." They still remain insignificant unless they somehow illustrate a significant principle in the structure of the overall culture. It is partly because we have often remained at this level that language teachers are at the bottom of the intellectual hierarchy in colleges. French civilization is not just good food, good wine, and bicycle trips in the Loire valley. I don't mean that one should hide one's own enthusiasm for a country in which we have involved ourselves so thoroughly, for enthusiasm is the most important ingredient in good teaching. It's just that a course should not be built around enthusiasm alone.

We must rid ourselves of the idea that direct contact with the French creates understanding, perhaps even fondness, of them. The Junior Year in France is not for every American. If social contact inevitably produced human understanding, not to speak of love, there would be no ethnic problems in this country, and there would be no divorce! A psychologist some years ago decided to find out what happened to students who spent their junior year abroad. How did the experience affect their attitude toward the French? She gave attitude tests to a foreign study group both before and after their experience and, of course, gave the same tests to control groups who stayed at home. What she learned was not what we want to believe but that the students who were somewhat suspicious of what they were about to experience in France returned home francophobes. Those who had been curious and eager about their experience became ardent francophiles. Contact simply deepens the feelings you already have.

Incidentally, I have just spent a few days at the fiftieth anniversary of my own junior year in France group. One of our exercises was to go around the group of thirty or so survivors and ask them to recount their most memorable experience during that year. It distressed me that in almost every case the anecdotes turned about quaintness of the behavior of families they had lived with. The other popular subject was learning to drink alcohol—but that is not so surprising since in 1929–30 we were the generation of those growing up under Prohibition.

Even in my own case! I've spent fifty years trying to learn to understand the French! My relationship with France resembles marriage. First I was passionately in love with France; then reality began to assert itself. I think I have now arrived at the point where I simply try to understand—and to tolerate! My love is no longer generalized but is concentrated on specific places and individuals.

But to get back to the problems that beset the teaching of French civilization, I should note that too often our courses betray their original model: the *cours de civilisation*, given for foreigners at French universities. Its concept is completely inappropriate for most American students. The idea is that if you put together classes on history, geography, art, literature, history of ideas, etc., the students will somehow gain an understanding of the French people, even though there is no attempt to integrate all the material. The integration is supposed to take place automatically. The fact is that they all remain separate disciplines and although students learn quantities of facts, they gain little understanding of the behavior of the French people.

In reaction to the *cours de civilisation* teachers sometimes go to the opposite extreme, presenting practical everyday life situations they have experienced or that they pick up in newspapers and magazines. Simply strung together these are as much lacking in integration as the elements of the *cours de civilisation*, and they are even worse because they are usually petty. It may be fun to take some situation with which an American is confronted in France and ask students to decide how they would have acted in that case, but too often each case is considered in isolation so that students get no idea of its relationship to the general structure of French life. Furthermore, in some of these case studies I have seen, I certainly do not know what the "right" answer should be. Life is so complicated by constant social change, by regional, social and subcultural differences that the case studies ignore. I would need more context to know what a "proper" solution would be—and then my personal solution might well differ from another American's choice of solution. It is simplistic, misleading and unconvincing to our students to say "the French do this" or "the French do that." We can only suggest that a given phenomenon is probably related to what one might *expect* to observe in France at such-and-such a moment and place and in such-and-such a situation.

In order to be more rigorous, however, some French civilization teachers have turned to sociology, believing that if they express their material in terms currently popular in social theory, they will be more scientific. I myself have wandered far from my discipline into anthropology, sociology and psychology. But from that wandering I have learned that the language of social science does not guarantee the accuracy of the relevance or the structural integration of reported information. If we try to talk like social scientists we gain nothing and lose as humanists our ability to communicate effectively. Besides, by the time we succeed in digesting current social theories, we sometimes find out that our time is wasted: these specific theories have already been dropped by most social scientists! We should simply adhere to our essential goal: to help students and ourselves to improve on the traditional cultural stereotypes of people from other cultures. This can be better accomplished without intellectual and scientific pretentions.

Finally, I think it is a mistake to concentrate on the study of current events and current intellectual fads. They pass so rapidly that they are soon out of date. Our textbooks, including my own, are laden with outmoded details of French life which are nevertheless perpetuated from edition to edition. I am thinking of what happened to me when I was writing *Les Français* in the early '60s. At that time it looked as though the new structure of economic planning in France might result in taking some of the power away from the central State and giving it to local and regional committees, and this seemed an exciting prospect. So I wrote two chapters on the subject. This development never came about, however. *L'Etat* kept its full power, making important economic decisions without even consulting the committes of the *Plan*. Policies concerning atomic power and weapons, concerning tunnels under the Alps and the English Channel, the development of the Concorde, for instance, were formulated exclusively by the central government, and the apparatus for local economic planning has all but withered away. My two chapters were the result of wishful thinking.

So far my remarks have been generally negative: I have stressed what teachers of French civilization should *not* do. What is my ideal sort of civilization course? There is such variety among all the colleges in which we teach that no one answer is adequate. Some of us want to introduce the study of civilization along with language as early as the first year; others are teaching specialized third-level civilization courses. Some give courses in French; others must teach in English—and the bibliography available depends on the language used. I cannot tell you what I think you should do. I can only tell you what I have done, given the special circumstances in which I teach. If in my experience you find something useful to you in your circumstances, *tant mieux*.

I'll start with what is usually the last consideration for a course—the examinations, because the real nature of courses is exposed best in the exams made to test what has actually been done in the course. The preliminary course descriptions are often misleading. I give a midterm and a final examination, both very different. My conviction is that, since up to the present generation the French have so emphasized the learning of their history and geography, it is impossible to understand French behavior without learning the rudiments of these subjects—without knowing, for instance, the basic names, dates, geographical areas, rivers, cities, etc., that an eight- or ten-year-old French child may have been expected to try to learn. So for my midterm exam I ask students to know the implications of such specific information as 1789, the Capetians, the July Monarchy, Saint Louis, the Enlightenment, the Loire, Franche-Comté, the Vosges, Grenoble, etc. The two problems involved in such a test are, first, persuading my students that I am really serious when I say that I am going to give them such a stupid old-fashioned test and, second, to find a history and geography text in English that furnishes this basic information in palpable form. There are several geography books published in England that are acceptable, but nothing in this country. In history, there is almost nothing that covers all of French history in readable form, without too much bias, and written for American, not French, readers. Good books, like Duby and Mandrou, and readable histories, like Maurois's, soon go out of print. So far as I know the only good history of France in print nowadays is Albert Guérard's *France, a Modern History*, brought up to date by Paul Gagnon. The ideal texts for this purpose would be simply a French child's history and geography books, translated into English and published with ample notes and an extensive commentary explaining the significance of all the facts for the benefit of American students.

The final exam is utterly different. Its purpose is to test whether students have understood and integrated the concept of French culture as it has been presented in lectures, reading, discussions, assigned movies—in the whole course experience. The following is the bibliography I shall use the last time I shall give the course, in the fall of 1979:

THE CIVILIZATION OF FRANCE

N.B. The midterm exam is based exclusively on the first three books; the final exam on the other *required* readings.

Albert Guérard: *France: A Modern History*
J. Beaujeu-Garnier: *France*
Hugh D. Clout: *The Geography of Post-War France*

REQUIRED

SUGGESTED:

Clyde Kluckhohn: *Mirror for Man*, pp. 24–26, 170–195.

Philippe Ariès: *Centuries of Childhood*, pp. 15–49, 34–415, et passim.

The whole book.

Laurence Wylie: *Village in the Vaucluse.*

Time-Life: "The Awakening of Roussillon" in *The Community*, pp. 60–71.

Michel Crozier: *The Bureaucratic Phenomenon*, pp. 213–293.

Ezra Suleiman: *Politics, Power and Bureaucracy in France: The Administrative Elite.*

William R. Schonfeld: *Obedience and Revolt: French Behavior toward Authority.*

Tocqueville: *Democracy in America*, Bk. I, Chap. 12, V. II: Bk. II, Chaps. 5–8; Bk. III, Chaps. 2–4, 13.

Wilfred D. Halls: *Education, Culture and Politics in Modern France.*

Georges Dupeux: *French Society, 1789–1970.*

Suzanne Berger: *The French Political System.*

Sherry Turkle: *Psychoanalytic Politics.*

Montaigne: *Selections from the Essays* (Appleton-Century), "Apology for Raymond Sebond," "Repentance," "Of Experience." pp. 45–82, 94–120.
Pascal: Sections II and III of his *Pensées* (Dutton Everyman 18), pp. 14–70.
Bergson: *Laughter*, in *Comedy: Two Classic Studies* (Doubleday-Anchor 87).
Molière: *Le Misanthrope*, in French or in Wilbur translation.
Racine: *Phèdre*, in French or in Robert Lowell translation.

The final examination is three hours long and contains five questions which I distribute a month or so before the exam date, so students will have plenty of time to use the questions as an instrument of integration. Here is my all-time favorite question. I ask them to read the following passage from Lévi-Strauss's *Tristes Tropiques*:

> But above all we must realize that certain of our own usages, if investigated by an observer from a different society, would seem to him similar in kind to the cannibalism which we consider "uncivilized." I am thinking here of our judicial and penitentiary customs. If we were to look at them from outside it would be tempting to distinguish two opposing types of society: those which practise cannibalism—who believe, that is to say, that the only way to neutralize people who are the repositories of certain redoubtable powers, and even to turn them to one's own advantage, is to absorb them into one's own body. Second would come those which, like our own, adopt what might be called anthropoemia (from the Greek *emein*, to vomit). Faced with the same problem, they have chosen the opposite solution. They expel these formidable beings from the body public by isolating them for a time, and for ever, denying them all contact with humanity, in establishments devised for that express purpose. In most of the societies which we would call primitive this custom would inspire the profoundest horror: we should seem to them barbarian in the same degree as we impute to them on the ground of their no-more-than-symmetrical customs.

The question is: "Describe anthropophagic and anthropoemic tendencies in French and American cultures." Obviously there is no clear, right-or-wrong answer, and one could spend a lifetime answering such a question. God knows I don't know the whole correct answer. What the question does is to make them think about the two cultures in a way they have never thought about anything before. To answer they must have tried to integrate the knowledge they have gained in the course. At the exam students may bring all the papers, books, notes, etc., they wish, but they may not write out the answer except at the exam. If they write it as a term paper it is too long. If they have only a half-hour they must compress their expression.

Another question I like to ask has to do with a little book distributed by the French Cultural Services and published by the *Documentation Française*.[1] It is a boring little summary of all the "facts" concerning French life, and one could not get students to study it ordinarily. The question I ask is:

> The purpose of the pamphlet, *France*, published and distributed by the French Government, was apparently to give Americans a better

understanding of—and perhaps even a respect and fondness for—French culture. Write a report to the Minister of Information of the Quai d'Orsay suggesting ways in which the pamphlet should be altered in a new edition so that it might achieve its goal more effectively. Make your points as specific as possible, or if they are general illustrate them specifically. (Do not take time to summarize or describe the pamphlet as it is.)

Here is the examination I used the last time I gave my civilization course.

> This is an open book examination. Any papers, books, notes, etc., may be brought into the examination room and freely consulted, but the actual writing into the examination book must take place at the examination. The first four questions were distributed in December. Each question counts one-fifth of the exam.
>
> 1. Summarize Bergson's conception of the two levels or kinds of reality. What relationship does he see between this conception and the nature of comedy and tragedy as it is expressed in his essay on *Laughter*? (See especially the final section, pages 146–190, the essence of which is expressed in pages 157–171.) How does this conception apply to *Le Misanthrope, Phèdre, La Règle du jeu,* to the means of social control described in both *Village in the Vaucluse* and L. W.'s lecture on *"l'enfant bien élevé"*?
>
> 2. Discuss the function of the circle as a model in the various aspects of French life with which you are acquainted.
>
> 3. Discuss the specific French problem of leadership (that is, *gouvernement,* it its etymological sense of *steering, guiding, directing*) as it emerges from your reading of Schonfeld, Halls, Crozier and Berger.
>
> 4. Discuss the peculiarly French aspects of the Lacan phenomenon.
>
> 5. Explain the relationship of either:
>   a. *"la pudeur"* and *"l'arrière boutique"* (bad translations: "modesty" or "sense of decency" and "the back shop").
>   or
>   b. *"les signes extérieurs"* and *"les droits acquis"* ("external manifestations" and "acquired rights").
>   Support your statements with *specific* illustrations you have observed in French movies, in your reading or in other experiences you have had in contact with French culture.

Now for the structure of the course itself, and this structure is essential, for through it I try to show the relatedness of different elements in French civilization along with the problems and trends involved in the inevitable evolution of society. The twenty-six class meetings and lectures are planned in the following manner. I assure you that it is a coincidence that I divide the course into six parts, although I find the division appropriate for a hexagonal country!

THE CIVILIZATION OF FRANCE

I. *The Problems*
Introduction to the course
American images of French culture

II. *Value Orientations*
Concepts of physical environment and of France
Concepts of time and of French history
Concepts of human nature and of the French people
Concepts of the body, the house, France

III. *The Expression of Values in Family and Socialization*
The mythical ideal family
Contradictions, problems and solutions
Socialization: *l'enfant bien élevé*
Socialization: *l'enfant débrouillard qui se défend*
School: patterns of cognition and communication
Patterns of social change: the family today

IV. *Organizational Behavior*
Models: hierarchies and associations
The rules of the game: Administration, Police and Justice
"Familles spirituelles," class structure and *"le gouvernement"*
Problems of social change: the educational system
Problems of social change: economic evolution, planification, international complications

V. *Symbolic Expression and Aesthetic Creation*
Religious behavior
Literature: classical roots and the social function of literature
The tradition of intellectual schools and movements: the cases of existentialism and structuralism, *"les nouveaux philosophes"* and *"la nouvelle droite"*
Psychoanalytic movements
Movies
Leisure activities
Mass culture

VI. *Conclusion*
French images of American culture

The opening session is naturally concerned with practical problems—bibliography, projects, etc. It is followed by two lectures that have to do with the problems involved in any attempt to describe the structure and evolution of a modern complex society. I try to show how the usual American conceptions of French life are reflections of our own social situation, so that they tell us little about France and a great deal about American society. I also try to put myself in context, so to the extent that it is possible they will be aware of my own motivation and biases in teaching the course.

The second part of the course has to do with value orientations, and for me they offer the essential key to an understanding of French behavior. It appears that each culture, and subculture, has its characteristic conception of four facts of existence: (1) the physical environment and man's relation to it, (2) time, (3) human nature, and (4) the human body. These conceptions are fundamental in patterning human behavior and they differ from culture to culture. If we can describe any culture's orientation in relation to these four conceptions we can understand a great deal about that culture's whole structure, and about how it differs from other cultural structures.

But how can one determine *"the"* French orientations? Of course, one cannot precisely, but there is a whole body of information that points the way to a culture's ideal self-concept: since each culture seeks to inculcate its essential values in its children, the school textbooks offer a fairly accurate reflection of a country's consensus underlying these basic concepts. This is particularly true in France where the school system is extremely centralized and the guidelines for all textbooks are defined by the Ministry of Education. Of course, school texts are usually at least twenty years out of date so far as social change is concerned, but they do provide a traditional expression, so that we can at least try to understand what the value orientations used to be. Then we can try to see how the country has developed from this traditional situation. Besides, I have a deep conviction, albeit unverified by scientific evidence, that although society changes constantly, these values remain fairly constant. So I cautiously begin my course with generalizations concerning these values that I derive from the analysis of French school texts. Besides, each of these four topics gives me a chance to introduce students to French concepts of French geography, French history, demography and body behavior. Although I cannot say what the basic value orientations are today, I can confront classes with schoolbooks and say: "This is what has been presented to French children officially, or semi-officially, in the last few years."

Then I go on to basic social organization. The family is the simplest kind of social organization, so I discuss the traditional French family organization. How is the family organized in order to behave in accordance with these value orientations—these attitudes toward physical surroundings, time, human nature, etc.—and to realize them in life. Here I use a classic of the French cinema by Georges Rouquier called *Farrebique* (1947)—one of the best ways I know of showing what French assume life used to be like in the "good old days."[2] Every detail in that film has changed—they used oxen then, you would never see oxen now; they baked their own bread; you would never see them bake bread now—but this is the way the French thought they had once been and this is the way some still wanted to be in the '40s and '50s. This is part of the old dream. And I don't think you can understand France today unless you understand the old dream they have now given up, yet which still lingers on.

One way they tried to make this dream come true was through social legislation. But another way was through socialization. They want to bring their children up to fit into this ideal. What kind of product does this produce? *L'enfant bien élevé.* So I discuss the ways and the discipline that the parents impose on the child in order to create this ideal. I talk about schools and discipline in the schools and how well-behaved the children seem to appear. But this is only half the picture, because, if a family had a child who was only *bien élevé*, it would be very worried that the child would not be able to *se défendre* in life. This leads to a second lecture on socialization, called "*l'enfant débrouillard.*" And here we encounter a number of mechanisms that are used throughout life, the mechanisms that we learn as children in order to exist despite the rules. This, then, is a duality in French life. The ideal French person is both *bien élevé* and *débrouillard*.

Then, going on in the child development process, I talk about cognition. Here, I go back to textbooks. How do French children learn to organize and express thoughts, to communicate? I find it most revealing to have students compare French and American textbooks for the same grade—for example, a French history book and an American social science book—not only in the organization of information but also in the homework assignments. The French textbooks have a great deal of information that is to be memorized, whereas, in American textbooks, the exercises begin: "Form a committee to call on the mayor and ask about such-and-such," or, "Write a letter to the state asking for pamphlets on such-and-such." This comparison reveals completely different points of view about what one should learn and what one should do with what one has learned.

Next comes a subject for which there is never any satisfactory answer for me: the family today. Here you must be careful and avoid going off the deep end and saying, "The traditional family no longer exists," because so much of the traditional family still exists under the new forms. Therefore, you should examine the new forms and see how they hold together, or try to. But there are no real answers. This is an opportunity to point out the dynamism of society and the danger of oversimplification. Rather than saying, "The French are like that," it would be better to say, "Some French are this and others are that." This is exemplified in the way children are brought up— scheduling, feeding, toilet training, and so on. Scheduling really began for the upper classes at the end of the nineteenth century when the ideal of "civilization" was developed at the end of the Third Republic. And "civilization" meant physical control over everything: therefore, feeding according to schedule, living according to schedule. And gradually this conception seeped down to the lower classes. Still in the early 1900s, the lower classes were much more laissez-faire, just as they had been in the nineteenth century; but today the lower classes cling to the fixed scheduling that the upper classes had in 1900, whereas the upper classes and the intellectuals have gone on to bring up "*les monstres du Dr. Spock.*"

The next subject I touch on is social institutions. My first lecture has to do with hierarchies and associations. This concerns the way people think they should organize to get things done. Five or six of you want to get something done. How do you decide? We must have certain models in our mind. I asked my brother-in-law, who is a professor of social organization, and he said, "If you really want to know, go back and read the Old Testament." And that's what I did. There are certain very basic models, obviously. The model of gravity: the high and the low. The ordinal mode: first, second, third, etc. More important, there is the family: God-the-father, etc. The way one thinks a family should be organized is projected onto one's groups and organizations. But the foremost model is what we know best, our own body, and we project our conception of the body onto a society and decide that the society should run the way we think our body should run.

Underneath all these models, there are two basic methods of organization: hierarchy and association, that is, peer group. Tocqueville was amazed by America's associations. And Americans, I think, fail to understand France because they cannot understand a society where hierarchy dominates on the surface. I have a theory that every society has to have both hierarchy and association, that it emphasizes one overtly and tries to ignore the existence of the other. The Wylie Law is: the more strongly one is emphasized in a culture, the more the other is covert in that culture, so covert it's sometimes hard to see it. Generally speaking, Americans approve of associations. "Let's get together and decide what we're going to do." For the French, it is just the opposite. France is a fantastically hierarchical country. But think about what exists beneath, how things really get done. Michel Crozier wrote about a *société bloquée*—blocked because of the hierarchies. But it really functions because of the associations down under the table.

I attempt to illustrate this by talking about *"administration"*, justice, police. Here one can clearly see the hierarchy in France, the vise in which people are held. At this point I discuss the *Grands Corps*, which really govern France and of which Americans are not even aware. The elected bodies are not very important in France, but the two hundred people who belong to the *Conseil d'Etat* run the country more than anyone else—and from generation to generation. And then there is the other side: the ideological families—why they can't get together, why there are always six parties in France.

Meanwhile, I face the problem of the *société bloquée* and give several examples of France's stability. America thinks of France as something so revolutionary. Not at all; it is very conservative. But it is so stable because of the hierarchies in the government, the police, and so on. I give as a case study the administrative aspect of education, how the French keep trying to change the educational system, and how it blows up now and then because they can't. This is what Crozier means by *société bloquée*—they keep trying, but they can't change it.

Then I discuss how change often comes about in France through *économie*, which means, in this case, relations with other countries. A single country cannot exist in a vacuum any more. They have to change because of the multinational industries, and French industry owns many others throughout the world, just as other countries own industries in France. And then there is the Common Market, with all its international relations that the French cannot ignore.

Having covered this, I move on to a section I call "symbolic behavior and esthetic expression." This is what we French teachers are all trained for: literature, art, religion . . . Here we examine how people relate to the values I have discussed. Brought up in a certain family situation, living in that social organization, they find esthetic expression and live out the symbolism of their culture. I talk about religion. Much information is available on religious behavior in France, prepared by French Catholic sociologists who are worried about religious practices. Then I discuss literary and intellectual schools and how they really do not mean very much: from existentialism to structuralism to the *Nouveaux Philosophes, la Nouvelle Droite*, and so on. A few individuals who think a little differently get to know each other and meet at a certain café and publish their own newspaper and get out their manifestos . . . You can go back to classicism and Racine and Corneille on this. To show how this symbolism fits into the rest of society, I take several texts—I use some *Essais* of Montaigne and part of *Les Pensées* of Pascal—and demonstrate that the values these writers are discussing are the same values that we have been discussing in class. I talk about Bergson's essay on laughter (the students read *Le Misanthrope* and Racine's *Phèdre* in relation to Bergson's conception of art), and I discuss mass communication or cartoons or mass culture or movies.

Then I end up with a different version of the stereotypes: the French concept of the United States. If the American concept of what the French are like tells us more about the Americans than about the French, then the French concept of what Americans are like tells us more about the French than it does about the Americans.

That, then, is the structure of my course. If any aspect of it interests you, I am flattered, but I think it would be better if you worked out something that satisfied you better.

PARTICIPANT—*Everything you have here is very complete, yet it depicts the traditional values and organization and structures in society and which are still underlying everything now. But I don't see anything in your outline about the forces that are trying to erode that, the forces that are trying to make it evolve in a different way.*

Yes, that's the hardest thing. The *système D* and economic relations with foreign countries, I believe, are the two most important forces for change in France. This is the most difficult to describe because it is easier to generalize about the past. How can you keep up with all this? In my opinion, the best I can do is to be honest about it and say, "I am giving you the tradition and am trying to give you a sense of direction, but I don't know where it's going." Giscard d'Estaing doesn't know where it's going. Nobody knows where it's going. I can simply try to give the sense that it's changing. However, I still think that there are certain basic values that haven't changed much.

PARTICIPANT—*In a sense, what I'm trying to say is that I see here all the basic forces that have shaped my own socialization as a French person, yet I go back to France and hardly recognize it in many ways. There are things that are changing, and I don't . . .*

How do you recognize change? That's the thing. And at what point do you recognize it? French society is probably much more stable than you are willing to recognize. In 1966 and 1967, I had done some research with a French psychologist on mixed families— American women married to Frenchmen living in Paris and French-men married to Americans living in New York. We had a number of interviews and much material to publish. Then came 1968, and she said, "Throw it out. France has changed completely." And now, ten years later, she says, "Nothing has really changed." So I think the tendency is to think that it has all changed—things are changing— and yet there is something stable that goes on. To recognize what the stability is and what the change is, is probably the most difficult question of all.

PARTICIPANT—*I have a question about the images of the French in the American culture, stereotypes and so on. What I'm worried about is that the image is almost disappearing, the concern, the interest in France. For in-stance, during the French legislative election, someone in France asked Pierre Salinger what Americans were saying about the election, and he replied, "They're not saying anything. They don't care." I think that's a devastating comment. So, in view of American indifference to France, I wonder what kind of images or stereotypes we can elicit from the students. Maybe from French majors we can elicit some images, because they are interested in France, but from the average student . . . ? What is your view on that?*

My feeling is that American attitudes toward France depend very much on our own social classes. The interest in France has reflected the need of middle classes who are upwardly mobile to acquire the symbols of the upper classes, and French culture has always been one such symbol. You no longer have to be rich to acquire French culture. So I think we have lost that advantage.

Nor can we interest students in French literature today. What literature? I think the only way to get them interested is through the differences in the culture. "Comment peut-on être Français?"

PARTICIPANT—*In the past, I have noticed that a large percentage of French majors have had a very specific notion that it is proper and chic to study French. Yet, on the other hand, we have what I would call the more enlightened students who want the critical view of European society and, among other things, they want to study French society. They want a critical perspective on it. And I think as long as you can give the course some substance which transcends the literary event, which after all is only destined to a small minority, then you can attract some outstanding students from other disciplines. They may well be in economics or in political science. But they want to understand something about the functioning of French society. Unfortunately, what they really want to know is what's going on today. And, of course, as you said, that's the hardest thing to determine.*

It's easy to follow politics. But I think that is the least important thing that is going on in France.

PARTICIPANT—*I'm talking about the relationships between power, class, culture, and attitude.*

I lean over backwards in order not to insist on tradition, but I think there is more tradition than even I want to admit.

TEACHING FRENCH CULTURE

I think we should start out with ourselves, with our students. What do they think about the French, what does the image of France represent in the United States? And I think this is a good exercise for all of us, too. It would be interesting for me if we could discuss why we are teaching French anyway, a sort of auto-analysis of what we're doing here. Group analysis like this might give us a *tabula rasa* that we could start from. And we might be able to help ourselves stop pushing what it is we want to push in order to live out our own neuroses. I'm not talking about individual neuroses, I'm talking about national neuroses. And I think we have to clear the decks when we're teaching French civilization by having the students understand that traditional attitudes toward the French represent certain things in our culture, and that, again, they have more to do with American culture than they do with French culture.

I think, as I mentioned, that the attitudes differ according to social classes in this country. The traditional attitude of all Anglo-Saxons toward the French goes a long way back, you know. Why are the French called "frogs" anyway? It probably came from the Hundred Years' War and was a pejorative expression—something that's slimy, that lives in the swamp, something really greasy and dirty, loathesome. They were not called frog-eaters. And heaven knows we Americans have eaten frogs!

Another approach is to look up the adjective "French" in the Oxford dictionary. You find such expressions as French-sick (affected with syphilis), French disease (V.D.), French fare (elaborately polite behavior), French leave (to leave a social gathering without taking leave of the host or hostess). You find such examples as: "Frenchified John Bull is a would-be butterfly and a positive blockhead" (*Hermit in London); "*Can ye not knowe a man from a Marmasett, in theis Frenchified dayes of ours?" (Bullen, *O.Pl.); "*frenchify our English Solidarity into Froth..." (Richardson, *Pamela); "*... French-like contented, bowing his head and making a counterfeit show of thanks" (Lithgow, *Trav.); "*A word too Frenchly expressive to admit translation" (Trollope, *Three Cousins); "*... they as frenchly took them selves to flight" (*Mirr. Mag. Salisbury,* 1563); "the nauseating frenchness (if we may so call it) of the French stage" (Southey, *Q. Rev.,* 1816).

Or, in the Shakespeare *Concordance,* look up "French" as an adjective, and you find such expressions as these: "the fearful French," "the false French," "the overlusty French," "O foul revolt of French inconstancy"—but never anything complimentary.

You may have heard me talk about a document called *A Hundred and Twelve Gripes Concerning the French.* During World War II, the United States military, in their great wisdom, realized there was going to be culture shock when we bumped into other countries, so they devised different means of preparing soldiers for the experience. One of these means was called the Gripe Series—lists of all the gripes Americans have, with a rational explanation accompanying each gripe. They collected 35 gripes concerning the Japanese and 28 gripes concerning the Australians and so on, but when they got around to the French, there were 112 gripes. I had heard about this and got the only copy I've ever seen from the author, Leo Rosten, who wrote *The Education of Hyman Kaplan.* He was an editor of *Look* magazine. I think the gripes themselves are a good compendium of traditional American, traditional Anglo-Saxon, probably, prejudices about the French. Here are a few examples:

We've had to come to Europe twice in twenty-five years to save the French.

We're always pulling the French out of a jam. Did they ever do anything for us?

At first, when we came into Normandy and then into Paris, the French gave us everything—wine, cheese, fruit, everything. They threw their arms around us and kissed us every time we turned around. They gave us the biggest welcome you ever saw. But now they've forgotten. They're ungrateful.

The French rub me the wrong way.

We've had more beefing from the French than from the Germans. We are always quarreling with them. They criticize everything. They have to put their two cents in. But the Germans—they do just what you tell them to. They're cooperative; the French aren't.

The French don't invite us into their homes.

The French aren't friendly.

The French are too damned independent.

The French are mercenary. They'll do anything for a couple of hundred francs.

The French are gypping us.

The French are cynical.

The French are not up-to-date. They're not modern. They're living in the past.

The French are always criticizing. Nothing is right—everything has something wrong with it.

All the French do is talk.

French women are immoral.

French women are too damned expensive.

The French spend all their time at these cafés. They just sit around drinking instead of working.

The French are unsanitary.

They kiss right in the open—in the streets.

The French drive like lunatics! They don't obey traffic rules; they don't even use common sense.
The French are immoral. They are morally decayed.
The Germans are easier to get along with than the French because the Germans are law-abiding.
The French are not as efficient as the Germans in large scale, mass production.
The prices we are getting soaked are a scandal.
Every time we go into a night club, we get soaked by those Frenchmen.
Why isn't there decent plumbing in French houses? The toilet facilities are disgraceful.
French cities are filthy.
What did these frogs ever contribute to the world, anyway?
Why bother about the French? They won't throw any weight in the postwar world.
The French do things differently from the way we do. That's what I don't like.

I think this summarizes the worst stereotypes Americans have about the French and concludes, I think, as many Americans would, that the French are untrustworthy, disloyal, unhelpful, unfriendly, discourteous, unkind, disobedient, cheerless, cowardly, dirty, and irreverent. And, if you know your Boy Scout Law, it turns out that they are a marvelous race of anti-Boy Scouts!

So there is that traditional attitude. Then, on the other hand, there is the attitude that France is the most cultivated country in the world, the land of *savoir vivre, savoir faire*. I think these two attitudes are shared by most Americans. We are ambivalent about this. Ambivalence was expressed by the daughter of a friend of mine who had lived in France and had married a Frenchman. She said, "Don't you just love these goddam bitchy French!" I think this ambivalence represents our own social system. I think that the *Hundred and Twelve Gripes* represents a traditional lower-class American attitude. My best example for that would be a letter I received from a reader after I had published a letter in *Look* magazine defending De Gaulle's policy:

Dear Sir:
   To me Sir, you are the epidemy [sic] of stupidity even though you may horseshit the public (or try to) with your very fancy degree like the one printed after your asinine [sic] letter to the editor of Look Magazine.

The "French" are a no nothing [sic] have nothing nation with a meglomaniac ass for a leader, and in my opinion, you are indeed a piss poor American and deserve only gutter adjectives to show my contempt for your stupidity. You Sir and your kind are a cancer in this nation's blood and thats also my opinion.

The rotten French the Gaullist savages they are, have always bled one nation or another and only the French could dream up a penal colony like "Devils Island" only recently given up because of world humanitarian pressures. They haven't had a leader of salt since Napoleon and he was a Corsican Italian. You teacher know this.

Even though I think your mind is weak regardless of university degree which expertise you only in one field, I would like to know when has this nation even with characters like yourself in it have ever taken advantage of the French or any other nation? Other than the American Indian who got the Royal screwing, pray tell. We've pull the French chestnuts out the fire twice that I know of. Maybe Proffesor you know more. They owe us Billions. They seeked our Industrial might like all others, to develop their countrys. Did the Marshall Plan giving the French Billions, is this taken advantage of a country? You see the French like other countrys ask our "Private" Industries for help in the development of their nations. Now these private companys don't invest or work for nothing. Where the hell does a ass like yourself feel the French were cheated? Do you get paid at Harvard? I don't think your worth a thin dime myself

Oddly enough my American wife of French background also thinks your an ass. Its you intellectuals (zeudo) that are ruining the country no one else. This is also a speach freedom.

You know I was eight years in the service in World War II. I thank God daily so I didn't have to help *defend the French*. I was in the Pacific. The French ask for what Hitler gave them. A five million man French wine soaked army let a few battalions of Germans take the Rhine. This little bit of cowardness cost the world a tremendous war. 75,000,000 people died in this war, a war the French could've stop. Fifty million French with a tremendous land army where crushed by a German army who didn't do a good enough job. The German annihilated the wrong people.

How can you a American (I suppose) defend a country that is stabbing you in the back while patting it. You make me sick.

A free thinker,
(. . .)

P.S. Its the French who has in great part left this world with a bad taste for the white man, one such place is Vietnam. You know this don't you Teacher.

I use this in examinations. Here is an exam question: Given the means and the power, how would you go about solving the problem in international understanding implicitly stated in this letter? I give the question to the students a month ahead so they can think about it. But essentially, this is our problem as teachers: how are you going to teach international understanding to somebody like that?

The opposite extreme is the upper-class attitude, the international set, the really rich, who don't have to worry about the French, don't even think about the French because they are part of an international clique. These individuals are as much French as anything else: Jackie Onassis or Eleanor Roosevelt, whose family moved to Passy when she was four years old so she could grow up knowing French.

But most of us are involved in the social classes between these two extremes. And I think that most people who have become francophiles in this country are upwardly mobile Americans because we—I say "we" because I am certainly part of that tradition—are trying to grasp for the upper-class symbol. If we really learn to speak French, we've acquired one little symbol that associates us with the upper class. My great grandfather was a farmer, and my grandfather started a little furniture store in Indiana, and my father became a preacher, and then I became a professor. I'll bet that if we talked about Americans who teach French—the French who teach French are another matter—but so often among my colleagues I find the same phenomenon of having learned French because it was part of our upward mobility. We don't really like to recognize this, but I think it's true.

As a matter of fact, in studying the history of the French department at Harvard, I found that the rise and fall of enrollment in French had to do with the openness or the closedness of American society. In an open society where people may rise socially, French was more popular. In the 1850s or in the 1920s. In the 1920s, the French major was the third most popular major at Harvard, which is hard to imagine. And today, it is something like twenty-eighth. So I think we have to recognize that a lot of us who are enthusiastic about French are expressing something of our own attitude toward our own people and our own place in society.

And then there is that other group of Americans who are interested in French—I would call them, not the upwardly, but the outwardly mobile, that is, the people who are seeking a new identity or trying to get away from us. This would include the famous generation of the twenties, Ernest Hemingway and Gertrude Stein, and so on, but it would also include others of us. I participate in this too. As a preacher's son from Indiana, one of my main interests in French was that I was trying to get away from my background. We all think of France as the country of freedom. We get over there, and we find freedom, and we think, France is the country of freedom! It took me years to realize that this is not true. I had freedom only because I was away from my family. And since France has the social arrangement of the *cercle*, in which you are responsible only to the people in your own *cercle* and are indifferent to people outside the *cercle,* then there is always a no-man's-land where a foreigner can come in and do what he wants, so long as he doesn't get in trouble with the law. I think this also affects students' motivation in learning French. Some of our best students are those who are so eager to get away from their own personalities, so eager to find another personality, that they take to it genuinely, I think. There is, of course, the student who is so secure in his own ego that he can play a role, be a good French student, without feeling threatened. But those of us who have sought and found another personality and another culture, are not sensitive enough to the insecure students who are scared to death to let go of themselves, the ones who sit back and are afraid to pronounce "u."

These are all examples of what I begin with to make myself as well as the students sensitive to the fact that what we are doing in studying and teaching French is partly a projection of our own personality and of our own social class. And I think that, if we are more sensitive, we can confront the problem and do something creative about it.

Once you have cleared this away, the question is that of bibliography. Where do you turn? You go to the library and begin looking for books. That is when you come into trouble. You think, "We are only literary people, so we don't have the answers. Let's turn to what the social scientists have written about France." And what they have written about France seems worse than what people in our field have written. You go to the political science section of your library and look for books or chapters on France. What do you find? You find sermons preaching the value of the English constitution and common law and our system of government, with France as the example of all that is bad. Tocqueville is the god. And so Americans think, "Oh, if only France could catch on to our way of getting things done in society according to association, then there might be some hope for the French." Even research in political science magazines is oriented in this direction: the France-watcher waiting to see if the French aren't finally going to move toward association and away from what Americans perceive as their chaotic way of running things.

Perhaps you look into history books. Historians write good things on France, but not things that help us much. Psychology? What have psychologists written about France? Social psychologists are interested in Americans, in the students or prison groups they can experiment on. The same is the case for sociologists. They are interested in American culture. It is very rare to find people in behavioral sciences in France. If so, they are usually married to a French person or are outwardly mobile and share the national prejudices. Anthropologists? Nothing. They are interested in exotic cultures. There has been a bit more interest in Europe than before, but not enough to help us.

And so you turn to the shelves of general books on France. What do you find there? I made a list of the books on those shelves, on what Americans can find out about France. And these are the kinds of titles you find: *An Idler in France, Wandering in France, A Motor Flight in France, Wayfaring in France, A Little Tour of France, Along French Ways, Footloose in France, Through French Windows, Eternal France, Soft Skies in France, Mirror to France, France of the French, Undiscovered France*, and so on. You can imagine what kind of books they are. They are really the journals of francophiles who have gone over there and, in their writing, continue their love affair which will go on until they live in France a while, and then they will calm down.

There is one series of books that you should know about because it too has its own bias. That is the series of books about foreign cultures that appeared in the late 1940s and 1950s, the product of something called the Columbia Project in Contemporary Cultures, which was another means the United States government sought to use so that we could get along with our allies. The project director, Ruth Benedict, anthropologist at Columbia, assembled a very prestigious group of social scientists. They gathered all the material they could about a given culture and then prepared articles and books on that culture for use by the government. They would start out with hypotheses concerning the culture, and then they would get evidence from any source they could find. They studied French children's drawings, French movies, they consulted experts in French literature, political science, and history, and so on. Then they would get together and study these hypotheses. Those concerning France were the work of Geoffrey Gorer, a former French teacher who had gone into anthropology and had made a study of an Afghanistan village. He prepared forty hypotheses concerning French culture.

The project's main work in French was a little book by Margaret Mead and Rhoda Métraux, *Themes in French Culture*.[3] It is really an elaboration of the original forty hypotheses. It was published by Hoover Institute and has long since been out of print. This book is useful, I think, only in describing what used to be the ideal of French culture. It doesn't really have much to do with France today.

I mention this partly because there was a great wave of reaction against these scholars' books because of their horrendous generalizations based largely on whatever information they could find in New York and a sort of pooling of their experiences and prejudices. In fact, there was a great confrontation that took place at a meeting in Chicago in the fifties. Lévi-Strauss, who was a young professor then, led the prosecution. "How in the world could you, as social scientists, come to the point of writing things like this, not based on fact?" And he said this, which I think we should all heed because it may often be what we are doing: "The question I am now putting to Dr. Mead (who had become project director) is whether national character studies are a kind of projective test in which the patient is the observer. The anthropologist gets his observations as pieces of a puzzle and projects onto the puzzle to reconstruct the national character. If this hypothesis is correct, we have the more or less satisfactory explanation that national character studies do not teach us the objective characteristics of the culture under study but a certain relationship between the observer and the observed phenomenon. "That is, we see what we want to see, we project onto this culture what we want to see, and then we teach that.

In this way, the idea of national character came under a cloud of suspicion. Still today, this is one of the obstacles that we have to work against, because what we are doing as teachers of French civilization is trying to generalize about a culture, and social scientists are leery of this. You very rarely find a social scientist willing to come out and generalize on the basis of his experience in a foreign culture. You find some exceptions to this. David Mclelland has a nice essay on Gide's *Theseus* in relation to French behavior. But most books are written by people like Sanche de Gramont or Peyrefitte, who have an axe to grind.

So what do we do? Well, what I do is say, "I've been trying to understand the French for all these years—fifty to be exact—and all I can do is tell you what my experience is. And I think I should put myself into context first so you can see what my prejudices are and can discount them. But I'll tell you what I think I've seen. I may be right or I may be wrong, and it may work for you or it may not work for you, but this is the best I can do." I think this is the most honest way of approaching it.

The French people who teach French in this country have a completely different problem. Most of the French teachers I've talked to in this country are Protestant, Jewish, Basque, Breton, or else they've married an American and got stuck over here. But whoever you are, you have your own axe to grind just as much as we do. I think that what we should do honestly is to make our students aware that we are aware of our own drawbacks, that we're not giving them the gospel. We're giving them simply as honest an impression as we can of how we think this behavior works in this culture.

So I try to explain what I think some of my hangups are. Then I tell them what my conception of culture is. My conception of culture is not the nineteenth-century one that Matthew Arnold described as "the acquainting ourselves of the best that has been known and said in the world." My culture is not the culture of the *cours de civilisation*, not "cultyah." Really, for me, French culture and French civilization are the same. *La civilisation* is really French life, for me. Culture is what E. B. Tyler, British ethnographer, described as "that complex whole which includes knowledge, belief, arts, morals, laws, customs, and any other capabilities and methods acquired by man as a member of society." The works!

And what I want to do in my courses is teach them that a culture hangs together as a system. There is a structure there which we try to find. And I keep trying to define it for myself. In this structure, each part is related to the whole, each part is related to every other part. And the complicating fact is that each part and the whole are constantly changing. So it is extremely difficult to see the patterns. All I can do is, on the basis of my own experience and whatever I can learn with the best good will possible, what I can put together.

I also conceive culture as learned and shared by a social group. Most of it is learned in early life, but some of it may be learned before we are born. This does not mean that what happens to a child determines what he will be as an adult. I now think that all of these factors are part of the same structure, the same complex. I avoid the word "causation" completely and simply describe what goes on, saying that I think there is a close relationship.

The problem here is that, if you are an outsider looking in, you will never really understand down in your guts what is going on there. And if you were born in that culture—you French people— you'll never understand either because it is so natural to you that you can never get the shock that the rest of us have by coming in from the outside. The ideal would be to combine the two, but I don't think you can have this in any one person. Maybe a group that is half and half like yours can achieve something like that, so long as your two halves don't clash. I find that the French can be very hostile to their own culture while they are in France, but in a foreign country, if they are exposed to any criticism of France, they tend to bridle. So long as the French can keep from doing that and so long as the Americans can keep from thinking about their experience in France primarily in terms of bathtubs, toilets, wine, cheese, and cuisine . . .

There are other problems that we have to face. For instance, what are we talking about when we say "culture"? Which social level? What level of reality? Are we talking about what we have observed? What we think we are observing? What other people have observed? Are we talking about the ideal? Whose ideal? Are we talking about conscious behavior or unconscious behavior? There is all this complication in any conception of a culture. It is terribly bewildering and confusing, and I think that the best I can do is not be authoritarian, to say, "This is the way I think this society works, and if my conception works for you, that's fine. If not, you had better look for your own. But I think you had better look for the whole thing and not just little portions here and there."

That is how I would begin any attempt to work on French culture.

VALUE ORIENTATIONS

I have mentioned that I think there are value orientations that one can build on to form a structure of French culture, and I thought I would go through these. This has to do with information you have concerning French ideas of physical environment and of French geography, of time and French history, and human nature and French people. What I am looking for here is not information but relationships among different elements of French culture, and as I have said, the only way I have found to determine these is by examining textbooks. Textbooks are excellent sources of information on French culture. When you go to Paris, go to the Musée Pédagogique. There they have collections of French textbooks. Bring some home, because they are helpful in teaching. Show them to your students. If you just talk about them and compare them verbally with American textbooks, it sounds like a caricature. Reality is such a caricature of itself that the students will not believe it. The Americans will think you are being anti-American, and the French will think you are being anti-French.

I start off with geography books to show how French children are taught geography. I am not interested in the facts that are being taught but in how they are being taught and the attitudes that come through. Well, that is not completely honest, because, honestly, I must say that I think my students should learn something about French geography and French history, and if I approach it this way, I can get them to understand it somewhat by bringing it in the back door.

What, then, is the conception of physical environment as presented to French kids in the textbooks? The French persons here may perhaps remember their first textbook in geography. Most of them start off with a child—always a boy, and always a boy in a rural situation. First chapter: the boy is standing there, and the lesson is: there's the sky and the ground and the child; the child (humanity) is in the middle. The earth is humanity-centered. And then the book begins revealing the rest of the universe around him. Then, when they have illustrations of the earth, the earth is also at the center of the universe. Everything else is moving around, and man is the stable element, in terms of which everything is defined. Around him, there are the dynamic, mysterious forces, but the understanding of the forces comes from man himself: the center and the judge.

Then the French child learns—and learns by heart—definitions of factors by which to analyze this great, mysterious physical surrounding. There is a lesson on types of soil—whether the soil is permeable or impermeable, fertile or unfertile, and so on. And the child learns about climate, etc.

Once the child has learned all the definitions of the types of soil, the relief, the vegetation, temperature, rainfall, wind, water, geological history, then he has the tools with which to divide the universe around him. And so he starts applying these factors to his environment, starting, of course, from the child, then the classroom, then the school, then the village—always rural—then the region, and then the country and, finally, the rest of the world and the universe. He compartmentalizes all this according to the factors he has learned by heart. So that France comes to be divided up into villages and *pays* and *départements* and *régions* and so on.

The next step in the process is to take this concrete situation and to make an abstraction of it. The textbooks do this by several means. One frequently seen in geography books is a series of pictures. You see the desk of a student with his geography book on it, so that the child sees exactly what is in front of him. And then there is a picture of the schoolroom itself, an old-fashioned schoolroom. And the child can see this also. Next comes a picture of the school with the schoolyard. This is already a little beyond what the child is able to observe, so he is beginning to abstract it. Next is a picture of a village with a church, and then, little by little, he goes from what is in front of him to being able to think in abstract terms of maps. Having learned all this, the child learns to put it all together and differentiate between these regions, to see the unity in the variety.

Here you might ask, "Isn't this the way everyone learns geography?" Not at all. Take a look at an American social studies book. The main difference is that the American children do not learn any of this analysis; they do not learn any of this abstraction. Social studies books are mainly case studies of specific regions in the world, and they are largely fiction. That is, they contain little passages of fiction about little Wahoowa, who has a water buffalo that strays and becomes lost, and how he finally finds the water buffalo and brings it back home. The point to all these case studies is to give the American kids the feeling that we are all the same. There is no difference. Wahoowa is just the same as I am, and we would love each other if we got to know each other. It is really a breaking down of differences, whereas the French way of learning the physical environment is establishing all kinds of differences and emphasizing them. In the French textbooks, every unit of the physical environment is different from every other unit. The American emphasis is on abolishing differences and trying to create the sense that everything belongs together.

American books also emphasize doing things. Look at the table of contents of a French geography book. The chapters all have nouns as titles. Look at an American social studies book. The chapters usually have participles indicating some kind of action: growing rice, mining coal, etc. This is American geography: the children get a feeling for the way people make a living in a given area so that they can try to empathize with them. There is none of this in French textbooks. The two ways of learning about physical environment are completely different. I bring both kinds of textbooks to class to show this to my students.

Then I turn to the French concept of the geography of their country: how does it differ from the American concept of the United States? This makes French people angry because they think I am making fun of them for their patriotism, but when I describe the American situation in the world, it turns out to be just as much a caricature. I grew up knowing that the corner of Meridian and Washington Streets in Indianapolis was the center of the universe. This was common knowledge. I love this quotation from Victor Hugo: "On tient à la figure de la patrie comme au visage de sa mère." This is close to the heart of any of us.

How, then, do the French children learn to think about their own country? The first question is orientation, the relationship of France to the rest of the world. And the first point is that France is at the center of the continental hemisphere. Now, I didn't know there was a continental hemisphere, but it's true. You can divide the world into the half that has mostly water and the half that has mostly land, and—the French have illustrated this in geography books—sure enough! If you look at the land hemisphere, there France is, right at the center! Writes the author of one of the textbooks, Labaste: "The Estuary of the Vilaine is nearly at the center of the continental hemisphere. We do not state this simply as a matter of pride that France is in the center of the world, but only to explain its important role as aerial crossroads of the world." Another kind of map that is shown is a map of the different zones: arctic, temperate, and tropical, with the latitudes. The accompanying text is: France is halfway between the equator and the North Pole. Right in the middle. Here you can show your students that France actually lies between the forty-second and fifty-first parallels; southern France is rather far north, and northern France is as far north as Newfoundland and Winnipeg.

Another map that is used to show the strategic importance of France is the one where France is the terminal point of the Eurasian land mass. If you turn the map of Eurasia up on its side, you find that this great mass, beginning with China and all of Asia, comes down to a point right at Finistère. And so France is not only at the center, but it is at the end of this whole land mass.

Another preliminary generalization is that France is the crossroads of all natural routes. There are maps showing the main historical trade routes, all going through France. So it is only natural that France has participated in all the important events of the world. And, finally, France is a "bridge" between two huge land masses, with water on both sides.

Next comes shape—and I think this is terribly important. Take a geography book for eight-year-olds. There is always this crucial exercise towards the beginning of the book: take the map of France, put your ruler on it, and draw a line from Calais to Brest to Hendaye to Perpignan to Nice to Strasbourg and back to Calais. Then comes the question: what have you drawn? And the answer, of course, is a hexagon. A student of mine did a very good paper on the origin of the idea of the hexagon. The concept is not that old—mid-nineteenth century. There was some floating hesitation in the eighteenth century as to whether France was a pentagon. They finally left the five-pointed symbol to the Americans. Everything we do is five-pointed; the French do everything six-pointed. A French friend of mine said that, when he was a child, he would see the map of France and think, "Sure enough, it really is a hexagon!" It is difficult for Americans to realize how important this is to the French. Not consciously, but at some level I believe French people have the impression that it is good to have this geometric shape. As a matter of fact, it is rather difficult to persuade a French person that Americans may doubt that France actually does have this shape, since it requires so much filling in and cutting off. I think France is the only country in the world that thinks of itself as a geometric figure. And it is important to be a geometric figure.

So far as size is concerned, here again the textbooks present France as being moderate. There are usually charts showing comparative sizes of countries—China, Russia, the United States, Argentina, and then France, followed by all the little European countries. The point is: France is not a *monstre*, and France is not tiny. France is the biggest of all the moderate countries. Here, you can show your students the size of France as compared to parts of the United States.

At this point, I cheat to get my students to learn geography by showing them how easy it is to learn the main parts of France. If you take some of the factors that French children have learned, you can divide up the country very simply. All you have to remember is that there were three geological periods. First, there was great lifting of the land. But then all these mountains wore down, so they are like the Appalachians. Then the land sank, producing a lot of sedimentation. Finally, in the third period, there was great lifting again. This created three kinds of areas: the three kinds of areas in France. The first, "Appalachian" period produced the Massif Central, the Vosges, and the Ardennes. (You may wish to add the Estérel and the Maure.) The second, sedimentary period produced the great basins where most of the agriculture takes place: the Parisian basin, the Aquitaine basin, and the Rhône Corridor. To this, you add the Alsatian and Flemish plains. Finally, the tertiary period produced the high, jagged mountains: the Alps, the Jura, and the Pyrénées.

The French climate is simple to learn too. There are the Atlantic, the Continental, and the Mediterranean climates, and these climates create three large sub-regions. And, since the basins are related to the rivers, it is easy to learn the most important of these. I find this a simple way to get my students to know basic French geography. They don't object to it if they see the rationale behind it, whereas they would object if I just said, "Locate all these things on the map."

The lesson that the French textbooks draw from all this is the great quality of French geography: variety. This leads to the next lesson on history, because, from that variety, man has created unity. And so you find these extremes coming together, which is what makes France so wonderful: variety and unity.

I also talk about French attitudes toward nature. Every culture has an attitude toward nature. I think the French feel that you have to fit into nature and control it, but live along with it. You cannot violate it without paying for it. It is not necessarily hostile, but you have to be constantly careful to keep nature civilized. As Voltaire said, "On conduit la nature, on ne la change pas." Demongeon, a geographer, spoke of "cette lutte contre la nature, qui n'est autre que la civilisation." Civilization is really taming nature. Here I show the class a southern French wooden pitchfork. There is a kind of tree that is bound in a certain way, so that, when it has grown to a certain point, it can be cut off and used as a pitchfork, because there are three tines that are just right. This is a perfect example of living with nature, accepting nature, and using nature. And then I always quote De Gaulle on French gardens:

> In a French garden, no tree seeks to stifle the other trees by overshadowing them, the flower beds flourish although they are geometrically trained, the pool of water does not long to be a waterfall, the statues do not seek to show off to the detriment of the other elements of the garden. There is a feeling of noble melancholy about the garden. Perhaps it comes from the feeling that each element, if it were seen alone, could be shown off to better advantage. But it would have been to the detriment of the whole unit, and the person who strolls through the garden congratulates himself on the order which imparts to the garden its magnificent harmony. (Le promeneur se félicite de la règle qui imprime au jardin sa magnifique harmonie.)[4]

How do you organize the world around you? It all comes from man and how man projects meaning into the world around him. Man is at the center of it. And this is related to the French idea of their own country.

PARTICIPANT — *Pour illustrer ceci — et j'aimerais connaître votre opinion —j'emploie les différentes formes géométriques de paysages et d'habitat en France: la maison bretonne, la maison des Alpes, la maison auvergnate, la maison du Périgord, pour montrer justement l'adaptation de l'homme à son environnement, non seulement francais mais aussi régional. De même, l'habitation dispersée, l'habitat groupé, la campagne ouverte, le hameau, etc. Ce sont des formes de géographie dont on peut tirer ces conclusions.*

I think what you are saying is interesting. It emphasizes the differentiation that the French find so important. And the French really look for these differences: social differences, regional differences, and so forth. This makes it difficult for Americans who want to generalize about France to generalize without the French saying, "Oh, oui, mais . . . There are all these regional differences." Sure they are there. Americans keep trying to get things together regardless of differences; we want to ignore the differences, and I think the French have this compulsion for differentiation, which gives them the *esprit critique* which we lack.

PARTICIPANT—*Do you think that the way American children are taught, aimed at the way everyone is like us or we are like everyone else, this search for common denominators, might contribute to the fact that there is not much interest in other cultures when the children get older? That basically we're so self-centered because, well, "everyone's like us anyway"?*

"Everybody's like us, and it's only the Baddies that keep us from being together. So we'll bomb the hell out of the Baddies, and then they won't give us any trouble anymore, because we're all alike." This is the danger of the American attitude.

In examining the past, I find the same thing as in examining geography. In examining time, I find the same thing as in examining space. That is, the French children have to learn the factors by which to divide it up. They learn these by heart. Isaac, who wrote some of the most important French history books, said, "In order to find one's way in past time, you need landmarks, just as kilometer signs are placed along the road." And it is significant that French geography and history teachers have the same formation. Often the same person teaches both subjects. So the French children learn all these categories by which to divide up time and assign certain characteristics to each division. I put a textbook picture in *Les Français: la chaîne des générations*—people holding hands, in a long line going from generation to generation. As you think of France geographically as a hexagon, you can think of French history as a chain.

In American social studies books, you don't find this dividing up, these cells, this chain. What you have are projects: a month spent being a pilgrim or a month spent being an eskimo.

Then I go through the history books and try to pick out the themes that give meaning to history. The opening of the West would be an American theme. Or unification: the Civil War, and so on. The French also think of their past in terms of themes. One is *la trame de l'histoire:* the texture, warp, and woof of time. Another is *la marche de la civilisation*. How civilization began in the East, and then it went to Greece, and then the barbarians came, and then it went to Rome, and then the barbarians returned, and finally it came to France. And so we have this *mission civilisatrice de la France* to carry on against the barbarians. Another theme is the process of unification of France, just like the variety of nature. And another theme is the growth of France as a person. I conclude the discussion of time with certain generalizations I think are true, for example that the French think of time as a chaos on which man poses structure.

Then comes the model: linearity and cellularity. The linearity of the chain and the cellularity of the links of the chain, and the relationship of past, present, and future. Today's problems are due to the fact that things were badly planned in the past and were poorly carried out because of the weakness of men. Therefore, for the future, we must plan better; we must have better leaders.

Another generalization is the identification of people from different *cercles* with different parts of French history, and the impossibility of changing easily because, to do so, one has to break the chain. The feeling that one cannot evolve, that one is chained to the past, that, in order to change, one must destroy the past. This, I think, is very different from the American point of view. France is not a revolutionary country. This myth has been created by the numerous verbal threats of rebellion that are expressed by the French and that we Americans take seriously. Most changes in French government have been legal, through external forces or through the mere threat of violence. Most really violent revolutionary movements have been brutally suppressed. France will not put up with violent change, in spite of the rhetoric. As man must adapt to nature, so must he adapt to time, with each thing in its place: thus the French emphasis on timing and on planning in advance.

Then I move on to the next subject, human nature. Again, I talk in general terms about the duality of human nature: Pascal's grandeur and misery. The grandeur is the sense of human dignity, the emphasis on it in the textbooks. Against human dignity, there is *la condition humaine*. Alas, people are imperfect, and this creates the different *misères*, the greatest of which is defined by Sartre—"L'enfer, c'est les autres."—and here one of the main messages is to Americans: the French do not hate Americans; they simply live in *cercles*. They live in their own *cercles* and are responsible for what takes place inside them, but they are not responsible for people outside of those *cercles*. They are indifferent to them. It's not that the French dislike Americans. Generally speaking, they dislike people outside of their own *cercles*.

Then I introduce another geometric model that is very important in French textbooks: the population pyramid. This is very helpful in talking about history. France is a good land—not too many old people, lots of workers and children who will become workers. But if the pyramid was ever turned around, all these old people would have to be supported by very few young ones. The pyramid is another geometric shape in terms of which the French children are taught to think.

Another generality is the desire to have the population scattered around France in a regular manner, not concentrated in the *monstre de Paris*.

Textbooks also talk about immigrants and how there is no French race. France was created by races coming together, and each race contributed certain qualities. (They are not yet sure what qualities the Algerians and Portuguese and some others are presently contributing.) Here you must mention to your students the plight of immigrants in France, the country's real attitude toward outsiders.

That, then, is a bird's eye view of approaches I like to take.

NONVERBAL COMMUNICATION

"The bod." Perhaps I should begin by explaining how I got involved in body behavior. I had decided to rewrite *Les Français* and was working on the chapter on social organization, and it occurred to me to wonder how people organize to get things done and why it is that cultures differ in their methods of organization. This is one of the major obstacles to French-American understanding. The Americans don't see how the French can get by socially in what Americans see as chaos, and the French don't see how the Americans can get by without more authority. That is when I turned to the Old Testament in search of primitive models, as I have described, and found that, among other metaphors, the body is used to describe social organization: the "head" of the house, the "heart" of the family, the "arm" of the law, etc.

I probably wouldn't have done anything about it if a man hadn't come to Harvard just at that point: Jacques Lecoq, director of an international mime school in Paris. Lecoq said something that fascinated me. He talked about the cultural differences of his students and the way it affects their movements. I thought, "Maybe he's got something there. Is there a relationship between the way people conceive of their bodies, the way they behave in their bodies, and—projecting the body onto society—the way they organize to get things done?" I had a leave coming up, so I spent a year at Lecoq's school in Paris. There were 28 nationalities represented in a school of 130 students.

After a year of observation, I developed a seminar in anthropology called Cultural Differences in Body Concept, Body Movement, and Nonverbal Communication. Then I began to work with a psychologist, Bob Rosenthal. We brought our different experiences to this general education course. Finally, just as I was about ready to retire from Harvard, I thought it would be interesting to go back and teach what I had started teaching in the beginning—the French language—to see if I had learned anything by all these forays into different areas, and so I put nonverbal communication together with language and taught a course on total communication in French, in which I tried to pull together what I could about the French concept of the body and its relationship to language.

But it goes further than that. Freud and Jung both said that we try to project our conception of our body onto our dwelling; we try to make our dwelling as much like our body as we can. So we could talk about the body, and then we could go on and talk about the house and see if there's a relationship. Then we could go one step further and talk about the great house, France, to see the relationship between body-concept and nation-concept.

What is my point of departure here? Well, I'll start out with the problem of the sense of identity. We all believe we have a clear sense of our identity, and yet, when we get down to it, it's not quite as clear as that. The space around our bodies belongs to us, and if somebody invades it, we feel encroached upon. The depth of that space depends on our relationship with other people, and this space depends partly on personal relationships but also on cultural differences. Our fingernails, our hair—in some cultures this causes quite a lot of anxiety. People are worried about what is going to happen to their cut nails or their cut hair. They invent rituals to take care of these so other people will not take this part of their bodies. And there seems to be a more strict difference in the concept of the cover of the body itself.

Seymour F. Fisher, a psychologist at Syracuse Medical School, found in studying the inkblot test that he could classify people into two groups. One group felt that their bodies were penetrable. They felt insecure about their bodies. The others, not so vulnerable, felt rather secure in their body boundaries. Fisher was able to go on and test the two kinds of people, and he found there were psychological differences that corresponded to their sense of vulnerability or invulnerability. The less vulnerable their body seemed to them, the more confidence they had, the looser the clothing they wore, the less they worried about rules and regulations, the more adventurous they were in their thoughts. The more insecure they felt in their bodies, the tighter the clothing they wore, the more they were interested in rules and regulations, the more complicated were their relationships with other people, and the more formal they tended to be. When I read this, I thought, "It sounds to me as if he is describing certain differences between French and Americans."

I have a feeling that the French, in their need for clear delineation—because I think the French have a profound need to see clear limits everywhere—have a sense of vulnerability about their bodies that is greater than that of Americans who are less worried about their body boundaries, and all these differences may be related to this. For example, the fact that Americans wear looser, floppier clothes than the French. In a *situation civilisée*, the French wear pretty tight clothes. I'll come back to that.

When any society feels anxiety about anything, the natural development is to organize a ritual to cover the anxiety. The more you are worried about penetrability of body, the more ritual you would have to invent to cover this anxiety, and then usually cultures develop art forms not only to cover the anxiety but to embellish all the surrounding circumstances. If you're worried about the vulnerability of your body, then you are more inclined to seek severe control of it to make sure it is not endangered by careless behavior. Furthermore, by severely controlling the body, you create beauty, because beauty comes from discipline, according to Boileau, Gautier and others. So the body must be severely controlled. How? By the head. The head is supposedly—according to this point of view—the intellectual center of the body, whatever "intellectual" means. Therefore, the body should be under the control of the head. Thus, the body is a hierarchy made up of parts all controlled by the head.

It seems to me that there's something here that I can't really define, and I don't know quite what to do about it, but I think there is something about the French conception of the body and French behavior that is very important for Americans to understand, especially if Americans want to communicate. Because this control is seen in the stance and in the control of the body. The French more often stand with the pelvis straight; Americans are more inclined to tilt the pelvis. So we Americans, at a cocktail party, keep moving about, whereas the French appear more comfortable. The usual French attitude in conversation seems to be facing one another squarely, with a little movement backwards and forwards. There appears to be a difference in the torso, too. The French torso appears to be more rigid, with the shoulders squared—because, after all, the French child kept hearing: *"Tiens-toi droit! Ne balance pas les bras!"*—all of those things. So that good posture and square shoulders come to be a value. This is ritualized and exaggerated by fashion designers: the shoulders are even more patterned in French clothing than they are in this country. This doesn't mean that the shoulders are more mobile; they are more expressive. The upper arm is held rather loosely near the body. The lower arm, though, moves around, as do the hands, and especially the wrists. And so, at a cocktail party, you see the French standing in a rather rigid position, their shoulders moving, and their body going along with the sound. It's hard for Americans to get this. My students try to hold themselves in this way and be as French as possible, and after a while, pfff! Of course, the French grew up this way all their lives. And the more upper class you are, usually the stiffer you are in your body. The lower class usually permits more freedom. In France, you can tell an American two hundred yards away by the rolling of the hips and shoulders. A French student at Harvard went home at Christmas, and his parents said, "You've become American. Just between September and Christmas." Why? "You bounce." As opposed to the French students I see walking through Harvard Square as though they were going through a narrow corridor.

I've been working with a psychiatrist at the Boston University School of Medicine who has been studying dyslexic and autistic children. What he has discovered essentially, in the problem of dyslexia and autism, is that something has happened to the body rhythm. He started going through my films of French people—he had never been to France, by the way. To study this, we work with an old-fashioned Bell and Howell projector that we have taken out of gear. By putting a hand crank on it, we can go forward and backward at any speed. Usually the frames go through twenty-four to a second, so we can tell from one twenty-fourth of a second to the next when a movement is initiated or continued or stopped. Now we're making films at one forty-eighth of a second to get a finer measurement. We have large sheets of paper divided into columns for head, eyes, eyebrows, mouth, etc.—each main part of the body. It is a very tedious analysis because we have to go through a film frame by frame and mark where the body in that particular part begins and where it ends. What we come out with is configurations of movement that go together. We would get a burst of a twenty-fourth of a second, but this burst would be divided into subgroups of movement, because all behavior, all communication, is hierarchically organized. Most people in most cultures seem to express themselves in bursts of one second—and, incidentally, it's good practice when teaching language to have the students talk in bursts of one second.

I was getting to the point of cultural differences in rhythm. Waspish Americans, by and large, express themselves in something like 4/4 time. All of my body is in rhythm with my voice, everything of me that is expressing itself is in the same rhythm, a 4/4 rhythm. However, this is not true of all cultures. This is not true of black cultures. They say that a black dancer can get up to eight or twelve different rhythms in his body at the same time. It's just fantastic to think of! And there's undoubtedly something of this left in American blacks because there is a great deal of difference in the movement. This is probably a factor that disturbs communication between whites and blacks: the white 4/4 time and the syncopation that goes on in a black body. If I try to imitate it, it becomes a caricature. This is so deep that it's hard to imitate. The French seem to be between the blacks and the waspish Americans; that is, there is a sort of syncopation in French speech that comes through in the study of movement and relationship to the sound, a syncopation that is very hard for us to imitate. We're not even aware of what is going on most of the time. But once you are aware of it, then you can think of it and observe it and try to imitate it. Maybe we do imitate it unconsciously.

This shows particularly in another difference that came out of our studies. My colleague from the School of Medicine was looking at a movie of mine and noticed that a Frenchman had gestured with a flip of the wrist. He said, "You wouldn't see that in an American male. American women break their wrists like that, but American males don't." He was particularly interested in that there were three rhythms going on at once: the head was going one rhythm, the voice was going another, and the two hands were going a third. One was giving the rhythm of the language, another the rhythm of the emphasis, and a third the rhythm of the grammar. He thought this was fantastic because it was so complicated and so different from the Americans that he had studied.

The French rhythm has other implications, too, in conversation, because, as you are going along, you talk according to a rhythm, and when somebody else wants to talk, the other person usually raises the eyebrows. You realize the other person wants to talk, and you give that person a chance. You come down, and the other person comes in on the beat. All conversation is really a dance. And the sound we make is the sort of music that goes with the dance of the body. If you don't want the other person to talk, then of course you just don't look at him. I have trouble with the French because they have a habit of taking turns in conversation in a different way. When the other person wants to talk, he knows how the sentence is going to end and comes in before the beat. This gives an overlapping effect. I can control a situation when I'm alone, but if I'm with two or more French persons, I can't get my end in. They keep overlapping, and I keep waiting for them to give me a chance to say something. I know I look like a *pauvre type*.

Also, the French have a maddening habit of breaking into dialogues. One person is already talking to you, and a second person begins to talk to you too. Personally, I feel obliged to listen to the first person, but now this other person is talking to me ... The French aren't bothered by this. Six persons will break into three conversations going at the same time. They seem to have developed a fantastic ability to hear two conversations at once, talking to this person here and following what's going on over there, and pretty soon here they are back together! And then they break up again. This is an ability I've never learned.

Another implication of this emphasis on control of the body and the clarity of the vision in behavior has something to do with what we teach all the time: sound. If students can learn to act French in their bodies, if their bodies are tense enough, then you don't have to worry about "alleeeeez." But the trouble when Americans gesture is that the gesture that they make corresponds to the way they pronounce vowels; that is, they begin but then go limp and don't carry it through. A French gesture has a beginning and an end, whereas we attack and then we loosen up. Our bodies loose, our voices loose, we Americans slide along.

Getting back to body boundaries and body covering, a student did a project for me with regard to tighter clothing. He compared patterns of American jackets and trousers with French jackets and trousers. This explained to me why I have a hard time wearing

French clothing. Because the armpits are much tighter. I really can't wear a French jacket. It's too tightly fitted.

If there is this difference in the conception of body covering, body boundary, and if there are psychological implications in our feeling about our body and in all that we do, then maybe there is a relationship here between French legalism, the need to have everything described exactly, the institution of the *notaire*, the code civil, and so on.

Another problem, if you think your body is vulnerable, has to do with anxiety concerning the apertures of the body. If something is going to have to go into your body and out of your body, then this causes anxiety. And therefore you have to build rituals to cover the anxiety. All of this penetration gives rise to rituals around the points of which you have anxiety. Is there a relationship between this, if it is true, and the elaborate ritualization the French have developed to take care of anything that goes into the mouth? Their great concern with food. Certainly the evidence is great that, as far as family time, family budget, etc., are concerned, the French pay much more attention to food than most people. Whatever goes into your mouth should be prepared properly, artistically, as well as ritually.

Let's look at the ritual of ingesting food. A meal in France should be composed—like anything else—of well-delineated parts. There is not much concern in France with natural foods or calories or nutrition. If your intake is balanced, that's all that is necessary. And each part of the meal is well defined and ritualized and should take place under certain circumstances. Well-defined liquids are supposed to go with each part of the meal. The only way to mix things is to make a new product out of them, like a sauce.

But to mix two things that really don't go together is against the ritual and unacceptable. There is also the emphasis on using the proper tools with every part of the meal, and especially using a tool to keep yourself separated from the food. I even learned how to eat apples and pears and peaches with my knife. There is one curious feature of French food that I haven't been able to explain to my own satisfaction: the function of bread, which is both a tool and a food. Until it goes into the mouth, it is treated like a tool. In fact, I've seen a dog carrying a loaf of bread wrapped in paper, home in his mouth, or a baker delivering bread and sticking it into the corner next to the door. First it is used as a tool, but then it becomes edible. What a contrast with the United States, where there is this need we all feel to get into our food, to skip the tool and really touch it. The great American dishes are all dishes that we eat with our hands.

PARTICIPANT—*One thing bothers me in these comparisons. You talk about Americans as being comfortable in their bodies . . .*

I didn't say that. The French look as comfortable as the Americans. I said that it looks to me as though the French might have anxiety about their body boundaries. Americans may or may not feel more comfortable in their body boundaries. Yet French people, I think, are freer in the sense that they have learned control. They have been forced to learn more control over their bodies than the Americans have.

PARTICIPANT—*Precisely because the boundaries are very evident. There is a great deal of demarcation and rules.*

Yes, the boundaries are evident, and the conventions are much more precise. Americans flounder around without precise conventions or precise limitations. American rules are fuzzy.

PARTICIPANT—*Could it have anything to do with the availability of physical space? The more crowded a society is?*

My argument would be that the availability of physical space is determined by need. You create the physical space you need.

PARTICIPANT—*Yet you see these restrictions more in the city than in the country.*

Yes. The more *civilisé* you are, the more control you are expected to have. Perhaps you are more vulnerable because you're closer to other people.

PARTICIPANT—*In urban concentrations, would Americans be more likely to resemble the French?*

I don't know. My family and I felt more comfortable in the country. In Paris, we always felt in conflict with the landlord because we didn't close our blinds, because we forgot to lock our door now and then, and because we were obnoxious in the no-man's-land between our apartment and the outdoors. When I worked at the U.S. Embassy in Paris, we had a nice apartment on the Quai d'Orsay. When I would walk home from the Embassy, I could distinguish our apartment a mile up the river because it was the only window with the shutters open. The others were closed. And for this we got in trouble with the landlord.

PARTICIPANT—*But the shutters keep out the cold. There are energy reasons for that.*

What I really think, going back to Jung and Freud, is that we treat our houses the way we treat our bodies, and if you have a body that is closed in, you have an apartment that is closed in, you have a nation whose boundaries give you concern . . .

PARTICIPANT—*What about the schoolboys in Truffaut's* Small Change, *who are standing in their underwear waiting to be examined by the doctor. I can't imagine that in American culture. Everybody seemed quite comfortable.*

In this country, they would have been naked.

PARTICIPANT—*I think that what we're getting into is the whole problem of psychological phenomena projected onto sociological phenomena and vice versa. That's precisely what I find extremely dangerous.*

I wouldn't dare write any of this.

PARTICIPANT—*But I think it's interesting to think about.*

That is exactly why I am bringing it up. These are very important things to think about. They may represent very important motivations in our behavior. And we ignore them.

PARTICIPANT—*I think there's a difference between conceiving behavior as the product of cultural constraints and saying, "Aha, it's because my mother is French!"–which has been happening to me since I started this workshop. I'm suddenly discovering that characteristics that Americans have been attributing to me as being psychological problems are in fact a product of a bi-cultural environment which I never stopped to question or to think about. On the other hand, to start looking at those cultural constraints–as precisely people were doing to me–as the product of some psychological quirk or deviation or problem or anxiety, I think this is a step that is very tempting but extremely dangerous and falls prey to a certain psychologism.*

I'm perfectly willing to admit that, but, on the other hand, I think that, if you stay on the safe side, you're never going to have any new ideas, never any insights. You may suggest things and discuss things even though you are not sure about them, and perhaps something will come out of those discussions that you would never have discovered if you had stayed with what you know absolutely.

PARTICIPANT—*But we must get beyond the anecdotal level, find a broader methodological frame. I'm not thinking in terms of the classroom, but I'm asking you as an anthropologist . . .*

As a researcher. I'm not really an anthropologist. I refuse to be labeled as an anthropologist or a sociologist or anything else. What I'm interested in is trying to understand French behavior. And to me life is a series of anecdotes. Everything that happens is an anecdote. How do you distinguish between anecdotal material and the kind of information you would respect?

PARTICIPANT—*It seems to me you're using the anecdotal as confirmation of the psychological.*

Yes, but I started off by saying that there is no science that can cover this kind of thing. What I'm giving you is my impression based on my experience, and my experience is an accumulation of anecdotes. If it's useful to you, good. If it's useless, throw it away.

Much quantitative research, many quantitative results are simply an illusion, too, that people have created for themselves. I think that this whole area of behavioral sciences is really much less scientific than people think it is. And I have the advantage of not having to be an anthropologist or a social scientist and not having to defend myself in any discipline. I'm interested in trying to find patterns that seem relevant. I don't care whether causation exists.

Shall we move on to another area and talk about proxemics. The difference that I've observed between Americans and French. Here again, I feel that it is important for the French to constantly redefine the boundaries between people.

First of all, the French distance in conversation seems less deep than the American distance. Lecoq said he had never seen such deep space around individuals as in Texas. I bump into people in Paris more than I do in this country, and I think it's because I'm used to wider spaces around me. The French have developed whole rituals, again, to handle space between individuals. The first one is the handshake. It amazes Americans that the French shake hands so much. I think it has to do with the separation between bodies and the constant need to reestablish social relationships between two persons. You shake hands when you meet someone, and you shake hands when you leave someone. This establishes the proper distance between the two of you. And it also has the function of establishing a clear delineation of the beginning and the end of the transaction. Of course, in both countries it is related to the individuals' situation in the social hierarchy. Usually the superordinate has the right to touch the subordinate, but not vice versa. This way, we constantly remind each other of our position in the hierarchy.

PARTICIPANT—*You are talking about the handshake as a mechanism for establishing the proper distance. I'm a little uncomfortable with that kind of generalization because so many other factors come into play.*

The fact is that there does exist this difference between French and Americans, and our students are always asking why.

Another phenomenon that I don't understand—maybe you can explain it to me—is the kissing, the need for symmetry in touching. Why both sides, and then, beyond that, why do some people kiss twice and some three times, some four? What's the difference?

PARTICIPANT—*Isn't that a regional difference? It's not a social difference. In the South, it's two times or four times, never three.*

What about the symmetry of *une paire de claques*? I asked Jacques Lecoq about this, and he said, "The parent rejects the child with the first slap and says 'I love you' with the second."

I have some quantitative information on another point: touching among couples. S. M. Jourard, a psychologist in Florida, carried out an experiment to see how often couples touched each other in different cultures. He sat in cafes in Paris, London, Gainesville, and San Juan, and counted the number of times couples touched each other. In London, the modal number was 0. In Jacksonville, the number was 6. In Paris, it was 120. And in San Juan it was 180. So that certainly just touching another person means something different in different cultures.

I have another example of handling physical space. A student of mine who had played soccer all over Europe with British teams, did a paper for me on comparative soccer playing. He said his team always liked to play French teams because the British ignored the players and went for the ball, but the French would always avoid contact.

PARTICIPANT—*I think the English play the structure, whereas the French have very quick combinations or quick counterattack.*

Yet this is true in most French sports. When you think of sports that are most notably French, they are sports where the individual is on his own. The typical French sports are cycling, fencing, horseback riding, sailing—sports where physical contact is avoided. Except for rugby.

PARTICIPANT—*And they're very good at that. But there are very few rugby teams.*

Another category here that needs to be studied has to do with eye contact, eye behavior, looking at one another. There's something I've never been able to understand in France, I've never been able to specify what I'm talking about, and that has to do with *le regard français*. When I'm walking down the street, I feel so *méprisable*. People look at me. I feel as though I'm being judged. And I don't know physically what is in their eyes that gives me this feeling. But there's something about the intensity of a French look that makes it different from a look you get on Fifth Avenue. Do you think this is true?

In other areas of eye behavior, French and Americans seem to be the same. In both countries, the person who is listening is supposed to look intently at the person who is speaking, and the person who is speaking has the duty to look elsewhere now and then to break the anxiety that is building up from the powerful emotion of looking each other in the eye.

Obviously, my way of getting to the problem is not very satisfactory—either to you or to me—but I think there is something we have to think about and not ignore as we have until now. The conception of our body and how we use it is much more important in our behavior than we realize. And I think there are differences here that we all should think about.

PARTICIPANT—*It seems to me, for example, that Americans can get away with not greeting each other at all when they come into proximity with each other.*

If a person did not greet us, we would think, "She must have had a bad night, she is not very cordial today." We would not be upset by it, it seems to me.

PARTICIPANT—*I have the feeling that we are trying to add these behavioral patterns up.*

I don't add them. I would like to see if there is a relationship among them. The only thing I am presently researching is rhythms. It's fantastic what happens if you talk about rhythm using film in place of textbooks, and if your students try to recreate the tension that they see in the videotape model.

PARTICIPANT—*Do you concern yourself with sex differentiation?*

No. One should, certainly. And it bothers the students too. They are willing to imitate the voice of the opposite sex, but they feel threatened by the prospect of imitating a videotape image of the opposite sex. A few students love doing it. Because what it boils down to is observing unconscious behavior in slow motion, that is, brought to a conscious level, and then consciously adopting it.

I think I should go back to the beginning and go over some of the basic ideas on nonverbal communication, which will help explain my insistence on certain aspects of body behavior. This has nothing specific to do with France but more with what I have learned from listening to specialists in nonverbal communication and the generalizations that I have been able to get from them, and how this has affected my conception of cultural differences and also my conception of language teaching. What do I mean by communication? I worried about that for a long time. Communication can mean so many things. I always think in terms of etymology, and the etymology of "communication" or "commune" or "common" is not quite clear, but from all I can gather, it means "getting together," "tying together," "binding together." And I think of communication as binding individuals together so that they may participate socially in any action.

At this point, I can summarize what I've learned in four negative generalizations. They're so obvious that I'm amazed I'd never thought of them before. It seems to me that they are basic to everything else. The first is that we have no organ of communication. There is nothing in our bodies that is specifically there in order to communicate. The way we communicate normally, the way we think about our communication, is a combination that we have developed over the centuries of making sounds and then making sense out of the sounds. And we have so concentrated on that aspect of communication that we have neglected all the rest. In fact, we communicate with everything that is at our disposal: ourselves, our bodies, the space around us and heaven knows what other means. Chemistry, heat, all of these are just as important in getting together for the sake of a social action. So there is no specific organ for communication, and we have overemphasized the one set of organs that we have consciously developed. But, you know, everything we use in language is not there for the sake of language. It has another primary purpose. The teeth and the lips are not there simply to make sounds. Even the vocal chords' primary purpose is to keep foreign objects from going down the throat.

A psychologist named Mehrabian studied communication from the neck up, without taking the whole body into consideration, and found that only 7% of communication took place through the dictionary meaning of words. Another 38% came from the way the words were pronounced, and 55%% came from facial expression, eye behavior, etc. It seems to me that we, as language teachers, have so concentrated on that 7% that we've neglected all the other ways by which we communicate. I'm sure that if Mehrabian had considered the whole body, then the importance of dictionary meaning would have gone down to 1%, perhaps even far less. That, then, is one reason why I think it is so important to consider body behavior.

Another negative generalization that has been very important to me is that communication is not what I learned when I studied languages, that is, a stimulus-response situation. Communication is not what the dialogues in our textbooks indicate. One person gives the stimulus, and the other responds, then gives a stimulus that, in turn, solicits a response. Communication is a system of mutual feedback going on all the time among people. But because we have overemphasized the verbal aspect of it, we neglect the other part. Heaven knows you're communicating with me right now just as much as I am communicating with you. And the words I'm using, the sounds I'm emitting really are only part of the dance that is going on between you and me—and it's the dance that is more important.

The third generalization is that there is no single meaning for any detail in communication. I don't need to stress this. There are numerous books on body talk. These are very bad books on nonverbal communication because they take a detail and show it out of context. These little books will say, for instance, that if the person says something and then rubs his nose, the implication is that he is negating what he's just said. It's perfectly ridiculous to oversimplify to that degree.

Finally and most important, communication is largely subliminal. Some of the most important communication in social relationships goes on at the subliminal level. A friend of mine at Michigan State, Fred Erickson, has been particularly interested in problems of communication among subcultures in this country in gatekeeper situations. A gatekeeper is a person who watches the gates in society and decides who has a right to get through the gate—teachers, personnel officers, admissions people, and so on. He finds that cultural differences often play an important part in these decisions, but without the gatekeeper's even knowing it. He made a film of an Irish-American counselor and a black student. The counselor asks, "What do you want to do when you've finished college?" The black student answers, "I want to be a counselor." "All right," the counselor says, "in order to be a counselor, you have to take certain courses," and he goes over the technical requirements, Erickson showed this film to each of the participants separately and independently, asking them to point out the most important moments in the interview. They both pointed out the same specific moment, but their reason for attributing importance to it were different. The counselor said, "At that moment, he understood that I was his friend, and now he will come back and see me any time he needs help." And the black student said, "At that moment, he insulted me in my manhood, and I'll never cross his threshhold again."

The situation as filmed appears perfectly normal. But if you look at it with a motionanalyzer projector, you see that an expression of hostility passes over the face of the counselor when the black student says, "I want to be a counselor." I, a black man, want to be a counselor like you, Irish-American. It happens so quickly that one can't see it when the film goes through normally, but if the motion is stopped, it is visible. And the black student got the message.

This happens all the time in our dances with each other. Subliminal aspects are crucial in conversation, in social relationships, in attitudes and feelings and working together. This has been emphasized in France in the works of Bourdieu,[5] who determined that students are judged by examiners on nonverbal grounds. But Bourdieu fails to specify what exactly is happening. It is a matter of style, he says, but I am sure it is a matter of many other things. And it is for these reasons that I think it is important for us as language teachers to enlarge our concepts of language learning to communication in general, and to find out what the differences are from one culture to another and to bring them all to bear, not only in our understanding of those cultures, but also in our ability to speak the foreign language. We know more about communication among dogs and wolves than we do about communication among human beings so far as odor is concerned; yet it undoubtedly is important. Or we talk about chemical reactions in people. What do we know of them? It is a metaphor we use, but there undoubtedly are chemical reactions. And sound. We limit ourselves to the parts of sound that have to do with grammar and dictionaries and so on, but so often they are not the most important sounds. These we reject as nonsense sounds, when they are often the most crucial aspect of communication. A sound like mmmmm. Think of all the communication that comes from this. Or hhhhhhh, or simply the French use of respiration in pfffff—expelling things, vomiting out things they don't like, or else accepting, ingesting, all these sounds in the body. A psychiatrist I work with says that when he comes home at night, he knows what the whole scenario of the evening is going to be when his wife speaks to him. "When she says hello, everything about her voice and body indicate what kind of an evening it's going to be." Or silence. Whoever thought of studying the communication that comes through moments of silence! All of these things have to do with sounds or lack of sounds that we generally ignore and which form part of basic communication. And the use of space. We use the space among us to communicate with each other. The distance between people indicates the degree of familiarity and so on. This is much more obvious to us because of the work in proxemics of Edward T. Hall.[6] Space has to do with body boundaries, and this is where it fits into the context of the whole question. Touching is part of communication. I also mentioned time and rhythm, again somewhat out of context. I think the real point here is that communication has to do with synchrony between body movements, sounds, all the senses. Different cultural patterns of synchrony cause complications in intercultural relations, and this is one reason why we should be aware of it and that it should become part of our courses. Not just synchrony among parts of our own body and our own sounds, but synchrony between people. Communication is a synchronized dance between people. The timing differs slightly among individuals of the same culture, and even more so between them and people of subcultures within the same country, and still more among people of different cultures. And this synchrony, this timing, that we learn very early, perhaps even before birth, because, after the fourth month, the fetus can hear its mother's voice and heartbeat and feel the rhythms of the mother, the mother's life. So that the child has rhythms even before it is born.

Communication through movement, through tension, through posture, through walking, through respiration, and so on, is more obvious, and I needn't spend much time on it. I have already mentioned the difference between French and American posture and tension and the communication that comes from it. If a French person sees an American slouched down, he is shocked. Slouching does not shock Americans as much.

Speaking of gestures, when we talk about them we tend to think of the ones illustrated in *Beaux Gestes*. But I think these are very unimportant, really. I think that, from the language teacher's point of view, the only importance of those gestures is to show cultural differences and resemblances. There are differences in the use of parts of the body from one culture to another. The Italians have a reputation of making many gestures—and, incidentally, people involved in nonverbal communication have accepted the use of the word "emblems" for this kind of gesture—but the Italian reputation is mainly due to the fact that they use the upper arm as well as the lower arm and they often gesture asymmetrically. Because their gestures are more obvious, it looks as though they are more frequent, but in fact they are not.

I asked Jacques Lecoq how Americans gesture, and he replied, "Most of the time you use your bodies to gesture. Americans often keep their arms still, but there is a lot of movement in the torso and in the head." You notice this especially in speakers, who hold onto the lectern, weave about, and bob their heads.

Of course, the most important facial expression of all is eye behavior. There are more nerves in the eyes than in any other part of the body. This is the most sensitive communicational element that we have, and that is why anxiety builds up so when we look at each other. Cultures have different ways of handling this anxiety, of breaking the gaze. I mentioned this before. But it does seem to me that it would be beneficial to try to bring all this into language and culture classes because there are these differences that matter so much, and we're unaware of them. More studies should be made. The trouble with many studies made so far in this area is the lack of cultural awareness. Americans write about nonverbal communication as though other cultures did not exist except for our own subcultures. And the French always have a tendency to go back to Montaigne's "Je porte en moi l'entière condition humaine"—study me, you study all of humanity, ignoring cultural differences.

PARTICIPANT—*On my campus, I feel that students feel they have to smile at me even though I don't know them. I find this startling.*

Smiling behavior is so different between French and Americans. Smiling is universal, of course. The point is, one smiles for different reasons and with different frequency from one culture to another. Ray Birdwhistell, in his book *Kinesics and Context,*[7] talks about regional differences of smiling in the United States. Americans miss the smile so much when they go to France. On the other hand, after a long stay in France, Americans seem so damned insipid to me. They're always smiling over nothing. I'd gotten used in France to the lack of smile, and it seemed to me they were intruding on me by this superficial smile.

PARTICIPANT—*It's so true what you say about communication. I think of it in terms of asking someone to say something on a tape recorder. They can't say anything out of context. You have to create a concrete situation.*

This is one reason that language courses don't convince a lot of students. They know intuitively that the words and the grammar and the pronounciation are not the main means of communication.

PARTICIPANT—*How do you suggest we go about it? Do we show them?*

That's what I've been trying to do in my course called "Communication with the French." First of all, I got rid of the chairs in the room. There are chairs over in a corner if anyone wants to sit down, but I don't see how anyone can learn a foreign language by sitting back and saying "u." You have to put your whole body, your whole self into it. I start off with a series of modified calisthenics to get their bodies ready to accept an exercise in foreign communication, ready to try being another person. Because that is what we are really doing when we speak a foreign language. You know how differently we act when we are speaking French. You have to get the students involved in that. For this reason, I had to find a room outside the language building because we were disturbing the other classes. Exercises to get the lips, the muscles, the pelvis working. I don't use books but some completely unpretentious movies I took of French people. I invited all the French I could find at M.I.T., Harvard Business School, the consulate, and so on, and put over thirty people together in a room with a case of Beaujolais and some cheese. In the other room was a film crew. I gave the French people a list of possible conversations they could have—it didn't matter to me in the slightest what they talked about—and then, when they were ready, they would go into the other room in twos and threes and fours, and we would film them for fifteen seconds or for two or three minutes.

I use sections of these films of French people in a more or less natural situation. (As you know, everyone is a little self-conscious before a camera.) I use fifteen or thirty seconds of film at a time. First the students have to get the sounds. They may use the regular language laboratory, but I have set up a nonverbal laboratory in which I have projectors through which they can analyze movement. The next thing they do is analyze the movement and link it up with the sound so they know the point at which to make such-and-such a movement and the length of the movement and how it is terminated. Also the proxemics. Americans find this difficult. Within seconds, they are backing off, enlarging their space. The students look into mirrors, trying to recreate what they see on film. Then they videotape each other in the same scene.

In learning any language, you proceed through the stages of mime, imitation, and so on. What the students have to do in French class is imitate so many people that they finally find themselves in what they accumulate from all these models. It is a painful process to go through. Yet some students really enjoy it. The progress they make is simply fantastic. An instructor can correct them, but that doesn't count nearly as much as when they see and hear themselves on television and compare themselves with each other and with the filmed model. Then they seem to be able to learn to act better, which is essentially what it is: acting. If they are too self-conscious, I use masks for a while, to give them a sense of security. Some students who are a little insecure in their ego are afraid to let go. A couple of years ago, in a class of twelve, there were two students who just couldn't make it. They persisted in being themselves. Finally one day, the same day, they both broke through. Everybody went around hugging everybody else. It was so exciting! I think this probably had an importance in their whole personality development—their ability to lose the fear of letting go.

SOCIALIZATION

Finally, I would like to talk about socialization. Because it is at this point that important differences appear. Beginning perhaps with French assumptions concerning child-rearing, that seem to be basic—that is, that environment is not especially favorable to humanity, we have to learn to use it and control it and live with it, and therefore man has to learn to adapt to it, to impose order on it, make sense out of it, and live with it. So life is not easy. As De Gaulle told the people in Brest one day, "Dans la vie, on ne fait pas toujours ce que l'on veut."

So, although French babies are welcomed with great love, the parents learn to temper that love and not cuddle them too much. They must control their impulses because a child has to learn that "la vie n'est pas faite pour s'amuser." This also has to do with the French concept of time. The future is so important that planning is essential. Therefore, a child must develop a sense of order and time; he must be put on schedule so he'll learn control in order to face the future. There is a preoccupation with doing things on time, each thing in its time, *ne pas perdre une année*.

And finally, since human nature is neither bad nor good, but is given meaning only by human control over it, a child must learn from authority. A child's personality should not develop spontaneously. If left to himself, the child will simply become a *monstre*. As Evelyne Sullerot says in *Demain les femmes*, "Un être ne peut en effet commencer à exister qu'en s'opposant à la nature." And as a student of mine, who made a study of children in the village of Chanzeaux, wrote, "The infant is believed at birth to incline toward misbehavior, to cry capriciously, to demand feedings irregularly and unreasonably." So the parent has to give the child a sense of control over his life, over his body, over his surroundings, and this is the emphasis in France, quite different from American families where the emphasis is on independence training, getting the child to do things by himself, getting him out. To quote the French sociologist Durkheim, "Only through discipline can we teach a child to moderate his desires, to control his many appetites, to limit and thereby to define objects of his activity, and this limitation is the condition of happiness and moral health." It's a matter of control and limitation.

About fifteen years ago, an American psychiatrist studied the difference between American and French child psychiatry. The major difference that she found was that, in the United States, the psychiatrist tries to discover what artificial and harmful forces have been exerted on the child to prevent him from growing up spontaneously—that is, from growing up successfully. The French psychiatrist's emphasis is, on the contrary, trying to discover what there is in the child's character that prevents him from accepting the proper restraints of society. Of course, French psychiatry has changed since that time, with the development of Lacanian psychiatry. Now—and this is reported by Sherry Turkle in her book, *Psychoanalytic Politics: Freud's French Revolution*[8]—the essential difference between French and American psychiatry is that the American version is essentially conservative, helping an individual fit into society, whereas the Lacanian school, which has been accepted by the French Left, seeks out the nefarious social forces that prevent a person from developing. It is the social forces that must be changed; therefore Lacanian psychiatry is revolutionary. Freud is conservative in the United States and revolutionary in France!

Since every child is considered to be a potential monster, it is the responsibility of French parents to form the child to be a socially-acceptable adult. This is true everywhere, but it is more exaggerated in France. And, according to studies that have been made of time budgets in families in twelve different countries, French mothers spend more time with their children than those of any other country. American mothers almost equal the French mothers (but American fathers spend far more time with their children than do French fathers). How does the French mother spend this time with her children? Helping them with their homework. How does the American mother spend her time? Driving them from one friend's to another, from dancing lessons to flute lessons to Little League.

Another aspect of socialization is politeness training, which is so different and so important in France. My impression is that it is somewhat like the handshake. The French are so isolated that you have to have what Colette calls "l'huile délicate de la politesse" to lubricate the elements. Americans are constantly wondering how French children can be so *bien élevés* and the French are wondering how Americans can be so *mal élevés*. So there is the question of disciplinary actions, how French children are forced into the slot, the positive inducements and moral weapons, especially, ridicule and shame which are much more important in France than they are here. Ridicule and shame are formalized in France. I illustrated this in *Village in the Vaucluse*. The shaming that they use in the elementary schools. It is usually in the lower grades that the punishments take place because the older children have learned . . . at least learned not to get caught. The teacher would look at a small child who had dome something wrong and say, "Tu n'as pas honte?" The child would hang his head. Then the teacher would say, "Regarde-moi." With head still hanging, the child would turn his eyes up. And then the threat of physical violence. On the other hand, there are the rewards for good behavior: the *bons points*, the posting of lists, the special favors, the *distribution des prix*.

I believe all this represents a system of punishments and rewards that can tell us a lot about values that are inculcated in children. When you describe all this to Americans, they think, "How grim! Life must be awful for a French child." And the French keep saying,

"That's all changed now." But no. Two summers ago, I was with an American couple and their two small children visiting a French couple at their *résidence secondaire*. The French couple just couldn't understand how children could be as *mal élevés* as these two little Americans. They seemed to me to be nothing more than normal, noisy kids, but they would wake her up at ten in the morning and so were "les monstres du Dr. Spock."

By age ten, then, French children have become *bien élevés*. They have learned about limits, boundaries, delineation, and appropriate behavior within each segment of life, within each compartment that is formed by these limits. They have learned control over themselves, over their bodies. They have acquired tremendous inner psychological independence, I think, that American children do not have. I think they have not learned what American children do learn, that is, the emphasis on striking out for themselves, venturing out, trying new things.

Ray Birdwhistell made an amusing study in nonverbal communication. It shows a family feeding an elephant at the zoo, in ten different countries.

In England, the father gives the peanut to the elephant. Then he bows. In France, the family feeding the elephant puts a peanut in the child's hand and then holds the child's hand, shaping it properly, while he gives the peanut to the elephant. In Italy, it is again the father: a peanut to the elephant, a peanut to himself . . . And in San Francisco, the father never even looks at the elephant. The whole family is there, and the father is gazing into space.

In another study, French parents and children agree that French children between the ages of eight and ten, the golden age, are *avertis, équilibrés, modérés, prudents, raisonnables, sérieux, gentils, obéissants,* and *tranquilles*. "Ils savent s'amuser tout seuls." But, as I mentioned, that is only half of the socialization process, because the child must also know how to *se défendre* in life. He must become *débrouillard*. And there is a whole system of escape mechanisms so he can live in society. This duality is important in understanding French behavior generally.

The point of departure could be in personality formation, and here I take an idea that was expressed by Kurt Lewin, a German sociologist who taught at Yale. He envisaged personality and the relationship of the individual to society as a series of concentric circles, the outer circle being the most social and the inner circle the most intimate. His point was that the German personality has a very thick wall at the outer layer, but that, once this wall has been pierced, it is relatively easy to establish a closer relationship. Whereas, in the American personality, there is a very hard core at the center, and the farther out one goes, the more permeable is the layer. He used this to illustrate the problem of German and American social relations. The American seems so open and friendly, whereas the German seems at first so stand-offish to the American.

I mentioned this to a French graduate student in sociology, and she decided to look for a French model. She interviewed all the French students she could find in the Boston area and asked them about their relationships with Americans and the problems they have had. She concluded that the French model had the same thick outer layer as that of the German personality, but that the next layer was also very thick, and the next . . . That is, it is very difficult to establish intimate relations with a French person. The personality formation of the two would be just the opposite. And this causes problems in French-American relations. For example, a French student meets an American student at a mixer and finds the American student so cordial. The next week, the French student meets the American on campus, and the American doesn't even recognize him. Because the relationship hadn't meant anything to the American student; whereas, to the French student, letting the American penetrate his outer circle was important. Or, on the other hand, American students in France complain that they are not invited into French homes. But when a French family does open up to an American student, the American gets claustrophobia. He is stuck in a human relationship, whereas he didn't mean to get *that* involved. Americans like to keep things open. Eventually, he returns to the United States, and the French family never hears from him again. And they ask, "How can Americans be like that? *Ils sont cruels*. They leave and don't even write to us, not even at New Year's."

So this is one way of envisaging the personalities and relationships between the French and the Americans. The student who made the study quoted a French student in Boston as saying:

One's first impression is a hundred times better here than in France. Americans are really very cordial. But your relations with them are more limited than personal relations in Europe. I wanted to understand Americans. I've really tried. But I've given up. It's no fun anymore. You can't get to know them intimately. You find out after ten years that you have the same relationship you had the first day at dinner: very cordial, free, but nothing really important. You get to a certain point and have the feeling that all you're doing is *les emmerder* by trying to get to know them better.

An American psychologist who had lived in France for several years said:

The French personality is like a solid house surrounded by a beautiful formal garden and protected by a high wall in which are set pieces of jaded glass. It is difficult to get in the gate, but once you are inside, you are cordially received in a fascinating atmosphere. One is overwhelmed. Then the problem arises about how you're going to get out.

There are certain implications to this. One has to do with the conception of *pudeur*, which is something European perhaps, at least very French, and certainly not very American. How does one translate the word? "Shame" is often used, but it's not shame; it is something more subtle. The French personality, like the French house, has a great wall around it, a protective wall that helps them survive. And they care far less about what other people think than do Americans, who are so easily hurt in this respect. It seems to me that, in the case of some French people, there is a phenomenon which I call protective coloration: the desire to camouflage this wall so that people will not see it, will not notice you. My favorite example here comes from Giono's book, *Le Moulin de Pologne*, in which the protagonist was always being zapped. Every time he stuck his head up, he got knocked down. Because, Giono keeps saying, "C'était un homme que Dieu n'oublie pas." In Anglo-Saxon terms, a man that God doesn't forget would be a very fortunate man indeed. It is the contrary in the Mediterranean sense: as soon as God notices you, Zap! So the man tries not to be outstanding. And the moral that is drawn is, "Il ne faut pas tenter Dieu. . . . Je n'ai jamais vu de bonheur qu'à des gens médiocres, mais la médiocrité n'est pas à la portée de tout le monde!"

This reminds me of the boy in *Village in the Vaucluse* who wasn't bright, never got into trouble, and worked very hard. Why? "Pour qu'on me laisse tranquille." There is much more of this, I believe, in France than there is in this country.

Because a French person is forced into a mold, forced to be *bien élevé*, the fact of differentiating himself from others becomes extremely important. At this point, I began to understand Buffon's "le style, c'est l'homme." It's your style. You have to differentiate yourself in some way. Even though you may feel a need to protect yourself through protective coloration and the wall around you, there is still a value to being untypical, not just an average guy. When I was looking for an average French village to study, I had to use the expression "un village témoin." Everyone would react with hostility to being called "average." Whereas, in America, one sees towns that advertise themselves as being "All-American."

Another interesting point is the difference between function and personality. Function is impersonal; personality is *personal*. As Montaigne said, "Montaigne et le maire de Bordeaux sont deux." (And so he left Bordeaux at the time of the plague.) Americans seem to tend to confuse these two aspects and then fail to understand why the French don't act personally when the relationship is only on a functional level. *Fonctionnaires* can appear hostile to Americans because the Americans try to charm them, to appeal to their personality, whereas it is only the function that is involved.

An important series of escape mechanisms from social conformity has to do with clandestine action. The child who does not learn the *système D* is lost, in French society. I like to look at the etymology of the word "*débrouiller*." *Brouillard*, fog. *Débrouiller*, to unscramble. Another important word is "*malin*." This passage was written by an American child at the International French-American School in Paris. His father had asked the meaning of the word "*malin*."

> Tintin was *malin* when he dropped the marbles so the man chasing him skidded over. The most *malin* thing that ever happened to me was when our class had a tug-of-war on the Champ de Mars. It was the Americans against the French. Monsieur René got us all started, eight on each side. We pulled and pulled. But they looped their rope around a tree. We were trying to pull a tree down. We were *plus forts*, but they were *plus malins*. In school at home, the teacher would have said it wasn't fair. But Monsieur René said, "C'était malin."

Then we could talk about *la bande*. Conspiracy through *la bande*, which is certainly not a gang. An American gang grows out of previous ties, whereas a French *bande* grows from the action itself. The American gang is usually against property or authority, whereas the French *bande* is only against weak authority. The action of the *bande* is *le chahut*, a very conservative procedure that keeps French authority strong and eliminates the weak.

Their are other institutionalized escapes. One is a temporary loss of control. Children are expected now and then to lose control over themselves, or an adult may temporarily explode. In a woman, this is called a *crise de nerfs*, and in a man, it is called a *coup de tête*. In an extreme case, it might be a *crime de passion*. One can expect this kind of thing, and it can be excused by law so long as it is not a part of ordinary behavior, in which case the person must be put away.

Another escape mechanism would be the adolescent moratorium that is described in *Village in the Vaucluse*. When adolescents reach a certain age, they are allowed to go out and have their fling.

My favorite escape mechanism is the institution of the *oncle*. I wish I had the time to talk about this at length. The idea came to me from a lecture by André Mayer, the father of Jean Mayer, the great biologist and member of the Collège de France. He said that he used to argue with Joseph Bédier. Mayer would say, "What a conventional, frozen civilization we are. Stuck in the mud, bogged down by red tape, bound in a straight jacket, no room for independence, no adventure, rules, rules, rules." And Bédier would answer, "No, France is the country of great adventure because of that curious individual in each family, the *oncle*."

There is much to be said about the *oncle*. You can start off with Maupassant's *L'Oncle Jules*. Or the *oncle d'Amérique,* which all of you French here are. Or Hulot. One way an individual can attain freedom is by becoming *l'oncle*. And often the *oncle* is more instrumental to change in France because he is the one who goes outside and then comes back and imposes himself. The Ulysses mechanism: De Gaulle goes out and comes back, Saint-Exupéry goes out and comes back; the economist Monnet went to Canada and came back; Lévi-Strauss came to this country and went back to conquer anthropology. The *oncle* is a very interesting French institution.

And then there is substitute behavior, the behavior that gives the individual the chance to express himself despite being *bien élevé*. Substitute behavior may be through verbal expression—for example, the importance of wit in France as an instrument of aggression. *Le Canard enchaîné,* a typical French institution, could not even exist in the United States—yet it is one of the most potent weapons in France.

And, when verbal expression is not permitted, there is the expressive power of the eyes, the body, the importance of mime.

And, finally, there is fantasy. I think that French children have an inner personality, an inner independence, an inner life that American children lack. And they illustrate and embellish it in a way that gives French literature and cinema a particular and very beautiful cast. The illustrations of Folon are an example of this.

Each individual is surrounded by his own wall, enclosed in his own circle, but, through these escape mechanisms, he can exist even though there are social controls. The *societé bloquée* is blocked only at the level of officialdom.

Notes

1. Marc Dandelot and François Froment-Meurice, *France* (Paris: La Documentation Française, 1975). Dans le même genre d'ouvrage, voir notamment *La France et les Fran*çais et *Paris*, publiés en 1979 par le même organisme.

2. This film, which is 100 minutes long, can be rented from Audio-Brandon.

3. Margaret Mead and Rhoda Métraux, *Themes in French Culture. Preface to a Study of French Community* (Stanford: Stanford University Press, 1954).

4. Charles de Gaulle, *La discorde chez l'ennemi* (Paris: Berger Levrault, 1924).

5. Pierre Bourdieu, director of *Actes de la recherche en sciences sociales*, wrote with Jean-Claude Passeron *Les Héritiers. Les étudiants et la culture* (Paris: Editions de Minuit, 1964) and *La reproduction. Eléments pour une théorie du système d'enseignement* (Paris: Editions de Minuit, 1970). He is also the author of *La distinction, critique sociale du jugement* (Paris: Editions de Minuit, 1979) and of *Le Sens pratique* (Paris: Editions de Minuit, 1980).

6. Edward T. Hall, *The Silent Language* (New York: Doubleday, 1959); *The Hidden Dimension* (New York: Doubleday, 1966).

7. Ray L. Birdwhistell, *Kinesics and Context. Essays on Body Motion Communication* (New York: Ballantine Books, 1972).

8. Sherry Turkle, *Psychoanalytic Politics. Freud's French Revolution* (New York: Basic Books, 1978).

Evelyne Sullerot

Sociologue, membre du Conseil économique et social de la République française, Présidente des centres "Retravailler", Evelyne Sullerot a conduit des travaux et publié des ouvrages sur tous les aspects de la condition féminine, qui l'ont fait connaître dans le monde entier. Notamment: La Presse féminine, La Vie des femmes, Demain les femmes, Histoire de la presse féminine des origines à 1848, Histoire et sociologie du travail féminin, Le Droit de regard: la femme dans le monde moderne, Les Françaises au travail, Histoire et mythologie de l'amour, *et tout récemment,* Le Fait féminin. *Plusieurs de ces ouvrages ont été traduits en une dizaine de langues. Evelyne Sullerot fut co-fondatrice du Mouvement Français pour le Planning Familial. Journaliste, professeur, elle a aussi fait comme expert des rapports importants sur la démographie de la France et sur l'emploi des femmes pour le gouvernement français et les grands organismes internationaux. Depuis 1978, elle assure à France Inter une émission de grande écoute intitulée "La société c'est vous".*

LA DEMOGRAPHIE EN FRANCE

Si j'ai choisi de vous parler démographie d'abord, et cela peut sembler un peu étrange, c'est que c'est peut-être un des aspects de la sociologie les plus mystérieux: dans ce rapport entre le nombre et la durée, le nombre et le temps, une civilisation s'exprime d'une façon majeure.

D'une part, on a rarement conscience de toutes les évolutions qui se passent dans une population et qui déterminent l'avenir d'un pays. D'autre part, la situation de la France est très singulière dans l'histoire démographique de l'Europe. J'ajouterai aussi que les problèmes de démographie influencent toujours la situation des femmes dans un pays. Je veux dire par là que les conquêtes du féminisme en France pourraient être rapidement touchées par la

64

crise démographique aussi bien que par la crise de l'emploi. Cette crise de l'emploi risque indirectement de faire renaître des forces, disons, masculines réactionnaires. Permettez-moi cette anecdote en passant. Au moment de la présentation de mon rapport au Conseil économique et social,[1] nous avons eu huit heures de débat pour une seule phrase concernant le salaire de la mère au foyer dont je ne voulais pas mais que ces Messieurs étaient tous prêts à voter.

Si l'on veut essayer de préserver certaines conquêtes de ces dernières décennies, particulièrement pour les femmes, il faudra voir loin devant soi, prévoir l'horizon du vingt-et-unième siècle et surtout les renversements démographiques qui peuvent se produire.

On doit donc se poser d'entrée de jeu une énorme question: si les nouvelles formes de vie sociale, le nouveau style de vie—j'entends par là la permissivité et la libération sexuelles, la similitude de plus en plus grande des rôles masculins et féminins, un niveau d'activité professionnelle féminine très élevé—si cet ensemble qui comporte l'exercice de conquêtes féminines importantes conduit à un niveau de fécondité très bas, à une non reproduction des générations, ce style de vie, ces conquêtes sont, à terme, condamnés. Ce nouveau style de vie est riche de promesses, d'aboutissements, d'épanouissement, de choses auxquelles nous aspirions depuis longtemps—mais s'il conduit à une reproduction inférieure à deux enfants par femme, il ne peut que mourir. Il faut donc prendre conscience de ces questions démographiques et c'est pour cela, je le redis, que, femme et féministe, je m'y suis attaquée au risque—qui d'ailleurs est advenu—de m'attirer les foudres de toutes les féministes orthodoxes du moment: "Comment? On veut nous remettre à la maternité? etc . . ."

Sociologiquement, de plus, c'est intéressant. Ces questions démographiques sont à l'ordre du jour en France et nous permettent indirectement d'établir une sorte de tableau des attitudes, des opinions et des réactions des différents groupes sociaux et partis politiques.

Ce qu'il faut bien comprendre c'est que la France est le seul pays au monde qui compte aujourd'hui un nombre de naissances annuel inférieur de 30% à celui qu'elle a connu voici 200 ans. En 1966, il y a eu 860.000 naissances; en 1976, 720.000 naissances, alors que, par exemple, de 1780 à 1790 on avait en moyenne 1.061.000 naissances par an.

L'histoire de la population française—quand je dis "population française" c'est en termes démographiques que je m'exprime—est très différente de celle des autres pays d'Europe occidentale. La France est le premier peuple à avoir contrôlé sa fécondité, 80 ans avant l'Angleterre. Cette antériorité est d'autant plus surprenante qu'elle ne s'accompagnait pas de transformations économiques plus précoces qu'ailleurs. Au contraire, puisque l'industrialisation en Angleterre aura 50 ans d'avance sur celle de la France. La France a donc une plus vieille tradition de la limitation des naissances que les autres pays, ce qui explique pourquoi elle est peut-être plus sensibilisée par la baisse récente de la fécondité que d'autres pays qui au contraire s'en félicitent. Elle a déjà l'expérience du vieillissement.

Si, en consultant les recherches démographiques historiques de divers pays européens, on examine la reproduction humaine pendant l'Ancien Régime, c'est-à-dire pendant l'ère paysanne, on s'aperçoit d'une manière générale que le nombre moyen d'enfants par femme était de 4,5. Cette fécondité élevée était nécessaire pour reproduire tout juste les générations tant la mortalité infantile et juvénile étaient élevées. Or il se trouve qu'en France la diminution de la fécondité a commencé vers 1750 alors qu'en Angleterre les taux ne baisseront qu'en 1830, en Allemagne en 1850. Nous avons là un phénomène tout à fait curieux quand on connaît le retard que la France avait pris dans son industrialisation vis-à-vis de la Grande Bretagne.

Il faudrait entrer dans les profondeurs historiques de la civilisation française et se demander pourquoi les Français sont les seuls au monde qui se soient mis si tôt à contrôler leurs naissances, pourquoi la France a commencé à avoir moins d'enfants au dix-huitième siècle alors que les autres pays ont attendu le dix-neuvième siècle. En tous les cas, les effets de ce phénomène ont été considérables: la mortalité fléchissant, pendant le dix-neuvième siècle, la France a vu sa population—par rapport à sa population de 1750—multipliée par deux, tandis que celle de l'Angleterre était multipliée par sept!

En ce qui concerne les causes de cette singularité française, chacun avance une théorie. Les problèmes démographiques ont cela d'intéressant qu'on doit en envisager tous les paramètres possibles: sociaux, religieux, économiques, politiques.

A propos de cette baisse de fécondité après 1750, chaque historien a ses petites idées.

En étudiant très attentivement, dans les registres de paroisses, les naissances et les morts, on s'aperçoit que cette baisse a commencé dans le Midi, et particulièrement dans les régions, je ne veux pas dire déchristianisées, mais plutôt anti-catholiques. Cette vieille antinomie entre le Midi des Cathares et le Nord royaliste s'est peut-être traduite au dix-huitième siècle par une désaffection religieuse des hommes. C'était le commencement d'un phénomène très curieux: les femmes allaient à la messe, mais pas les hommes. Ceci nous le savons grâce à l'école historique française qui s'est mise à utiliser statistiquement les testaments, les registres de paroisses, des sources diverses d'une richesse extraordinaire. On pense que cette déchristianisation des hommes (qui attendaient leurs femmes à la sortie de l'église) a peut-être contribué à leur faire adopter une nouvelle attitude vis-à-vis de la morale sexuelle et du péché: c'est-à-dire que le *coitus interruptus* n'était dès lors plus vraiment un péché pour eux et ils n'allaient plus se confesser quand ils le pratiquaient.

De plus à cette époque, certains événements peu communs sont survenus. Jusque-là, à part une partie de la population qui était assez mobile, l'énorme majorité des gens appartenaient à la classe paysanne. Or les paysans restaient dans leur village et allaient rarement beaucoup plus loin que le bourg voisin. Avec la conscription de la Révolution, devenus soldats, les hommes sont sortis des villages. Et les guerres napoléoniennes ayant succédé aux guerres révolutionnaires, pendant vingt ans les jeunes gens ont dû, fort nombreux, être enrôlés et devenir soldats. Au bivouac avant la bataille, ces hommes de toutes religions parlaient, et ils ont échangé ce qu'on a appelé les "funestes secrets". Cette expression, vous la trouvez dans les textes des premiers démographes et des prêtres. Ce qu'on appelle les "funestes secrets", ce sont les moyens connus pour ne pas avoir d'enfants. Ces renseignements se sont répandus à une telle rapidité au moment de la Révolution et de l'Empire que l'on peut vraiment penser que ce brassage d'hommes dû à la circonscription et aux guerres a certainement contribué à la diffusion de certaines méthodes de contraception jusque-là réservées aux prostituées. Elles sont passées à ce moment-là dans la bourgeoisie. Entendons-nous sur le terme bourgeoisie, mais enfin vous voyez ce que je veux dire: le Tiers Etat de l'époque révolutionnaire.

A mon sens, tous ces facteurs ont joué un rôle. Il est ex-trêmement intéressant de remarquer que c'est au dix-huitième siècle que, semble-t-il pour la première fois, on prend conscience de la mortalité des enfants comme autre chose qu'une fatalité. J'ai coutume de dire souvent que la statistique est une des sciences sociales les plus intéressantes parce qu'elle révèle les intérêts d'une société. On ne compte que ce qui compte. Je veux dire qu'on ne commence à dénombrer que ce qui a de l'importance dans une société. On a donc commencé à compter les moutons, on a compté les sacs de blé, puis les soldats, les écus, enfin les feux, c'est-à-dire les ménages. Tout ceci est très révélateur. Les femmes, on les a comptées bien plus tard. Les enfants ne figureront avec précision dans l'Etat civil que plus tardivement encore.

La mort des enfants en bas âge était considérée comme du domaine du fatum. Vers 1750, un enfant sur quatre n'atteignait pas l'âge d'un an et un enfant sur deux n'atteignait pas l'âge de dix-huit ans. Sur les 4,5 enfants qu'avait alors une femme en moyenne, deux mouraient avant d'atteindre dix-huit mois, un mourait avant cinq ans, il n'y en avait donc qu'un ou deux qui survivaient. Nous avions ainsi un système auto-régulé (deux adultes donnaient naissance à deux enfants atteignant l'âge de se reproduire), cruel, dont le taux de mortalité était très élevé. Dès 1750 on commence à se préoccuper beaucoup de cette mortalité, même un peu avant. N'oublions pas un autre corollaire: la plupart des ménages étaient séparés par la mort. Il n'y avait pas de divorce, mais la durée de vie commune était bien inférieure à ce qu'elle est maintenant. (On l'oublie toujours: nous sommes des héros aujourd'hui, qui arrivons à vivre, mari et femme, pendant quarante ans. Jamais, dans le passé, des couples n'avaient vécu aussi longtemps ensemble en grand nombre.) Mais j'en reviens à cette sensibilité, à cette prise de conscience de la mortalité infantile. Dans la presse de province, dans ces journaux qu'on appelait alors les *Affiches*, on voit paraître, de 1730 jusqu'en 1750, une quantité remarquable d'articles sur l'accouchement et sur les manières de réduire cette véritable hécatombe d'enfants en bas âge, ressentie comme un drame. Curieusement, d'ailleurs, ce qu'on recommandait dans les livres paraissant alors, sous les titres "Comment conserver les enfants", était proche des modes nouvelles actuelles: mettre l'enfant tout nu sur sa mère, le laisser contre sa mère, ne pas "emmailloter", Jean-Jacques Rousseau l'avait défendu. De plus en plus, dans les journaux, dans les livres (plus de 150 ouvrages sur cette question entre 1730 et 1780), l'idée revient tout le temps qu'il vaut mieux avoir moins d'enfants et les faire vivre qu'avoir plus d'enfants et les laisser mourir.

Il est très intéressant d'essayer de se demander ce qui s'est passé à ce moment-là, qui a eu une importance considérable. Les faits démographiques sont difficiles à expliquer. Ils ont une caractéristique commune, c'est leur inertie. Ils ont toujours des effets prolongés. Une baisse ou au contraire une augmentation du nombre des naissances annuelles va avoir des effets pendant soixante-quinze ans et ils ne sont pas modifiables. On ne peut ni rattraper une baisse ni compenser une hausse. On aura les mêmes problèmes d'effectifs élevés et d'effectifs creux pendant très longtemps. Alors cette baisse précoce de la fécondité en France a eu des effets certainement considérables.

PARTICIPANT—*Mais l'intention n'était pas tout à fait d'enrayer la croissance de la population, au contraire, non?*

Les peuples d'une manière générale ne sont jamais conscients de leur situation démographique réelle sauf si on leur renvoie leur image avec des sondages et des chiffres. La France a cru à ce moment-là qu'elle était de plus en plus peuplée. Mais c'était l'idée qu'il fallait conserver les enfants plutôt que d'en avoir trop, l'idée qu'ils seraient mieux élevés. Ceci dit, la mortalité infantile n'a pas beaucoup diminué. D'autre part, n'oubliez pas que nous avons affaire à une société assez hédoniste et que les femmes n'aimaient pas tellement accoucher, parce que cela les déformait, et ne nourrissaient guère. Jusqu'à ce que Jean-Jacques Rousseau remette l'allaitement à la mode, on ne voyait jamais de bébés dans un salon. A partir de cette époque, ce fut la dernière mode de présenter ses nouveaux-nés, de se dégrafer le corsage et de leur donner à téter en public. "Les vanités de la mamelle" dont se moque Madame de Genlis.

PARTICIPANT—*La fécondité ne décroît-elle pas pendant les moments de prospérité relative?*

C'est une très bonne remarque. D'une manière générale, pour ce qui est de l'époque contemporaine, c'est une des réponses que je ferais. Mais vers 1750 il n'y a sans doute pas d'explication globale, mais une quantité de facteurs dont il faudrait tenir compte: nouvel idéal familial, nouvelle représentation des enfants que l'on va pouvoir éduquer, et j'insiste, une variété extrême des moeurs d'une province à l'autre.

Dans ses études sur les paysans du Languedoc, Le Roy Ladurie[2] a bien montré que, contrairement à l'époque moderne, on retrouvait périodiquement une aménorrhée de famine chez les femmes. Quand il y avait de bonnes années on avait beaucoup d'enfants, le nombre des habitants augmentait. Mais les ressources devenaient précaires. Il suffisait d'avoir une mauvaise récolte une année pour que les femmes deviennent infécondes par sous-alimentation. Disons que vers 1750, si la fécondité décroît nettement, c'est tout de même de façon assez progressive. Toutefois cette inclination à la baisse, commencée plus tôt que dans aucun autre pays, va se poursuivre jusqu'au milieu du vingtième siècle.

L'autre caractéristique, l'autre creux important dans l'histoire démographique française, c'est évidemment celui de la guerre de 1914-1918. Il n'y a qu'à jeter un coup d'oeil sur la pyramide des âges de la France pour s'en rendre compte. Ce grand trou dans la population n'est pas dû aux morts, mais au déficit en naissances, du fait que les pères potentiels étaient au front. En outre, en plus de ce déficit énorme en naissances, toute l'élite masculine, deux millions d'hommes, a disparu. Je crois qu'il faut avoir ces données constamment en esprit parce que l'effet s'en fait sentir encore actuellement. Par exemple, nous sommes confrontés en France aujourd'hui à un problème d'emploi et de chômage: les classes d'âge très "creuses" nées de 1915 à 1919 partent en ce moment à la retraite et durant les cinq années à venir. Or les jeunes arrivant sur le marché de l'emploi ont des effectifs deux fois supérieurs. Ceux qui arrivent sur le marché de l'emploi sont le double de ceux qui partent à la retraite. Pendant cinq ans, on va avoir un déséquilibre démographique de 500 mille personnes par an, c'est-à-dire 500 mille emplois à trouver par rapport aux départs à la retraite. Quand seront finis ces départs des personnes nées entre 1915 et 1919, arriveront à la retraite les générations nées au début des années 20, générations de rattrapage après le retour des soldats. A ce moment-là, la balance démographique de l'emploi sera plus équilibrée, mais ce seront les régimes de retraite, les pensions qui risquent de sauter. Les effets d'une hausse ou d'une baisse sont donc

Pyramide des âges de la population au 1er janvier 1977

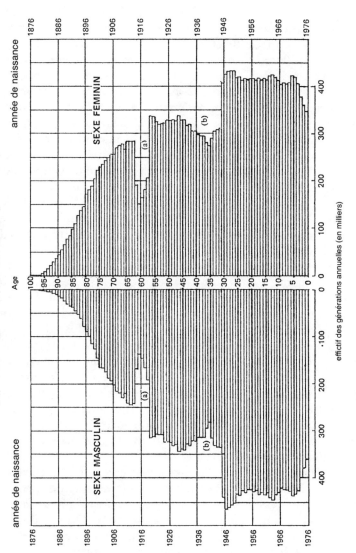

année de naissance   Age   année de naissance

SEXE MASCULIN   SEXE FEMININ

(a)   (b)   (a)   (b)

1876 1886 1896 1906 1916 1926 1936 1946 1956 1966 1976

100 95 90 85 80 75 70 65 60 55 50 45 40 35 30 25 20 15 10 5 0

400 300 200 .100 0 100 200 300 400

effictif des générations annuelles (en milliers)

(a) Déficit des naissances dû à la guerre 1914–1918

(b) Déficit des naissances dû à la guerre 1939–1945

Source: I.N.S.E.E.

considérables puisque soixante ans après on en ressent encore les effets.

La disparition des élites et des hommes d'âge actif a eu comme autre conséquence l'extraordinaire nombre d'étrangers immigrés en France dans les années 20 et 30. Même avant puisqu'on avait fait venir plus de 100.000 Chinois entre 1914 et 1918. Pour faire face aux travaux industriels, surtout des mines, dans la période de L'entre-deux-guerres, la France a assimilé un million d'Italiens, un million d'Espagnols et 800.000 Polonais. Cette importation a permis en partie de parer au phénomène de vieillissement démographique car à cette époque la France connaissait un taux de mortalité plus fort que son taux de naissance. On a calculé que sans cette immigration la population française aurait diminué de cinq millions, ce qui eût été considérable. Actuellement, un Français sur huit a au moins un grand-père étranger. C'est le seul pays d'Europe dans ce cas, le seul pays d'Europe de vieille tradition d'immigration. Les autres pays européens émigraient au contraire en Irlande, Allemagne, Italie, etc. . . .

Autre conséquence de la guerre de 1914−1918 et de ses grosses pertes, conséquence tout à fait directe et qui n'est pas négligeable, c'est la loi de 1920 contre la contraception et l'avortement. Elle a été votée par la Chambre des députés, qu'on appelait la chambre "bleu horizon" parce qu'elle était formée d'anciens poilus. Il n'y a eu qu'une ou deux voix contre. Un ou deux héros! Cette loi, je la connais par coeur puisqu'en 1956, j'ai fondé le Planning Familial en France. Cet organisme dont j'ai été la première secrétaire générale tombait sous le coup de cette loi qui réprimait les pratiques anticonceptionnelles et la propagande anticonceptionnelle. On n'avait pas le droit de parler de manière malthusienne ou anticonceptionnelle et c'est ce qui a, dans les débuts, rendu très difficile l'action de notre mouvement.

Pour ma thèse de doctorat il se trouvait que j'avais fait l'analyse des journaux féminins et j'étais donc considérée comme spécialiste de l'étude de la presse féminine. Un jour, *Le Petit Echo de la mode*, fondé en 1880, m'a demandé d'écrire son histoire. On m'a donné la clé du grenier où se trouvaient tous les anciens numéros. Cela m'a évidemment prodigieusement intéressée car il y avait là un nombre de données brutes qui transparaissaient dans cette continuité, de façon éloquente, et permettaient de déchiffrer toute une civilisation. Entre autres, j'ai été absolument stupéfaite de trouver dans ce journal des publicités pour avorteuses, alors que ce journal était considéré comme très catholique. On y trouvait, en très grosses lettres: "retard de vos règles, écrivez-nous, discrétion assurée". Or, à partir de 1920, après la loi, ces publicités disparaissent totalement. Je ne sais pas comment cela s'est traduit dans la vie réelle. Mais en tous les cas, certainement pas par une augmentation des naissances: au contraire, puisque dès 1921, 1922, la fécondité baisse à nouveau.

Moi-même qui suis d'une famille de cinq enfants, je me souviens que ma mère me disait toujours que lorsque son premier enfant était venu après la guerre de 1914–1918, on l'avait félicitée. Pour le deuxième, on l'a encore congratulée, pour le troisième, on l'a regardée bizarrement, mais au quatrième on l'a traitée de folle. Au cinquième, on s'est vraiment demandé . . . Dans les années 30, en France les familles ne dépassent guère un ou deux enfants. Donc cette période représente une première expérience de vieillissement démographique et nous amène à une période dont j'ai un souvenir extrêmement net, celle de la défaite de 1940. Lors de la défaite de 1940 tout le monde était en province (il n'y avait plus personne à Paris). On assista à une phase de masochisme et culpabilité collective. On ne peut qualifier autrement la propagande de Vichy qui se résume par: "Nous avons perdu la guerre puisque nous n'avions pas d'enfants, les Allemands faisaient des enfants et des canons pendant que nous faisions la fête mais pas d'enfants." C'était véritablement un refrain qui revenait constamment, une sorte de mea culpa permanent. Lorsque Pétain prendra le pouvoir, il promulguera immédiatement (en juin 1940) une loi interdisant aux femmes mariées de travailler. Nous aurons ainsi toute une série de mesures prises qui reflèteront parfaitement l'idéologie "Travail-Famille-Patrie", devise de l'Etat de Vichy remplaçant "Liberté-Egalité-Fraternité".

Il faut vraiment l'avoir vécu pour le croire. J'étais en classe, dans un collège mixte, à cette époque-là et je me rappelle la propagande qu'on nous faisait, entre autres à propos des enfants. On nous lisait des communiqués populationnistes sans le moindre sens du ridicule. Ainsi je me rappelle une phrase sublime qui disait: "C'est dès le collège que l'on doit apprendre à devenir parents." Et nous nous applaudissions en riant: "Oh, oui! tout de suite, tout de suite!" C'était un chahut formidable.

La deuxième guerre s'est elle-même traduite par une baisse brutale du nombre des naissances. De janvier à mai 1940, il y avait déjà eu la "drôle de guerre", beaucoup de jeunes hommes mobilisés, sur la ligne Maginot. A partir de mai, de l'offensive allemande, tout le monde est parti en débandade sur les routes. On ne songeait pas du tout à faire des enfants. Des familles séparées, disloquées. Deux millions d'hommes adultes prisonniers en Allemagne. Ce qui donna 50.000 naissances de moins en 1941. Curieusement, ce déficit de 50.000 naissances en temps de guerre, c'est exactement la baisse qu'on a connue de 1973 à 1974, en temps de paix. Cela laisse assez rêveur, puisqu'on ne sait pas du tout pourquoi dans la paix et la prospérité est intervenue une telle baisse.

Pour en revenir á la dernière guerre, malgré les prisonniers (1.800.000), malgré la situation économique dramatique, on voit vers 1942 le taux de fécondité remonter. Dans la région où j'ai vécu (ce n'était pas pareil dans d'autres régions) régnait franchement la disette. Je n'ai pas mangé de pain, pas vu de beurre pendant quatre ans, pas vu une pomme de terre pendant trois ans. Nous mangions du son pour les cochons et des grains pour les poules. On a survécu grâce aux olives (nous étions dans le Gard) mais j'ai vu des gens mourir de faim. Eh bien, c'est lors de ces difficultés quotidiennes, avec cette constante sous-alimentation, à un moment où 45% des filles en pleine adolescence maigrissaient d'une année à l'autre, c'est dans cette atmosphère-là que la fécondité a repris.

L'insécurité était totale, le logement très rare et rudimentaire, les transports à peu près inexistants, la nourriture très difficile à obtenir, le textile, il n'y en avait pas. Néanmoins c'est dès 1942, tous les calculs le montrent bien, que les femmes dont le mari était présent se remettent à avoir des enfants. C'est une période très curieuse. Je crois qu'il faudrait entrecroiser les souvenirs des gens qui vivaient dans des régions variées de France pour se faire une juste idée de la situation. Je me suis aperçue par exemple que pour les gens qui habitaient en Normandie ou dans le nord de Paris, tout était différent. Cependant, partout on lisait énormément. De la poésie entre autres, qu'on récitait tout le temps. L'amour passion prenait une immense importance. On écrivait des lettres d'amour sans arrêt. On faisait l'amour, quoi, puisque c'est tout ce qui restait ... Pendant la guerre également les enfants sont redevenus une "valeur". (Il est vrai qu'il y a eu les allocations familiales de Pétain, dès 1941.) Le mélange de cette propagande, le fait que toutes les autres valeurs étaient par terre, que la vraie violence régnait partout, je ne sais pas ... a favorisé un regain de confiance en la vie, paradoxalement, dans les valeurs refuges de la vie: l'amour, la nature, les bébés, la poésie, les chansons folkloriques, l'imagination, les films oniriques.

PARTICIPANT—*Est-ce que cette génération n'était pas justement celle des enfants de la première guerre?*

Tout à fait. Si on suit une hypothèse un peu mécaniste, on compterait à peu près tous les trente ans une génération qui fait assez peu d'enfants et la suivante qui en fait plus. Personnellement, je suis très tentée par cette théorie cyclique. Des enfants qui auraient vécu une petite enfance sans père seraient portés vers une compensation de maternité ou paternité? On plonge là un peu dans l'inconscient individuel mais, en s'additionnant, cela finit par donner des phénomènes collectifs. Je ne sais pas . . .

Je n'aime pas beaucoup citer des anecdotes mais je pense à une de mes amies qui s'était engagée dans les Brigades Internationales de la guerre d'Espagne. C'était une agrégée de lettres, hyperféministe, militante trotskiste, tout ce que vous voudrez. Elle avait à l'avance arrêté qu'elle n'aurait jamais d'enfant. Or elle s'est décidée à faire un enfant en pleine guerre: "Il y a des morts partout, je me suis dit: il faut faire le contraire," raconte-t-elle.

Evidemment chacun a sa petite théorie; j'en ai une concernant la fécondité privilégiant l'importance du climat dans lequel on a vécu son adolescence. Prenons pour exemple la grande vague du *baby boom* après la deuxième guerre mondiale dont est responsable ma génération: avec toutes mes pareilles, si nous avons fait des tas d'enfants, c'est peut-être que nous avions vécu notre adolescence pendant la guerre.

PARTICIPANT—*Et pourtant nos parents nous disaient, "Il ne faut pas avoir trop d'enfants," et je leur disais, "Moi, j'ai envie d'en avoir six."*

Moi aussi! Je me rappelle à quinze, seize ans avec les camarades de mon âge, nous avions tout le temps des conciliabules: "Combien tu veux d'enfants?" et le chiffre cité était toujours quatre ou cinq.

Comme le disent très souvent les meilleurs démographes français, la singularité de l'histoire démographique récente en France, ce n'est peut-être pas la baisse actuelle, mais le *baby boom* tout d'un coup après la guerre. Cette reprise a été plus forte que dans d'autres pays européens et plus durable. Il faut aussi tenir compte du système d'aide à la famille qui en France a été dès 1945 beaucoup plus complet qu'ailleurs. Ce système très incitateur avait été voté par une majorité politique socialo-communiste. Même avant De Gaulle au gouvernement, les socialo-communistes avaient déjà préparé la politique familiale pendant la guerre, dans le Conseil National de la Résistance. Alfred Sauvy avait déjà préparé tout son système d'allocations familiales durant l'Occupation.

Je me rappelle, jeune femme, ma surprise quand on m'a payée pour aller faire des visites prénatales. On donnait de l'argent à chaque visite afin de nous obliger à y aller, on nous payait des allocations pendant la grossesse et je me rappelle qu'avec quatre enfants les allocations familiales composaient presque 40% de mon budget mensuel. Ce système d'aide à la famille était très complet et comportait une quantité d'autres primes et de prestations, telle l'allocation de salaire unique, donnée aux femmes qui ne travaillaient pas, c'est-à-dire, dans les foyers où seul le mari travaillait. Cette allocation de salaire unique était à l'époque d'une valeur suffisante pour être dissuasive. D'où l'intérêt et l'importance des conséquences et des effets qu'une telle aide a pu avoir sur le travail féminin. Ces effets seront différents dans les couches favorisées de la population ou dans les couches populaires. Dans les couches populaires, le réflexe des femmes fut, pour ne pas perdre l'allocation de salaire unique, de travailler *sans se déclarer*. Cela provoqua une floraison de travail "au noir" non protégé, en dehors de toute inspection du travail, et à des salaires naturellement au-dessous du minimum. On ne pouvait pas trouver une femme de ménage, par exemple, qui accepte d'être inscrite à la Sécurité Sociale. Elle ne voulait pas parce qu'elle voulait garder l'allocation de "salaire unique". Vous avez là un des effets pernicieux de l'allocation de la mère au foyer, et je crois qu'il faut garder cette expérience en mémoire. C'est la démonstration qu'à vouloir trop protéger les femmes, on risque de leur créer de nouveaux handicaps, de les enfermer dans de nouveaux dangers.

Au départ, ces prestations avaient pour but de corriger les *inégalités horizontales*, c'est-à-dire entre foyers sans enfants et foyers avec enfants. Tout le monde les recevait, sans qu'on tienne compte du niveau de revenu. Par la suite, avec l'inflation d'après guerre, puis la prospérité, et le fait que le niveau de natalité était suffisant, ces presetations ont été utilisées pour compenser les *inégalités verticales*, les inégalités de revenu. A l'heure actuelle, un jeune couple qui se marie ne peut pas savoir exactement combien il touchera d'allocations parce que leur montant dépendra principalement du revenu du ménage. Les prestations familiales ont d'abord eu un but nataliste. Puis leur finalité est devenue sociale: réduire les inégalités.

Lorsqu'on examine les caractéristiques de la population française dans les années récentes, on doit évidemment parler de la baisse des naissances, de la contraception, du fait qu'il y a plus de quatre millions d'étrangers en France, auxquels s'ajoutent un million et demi de naturalisés de fraîche date. La proportion d'étrangers est de huit pour cent. Cette population étrangère est venue d'abord pour reconstruire la France, en ruines juste après la guerre. On a vraiment eu au départ une politique d'immigration volontariste. Par la suite, avec la prospérité, on a assisté à une immigration sauvage et non voulue. La France, beaucoup plus que d'autres pays, a connu une immigration non contrôlée. Un million de Portugais, par exemple, ont franchi la frontière espagnole par des systèmes tout à fait illégaux, et cela en quelques années. D'autre part, il y avait d'autres filières illégales, d'Afrique noire par des bateaux jusqu'en Italie, et surtout un apport de Nord-Africains, Tunisiens, Marocains et Algériens.

Naturellement ces étrangers posent des problèmes énormes et les populations françaises les supportent de façons différentes selon les régions et les moments. En 1951, d'après des enquêtes attentives de l'Institut National d'Etudes Démographiques, les étrangers les plus mal supportés étaient les Allemands. Aujourd'hui, ils sont acceptés parfaitement, à l'instar des Belges: "Il n'y a pas de différence avec nous." En 1979, ce sont les Algériens qui sont les plus mal supportés, quoique cette intolérance diffère selon les régions. Ils sont mieux acceptés dans la région lyonnaise ou la région parisienne où ils sont très nombreux, mais moins bien dans la région de Marseille. Il est très réconfortant de remarquer, d'après un même sondage régulièrement pratiqué de 1951 à 1974, que la xénophobie s'atténue à grande vitesse. Autre caractéristique de l'immigration en France, et qui diffère tout à fait de ce qui se passe en Allemagne, par exemple, c'est que l'immigration y est familiale. Sur les quatre millions d'étrangers, il n'y a qu'un million neuf cent mille travailleurs. Leurs familles forment le reste, des femmes et des enfants. Il y a même des vieillards. La pyramide des âges des étrangers en France n'est pas du tout celle des étrangers en Allemagne par exemple caractérisée par la prépondérance d'hommes actifs jeunes. Les Français en général pensent qu'une famille peut mieux s'assimiler.

Indirectement, l'immigration pose de nombreux problèmes à la France. Dans les milieux de gauche, la sensibilité est du genre: "A quoi bon avoir des enfants puisqu'il y en a trop dans le monde, donc c'est très bien qu'on n'en ait pas, on rétablira un équilibre avec les enfants des pays en voie de développement." A la réponse: "Je suis tout à fait d'accord avec vous, mais quelle sera alors votre politique d'immigration?", stupéfaction! On se refuse à prendre une attitude qui se traduirait dans une politique. Bref, la question des étrangers devra à l'avenir être résolue en termes politiques aussi bien à gauche qu'à droite. La droite est pour l'arrêt de l'immigration. La gauche n'a pas de politique précise, bien qu'elle penche pour la liberté d'immigration.

Un autre aspect sur lequel je tiens à attirer votre attention est celui de la longévité, c'est-à-dire l'espérance moyenne de vie. Elle est, en France, supérieure à ce qu'elle est aux Etats-Unis. Mais nous avons en commun—aux U.S.A. et en France—une très grande différence entre la longévité féminine et masculine. En France elle est de huit ans (aux U.S.A. aussi). L'espérance de vie pour les femmes françaises est presque de soixante-dix-huit ans, hélas! Ce n'est pas réjouissant puisque la longévité masculine n'est que de soixante-neuf ans. Cette différence, qu'on appelle en démographie "surmortalité masculine", est tout de même très inquiétante. Ses effets? ce sont d'abord trois millions de veuves. Nous savons toutes que nous finirons notre vie seules. D'autre part la recherche des causes est intéressante. L'alcoolisme y joue un grand rôle. L'alcoolisme a, pour l'observateur de la France, énormément diminué. On ne voit presque plus d'ivrognes dans la rue. Néanmoins, existe une sorte d'alcoolisme d'imprégnation. L'alcoolisme reste une cause de mortalité masculine très importante. L'alcoolisme féminin augmente beaucoup ces deux, trois années dernières. C'est une nouveauté. L'alcoolisme féminin n'existait absolument pas avant. Il a triplé en trois ans. C'est-à-dire que voici trois ans on comptait une femme alcoolique pour dix hommes alcooliques; aujourd'hui le rapport est de une pour cinq.

PARTICIPANT—*Est-ce qu'il a vraiment triplé ou est-ce qu'il est devenu plus visible?*

Il n'est pas visible du tout. Au contraire, les femmes boivent en cachette. C'est uniquement par la pathologie, au cours d'une visite chez le médecin pour une toute autre raison, qu'on s'aperçoit, au cours de la consultation, qu'une femme est alcoolique. Il s'agit d'un alcoolisme clandestin. Alcoolisme qu'on appelle "des H.L.M." (Habitations à Loyer Modéré), parce que les femmes de ces grands ensembles vont acheter de l'alcool dans un supermarché, et rentrent boire seules pendant que le mari et les enfants ne sont pas là. Nous avons affaire à une pathologie totalement différente de l'alcoolisme masculin. L'alcoolisme masculin est généralement un alcoolisme convivial, l'homme va boire au bistrot ou dans des réunions avec des amis. L'alcoolisme féminin est solitaire et greffé en général sur une personnalité un peu perturbée, dépressive presque toujours.

Pour expliquer la surmortalité masculine, il y a aussi les accidents, qui touchent beaucoup plus d'hommes que de femmes: accidents du travail (en diminution très rapide), accidents de la route. Et je voudrais faire mention d'un sujet particulier, sujet tabou par excellence en France. (Pour en avoir parlé à la radio, j'ai reçu des menaces de mort.) C'est la moto. L'excédent de mortalité masculine prend place entre cinquante-cinq et soixante ans à cause de l'alcoolisme et de ses suites, et entre quinze et vingt ans à cause des accidents de la route et surtout les accidents de motos. La moto est une folie en ce moment en France. Une folie collective parce que les grands média qui, ironiquement, sont au monopole de l'Etat en parlent tout le temps. Il y a une sorte de lobby invisible de la moto, d'autant plus incompréhensible que ce sont des importations japonaises qui ne rapportent pas un sou à l'économie française, et que le nombre de morts ne cesse d'augmenter. Une des question que je me pose en tant que sociologue est la suivante: à combien de morts de quinze à vingt ans dues à la moto faudrait-il arriver pour que la société prenne conscience? Pour l'instant c'est impossible. J'ai parlé quatre minutes une fois de ce sujet à France-Inter. J'ai reçu quatre-vingts lettres me disant que si je me trouvais ratatinée sur une route . . . Les motards sont maintenant les rois. Ils roulent à contre-voie, ils prennent les sens interdits. Il paraît qu'existe une sorte de nouvelle civilisation des motards qui s'entr'aident énormément—quand un motard est par terre, un autre motard s'arrête—une sorte de virilité du motard qui est en train de se construire, "la valeur motard". Mais cela entraîne des morts, et personne n'ose en parler. Les curés de choc progressistes qui s'occupent des délinquants, ils se mettent tous sur des motos.

C'est un phénomène social en train de se construire et qui est à la période où on n'ose pas encore la dénoncer. Je vous le signale parce que rien n'est plus intéressant en sociologie que de voir un phénomène dans sa phase ascendante, pas encore dans sa phase de dramatisation. Quand vous avez un phénomène comme celui-ci, dans ce cas, la moto, vous pouvez observer quatre périodes: une première période où il n'est dénoncé que dans certains milieux confidentiels de criminologues, de sociologues, de médecins ou de psychiatres, cette dénonciation reste confinée au milieu universitaire et peu répandue. Plus tard, dans une deuxième période, on dénonce le phénomène comme étant inquiétant. Cette deuxième phase passe par les grands journaux, normalement par le *Monde* et le *Figaro*. A ce moment-là on commence à faire des films sur le problème. En général ces films—que j'appelle "phase de dramatisation"—sont des films qui stigmatisent le phénomène nouveau, mais en même temps le stylisent. De ce fait, les films répandent une certaine manière stylisée de tenir son révolver, de marcher, de violer une fille, de fumer ou de monter en moto. Sur les faibles cette stylisation a un effet considérable. Vient la troisième période, que j'appelle "phase de vulgarisation". A ce moment-là le sujet traîne dans tous les films et les feuilletons de télévision. A la quatrième période, nous arrivons enfin à la "phase de dérision", où on commence enfin à se moquer du phénomène. Quand on arrive à rire d'un phénomène, c'est que vraiment il est dans sa phase finale. En passant, je dois dire que le néoféminisme imité des Américaines, celui qui a commencé en France vers 1970, a atteint actuellement sa phase de dérision.

PARTICIPANT—*Est-ce qu'il y a des raisons psychologiques, scientifiques pour expliquer cet engouement pour la moto?*

Je vous dirai que pour moi les raisons psychologiques ne sont jamais "scientifiques" . . . Disons que dans la phase où nous sommes on ne peut pas encore étudier ce phénomène, parce qu'on en est seulement au point où on le *justifie*. Les raisonnements psychologiques sont a posteriori et du type: "mais il s'ennuie tellement", "il n'y a rien à faire dans cette ville", "c'est une manière de vivre son agressivité qui ne fait de mal à personne". Mais je peux prédire qu'après ces explications-là, il y aura des explications du type dénonciation où on verra ce qui est l'évidence même: le désir de faire peur, le désir de s'imposer. On raisonne toujours en parlant des jeunes en France comme s'ils étaient en permanence des victimes. Or c'est une classe plus forte que celle des aînés, de plus d'un point de vue. Mais il est interdit de le dire.

Je reprends ma pyramide des âges parce qu'elle est extrêmement éloquente pour expliquer des phénomènes sociaux très importants. Les enfants nés après la guerre, par exemple entre 1946 et 1950, ont été 200.000 de plus chaque année que les générations antérieures, c'est-à-dire beaucoup plus nombreux que ceux qui les précédaient. Ils ont fait éclater toutes les structures dans lesquelles ils sont entrés. Quand ils sont entrés dans les Maternelles, il n'y en avait pas assez pour eux. Quand ils sont entrés dans les écoles, il n'y en avait pas assez pour eux. Quand ils sont arrivés dans les universités, il n'y en avait pas assez pour eux. Cette couche de la population, je l'appelle la couche vedette. Je veux dire que le discours de la société française est toujours centré sur elle ou porté par elle, du seul fait de leur nombre et de la nouveauté des probèmes qu'ils portent.

Je vais vous en donner des exemples. Si vous faites une analyse de contenu systématique des articles parus dans les magazines féminins de 1945 à 1965, vous vous apercevez qu'il y a d'abord eu quantité d'articles sur les bébés (comment nourrir un bébé, comment on baigne un bébé, etc.) Puis on a eu des articles sur les petits enfants. Ensuite sur les enfants d'âge scolaire. Finalement sur les adolescents. Les sujets traités dans les magazines féminins ont très exactement suivi la croissance de cette génération des enfants de 1945−1950.

Quand cette couche d'âge a eu entre treize et dix-huit ans, les "teen-agers", nous avons eu une période tout à fait particulière qu'on a appelée *Salut les copains* du titre d'un journal qui s'est lancé et qui a eu un succès fantastique en trois semaines. *Salut les copains*, c'était en même temps une émission de radio et qui inaugurait ce qu'on pourrait appeler la complicité d'âge entre toutes les couches sociales. Je me rappelle vers 1964 être partie avec mes enfants en voiture vers les Gorges du Tarn et avoir traversé les Causses, région désertique où on n'a que des moutons, où on fait du Roquefort, où il n'y a pour ainsi dire personne. Nous roulions avec toutes vitres ouvertes. Nous avons dépassé un jeune berger qui avait sa radio à côté de lui et qui gardait ses moutons. Mon fils me dit, "Arrête-toi, c'est copain!" En fait, le jeune berger écoutait l'émission de radio *Salut les copains*. Alors mon fils a dit, "Hein? Tu vois?" Entre ce fils d'intellectuels parisiens et ce berger, il y avait une complicité établie par le fait qu'ils écoutaient la même émission de radio faite pour la même classe d'âge. Ce type de phénomène a été très important. Les jeunes se sont mis à se tutoyer, à s'habiller pareillement et il s'est créé un véritable marché des jeunes en France. Les blue-jeans, les disques, les magazines pour les jeunes, le "yéyé", tout cela, ce fut l'adolescence de cette couche vedette. Ils ont eu vingt ans en 1968. Cela s'est su! Ils ont eu une façon assez bruyante de célébrer leur vingtième anniversaire! Et puis, après, ils ont commencé à faire face à des problèmes sexuels, de fécondité parce qu'ils ont commencé à avoir des enfants sans les avoir voulus: c'est certainement grâce à la pression de cette génération que la loi sur l'avortement a sauté. Autant c'est ma génération qui a obtenu le planning familial, c'est celle-là qui a obtenu l'avortement. Avec des démonstrations d'un style tout à fait différent, avec surtout l'utilisation publicitaire des événements. De même, ils se sont parfois mal mariés, ils ont voulu divorcer, donc changer la loi sur le divorce parce qu'ils trouvaient que les démarches étaient parfois trop longues. Et ils y sont parvenus.

C'est cette génération-là qui a peu d'enfants, qui a des problèmes d'emploi et sur laquelle il faut avoir l'oeil car elle est toujours la plus nombreuse par rapport aux structures existantes. Ce qui fait que ceux qui viennent derrière, on n'en entend presque pas parler. On parle beaucoup plus des problèmes des vingt-cinq à trente-cinq ans actuellement parce que c'est cette couche-là qui reste contestataire et je crois qu'ils seront contestataires jusqu'à leur dernier jour. Ce sont les enfants gâtés de l'après-guerre. La société de consommation, c'est eux. Pas nous. (Nous, nous étions la société de pénurie. J'ai eu mon premier réfrigérateur à trente-quatre ans, ma première voiture à trente-cinq ans.) Je crois que c'est eux qui donnent le ton au discours de la société française. C'est eux en ce moment qui sont en train de porter toute la nouvelle philosophie, le renouveau spiritualiste, la critique du marxisme, tout cela est porté par la génération des trente ans, qui d'ailleurs n'a pas encore donné de génies ou de grands talents. Jusqu'ici la moisson est maigre. Mais la force de persuasion qu'ils ont dans leur manière assez décontractée de vivre, très différente des générations passées, est quand même très intéressante. Un petit saut vers l'avenir et en 2000, ils auront cinquante à cinquante-cinq ans: nous aurons alors une France rassie. Nous aurons une France d'adultes mûrs: les gens de cinquante ans seront les plus nombreux, et de ce fait ils ne seront pas des révolutionnaires. Mais ils feront des vieillards contestataires.

PARTICIPANT—*Vous disiez qu'en France les jeunes sont considérés comme des victimes: vous ne voulez pas dire traditionnellement?*

Pas du tout. Vous avez tout à fait raison, c'est au moment où ils ont commencé à jouir de tout qu'on a commencé à les plaindre. Mais eux se considèrent toujours comme des victimes. Je peux vous en donner des exemples. J'ai fondé un institut de formation pour les femmes qui veulent revenir sur le marché de l'emploi. Plus de huit mille femmes ont déjà passé par nos stages. Elles ont tous les âges, jusqu'à soixante ans. Eh bien, les jeunes qui se trouvent dans des groupes mélangées avec des femmes plus âgées ayant souvent eu une vie très dure, ces jeunes veulent toujours prouver qu''elles sont plus malheureuses. Elles ne peuvent pas supporter qu'on leur dise qu'elles n'ont pas connu ceci ou cela. Elles disent, "Oui, on est bien habillées, oui, on est bien logées, oui, on va en vacances, on fait des voyages, oui, on est plus instruites, mais cela ne veut rien dire." Vous comprenez? On aboutit à des discussions sans fin avec indulgence de la part des aînées—puisque les parents n'ont plus que des devoirs . . .

Il faut maintenant s'arrêter un instant sur la question de la nuptialité: il y a eu beaucoup de mariages dans les années 50 et 60. Jamais la France n'a eu moins de célibataires. Tout le monde se mariait. On crachait sur le mariage, mais on se mariait. Comme partout dans le monde, il y a eu un rajeunissement du calendrier mariage-naissances. On s'est marié plus jeune, et on a eu ses enfants plus jeune. On s'est aussi arrêté plus jeune d'en avoir. Brutalement, à partir de 1964 à peu près, surtout après 1970, ce rajeunissement du calendrier a pris fin. C'est-à-dire que maintenant le mariage est retardé, en faveur de ce qu'on appelle la "cohabitation juvénile", pratiquée par 80% des couples. Vers 1970 on assiste à une sorte de rupture et l'on passe d'un modèle à un autre. Avant on se mariait jeune, souvent parce que la jeune femme était enceinte; or aujourd'hui ce genre de mariage a presque disparu, de même que les conceptions prénuptiales, car la contraception est complètement maîtrisée par les jeunes. Du reste, vous devez savoir que les Françaises recourent plus souvent que les Américaines à la contraception.

Tout ceci explique cette baisse de la natalité dont on ne s'est pas immédiatement aperçu à cause de ces différences de calendrier des naissances. Jusque vers 1964 un certain nombre d'enfants naissaient de mères de plus de trente ans. Dans les années 50, 60, s'est imposé un autre calendrier: les filles se mariaient plus jeunes et avaient leur dernier enfant à vingt-cinq ans. Ces deux calendriers mariage-naissances, pendant quelques années, se sont additionnés, on a eu à la fois les enfants plus précoces des nouvelles générations aussi bien que les plus tardifs des générations passées. Ce phénomène a masqué, jusqu'en 1973, la baisse de la fécondité. Par la suite, ceux qui avaient avancé l'âge du mariage, avancé l'âge des grossesses, se sont arrêtés d'avoir des enfants, et du coup le nombre de naissances est tombé brutalement en 1973, 1974, 1975, 1976. Cette baisse est intéressante parce qu'elle se révèle de deux manières.

Premièrement ce n'est pas du tout un refus d'enfant. Il n'y a jamais eu moins de couples sans enfants. On estime à 7% le nombre de couples stériles physiologiquement, soit du fait de l'homme, soit du fait de la femme. Or il n'y a que 10% des couples qui n'ont pas d'enfants. Donc on est presque au niveau physiologique. En revanche, les familles de deux, on appelle cela les enfants de rang 2, ont diminué de 10%, ce qui n'est pas encore grandchose. Mais les enfants de rang 3 ont diminué de 55%. Et les enfants de rang 4 de plus de 80%. Donc on assiste à une tendance brutale vers de petites familles, de manière homogène selon les milieux. Sociologique-ment c'est une nouveauté. Jusque-là la France, pays de la variété, comportait beaucoup de ménages qui n'avaient pas d'enfants, beaucoup d'enfants uniques et beaucoup de familles nombreuses. C'est-à-dire qu'il y avait de tout. Et il y avait presque une sorte de personnalité sociale d'après le nombre d'enfants qu'on avait. Par exemple, dans les milieux agricoles, la fécondité était plus élevée, on avait trois enfants par famille. Ceux qui avaient le plus d'enfants étaient d'abord les salariés agricoles, ensuite les agriculteurs exploitants, venaient après les ouvriers, les contremaîtres en ayant moins que les ouvriers qualifiés. Ensuite venaient les professions libérales, les cadres supérieurs, déjà en dessous de la moyenne nationale, les commerçants, les employés—les employés de bureau ayant un tout petit peu plus d'enfants que les employés de commerce—ensuite venaient les cadres administratifs moyens, puis les instituteurs et les techniciens qui étaient ceux qui avaient le moins d'enfants. On partait donc d'une moyenne de trois avec les agriculteurs, pour arriver jusqu'à 1,5. A cette valeur moyenne par catégorie socio-professionnelle s'ajoutait un phénomène très curieux: certaines catégories socio-professionnelles avaient toujours le même nombre d'enfants; chez d'autres, le nombre en était très varié. Les salariés agricoles avaient zéro ou six enfants. En revanche, les instituteurs toujours un ou deux. Les membres des professions libérales: ou pas du tout ou quatre, cinq. Les employés de bureau: un ou quatre, mais presque jamais trois, presque jamais deux. Les petits commerçants: un ou deux. Les ouvriers qualifiés: un à trois. Les milieux de l'armée et de la police: un à trois. C'est assez comique puisqu'on pouvait tracer une sorte de personnalité entre les classes socio-économiques et leur comportment de fécondité. Tout ceci est en train de s'effacer, car on va vers une homogénéisation de tous les milieux avec une tendance à la famille de deux enfants.

Pour résumer, de 1954 à 1964 le nombre annuel des naissances s'est accru moyennement, de 1964 à 1973 ce nombre oscille du fait de l'arrivée à l'âge de la nuptialité de couches nombreuses nées après la guerre mais de 1973 à 1976, pour les raisons que je viens de donner, on assiste en quatre ans à une baisse de 155.700 naissances et on conçoit qu'il y ait là de quoi s'inquiéter. L'indicateur conjoncturel de fécondité est passé de 2,9 enfants par femme en 1964, à 1,8 en 1976, alors que pour remplacer les générations, il faudrait un taux de 2,1.

Il y a là matière à réflexion. Même si, d'une manière générale, les partis politiques français ne sont pas malthusiens, aucun n'a vraiment pris position de manière concrète. Au niveau de l'opinion individuelle, il y a ce même flottement. Quand vous demandez aux gens ce qui a provoqué la baisse des naissances, les gens de droite vous disent: "C'est l'égoïsme ambiant, la société de consommation, on a perdu le sensr du sacrifice . . ." Ils évoquent des causes morales. Les gens de gauche vous disent: "Les logements sont trop chers, les allocations familiales pas assez élevées . . ." Ils évoquent des causes économiques. Mais quand on en vient aux remèdes, à ce moment-là les gens de droite préconisent l'augmentation des allocations et les gens de gauche parlent de modifier le climat pour l'enfant dans l'ensemble de la société . . .

Finalement, ce sont surtout les moins de trente ans qui sont malthusiens. Ils se fondent sur une dialectique quantité-qualité. A leur avis, il ne peut y avoir qualité de vie s'il y a quantité. La peur du nombre, l'impression d'encombrement dans les villes, le découragement profond devant les perspectives mondiales, un pessimisme stupéfiant, tout cela n'encourage bien sûr pas les femmes à la grossesse. Il ne faut pas oublier que cette couche de la population a passé son adolescence à entendre dire, à cause des campagnes pour le planning familial et l'avortement, que la grossesse est pénible. C'est aussi une génération qui a vu se généraliser la télévision, la mondialisation de l'information sur l'explosion démographique. Il serait néanmoins nécessaire et peut-être urgent de leur démontrer qu'en descendant *en-dessous* d'une certaine quantité il y a presque toujours une diminution de la qualité de la vie.

MARIAGE ET FAMILLE

Je ne suis pas spécialiste de la famille mais c'est un sujet qui m'intéresse particulièrement à cause de l'importance du rôle de la femme. Sans doute la France est-elle un pays latin, et le modèle du *pater familias* du Midi est celui qu'on retient habituellement. Toutefois, il ne faut pas oublier qu'avant d'être romanisée la France a d'abord été celte, et elle a en outre connu des modèles culturels germains, scandinaves, basques, c'est-à-dire très divergents du modèle latin. Sans faire ici l'histoire du sentiment maternel, permettez-moi de vous faire remarquer que la mythologie celte considérait la maternité comme une valeur et la célébrait par des statues de déesses-mères; que la Normandie connaissait le régime de la fratrie dont les soeurs étaient exclues; que la région parisienne avait adopté le régime du couple où la femme et l'homme étaient sur le même pied—si l'homme mourait la femme héritait—que les Basques avaient un régime très féministe puisque très souvent c'étaient les mères qui héritaient, que la fille prenait le nom de la maison et le mari prenait le nom de la femme. Cette énumération simplement pour vous rappeler à quel point ces traditions ont été variées. Tout a été en effet "romanisé" mais en laissant des configurations, des constellations familiales très différentes.

Néanmoins on peut dire que, dans le passé, la figure du père dominait. Aujourd'hui cet amour, ce respect, cette crainte du père, cette sorte de vénération supérieure à l'amour pour la mère, ont presque totalement disparu.

Avant même de parler de la famille moderne il faudrait dire un mot des diverses évolutions qu'a connues la famille française au cours de l'histoire. Il faudrait parler de la "famille en miettes", comprendre qu'au dix-septième siècle, par exemple, la mortalité était si forte qu'il n'y avait pour ainsi dire pas de famille. En effet, les historiens, en essayant de reconstituer les familles des villages à partir de l'état civil, se sont aperçus qu'il n'y avait presque pas de familles normales où le père et la mère continuaient à vivre avec des enfants nés d'eux seulement. On trouvait plutôt des polygames successifs, c'est-à-dire des hommes veufs qui, parce que leurs femmes mouraient en couches, avaient eu des enfants du premier lit, des enfants du deuxième lit, et ainsi de suite.

Ce type de familles sans cesse fragmentées par la mort, avec des enfants qui n'avaient pas connu leurs parents, avec des mariages successifs, avec d'énormes différences d'âge entre chaque membre, ce type de familles se retrouve admirablement bien portraitisé dans le monde symbolique des contes de fées dont nombre furent écrits par des femmes.

Mon but n'est pas de faire ici l'historien de la famille et son évolution; on pourra consulter les travaux de Philippe Ariès[3] ou Jean-Louis Flandrin.[4] Toutefois, il y a une spécificité française dont l'origine est très ancienne et sur laquelle je voudrais m'attarder quelque peu: la dichotomie entre l'amour et le mariage.

En préparant mon livre *Histoire et Mythologie de l'amour,* j'ai rassemblé plus de deux mille textes de femmes sur l'amour et le mariage, du douzième siècle à nos jours. Je cherchais surtout à savoir comment l'expression du sentiment s'accrochait à l'histoire économique et sociale. Je voulais essayer de dégager les traits contingents de cette expression d'une part, et d'autre part voir ce qui différenciait les hommes des femmes à de mêmes époques.

Ce que je peux vous dire, c'est que la vieille tradition a été, pendant très longtemps, de diviser amour et mariage. L'amour, c'est la passion, donc cela ne peut pas durer. Le mariage, c'est une institution—j'entends par institution quelque chose qui est reconnu par la société, se fait place dans la société, construit la société, puisque la société n'existerait pas s'il n'y avait pas le mariage—et donc elle peut durer. Pour durer, le mariage ne peut pas être fondé uniquement sur l'amour et sur le désir. Cette idée traverse absolument toute l'histoire de la France. On l'agitait encore quand j'étais petite: "Oui, c'est très bien d'aimer, mais ce n'est pas avec cela qu'on . . ." etc. Je me rappelle encore les conseils que me donnait ma mère quand j'avais quinze ans. Elle me disait, "Avant d'épouser un homme, tu te poses deux questions. Premièrement, est-ce que je suis prête à me voir sortir du ventre un enfant qui physiquement ressemblera totalement à cet homme?" C'est très profond, parce que

cette question pose crûment le problème génétique. Et
deuxièmement: "Est-ce que je suis prête à parler pendant quarante
ans avec cet homme?" Cela m'est toujours resté parce que ce
qu'évoquent ces questions semble étranger à l'amour. D'une part la
reproduction et puis de l'autre l'amitié, l'entente. Et elle ajoutait
toujours: "Il n'y a que trois remèdes au mariage: tendresse,
courtoisie, humour." C'était autre chose donc que l'amour. Il fallait
trouver une sorte de stratégie pour que cela dure.

L'opposition amour/mariage est absolument constante. Au
dix-septième siècle, Madame de Maintenon résumait en disant que
"le mariage est un état qui fait le malheur des trois quarts du genre
humain". Quand j'ai fait une étude historique des journaux
féminins, j'ai de même trouvé sur le mariage, au dix-huitième siècle,
des choses assez drôles. En particulier il existait une grande
différence entre le mariage des bourgeois—qui à l'époque couchent
dans le même lit, font les comptes ensemble, ont des intérêts
communs, élèvent leurs enfants ensemble—et le mariage des
aristocrates qui, eux, habitent deux appartements différents. On
s'aperçoit très nettement que c'est le modèle populaire qui va petit à
petit gagner l'ensemble de la société.

Il est passionnant, dans l'histoire de la famille, de chercher quand
les modèles passent de l'aristocratie au peuple, ou, à l'inverse, quand
ils prennent naissance dans les couches populaires et envahissent
peu à peu les couches aristocratiques aussi bien que l'ensemble de la
société. J'en donne deux exemples. L'amour dans le mariage, qui est
typiquement populaire. L'autre, qui est toujours actuel, est le fait
que la femme s'occupe de l'argent dans les ménages français.
L'homme donne tout son argent à la femme, il lui donne son salaire.
Au dix-neuvième siècle, dans certaines usines, le samedi soir, les
femmes venaient chercher la paie du mari. Le patron payait l'épouse
parce qu'il était dit que les femmes "avaient moins de tentations".
C'était pour éviter que les maris boivent. Cette tradition a perduré
dans le peuple d'une façon tout à fait évidente. Déjà dans les années
1950, dans une étude qu'avait faite Andrée Michel sur la famille
ouvrière, elle avait remarqué l'étonnement de ces familles quand
elles apprenaient que, chez les bourgeois, la femme ne savait parfois
pas combien son mari gagnait, que le mari bourgeois donnait à sa
femme une certaine somme toutes les semaines ou une certaine
somme tous les mois, voire même tous les jours. Les ouvriers lui

disaient: "Mais qu'est-ce que c'est que ça? Ils n'ont pas confiance dans leurs femmes?"

Il y a encore vingt ans, dans les familles bourgeoises, l'homme ne disait pas combien il gagnait et, comme sa femme ne travaillait pas, il lui donnait une certaine somme par semaine pour les dépenses courantes. Aujourd'hui, le modèle populaire s'est presque complètement répandu. Il n'y a pour ainsi dire plus d'homme qui donne de l'argent comme ça à sa femme sans lui dire combien il gagne. J'ai fait faire des enquêtes sur ce sujet à mes étudiants: en France c'est la femme qui détient le budget dans 95% des cas.

Cependant, ces définitions de rôles demeurent tout à fait étranges. Vous avez par exemple un couple où tous les deux travaillent (cas de la majorité des couples aujourd'hui). La femme déclare qu'elle travaille pour gagner l'argent qui servira aux dépenses extraordinaires, qu'elle travaille pour le "mieux-être", pour que les enfants puissent faire des études, pour avoir une maison de campagne ou des vacances. Le mari, lui, déclare travailler pour la survie quotidienne de la famille. Dans presque toutes les couches de la société, hommes et femmes s'attribuent des rôles artificiellement. La femme pense qu'elle *gagne* l'argent du superflu et *dépense* l'argent du quotidien, alors que le mari dit travailler pour gagner la survie quotidienne et seulement s'occuper des dépenses extraordinaires (voiture, maison, etc.).

Lorsqu'on examine la question de l'éducation des enfants on découvre des points aussi étonnants. Traditionnellement, le père, le curé, les hommes éduquaient les enfants. Ce n'est qu'à la fin du dix-huitième siècle qu'apparaîtront les gouvernantes et que les femmes se précipiteront sur l'éducation des enfants. Elles l'ont conquis comme un pouvoir. Au début du dix-neuvième siècle, on assistera à une prolifération soudaine de petits journaux, de mensuels, qui s'apelaient *La Mère institutrice, La Mère éducatrice*—des titres extraordinairement "parlants". C'est à cette époque que naîtront aussi les Écoles Normales pour institutrices.

Au cours du dix-neuvième siècle, le rôle de la mère ne fera que grandir. Je ne pourrais trop souligner à quel point les femmes féministes ont lutté pour conquérir le droit d'éduquer leurs enfants. Des journaux féminins comme *Le Journal des femmes*, 1833, luttaient pour avoir le "droit d'élever ses enfants", pour avoir "un rôle dans l'éducation". Ce rôle ira croissant pendant près de cent ans, pour atteindre une sorte de paroxysme vers les années 1930. La mère aura de plus en plus de ces responsabilités qui incombaient habituellement au père. Par exemple, avant la dernière guerre, c'étaient les pères qui allaient voir les professeurs et s'occupaient de ce qui concernait l'éducation scolaire des enfants. En France, aujourd'hui, il n'y a presque plus de pères qui vont voir les professeurs de leurs enfants,—il n'y a que les mères. Les psychologues également se plaignent de ne voir que les mères. De même pour l'argent de poche: autrefois donné par le père, il est aujourd'hui donné par les mères. On est arrivé à une sorte de *matriarcat de l'éducation* dont rend très bien compte la prolifération des journaux féminins pleins de psychologie de l'éducation, d'articles de pédagogie et de psychanalyse des enfants. Les femmes sont très calées; les pères, eux, ne savent pas.

PARTICIPANT—*Ils s'en fichent complètement.*

Oui, mais justement on est parvenu maintenant à dénoncer ce qu'on appelle la carence paternelle! Ce qui a été pendant un siècle et demi le but des femmes, c'est-à-dire avoir le pouvoir dans ce domaine de l'éducation, est maintenant par elles considéré comme une contrainte. Les femmes recherchent très nettement à le partager avec l'homme. On s'est aperçu que l'homme est complètement exclu de l'éducation ou s'exclut lui-même, ne sait plus parler à ses enfants pendant les vacances, pendant les week-ends, le soir en rentrant du travail. Aussi y a-t-il une espèce de choc en retour, une énorme critique des maris et des pères de la part des femmes disant qu'il faut qu'ils reprennent leur rôle. Et maintenant la vogue est tout à fait aux rôles partagés dès le début, dès le premier jour, avec les biberons donnés par le père.

On peut se demander si les femmes ne sont pas en train d'abandonner ce devoir d'éducation, qu'elles trouvent trop lourd, sans voir que l'éducation est aussi un pouvoir. Mais il est vrai, en même temps, elles ont aussi conquis la décision de fécondité. Ce sont elles qui choisissent si oui ou non elles auront un enfant. De ce fait, se sentant chargées de trop de pouvoirs, elles veulent peut-être rétablir l'équilibre et veulent redonner à l'homme des responsabilités dans l'éducation des enfants.

J'ai fait l'année dernière plusieurs émissions de radio sur le rôle du père et j'ai eu en direct sur l'antenne, au téléphone, quantité de jeunes pères expliquant que maintenant ils voulaient tout faire, voulaient laver les enfants, les baigner, les dorloter. C'est une véritable révolution. Les femmes estiment maintenant que tout doit être partagé. Cette étonnante mutation a pu être introduite par le lait artificiel et les biberons qui permettent aux pères d'être présents dès les premiers instants de la vie des enfants. Jusqu'ici dans l'espèce humaine, le père avait été exclu de la petite enfance. Donc la possibilité d'exister pour le père, de se mêler de l'éducation de l'enfant, de le nourrir dès les premiers jours, est devenue presque naturelle. Elle est considérée comme "écologique", alors que c'est une conquête de la science!

PARTICIPANT—*Est-ce vrai pour toutes les couches sociales?*

Cela n'a plus rien à voir avec les couches sociales, mais avec les générations. Plusieurs enquêtes ont révélé que dans la couche de la population qui a maintenant trente ans, les tâches étaient équitablement partagées. Il n'en est pas de même pour les aînés, ni même pour les plus jeunes.

A la question: "Qui doit donner le biberon à l'enfant?", à 85%, les 25−35 ans répondent: "indifféremment le père ou la mère". Mais les 15−20 ans répondent: "la mère". Est-ce qu'il s'agit là d'un stéréotype qu'ils ont hérité de leurs parents, est-ce qu'il s'agit là d'une réaction contre la sociologie assez progressiste dans les rôles des parents de leurs aînés immédiats? On n'en sait encore rien. Pour l'instant, la mode répandue dans toutes les couches de la société, c'est les rôles partagés.

PARTICIPANT—*Je me demande si ce partage égal n'est pas une image acceptée.*

Alors là vous avez tout à fait raison. C'est l'image qui fait bien, et il faut distinguer les pratiques, les images acceptées et les opinions.

PARTICIPANT—*Qui punit dans la famille française?*

La mère.

PARTICIPANT—*Mais quand c'est sérieux c'est le père.*

Il y a une demande auprès du père. On va dire à Papa, demander à Papa de punir. Mais en réalité . . .

PARTICIPANT—*Il me semble que le modèle des partages se fait au niveau des images désirées, mais la réalité a été et reste encore le père légèrement désaffecté qui confère l'affection en tant que récompense à un moment bien délimité, confère cette affection mais ne s'occupe pas vraiment des enfants.*

Si vous voulez, le père est souvent le plus faible dans la famille et c'est à lui plutôt qu'on demande des faveurs, il est plus "coulant". Evidemment il existe de grandes différences entre les tempéraments et les familles. Toutefois ce qui a été, dans ces dernières trente années, le discours de la France, un discours fondé sur une certaine réalité, c'est celui qui peint la carence paternelle. En 1968 on a beaucoup écrit que la révolte des jeunes était une révolte contre l'autorité (Edgar Morin, par exemple). Mais finalement, on s'est aperçu que c'était plutôt contre le manque d'autorité que s'exprimait ce malaise. C'est bien de cela qu'il s'agit lorsqu'on parle de la noncommunication dans les années 68, lorsqu'on analyse tous ces sondages d'adolescents qui disent de leur père: "Je le connais pas, je le vois presque pas, il ne dit pas grand-chose . . ."

Un phénomène particulièrement intéressant à noter est que la génération qui a fait 1968 a été la première génération élevée presque uniquement par des femmes avec le père absent qui travaillait tout le temps: l'éducation à la maison aux mains des mères, l'enseignement à l'école aux mains des femmes. Je vous rappelle les chiffres: 100% de femmes enseignantes dans l'éducation préscolaire, à la maternelle, alors que 90% des enfants français vont à la maternelle; 95% de femmes parmi les enseignants dans les écoles primaires; 75% dans l'enseignement secondaire. C'est-à-dire qu'il y a des femmes partout dans l'enseignement et presqu'uniquement des femmes.

Remarquons au passage que le seul enseignement qui n'ait pas été critiqué en 1968 en France est celui de l'école maternelle, fondée par des femmes, et dont la pédagogie active est tout à fait remarquable. C'est un enseignement nourri constamment par la base puisque les institutrices font elles-mêmes des recommandations, des suggestions aux inspectrices.

Nous parlions tout à l'heure de l'image acceptée et des pratiques.

Eh bien, revenons à l'image typiquement française de la "bonne mère". Quand j'étais enfant, ce n'était pas bien vu du tout de mettre ses enfants à la maternelle. Un de mes frères a été un an à la maternelle parce que ma mère avait vraiment beaucoup trop à faire. Mes frères et soeurs, nous avions eu vraiment l'impression que c'était un enfant-martyr: nous étions donc tombés dans la pauvreté la plus extrême pour que l'un d'entre nous soit obligé d'aller à la maternelle! Après la guerre, j'y ai mis mes quatre enfants, l'un aprés l'autre. La maternelle était alors recherchée par les familles avancées, intellectuelles. Tout le monde ne suivait pas. Aujourd'hui la bonne mère, c'est celle qui met ses enfants à la maternelle, et une mère qui ne mettrait pas ses enfants à la maternelle serait considérée comme possessive. La bonne mère aujourd'hui doit "socialiser" son enfant. Elle ne doit pas être toujours avec lui.

PARTICIPANT—*La création des maternelles est d'époque très récente. N'est-ce pas une des raisons pour lesquelles la maternelle est l'enseignement qui marche le mieux en France.*

La maternelle n'est pas récente du tout! Elle a cent ans de fonctionnement derrière elle! Elle date de 1882. C'est vrai que le reste de l'enseignement a longtemps souffert des précédents napoléoniens plus anciens. Les premiers "collèges" étaient militaires. Je me permets même cette pointe féministe: les hommes ont toujours un souci de la hiérarchie dans toutes les choses qu'ils inventent tandis que les femmes l'ont beaucoup moins. Chaque année, on donne aux institutrices maternelles des thèmes. Il y a par exemple le thème "accepte les différences". C'est la première école anti-raciste qu'il y ait en France, parce que, comme il y a des enfants de toutes les couleurs, les institutrices maternelles ont tout un programme d'activités pour permettre d'accepter les différences. Il en est donc de même en ce qui concerne le rôle des sexes.

Dans ce contexte, il serait bon de revenir sur la question du mariage. Ce qui m'a frappé au cours de mes recherches, c'est de ne pas avoir trouvé l'utilisation du mot "couple" avant 1945. On trouvait les mots passion, amour, etc. A partir de 1945, on assiste à l'attaque du modèle français de la dichotomie amour-mariage par un modèle, disons, beaucoup plus anglo-saxon. Un mariage qui serait comme un bateau qu'il faut charger de toutes les ententes: sexuelles, affectives, intellectuelles. Dès que cela ne marche pas, on se sépare.

Pendant très longtemps, en France, l'adultère avait été considéré comme une chose dont il ne fallait pas parler mais qu'on pouvait tolérer puisque le mariage devait continuer. C'était la solution rêvée, hypocrite, mais non puritaine. Je voudrais insister là-dessus parce que je crois que c'est très caractéristique de la France: hypocrite oui, puritaine non. En revanche, à partir surtout des années 68, on voit tout cela changer. Par exemple, en examinant le courrier du coeur des journaux féminins—je m'excuse de me référer à des corpus aussi vulgaires, mais ils sont significatifs—on s'aperçoit que des changements profonds prennent place. Avant les années 60 on était mariés, on avait des enfants, il fallait que cela dure, tendresse et courtoisie comme disait ma mère, mais si on voulait avoir une aventure chacun de son côté, le principal c'était de ne pas le dire, que cela ne se sache pas et puis . . . C'était hypocrite, c'était le silence et le mensonge mais utilisés pour sauver quelque chose qui devait durer. Une sorte de concession à la nature humaine corroborée justement par tous les conseils donnés dans le courrier du coeur. "Je trompe mon mari" ou "mon mari me trompe". Réponse: "Taisez-vous et tout cela passera." Pourvu qu'on n'en dise rien et qu'on continue ensemble à vivre avec des relations tendres, cela valait mieux que la franchise absolue.

A partir des années 68, les jeunes générations vont tout se dire, tout se raconter. Nous avons là une rupture extrêmement importante d'un continuum qui avait duré des siècles et qui a donné naissance aujourd'hui à une nouvelle mythologie du mariage, lieu de toutes les attentes mais forcément fragile. Le nombre de divorces a ainsi augmenté, sans qu'on puisse donner des chiffres très précis car il faut attendre quinze à dix-huit mois pour retranscrire le divorce sur l'acte d'état civil, mais disons que le divorce est inférieur à 6% dans les couples formés vers 1900, passe à plus ou moins 10% pour les couples formés en 1946 et pourrait atteindre actuellement un peu plus de 15%.

Des questions nouvelles émergent aussi sur la famille ou cette soi-disante mutation de la famille large à la famille nucléaire. Il faut faire un sort à cette idée, la famille large vivant sur un grand domaine n'a jamais réellement existé. Il n'y a qu'à parcourir la campagne française et voir la taille des maisons des dix-septième, dix-huitième siècles pour s'apercevoir que ce n'était pas le cas. Néanmoins il y avait des rapports étroits entre les grands-parents, les parents et les enfants. La fameuse "famille large" où tout le monde vivait ensemble a assez peu existé. En tout cas aujourd'hui les grands-parents n'habitent pas avec leurs enfants mariés. Les logements différents sont la règle (97% des cas).

A l'heure actuelle 73% des familles françaises sont des familles "à trois étages", comprenant les grands-parents, les parents, et les enfants, et 22% comptent quatre étages: arrière-grands-parents, grands-parents, parents, enfants. Donc il est très intéressant de se demander quelles sont les relations existantes ou non-existantes entre ces différentes générations des familles.

Louis Roussel a fait sur ce sujet une étude remarquable à partir de deux considérables échantillons, l'un composé de personnes de quarante-cinq à quatre-vingts ans ayant tous des enfants mariés, et l'autre de gens de vingt à quarante-cinq ans, mariés, ayant tous encore leurs parents.[5] Il a posé sur leurs relations et leurs habitudes les mêmes questions à ces deux échantillons différents et l'intérêt vient de ce que les parents (avec enfants mariés) et les enfants mariés (avec parents) répondent aux questions de la même façon à quelques rares exceptions près.

De cette étude, on peut conclure que les rapports sont extrêmement étroits entre parents et enfants mariés, beaucoup plus étroits qu'on ne le croyait. Cependant, ces relations très étroites, qui se manifestent par des coups de téléphone, des déjeuners, des visites, des vacances passées ensemble, sont masquées par une indépendance totale des enfants qui vivent ailleurs. Les enfants ont adopté ce qu'on appelle la néo-localité; on vit souvent à proximité les uns des autres, mais il n'y a pour ainsi dire plus d'enfants mariés vivant avec leurs parents. A cause de la crise du logement, c'était une chose extrêmement courante après la guerre. La majorité presque des jeunes ménages étaient obligés de vivre chez les parents. Maintenant cela ne touche que 2% des jeunes couples, uniquement agriculteurs.

Les parents n'interviennent absolument plus dans le choix du conjoint de leurs enfants bien qu'ils soient prévenus avant. Ils acceptent tout à fait les relations sexuelles avant mariage de leur fille ou leur fils avec quelqu'un d'autre et estiment que cela ne les regarde pas. La jeune fille ou le jeune homme qui va "entrer dans une famille", comme on dit, est presque toujours présenté aux parents. Il n'y a que 2% des enfants qui disent avoir annoncé leur mariage après coup. La tolérance envers la vie sexuelle et le mariage des enfants est extrêmement large. D'autre part, les parents aident très fréquemment en donnant de l'argent au jeune couple dans des proportions encore très importantes, payant souvent le loyer, l'appartement, voire la maison, que ce couple ne soit pas encore marié ou qu'il soit marié.

On a l'impression dominante que les parents vivent dans la terreur de perdre le contact avec leurs enfants mariés. On sent, sous-jacente à cette enquête sociologique, de façon parfois émouvante, une sorte de "chantage affectif". Cette tolérance remarquable des parents envers les moeurs de leurs enfants viendrait ainsi de leur peur dramatique de ne plus avoir de relations avec leurs enfants. On s'aperçoit que Philippe Ariès a raison quand il dit que la famille n'est plus qu'une construction affective, mais cette construction affective se fait maintenant au détriment des parents en ce sens que pour eux les enfants sont de plus en plus importants, et ceci au moment même où la continuité des opinions est rompue. Or, pour garder cette solidarité affective très forte, les parents doivent exercer un retournement complet de leurs opinions. On a tout le temps l'impression à travers cette enquête, pathétique d'ailleurs, que les parents font n'importe quoi pour ne pas perdre le contact avec leurs enfants. Ceci dit, on est frappé du très grand nombre de fêtes familiales: on mange beaucoup ensemble, les visites des enfants aux parents atteignant la fréquence hebdomadaire.

Il y a, comme je vous le disais tout à l'heure, néo-localité, je veux dire par là que les jeunes ménages ont tous un appartement, une autre maison que les parents. Mais très souvent pas loin de chez les parents. Roussel a découvert un frein à la mobilité géographique qu'on n'avait jamais mis à jour: l' appartenance à une famille réduite. Je m'explique. Quand les jeunes ménages sont nés dans une famille nombreuse, alors là ils s'égaillent partout, ils vivent dans toutes les régions de France ou même à l'étranger. En revanche, quand l'homme ou la femme du jeune ménage est issue d'une famille de deux enfants ou plus encore quand il est enfant unique, il ou elle ne s'éloigne pas à plus de vingt kilomètres de ses parents. Comme la tendance est à la multiplication des familles de un ou deux, on se demande s'il n'y aurait pas là un frein à la mobilité auquel on n'avait jamais pensé, frein par les liens avec les ascendants.

La fréquence des visites à leurs parents des enfants mariés vivant soit dans la même commune soit à moins de vingt kilomètres est très élevée. Pour les enfants qui habitent à plus de 100 kilomètres des parents, les visites sont remplacées par les coups de téléphone et les week-ends ensemble. J'étais très vexée en lisant cette enquête parce que je croyais auparavant avoir conservé des relations avec mes enfants mariés plus fréquentes que la plupart des gens, et je me suis aperçue que je m'inscrivais banalement dans les chiffres de cette enquête. J'ai des enfants mariés qui vivent à Paris; un autre couple qui vit à 100 kilomètres; un autre couple qui vit à 250 kilomètres. Or je pratique exactement le nombre moyen de coups de téléphone, le nombre moyen de visites, le nombre moyen de vacances passées ensemble pour chaque cas. C'est affreusement vexant de s'apercevoir qu'on est à ce point comme tout le monde. Pour les familles qui habitent la même commune, c'est la visite hebdomadaire minimum, avec en plus des coups de téléphone très souvent, tous les deux jours. Pour les gens qui vivent entre 20 et 100 kilomètres, les visites sont moins fréquentes mais quand même encore assez fréquentes, des enfants vers les parents. On sent très bien que les parents ne vont pas visiter les enfants parce qu'ils ont peur d'être indiscrets. Par exemple, les enfants gardent souvent la clé de l'appartement des parents mais les parents n'ont jamais la clé de la maison ou de l'appartement des jeunes. Chez moi, je ne m'en étais pas aperçue, mais mes enfants mariés ont tous la clé de ma maison. Bien entendu, je n'ai pas la leur.

PARTICIPANT—*Dans ce genre de chantage affectif, je remarque aussi des résidences secondaires qui sont souvent achetées par les parents.*

Absolument! Du moment où les enfants habitent un peu loin, l'achat de la résidence secondaire à mi-chemin entre les deux domiciles va pouvoir permettre de voir les enfants et les petits enfants. Si les enfants sont vraiment loin, ils ne passent qu'une partie des grandes vacances avec les parents, et si les enfants ne sont pas trop loin, ils passent ce qu'on appelle chez nous les petites vacances, c'est-à-dire la Toussaint, un moment à Noël, les vacances du Mardi Gras, etc . . .

Devant l'étroitesse de ces relations, on peut se demander si la famille est le lieu de la reproduction sociale pour reprendre un peu les termes de Bourdieu à propos de l'école. On serait tenté de dire à la lumière des études réalisées maintenant qu'elle est au contraire le lieu du changement. Je veux dire que le fils qui prendrait la place du père et la fille qui continuerait le rôle de la mère, c'est complètement fini. D'une génération à l'autre, la mobilité socio-professionnelle de la jeune génération ne ressemble absolument pas à la structure socio-professionnelle de la génération ancienne. Elle est radicalement différente. On voit fonctionner ce que Roussel appelle "la loi du cliquet"—quand un système tourne autour d'un axe, existe parfois un petit cliquet pour empêcher de retourner en arrière—car on tourne dans un certain sens mais rarement à l'envers. Cela joue dans le sens de la promotion. En haut de la pyramide socio-professionnelle il y a par conséquent beaucoup plus d'inertie. Les enfants des cadres supérieurs seront cadres supérieurs. On observe le plus de mobilité quand les parents sont ouvriers ou employés. Le niveau d'éducation des enfants apparaît beaucoup plus élevé que celui des parents. Qui n'a jamais entendu dire: "Mon fils, ma fille m'ont dépassé, ils en savent beaucoup plus que moi." Quatre-vingt pour cent des jeunes estiment qu'ils ont une meilleure situation que leurs parents, et 80% des parents estiment que leurs enfants ont une meilleure situation qu'eux.

On peut dire que la famille est vraiment le lieu d'une mobilité culturelle et socio-économique. D'une part respect de l'indépendance des enfants et progression du niveau d'éducation des enfants, d'autre part désir de solidarité affective, des deux côtés d'ailleurs. Comment la famille va-t-elle résister à ces mutations-là? On s'aperçoit que la solidarité affective et l'entraide sont extrêmement fortes mais n'impliquent pas communauté d'idées. Bien au contraire, les réponses aux questions qu'on a posées sur les sujets "évités en famille" pour ne pas avoir à se disputer sont extrêmement révélatrices. Il s'agit: de la politique, de l'éducation des enfants, de la religion.

"Les dits sujets ne sont pas des thèmes futiles," écrit Roussel, "ils impliquent au contraire des prises de position idéologiques qui mettent en cause les valeurs les plus fondamentales. S'ils sont systématiquement évités, c'est sans doute que leur prise de conscience du désaccord comporterait un risque réel pour l'entente. Au pire, la discussion pourrait amener une brouille temporaire voire définitive et de toute manière elle servirait de révélateur de l'écart entre les positions des uns et des autres. On préfère donc ne pas prendre ce risque. Les deux parties accordent la priorité au souci de rester ensemble, de se voir, éventuellement de s'entraider. Tout se passe comme si les deux générations étaient alors conscientes d'une rupture culturelle si grave qu'il est préférable de ne pas en tenter l'élucidation. La seule stratégie pour maintenir la solidarité consiste alors à esquiver soigneusement les différends."

C'est une interprétation fine mais contestable si elle reste hypothèse unique, parce qu'on peut penser aussi que la politique—parce que ce sont surtout les sujets politiques qui sont évités—est peut-être une idéologie assez peu importante dans la famille: la vie politique change et les opinions politiques des êtres changent avec l'âge. Finalement, avoir des opinions politiques différentes semblerait être une question assez secondaire dans les rapports familiaux. En revanche, l'éducation des enfants est un sujet central, or c'est un des sujets de conversation les plus évités (encore qu'il n'y ait que 33% des interviewés qui signalent un sujet qu'ils évitent totalement). "La pratique religieuse régulière entraîne une plus grande disponibilité à tout discours, et le désaccord est beaucoup moins fréquent dans les familles pratiquantes. Le niveau d'instruction joue un rôle. Plus les parents ont fait des études supérieures, moins il y a de sujets à éviter."

Les parents sont toujours prêts à aider avec de l'argent, à part une minorité de situations inversées, d'enfants qui aident leurs parents. (Parents pauvres aidés par leurs enfants, mais cela représente seulement 4 ou 5% des cas.) Dans la majorité des cas, les parents, qui ont cinquante ou soixante ans, sont en possession de plus d'argent que les jeunes ménages. L'argent donné par les parents est ressenti autant comme une menace que comme une preuve d'affection. Les jeunes ménages ont l'impression que les parents essaient d'acheter leur affection. Je pense à un reproche d'une de mes belles-filles à propos des cadeaux que je faisais à mes petits-enfants. Un jour, en colère, elle m'a dit que c'était une façon de montrer qu'elle, la mère, ne pouvait pas donner autant, que nous faisions des cadeaux "riches" aux enfants parce que c'était notre façon d'acheter l'affection de nos petits-enfants. Je me rends compte pour l'avoir vécu que ce genre de réflexion est assez pénible sur le moment.

Reste la question de l'héritage. Les enfants mariés y sont majoritairement opposés. Ils ont l'impression que la personne qui doit hériter, ce n'est pas l'enfant, c'est le conjoint survivant. La longévité est telle que maintenant les enfants n'héritent qu'à cinquante-cinq ou soixante ans. Ils trouvent les lois sur l'héritage idiotes. Les enfants déclarent qu'ils n'ont pas envie d'hériter de leurs parents car l'argent des parents est considéré au fond de façon implicite comme étant quelque chose de très commode mais qui menace leur indépendance.

Ce souci d'autonomie, extraordinairement fort, n'entraîne pas cependant la fin de la solidairté. On se rend constamment service d'un côté et de l'autre. On demande fréquemment conseil aux parents, surtout les filles mariées à leur mère. Dans l'enquête sur les adolescents dont je parlais tout à l'heure, les mères jugées par leurs enfants avaient de bonnes notes et les pères de mauvaises notes, filles et garçons notant très bien les mères et assez mal les pères. Dans l'enquête de Roussel, on voit que les filles ont beaucoup plus tendance à demander conseil à leurs mères que les garçons à leurs pères.

On peut donc conclure qu'il existe encore une très grande solidarité entre la famille. L'impression dominante est qu'il ne faut pas que cela change, que cette affectivité est précieuse à tous, qu'elle est un rempart contre la mort, que la famille représente un lieu affectif où l'on est toujours bien accueilli. Toutefois, on prend des précautions afin d'éviter tout ce qui pourrait casser cette solidarité et on maintient une indépendance absolue des idéologies.

PARTICIPANT—*Pendant longtemps on a donné cette distance moyenne de onze kilomètres qui sépare le jeune marié de la jeune mariée comme une des explications de la faible mobilité sociale en France. Ce type d'endogamie est-il toujours actuel?*

L'endogamie est double en France. Elle est régionale et elle était sociale. C'est-à-dire que sept personnes sur dix épousaient quelqu'un du même canton et du même milieu. Les deux sont en régression. D'une part parce que les dernières enquêtes faites sur la mobilité montrent qu'en France le niveau de mobilité est supérieur à ce qu'on croyait. D'autre part, comme on vient de le voir, les jeunes ne se demandent même plus ce que pensent leurs parents du choix de leur conjoint, alors qu'avant c'était tout de même important.

On constate maintenant un pourcentage de plus en plus important de cohabitation juvénile, c'est-à-dire de jeunes gens qui vivent ensemble sans se marier; je ne dis pas avant de se marier, parce que si certains finiront par se marier, d'autres ne se marieront pas ensemble. Roussel a bien montré que la génération actuelle des dix-huit à trente-cinq ans accepte la cérémonie du mariage dans ses rites civils et liturgiques, avec robe blanche et ordonnance du cortège nuptial. Par contre, ce qui a changé, c'est qu'au moment du mariage les jeunes conjoints ont déjà vécu ensemble, qu'ils ont même hésité à se marier et qu'ils considèrent cette petite cérémonie comme une simple concession à la famille. On dénigre, mais on finit par y consentir. A la question: "Le mariage, qu'est-ce pour vous?" les réponses majoritaires sont: "Une simple formalité, une chose nécessaire pour l'enfant," et on n'en trouve que 15% qui ont répondu que cela ajoutait quelque chose au couple. Alors, pourquoi finissent-ils par se marier?

Autre observation intéressante: une société peut vivre des phénomènes sans s'en apercevoir. Et il suffit que des sociologues les fassent apparaître par des études pour qu'alors le discours de la société change. Les études sur la famille dont je vous parle ont fait l'objet d'un déluge d'articles du genre: "La Famille se porte bien". Mais le mariage, alors là . . . on ne sait plus pourquoi les gens se marient. J'ai fait plusieurs émissions radiophoniques sur ce thème. Je demandais à d'anciens cohabitants les raisons qu'ils avaient eues de se marier. On me répondait: "C'est plus commode pour les numéros de téléphone et les comptes en banque," "Cela fera plaisir à ma grand-mère," etc. L'idée d'engagement entrait rarement en ligne de compte. Le mariage n'est plus du tout, comme il l'était hier, le fondement de la société ou, pour reprendre l'idée de Roussel, "Il n'est plus aujourd'hui que le moyen de supporter l'absence de société."

Pour en revenir à la question de la cohabitation juvénile, on peut aussi se demander si elle ne serait pas une façon de repousser la vie adulte le plus loin possible et de ce fait d'allonger la période d'adolescence. Il ne faut pas oublier que cette période d'adolescence, qui n'existait absolument pas dans l'Ancien Régime, prend maintenant une importance économique et sociale de plus en plus grande. On retrouve la situation parallèle dans la vie active. Avant de prendre un vrai travail, on fait des "petits boulots". Il y a une période de la vie des jeunes où ils ne sont vraiment ni chômeurs ni travailleurs. Ils reculent le plus possible cet engagement dans la société, dans la vie active. Si on leur pose la question, "Est-ce que vous vous marierez un jour?" la réponse est: "On n'en sait rien." Ils n'osent pas le dire, ils n'osent pas l'avouer. La plupart se marient, puisque la proportion des mariés jeunes ayant cohabité a quintuplé.

D'après une enquête de l'I.N.E.D. (Institut national d'études démographiques) effectuée en mai 1977, on estime à 30% pour l'ensemble de la France le nombre des personnes mariées de moins de trente ans qui ont cohabité avant le mariage. Ce qui nous frappe le plus, nous les aînés, c'est que nous, nous avions tendance à avoir des expériences multiples avant de nous engager dans le mariage, alors que les générations nouvelles ont une expérience sexuelle précoce mais ne quittent pas leur premier partenaire. La majorité demeurent fidèles à la première fille ou au premier garçon avec qui ils cohabitent. Je ne vois autour de moi que des gosses de dix-huit ans qui s'installent ensemble, qui restent ensemble des années et qui finissent par se marier. Je rencontre des amies de mon âge et je leur demande, "Alors, ton faux-gendre . . . ?" "Toujours le même." Ce qui nous surprend, c'est que toutes les techniques que nous avions de flirt, d'expériences multiples, de choix, avant l'engagement n'existent presque plus du tout. C'est le premier qu'on rencontre, on se colle avec, on dort avec—d'ailleurs souvent chez Papa et Maman—puis après on prend une chambre ou un logement. Alors Papa-Maman paient. Puis, après, on annonce qu'on se marie ou qu'on ne se marie pas.

PARTICIPANT—*Il est évident qu'aux Etats-Unis les jeunes travaillent et semblent donc beaucoup plus indépendants des parents économiquement et idéologiquement. Mais est-ce que les jeunes filles ne sont pas plus protégées en France qu'aux Etats-Unis?*

Je ne crois pas du tout que les jeunes Français soient idéologiquement dépendants de leurs parents, mais vous avez raison de souligner des différences entre l'adolescence américaine et française. Par contre, il y a deux phénomènes nouveaux en France que je tiens à vous signaler en ce qui concerne les jeunes. Premièrement, l'adolescence commence très tôt, vers treize ans, et finit vers vingt-six ou vingt-sept ans, et deuxièmement, il n'y a plus du tout de différences entre les garçons et les filles. Les filles ne sont donc pas mieux "protégées" par les parents. Ce que l'on constate c'est surtout la diminution des naissances chez les très jeunes. Les jeunes ne veulent pas d'enfants, ils disent, "C'est dur à élever, les enfants, surtout quand ils sont adolescents," et ils reprennent l'image des parents-qui-n'ont-que-des-devoirs, pour n'en pas vouloir pour eux. Ils maîtrisent la contraception.

PARTICIPANT—*Ce qui frappe les Français ou Européens qui viennent en Amérique, c'est la façon assez brutale par laquelle les jeunes quittent le domicile familial à dix-sept ou dix-huit ans pour la vie active ou l'université. Il me semble qu'en France il y a vraiment une continuité de la vie familiale, une dépendance plus forte chez les enfants, mariés ou pas, vis-à-vis des parents.*

C'est curieux parce que vous interprétez cela en termes de dépendance. En réalité ceux qui sont dépendants ce sont surtout les parents. Dans toutes les enquêtes on retrouve, déjà, curieusement, dans les réponses de jeunes ménages, ce même souci d'être entourés par leurs propres enfants dans la vieillesse.

PARTICIPANT—*Personnellement, j'ai quand même beaucoup de difficultés à expliquer à des Américains ce lien affectif, viscéral, économique que j'ai vis-à-vis de mes parents, de ma famille, mais qui provoque souvent en moi des sentiments contradictoires de haine et de sécurité.*

Pour la famille, je suis d'accord. Je pense à tous les rites, à tous les repas de famille. En effet, c'est très vrai. Mais en ce qui concerne la dépendance affective, celle des parents est à mon avis plus forte que celle des enfants. D'autant plus qu'elle tend à augmenter avec l'âge, au moment de la retraite. C'est grâce à leurs enfants et petits enfants que, comme le dit si bien Roussel, les parents tentent "d'exorciser l'ennui, la solitude et l'idée de la mort".

Il est évident qu'il n'y a pas d'explication globale satisfaisante pour élucider les modifications sensibles qu'ont subies d'une part, le mariage, de l'autre, les relations entre parents et enfants. Nous pouvons toutefois constater qu'en France le mariage a changé. Si hier, il était un contrat d'association économique avec pour corollaire un patrimoine et sa transmission, aujourd'hui, avec l'urbanisation et l'industrialisation de la société, le mariage est plutôt fondé sur un investissement affectif et son existence est assurée principalement par le revenu des conjoints. Nous savons aussi que les parents vivent aujourd'hui au-delà de cinquante ans, que la mortalité infantile a baissé et surtout que la baisse de fécondité a grandement contribué à modifier la structure familiale. Le nouveau modèle est la famille de deux enfants puisque le couple actuel, pour plusieurs raisons, préfère avoir peu d'enfants qu'il peut choyer affectivement et économiquement et desquels il espère une affection réciproque dans sa vieillesse.

LES FEMMES ET LE TRAVAIL

La société française se modifie sans cesse, se dirige vers un modèle qu'on pourrait dire permissif sur le plan sexuel, individualiste, basé sur les droits de chacun à la différence et à l'égalité. L'énigme est donc de savoir comment ces modes de vie vont traverser la crise démographique et la crise économique.

Le travail de sociologue consisterait à identifier et distinguer au milieu de toutes ces évolutions, d'une part, les mutations qui seront irréversibles, d'autre part, les cycles ou rythmes qui reviendraient dans un paysage socio-économique toujours différent et, enfin, les modes, qui sont extrêmement fugaces.

En ce qui concerne les femmes et le féminisme, l'histoire nous montre qu'il y a toujours eu des explosions de féminisme en France dans les périodes failles, fragiles. Par exemple, au seizième siècle (qui par de nombreux côtés avait des ressemblances avec l'époque de 1968) avec ses ruptures culturelles; au dix-septième avec les Précieuses; au dix-huitième siècle moins, parce que la femme a été un peu "la reine du dix-huitième"; ensuite pendant les années 1830−1848 jusqu'en 1850, avec les Utopiennes, les Saint-Simoniennes, les Fouriéristes; plus tard, à l'extrême fin du dix-neuvième siècle, au temps de Zola, avec le journal féministe *La Fronde*, quotidien dreyfusard imprimé sur sept pages et fait entièrement par des femmes typographes et journalistes. La fondatrice, Marguerite Durand, a eu sans arrêt des procès puisqu'elle envoyait des femmes journalistes suivre les débats de la Chambre des Députés, débats qui duraient jusqu'après dix heures du soir, alors qu'il était interdit pour les femmes de travailler après dix heures.

Si je cite ce petit fait, c'est parce qu'il peut servir d'introduction au problème du travail féminin. Les lois qui protègent les femmes se retournent facilement contre elles. Cette époque d'explosion féministe de la fin dix-neuvième a été la plus forte qu'il y ait jamais eu en France. En 1901 on dénombrait dix-sept journaux féministes représentant toutes les différentes opinions du spectre politique. Il y avait un féminisme chrétien, un féminisme nationaliste, un féminisme internationaliste, socialiste, il y avait de tout. Et puis cela s'est éteint, surtout après la guerre de 1914−1918. Vaguement, entre les deux guerres, cela recommence un petit peu, mais très peu.

Ces explosions de féminisme se placent toujours dans une période où, pour une raison ou pour une autre, les femmes sont en passe de se rapprocher du statut des hommes. Cela peut être le statut sexuel, familial, civique, politique ou le statut dans le travail. Il suffit qu'il y ait rapprochement dans un de ces domaines pour qu'on assiste à une éclosion de féminisme. Avec les Précieuses, les femmes cherchaient à avoir une culture semblable à celle des hommes, elles ne parlaient ni de maternité, ni de droits politiques. Au dix-neuvième siècle, elles eurent des revendications de citoyenneté. Quand les femmes entrèrent en usine, c'est-à-dire au moment du rapprochement de la situation de la femme et de l'homme dans le travail, ce fut le droit aux dix heures par jour. Plus tard ce fut le droit de vote. Dernièrement le statut sexuel et familial ont été mis en cause.

Chaque fois, ces explosions ont connu deux phases. La première est toujours une *pétition pour l'égalité*. C'est-à-dire qu'on dénonce la situation des femmes et la situation des hommes pour montrer la distance qui les sépare et réclamer les mêmes droits pour les femmes que pour les hommes. Cette phase dure quelques années et est suivie d'une deuxième que j'appelerai phase de *pétition pour une spécificité féminine*. A ce moment-là, tout change. En général, les mouvements féministes s'éparpillent en chapelles mais l'accent est mis sur la "féminitude". Ensuite le mouvement diminue, connaît une phase de recul, puis il recommence sur un autre point.

En ce moment, la situation est extrêmement délicate parce que les femmes ont beaucoup conquis mais toutes leurs conquêtes sont menacées. Les Françaises ne s'en rendent absolument pas compte et ne voient pas les orages annoncés à l'horizon par la conjonction de la crise économique et de la crise démographique.

Les conduites matrimoniales de fécondité—tout ce qui permet à la femme de décider si elle veut ou non des enfants—sont liées étroitement au travail puisque c'est pour pouvoir travailler que ces nouveaux modes de vie se sont mis en place.

A mon avis toute cette nouvelle manière d'être des femmes est menacée. Les féministes devraient commencer un combat de défense des conquêtes avec une analyse lucide de la situation pour savoir ce qu'il faut absolument sauver, préserver et continuer.

Ce n'est pas facile, car le mouvement, disons, néoféministe, qui s'est déclenché vers 1970, avait été précédé d'un mouvement féministe français plus net qu'aux Etats-Unis, puis il a été littéralement porté par la vague venue des U.S.A. et par cela affaibli. Il y a deux féminismes, celui qui a trouvé naissance en France et puis cette vague venue des Etats-Unis, avec son style tout à fait différent, portée par les mass média de façon éclatante. Je veux dire que tout le monde s'y est mis, les journaux, la radio, la télévision. Tous les modes de dire, de s'habiller, de chanter, de faire, de penser de cette époque se sont emparés du sujet, ce qui fait que quand on propose un thème sur les femmes aujourd'hui, personne n'en veut plus. Il sera donc très difficile de mener un combat d'arrière-garde. On voit même se profiler un mouvement inverse. Les personnes qui étaient restées dans l'ombre dans de petites associations de "femmes au foyer" reprennent maintenant le haut du pavé. Par exemple, le livre qu'a publié Christiane Collange, *Je veux rentrer à la maison*, a eu un succès fantastique. C'est un livre très nuancé, plein de choses percutantes, il y a une dichotomie complète entre le titre et le livre, elle ne rentrera jamais à la maison. Par contre, le titre a fait vendre.

Il est tout à fait exact que les femmes au foyer sont aujourd'hui dans un état d'aggressivité, d'humeur atrabiliaire et de mélancolie extraordinaire. Pendant une première période qui a suivi la guerre, il n'y en avait que pour les femmes au foyer. Les femmes qui travaillaient, on en parlait rarement. Quand j'ai fait mon premier livre sur la presse féminine, vers 1963, j'avais remarqué qu'il y avait à l'époque plus de six millions de femmes qui travaillaient: il n'en était jamais question dans la presse féminine, pas une ligne. Ensuite, il n'y en a eu que pour la femme qui travaillait.

La femme au foyer a complètement disparu des média. Elle est devenue une personne qui ne pouvait pas avouer son statut, aliénée, qui semblait n'avoir aucune personnalité et qui dépendait de son mari. C'est tout juste si elle n'était pas considérée comme une prostituée puisqu'elle vivait de l'argent de son mari. Il est certain qu'elles ont cuit dans leur jus pendant des années, et on a vu une sorte de véritable amertume publiquement déchargée à partir de l'année dernière.

PARTICIPANT—*Mais qu'en est-il du travail fait justement à la maison?*

C'est une justification que j'appelerai à posteriori et qui curieusement vient au moment où économiquement elle ne signifie plus rien. Je veux dire par là que les femmes ont été pendant très longtemps des productrices. Si on avait fait les comptes de la nation, par exemple au dix-septième siècle, on aurait vu que la moitié environ des productions étaient faites par des femmes. Alors que maintenant ce n'est absolument plus vrai. La valeur économique du travail fait à la maison n'a cessé de décroître, sauf pour la garde des enfants. En France, c'est d'autant plus net, que nous avons vécu les vingt dernières années de manière très accélérée à cause du retard pris pendant la guerre. A la fin de la guerre, les femmes faisaient tout: les robes, les vêtements des enfants. Elles achetaient des légumes qu'il fallait laver, éplucher, cuire. Elles faisaient leurs propres conserves, etc.

Je me rappelle avoir fait une enquête au début des années 60 sur les soupes en sachet. On présentait à des femmes deux séries de dessins. Sur le premier était représentée une petite dame dans sa cuisine, qui épluchait des tas de légumes, les faisait cuire, servait la soupière fumante sur la table familiale. Une pendule à côté montrait qu'elle y passait trois-quarts d'heure. Sur le deuxième dessin une autre petite dame strictement semblable dans la même cuisine, mettait sa soupe en sachet dans l'eau bouillante et servait la soupière. La pendule montrait qu'elle y passait dix minutes. On demandait aux femmes de décrire ces deux femmes. Eh bien, la première était considérée comme "une bonne mère de famille, courageuse", et la deuxième était dépeinte comme "moderne, égoïste". Ces modes de vie modernes provoquaient une résistance extrême parce que les femmes avaient appris à tout faire. (Je dois dire qu'il est quand même intéressant de remarquer que pendant ces années-là il n'y a guère eu de névroses féminines, le rôle des femmes étant tellement important dans la famille, tellement indispensable.)

Nous avons vécu ensuite une période où la femme a commencé à gagner du temps tout en subissant la dévalorisation économique de ce qu'elle faisait. Au lieu de fabriquer, de transformer des produits de la nature en choses consommables, et donc d'y voir une valeur ajoutée, les vêtements et les produits alimentaires industrialisés se sont mis à être moins chers que ceux qu'elle réalisait.

Un homme qui, au début du siècle, se mariait, faisait une économie. Il avait besoin d'une femme pour lui laver ses chemises, pour allumer son feu, pour faire son ménage, pour faire sa cuisine. Cela coûtait cher d'être célibataire. En se mariant, il épousait une domestique qui lui faisait tout. En revanche, maintenant, un homme qui se marie, si sa femme ne travaille pas, est contraint à des dépenses. Il faut qu'il achète une machine à laver, un aspirateur, une machine à laver la vaisselle. Tout est fait maintenant pour que les produits soient moins chers dans le commerce que si on les fabrique soi-même. Par exemple, un chandail tricoté à la main, c'est un investissement affectif, cela montre qu'on aime son chéri, mais ce n'est pas du tout une économie, vu le temps qu'on y passe. Alors quantité de produits faits par des femmes ont perdu leur valeur économique, gardant seulement leur valeur affective.

Le rôle psychologique de la femme au foyer a grandi d'autant plus que sa valeur économique diminuait. En somme on a assisté, avant l'explosion de féminisme actuel, à une glorification de la présence de la femme au foyer, sa valeur étant devenue uniquement psychologique, éducative. Cela a été ressenti par les femmes comme un leurre, d'autant plus légitimement que la société devenait de plus en plus économique. La vertu économique des femmes ayant beaucoup diminué, on a mis l'accent sur l'indispensable présence d'une mère dans un foyer, d'une femme, d'une épouse, d'une amoureuse. Dans les années 50, j'ai souvent entendu dire que si je travaillais, j'étais forcément une mauvaise amoureuse, une mauvaise épouse, une mauvaise mère et, bien sûr, une mauvaise ménagère. Dans les faits, cela s'est traduit par une diminution du travail féminin à cette époque.

Il y a une phrase qu'on entend souvent en France, c'est: "Maintenant la femme travaille." C'est particulièrement faux en France, où les femmes ont toujours travaillé. Je vous donne quelques chiffres:

1906	7.600.000 femmes qui travaillent
1921	8.400.000
1954	6.200.000
1962	6.800.000
1968	7.600.000
1975	8.125.000
1978	8.700.000

Vous voyez le creux immédiatement. Il faut dire qu'en 1906 et en 1921 la France était moins peuplée que maintenant. Donc la proportion de femmes actives, le taux d'activité globale (femmes qui travaillent par rapport à toutes les femmes de quinze à soixante-cinq ans) était beaucoup plus élevé. En 1921, 50% des femmes travaillaient, en 1954−1962 on est tombé à 33−35%, et maintenant on est à peu près remonté à 47%.

PARTICIPANT—*Est-ce que le travail au noir est fréquent chez les femmes?*

Sans doute les chiffres assez bas des années 50 sont affectés par le travail au noir. Parce qu'à ce moment-là des femmes actives ne se déclaraient pas. Maintenant tout le monde se déclare, parce que, sans cela, on n'aurait pas la Sécurité Sociale.

L'habitude du travail féminin est donc très ancienne. De plus, les Françaises travaillent à temps plein, 14% seulement travaillent à temps partiel, ce qui introduit une grande différence d'avec les Américaines, Anglaises, Danoises, Suédoises, etc.

Mais maintenant on *voit* les femmes qui travaillent. On les voit parce qu'elles prennent l'autobus, le métro, elles sont dans les bureaux. Au début du siècle, sur ces 7.600.000 femmes au travail, 3.325.000 étaient agricultrices et on ne les voyait pas. Quand on prétend que naguère la femme ne travaillait pas, on se réfère à la bourgeoise. On ne se réfère ni à la bonne qui gardait les fameux enfants des bourgeoises ni non plus à la fermière qui travaillait sans congés. Je crois que les problèmes de civilisation française doivent toujours être vus dans la perspective de cette mutation d'un pays rural devenu un pays industriel.

Ces 3.325.000 agricultrices de 1906 ne sont plus que 400.000 aujourd'hui et ces 400.000-là ont énormément changé. C'est dans les campagnes que les voitures que vous rencontrerez sont le plus souvent conduites par des femmes. Ces femmes de milieux agricoles sont devenues les comptables, les gestionnaires de leurs maris, elles sont complètement différentes de leurs grand-mères.

Il faut cependant observer qu'à l'intérieur de la France, le rôle des femmes dans l'agriculture demeure très différent selon les régions. Après des années de réflexion, je pense que ces différences sont plus d'ordre ethnologique qu'économique. Par exemple, dans les plaines du Nord et de Flandre, il n'est pas question que les femmes aillent à la moisson. En revanche dans la Beauce, elles participent à ces gros travaux. Il y a des régions où uniquement les femmes s'occupent des bêtes, d'autres où elles ne touchent jamais le bétail. On s'aperçoit que lorsqu'on demande aux paysans les raisons de cette distribution masculine et féminine des tâches, les réponses sont toujours de l'ordre, "ça a toujours été comme ça, c'est à cause de la nature."

Il y a eu cependant des modifications considérables. Dans les régions où le gros bétail, les boeufs représentaient la richesse parce qu'avec eux on labourait, les hommes s'en occupait. Maintenant que le bétail est remplacé par les tracteurs, ce sont les femmes qui s'occupent des bêtes et les hommes des tracteurs. S'il existe une loi que j'ai réussi à dégager de vingt ans d'études sur le travail féminin, c'est la suivante: *Quand une tâche se mécanise, elle passe aux mains des hommes dans un premier temps.* Il en va de même pour l'agriculture. Il y a eu des productions typiquement féminines, comme les poules par exemple. C'est la femme qui s'occupait toujours de la basse-cour, depuis des siècles, des poules et des lapins. Maintenant que ce petit élevage s'est transformé en industrie d'aviculture, avec électricité et appareils sophistiqués, la volaille est passée, dans la majorité des cas, aux mains des hommes. Il en est de même pour toutes sortes d'autres productions alimentaires comme le lait, le beurre, le fromage, parce que les tâches se mécanisent.

Pour l'industrie, il en a été différemment. Il y avait 2.250.000 femmes dans l'industrie en 1906, et il y en a 2.200.000 maintenant. Le secteur secondaire, secteur de transformation, connaît une grande stabilité du nombre de femmes. Mais nous y retrouvons le même phénomène: *quand une tâche se valorise, elle passe aux mains des hommes; Quand elle se dévalorise, elle passe aux mains des femmes.* Quelquefois, quand elle se mécanise, elle se dévalorise, et au bout d'un certain temps on la voit passer aux mains des femmes (par exemple les tâches subalternes de l'informatique, au début remplies par les hommes). Cette loi a sa réciproque: *Quand une tâche se féminise, elle se dévalorise.* (Je me permets d'ajouter une autre loi Sullerot: "On appelle 'pionnier' un homme qui fait quelque chose pour la première fois. On appelle 'pionnière' une femme qui fait pour la première fois ce qu'un homme a déjà fait." C'est une loi que les femmes devraient imprimer au-dessus de leurs lits parce que les féministes, si elles voulaient vraiment être féministes, devraient inventer des métiers, trouver des directions nouvelles et non pas simplement vouloir devenir pilote, fraiseur, ou soudeur, après les hommes! Mais laissons cela.)

Dans l'industrie, grande caractéristique de l'évolution de l'emploi féminin en France, il y a tout de même accroissement de la qualification. Toutefois, parallèlement, on assiste à une augmentation du nombre des manoeuvres sans qualification. Ces manoeuvres se recrutent parmi les très jeunes filles et les femmes plus âgées, au-dessus de cinquante ans. Bien souvent, on retrouve les

Algériens et les femmes de cinquante ans côte à côte. (Dans le secteur tertiaire—les emplois de bureau, les services—la qualification a été plus rapide que dans l'industrie.) Comme dans tous les pays industriels, les femmes, en France, se retrouvent dans certaines branches de l'industrie et pas dans d'autres: 85% de femmes dans l'habillement, 57% dans le textile, 55% dans le cuir. Dans les industries plastiques, polygraphiques, électroniques, dans l'électricité, la chimie, on tombe au-dessous de 50%.

Je voudrais insister sur ce petit nombre d'industries dans lesquelles les femmes sont majoritaires de façon écrasante: le salaire de base horaire est toujours plus bas dans ces industries où il y a beaucoup de femmes que dans les branches où il y en a peu. Cela ne veut pas dire que les femmes sont moins payées que les hommes pour un travail égal. En France ce n'est pas vrai. On ne trouve à peu près aucun exemple d'une femme moins payée qu'un homme si elle fait le même travail. Je peux vous l'affirmer, parce que, plusieurs fois, à la télévision ou à la radio, j'ai demandé qu'on m'envoie des exemples de discrimination. Quand Françoise Giroud était Secrétaire d'Etat à la Condition Féminine elle a fait le même appel. Nous avons traité tous les dossiers qui nous sont venus, nous en avons trouvé trois seulement qui pouvaient prétendre être discriminées à cause de leur sexe, pas plus.

Généralement, les femmes travaillent moins longuement que les hommes, elles font sept heures de moins que les hommes par semaine en moyenne nationale. Cela suffit à créer des différences de salaire importantes, d'autant plus que les heures supplémentaires, effectuées surtout par les hommes, sont payées 25% de plus. Les différences de salaire sont donc essentiellement *structurelles*. Un des éléments principaux de bas salaire demeure l'appartenance à une branche féminisée. Ainsi, les hommes qui travaillent dans ces branches ont eux-même des salaires bas: un homme gagne moins dans l'habillement que dans la sidérurgie.

Vous trouvez dans les journaux français des articles sur les inégalités de salaires très mal faits. On vous dit, par exemple, que les ouvrières gagnent 30% de moins que les ouvriers. C'est vrai si vous comparez les revenus *annuels* de l'ensemble des ouvriers et de l'ensemble des ouvrières. Mais dès que vous considerez le gain *horaire branche par branche* et qualification par qualification, plus de différence, parce que ces différences sont structurelles. Les causes s'expliquent facilement. Les femmes qui travaillent dans l'industrie sont *soit jeunes soit un peu âgées* et, pour la plupart, *n'ont pas d'ancienneté*. Or, en France, l'ancienneté est payée et la qualification vient souvent avec l'ancienneté. J'ai fait des comparaisons européennes, c'est certainement en France que l'ancienneté compte le plus dans le calcul du salaire. Un autre facteur d'inégalité structurelle provient du fait que *plus de 50% des femmes travaillent dans de petites entreprises de moins de cinquante personnes*. Or c'est là qu'on trouve les bas salaires. Cela ne veut pas dire que les femmes sont moins payées que les hommes qui sont dans les petites entreprises mais que dans la masse nationale des hommes qui travaillent il n'y en a que 20% dans ces petites entreprises. Les hommes travaillent beaucoup plus dans les grandes entreprises, alors que les femmes semblent préférer les petites entreprises, pour des raisons liées à la double journée maison-travail. Les petites entreprises sont par définition plus nombreuses que les grandes et plus réparties dans le tissu spatial. Comme la femme cherche un emploi *pas trop éloigné de chez elle*, elle a plus de chance de le trouver dans une petite entreprise.

On dit souvent aussi que les femmes font les métiers les plus pénibles. Là encore c'est un mythe. Les métiers les plus pénibles sont nettement faits par les hommes. Il n'y a pas de femme dans les égoûts, pas de femme devant les fours dans la sidérurgie.

Il est évident que *la distribution des femmes selon les métiers est plus réduite*. Quand on voit se répartir une nouvelle génération de filles dans l'éventail des occupations, on s'aperçoit qu'elles vont dans 120 métiers différents alors que les garçons se distribuent dans 500 métiers.

La présence féminine est majoritaire dans certaines branches comme la pharmacie, la chimie. On ne sait pourquoi. La médecine est un métier qui commence à se dévaloriser et se féminiser (cela a commencé dans les pays de l'Est.) En France, 25% de médecins sont femmes, et cette proportion augmente très rapidement. La France a une vieille habitude du travail féminin mais, si vous me demandez ce qui va se passer, je crois cependant que nous irons jusqu'à un certain degré de féminisation qu'on ne dépassera pas dans certaines professions libérales. A l'Ecole Centrale, qui est ouverte aux filles depuis très longtemps, on retrouve toujours le même pourcentage de femmes, 6 ou 7%. A l'E.N.A., on plafonne à 10, 12%.

Dans le secteur tertiaire, les femmes sont majoritaires. Elles sont beaucoup plus de la moitié et, comme je l'ai dit, progressent très rapidement en qualification. *Une spécificité française, c'est le grand nombre de femmes dans le secteur public.* C'est un facteur important qui joue comme une sorte d'élément de régulation des salaires. En effet, on entre dans le secteur public par des examens anonymes. De ce fait, les femmes y sont beaucoup moins défavorisées que dans le secteur privé où on embauche à vue.

Les grosses difficultés que j'ai eues avec les femmes qui passent à mon centre "Retravailler" sont des difficultés qu'aucune loi ne peut parvenir à réglementer. Je vous donne un exemple. Une femme va dans un bureau d'embauche, elle passe des tests, elle réussit, on lui demande, "Avez-vous des enfants?"—"Trois."—"Oh, alors, madame . . ." Dans le secteur privé, ce type d'impondérable est difficile à mesurer.

En revanche dans le secteur public—ce que j'appelle le secteur public c'est le monde des fonctionnaires—l'examen étant anonyme il y a moins de préjugés. Il y a 45% de femmes dans ce secteur, qui comprend, outre l'enseignement, les P.T.T., la S.N.C.F., l'E.D.F., les administrations municipales ou d'Etat. Il faut bien avouer que souvent les femmes recherchent cette fameuse sécurité du secteur public et tous les privilèges auxquels il donne droit. Combien de fois vous entendrez des parents dire: "Ma fille est aux P.T.T., donc ça y est, on est tranquille." Les accouchements y sont payés, de même que les vacances, sans parler des retraites ou des régimes spéciaux que connaissent certaines branches du secteur public. Il faut compter parmi tous ces fonctionnaires le grand nombre d'institutrices, de professeurs du secondaire, de directrices, d'inspectrices. D'où parfois l'image dévalorisée de ces occupations. Aujourd'hui, pour revaloriser le métier d'instituteur, on a imaginé de tenter de le remasculiniser.

Permettez-moi en passant de vous signaler une question de vocabulaire. En Français, on emploie le féminin pour définir des métiers qui ne sont pas très valorisants: on dit ainsi *"une conseillère pèdagogique"*; par contre on m'appelle *"madame le Conseiller"* parce que je suis conseiller au Conseil économique et social de la République. On dit, par exemple, *"une contrôleuse d'autobus."* Mais on parle d' *"une femme contrôleur des contributions".* On dit *"une maîtresse d'école",* par contre, les avocates, on les appelle *"maître".* C'est significatif.[6]

Un autre aspect intéressant du travail féminin est la proportion de femmes mariées qui travaillent. Par rapport à ce qu'on appelle les catégories socio-professionnelles, ce sont les femmes d'agriculteurs qui travaillent en plus grand nombre, presque toutes. Ensuite ce sont les femmes de ce qu'on appelle aujourd'hui le "milieu intermédiaire", celui des employés et des cadres moyens. En-dessous viennent à égalité les ouvriers et les cadres supérieurs. Ce qui fait qu'on obtient une courbe en U: les femmes restant au foyer sont surtout les plus pauvres et les plus riches. Incidemment, cette courbe en U se retrouve en ce qui concerne le nombre d'enfants par famille: c'est parmi les salaires inférieurs et les salaires supérieurs qu'on trouve le plus d'enfants. Les raisons sont à la fois économiques et ethnologiques. Dans certains milieux ouvriers, traditionnellement, la femme ne travaille pas. Chez les mineurs, par exemple. Il y a donc là encore des diversités, des anomalies régionales dont il faudrait tenir compte.

Je tiens à attirer votre attention sur les disparités régionales des taux d'activité féminine. Elles représentent un indice révélateur dès qu'on aborde les questions d'aménagement du territoire. On s'aperçoit qu'il y a des régions, Paris, Lyon, l'Alsace où les femmes trouvent facilement du travail, des régions où elles n'en trouvent pas du tout et où il n'y a pas de femmes inscrites comme demandeurs d'emplois parce qu'elles n'ont même pas l'espoir d'en trouver.

D'autre part, il est très difficile de corriger des inégalités qui dépendent des conditions de vie des femmes et de leurs désirs. Comment faire la part des choses auxquelles elles sont forcées, des choses qu'elles subissent par choix? Lorsqu'on fait des études d'horaires on voit tout de suite que les Françaises sont nombreuses à préférer des horaires légers. Souvent elles se soucient moins du salaire que de la flexibilité des horaires. L'éventail des heures de travail pour l'homme va de 35 à 85 heures. Pour les femmes, cet éventail est plus ouvert et descend jusqu'à trois, quatre heures.

Je voudrais maintenant attirer votre attention sur un autre problème, c'est le rapport entre l'âge et le travail féminin. Autrefois on avait des femmes qui travaillaient toute leur vie ou qui ne travaillaient jamais. Vous aviez une courbe à deux bosses: un sommet avec une majorité de femmes entre seize et vingt-et-un ans qui débutaient le travail, 65%; puis un creux à l'âge de maternité entre vingt-cinq et trente-cinq ans; un deuxième sommet de trente-cinq à cinquante ans, 50%; puis une nouvelle chute. Ce qui fait que les femmes en France avaient une vie de travail en trois phases: travail, arrêt, travail.

Actuellement, les jeunes ne s'arrêtent plus ou très peu, deux, trois ans au maximum. De plus, l'âge de mise au travail des filles est plus tardif que celui des garçons. C'est vingt ans. Vous savez qu'en France les filles restent aux études plus longtemps que les garçons et qu'il y a plus de bachelières que de bacheliers. Année après année, les garçons quittent les études pour aller dans des écoles professionnelles alors que les filles restent aux études générales. Vous avez donc une diminution du nombre de femmes qui travaillent dans les âges jeunes. Par contre, ces mêmes femmes sont plus instruites, auront moins d'enfants, ne quitteront plus leur travail. C'est ce phénomène, d'ailleurs, qui m'a amenée à m'occuper de ces autres femmes qui veulent revenir sur le marché de l'emploi, puisqu'elles se trouvent souvent en concurrence avec des jeunes plus qualifiées.

PARTICIPANT—*Justement, pourriez-vous nous parler des circonstances qui vous ont amenée à créer les centres "Retravailler"?*

Mon but était donc d'aider les femmes les plus défavorisées, les plus "paumées", celles qui n'avaient pas leurs chances, celles qui étaient sorties du monde du travail et qui, pour une raison ou pour une autre, se trouvaient à nouveau obligées de gagner leur vie—quand je dis "obligées de gagner leur vie", cela peut être aussi bien économiquement que psychologiquement. J'avais cette idée en tête depuis longtemps car je connaissais les statistiques et entre autres cette "courbe à deux bosses" dont je viens de vous parler. Je pensais qu'il fallait absolument faire quelque chose pour aider ces femmes à se réinsérer dans le monde de l'emploi. En 1969–70, le Bureau International du Travail m'a chargée d'une mission dans sept pays d'Europe, Est et Ouest, avec pour sujet d'étude: "Vocational Training for Girls and Women". J'ai donc voyagé en U.R.S.S., en Roumanie. En Suède notamment j'ai vu pour la première fois, et de façon émouvante, des groupes de femmes de quarante à cinquante ans dans des centres de formation professionnelle, mais sans orientation préalable.

C'est en étudiant les résultats d'un programme anglais de remise au travail pour femmes adultes qui connaissait un taux d'échec de 63%, et surtout en recherchant les causes de ces échecs, que je me suis aperçue que ce qui manquait à ces programmes c'était avant tout une orientation préalable. Ces femmes anglaises ne se connaissaient pas elles-mêmes. Elles ne savaient plus du tout, après des années au foyer, de quoi elles étaient capables comme travailleuses. Elles ne connaissaient plus le monde du travail, la psychologie du monde du travail. Elles avaient des difficultés à accepter une structure horaire, à accepter de recevoir des directives, et elles avaient des relations difficiles dans les entreprises avec les plus jeunes entrées avant elles. D'autre part, ces femmes voulaient faire un autre métier que celui qu'elles avaient fait quand elles avaient dix-huit ou vingt ans. Nombreuses s'illusionnaient beaucoup sur certains métiers, à cause de la télévision et des métiers qu'elle met à la mode. Je suis rentrée en France en me disant qu'au fond, après dix, quinze ans passés au foyer, il était impossible à des femmes de se trouver un travail sans une période préalable de préparation, d'information, d'orientation.

L'organisme que j'ai alors créé s'appelle "Retravailler". Il fonctionne en autogestion avec une quinzaine de centres en France, d'autres à l'étranger. Plus de huit mille femmes ont déjà passé par nos stages où elles se préparent, pendant cinq semaines, au monde du travail en apprenant à écouter, à s'exprimer, à exercer leur mémoire, leur concentration, leur perception spatiale, leur imagination, leur logique.

PARTICIPANT—*Ce sont toutes des femmes mariées?*

Non, 40% d'entre elles sont seules ou en passe d'être seules. Il y a des veuves, des divorcées, des séparées, et une vaste catégorie de femmes, à mon avis la plus fragile et la plus difficile à aider, qui sont en difficulté conjugale, soit qu'elles-mêmes aient envie de quitter leur mari soit qu'elles sentent ou savent que leur mari va les quitter. Ces dernières sont dans une situation qui n'est pas encore dénouée et plusieurs stratégies sont envisageables. Elles changent souvent d'idée, un jour elles veulent se rendre autonomes, le lendemain elles ont envie de jouer les victimes professionnelles. Il faut bien comprendre que si, en France, il existe beaucoup de facilités et de droits pour les femmes seules, ces dispositions ne jouent pas pour les femmes qui sont encore légalement mariées. Pour la femme mariée à qui le mari ne donne pas un sou, installé, lui de son côté, avec une petite amie, alors qu'elle a les gosses, la situation est souvent terrible. Beaucoup au début s'inscrivent comme "mariée", puis, au bout de la troisième semaine, on apprend qu'il y a un tas de problèmes. Quatre-vingt-dix-sept pour cent de nos stagiaires ont des enfants. En moyenne elles ont 3,1 enfants alors la moyenne nationale est de 1,8!

car si elles sont restées au foyer, c'est souvent qu'elles avaient beaucoup d'enfants.

Les raisons pour lesquelles ces femmes viennent à "Retravailler" sont multiples. Pour la majorité, un besoin économique les pousse. Mais il y en a beaucoup pour qui travailler est une nécessité psychologique. Celles-ci sont souvent dans une crise d'identité grave: "Je ne sais plus qui je suis." "Mes enfants me dépassent, mon mari me dépasse." "Je vois la vieillesse à l'horizon alors que tout le monde m'a dépassée." "Je me sens inutile." Ce qui les tourmente, c'est la solitude, la peur, la double culpabilité, à la fois de ne pas travailler ou de ne pas bien s'occuper des enfants si elles travaillent. Il faut d'ailleurs bien analyser cela car quand une femme arrive en disant, "Je suis culpabilisée," la plupart du temps elle veut dire, "Je ne suis pas coupable, c'est la faute de la société."

Nous avons reçu aussi des vagues de femmes—à cause des campagnes de journaux féminins commerciaux qui se sont mis a jouer le féminisme—qui revendiquent "la réalisation de soi par le travail". Pendant une période, neuf sur dix arrivaient en disant: "Je veux me réaliser, je veux des contacts humains." Il fallait leur faire comprendre que le travail est aussi aliénant. Maintenant, nous recevons souvent des chômeuses. Quand une chômeuse précédemment ouvrière d'usine raconte comment c'était, les petites dames qui voulaient "se réaliser" en prennent un coup.

C'est donc une population extrêmement variée mais nous ne faisons pas de groupes de niveaux. Le mot "niveau" pour une femme adulte ne veut rien dire. Est-ce que c'est le diplôme qu'elle a eu quand elle s'est arrêtée il y a vingt ou trente ans? Est-ce que c'est l'enrichissement qu'elle a pu acquérir si elle a beaucoup voyagé, a appris des langues étrangères, ou a fait beaucoup de travail bénévole? Où mettre celle qui s'est complètement enfoncée entre ses casseroles et son fils unique? Où placer les mères de famille qui ont eu dix ou douze enfants? (Ces dernières du reste sont formidables, ce sont de vrais chefs d'entreprise, on les place toujours car elles s'organisent très bien.) Donc on ne peut pas faire des groupes de niveaux. D'autre part, nous nous sommes aperçus qu'il valait mieux ne pas séparer les femmes d'âge, de niveaux, de milieux sociaux très différents car finalement les rapports que nous écrivent les stagiaires indiquent tous que ce qu'elles trouvent formidable, c'est la variété, le mélange. On a vu des amitiés se souder entre femmes de milieux complètement différents. La découverte de cette solidarité est souvent émouvante. Je reprends ici quelques expressions trouvées dans les rapports de stage: "La solidarité de notre groupe était à couper au couteau," "la solidarité était comme un grand manteau chaud sur nos épaules," "j'ai découvert dans ce groupe la société sans classes," etc.

PARTICIPANT—*Mais, en général, est-ce que la lutte des classes et les difficultés économiques de la réalité quotidienne ne se reproduisent pas à l'intérieur des problèmes politiques ou économiques débattus par les femmes?*

Oui, sans doute, mais je crois qu'il y a une réelle solidarité féminine qui traverse les problèmes économiques ou les partis politiques, qui les transcendent malgré les bagarres, les jalousies et tous les conflits idéologiques si particuliers à la mentalité française.

PARTICIPANT—*Dans un autre ordre d'idées, ne faut-il pas vraiment distinguer deux formes de féminisme, un au niveau du travail, de l'économie et l'autre au niveau des attitudes? Constamment j'ai des étudiantes qui reviennent de France et qui me disent, "Qu'est-ce que c'est en retard, la France!"*

Moi, j'ai la même impression quand je viens aux Etats-Unis. Je trouve ici les hommes très anti-féministes. Au niveau des attitudes, l'Américaine est peut-être beaucoup plus libre dans sa façon d'aller et venir. Elle osera par exemple parler. Une femme mariée française invitée dans une soirée un petit peu *formal* n'ose guère parler avant son mari, ou rarement (quoique, maintenant cela change). Une Américaine ne se posera même pas la question. Mais à côté, il faut voir le problème du pouvoir dans le ménage: là, la voix de la femme semble compter beaucoup plus en France. Naturellement cela a beaucoup changé aux Etats-Unis, mais la première fois que je suis venue ici, j'ai été horrifiée par toutes ces *hen-parties*. Je voyais la femme avec sa voiture aller en banlieue de New York avec d'autres femmes chercher le mari à cinq heures au train. Je la trouvais très marginalisée et mineure.

PARTICIPANT—*Nous observons que la France est en train de subir des mutations économiques importantes qui ont des répercussions très significatives au niveau de la famille, de l'éducation, des modes de vie des jeunes.*

Ce qui me dérange, c'est qu'il semble, pour pas mal d'Américains, voire même pour certains Français, que la France serait sur le point superficiellement de devenir semblable à l'Amérique. Je ne suis pas d'accord avec ce point de vue; au contraire, je voudrais savoir quelles sont à votre avis les constantes dans la société qui distinguent l'orientation française.

Je crois comme vous que les modes de vie, les modèles américains n'arrivent pas tous inéluctablement deux ans après comme le croient bien des Français. La majorité des Français et pas mal de journalistes en sont persuadés et le ressassent tout le temps. Tout à l'heure j'ai eu un sursaut quand vous disiez "ressemblance économique" parce que, justement, l'économie est tout à fait différente en France où il existe un vaste secteur nationalisé. De même, il faut voir les différences de conception entre l'égalité des chances, l'idée de démocratie, mots qui sont d'ailleurs des mots-pièges quand on discute entre Français et Américains. Pour répondre brièvement à votre question sur le mouvement des modes qui viendraient toujours de l'Ouest vers l'Est, de l'Amérique vers l'Europe, je ne le pense pas. Il y a des évolutions qui viennent vraiment de la société française elle-même. Il y en a d'autres qui sont adoptées de modèles venant d'autres pays. C'est un mélange. Il faudrait que nous déterminions des séries de faits économiques, socioculturels et que nous examinions l'influence qu'ils peuvent ou ne peuvent pas avoir, les phénomènes d'imitation ou de rejet. Prenons par exemple le cinéma: les feuilletons américains à la télévision française provoquent une réaction de rejet dans une partie de la population. Pour connaître un petit peu ces réactions de base, je vais vous donner un conseil peut-être un peu trivial, c'est de lire *Télé 7 Jours,* ce journal qui tire à quatre millions d'exemplaires et est donc l'hebdomadaire le plus lu qu'il y ait en France. Il a un contenu culturel d'ailleurs assez important. Vous trouverez toujours dans le courrier des lecteurs des réclamations contre les films américains. Dans tous les débats contre la violence, on accuse immédiatement les films américains. Mais en même temps on trouve dans certains milieux intellectuels de gauche, genre *Nouvel Observateur*, à la fois un anti-américanisme politique qui va de pair avec un mimétisme culturel. C'est un mélange des deux et qui va parfois même jusqu'à copier les choses qui sont les moins valables dans la culture américaine. De même que nous venant ici, nous pouvons trouver que vous nous assimilez seulement aux fromages et aux parfums français, de même en France l'Amérique est souvent assimilée par les intellectuels de gauche à une culture où elle ne se reconnaîtrait peut-être pas très bien. Alors il faudrait être prudent et raisonner sujet par sujet, domaine par domaine, et milieu par milieu. Et à la fin relever ces constantes de ce qu'on pourrait appeler justement la personnalité nationale.

PARTICIPANT—*Une de ces constantes ne serait-elle pas, comme l'a souligné Fourastié dans son ouvrage,* Les Trente Glorieuses,[7] *la nostalgie de la terre? Sentiment d'autant plus fort en France que la transformation d'un pays rural en pays industrialisé s'est faite très rapidement.*

Absolument. Les traits particuliers sont la permanence des liens avec le pays, avec le village. Vous savez que les Français sont les champions de la résidence secondaire du monde entier. Vous prenez un taxi, il y a une chance sur deux pour que son chauffeur ait une maison en Bretagne ou dans le Massif Central. Un ouvrier sur cinq, et l'ouvrier français est moins prospère que l'ouvrier américain, a une résidence secondaire. C'est la maison des parents, sa maison d'origine, qu'il retape en vacances ou le week-end. C'est aussi une façon de se re-ruraliser de manière souvent sophistiquée, parfois comique, avec des tendances écologiques rétro, avec une paysannerie à la Trianon.

PARTICIPANT—*Le village d'où je viens avait 1100 habitants en 1914. Maintenant il y en a moins de 200. Mais toutes les maisons sont, comme vous dites, retapées par des descendants des familles.*

Si vous demandez aux éditeurs quels sont les livres qui marchent bien en France, ils vous répondront d'abord l'Histoire et ensuite tout ce qui concerne le jardinage, les plantes, et le terroir. Ancrage dans le passé et dans les habitudes du pays. Cette nostalgie se trouve du reste mêlée à des questions délicates: le régionalisme, les revendications du type "vivre au pays". Il est évident que ce respect de la personnalité régionale n'encourage pas la mobilité. A long terme il s'agit, je crois, d'un phénomène cyclique et non d'une mutation. Je m'explique: la contraception est une mutation parce qu'on ne reviendra pas en arrière. En revanche, ces grands mouvements régionalistes—avec leur traduction politique, culturelle, économique, voire individuelle et pédagogique puisqu'ils correspondent à cette croyance de laisser chaque enfant exprimer sa personnalité—me semblent plus cycliques. N'oubliez pas qu'à certaines époques la France a été universaliste, nationaliste, que le régionalisme a été au départ une notion de droite et qu'aujourd'hui ces tendances s'inscrivent plutôt dans les idéologies de gauche. Cela tournera encore à 180° . . .

PARTICIPANT—*Dans la société française, justement, quelle place les Françaises ont-elles du point de vue politique?*

C'est vrai, nous n'avons pas encore parlé de la participation féminine du point de vue politique. Je dirai qu'en France, les femmes votent autant que les hommes; qu'au niveau local dans les conseils municipaux, il y a une participation féminine croissante; par contre, à l'Assemblée Nationale le pourcentage des femmes est très faible. Les résultats de certaines études montrent aussi que jusqu'à quarante-cinq ans environ les votes masculins et féminins sont semblables. Je ne veux pas dire que toutes les femmes votent comme leurs maris mais je veux dire que les femmes votent comme les hommes, à peu près. A partir de quarante-cinq ans, le vote féminin est nettement plus conservateur que le vote masculin. Vous savez que De Gaulle était l'élu des femmes. Disons que le vote des femmes est affaire d'âge. Elles votent beaucoup plus à gauche quand elles sont plus jeunes. Maintenant, la présence de femmes au gouvernement ou la féminisation de la haute administration, je pense qu'elle est voulue par Giscard, qui est très féministe. Cela fait partie de son idée de décrisper, de moderniser le pouvoir. Il faut voir là une évolution imposée par le haut. Vous savez sans doute que la personne la plus populaire en France, c'est Simone Veil.

Au niveau des partis politiques, la question est plus délicate, et on en est au système du quota. On annonce qu'il faut 10%, 20%, 30% de femmes. On se bat par exemple au Parti Socialiste pour que le 10% passe à un 20% obligatoire, puis les Communistes passent à 30% et alors ceux d'en face annoncent 35%, etc. Tout cela est assez artificiel.

On a souvent l'impression que le nombre de femmes qui ont des responsabilités dans tel ou tel domaine augmente. Or, pour les députés femmes, le nombre en a considérablement diminué en France. Elles étaient quarante, elles sont à peine dix. Je vois deux explications. La première, c'est que tous les pays qui ont vécu soit une révolution soit une guerre avec Résistance, soit les deux (parce que 1945 a été aussi une espèce de révolution), tous ces pays ont eu beaucoup de femmes dans leur *premier* parlement.[8] Parce que les femmes avaient participé à la clandestinité, à la Résistance, elles se sont trouvées portées aux postes de représentation auxquels d'ailleurs elles avaient droit puisqu'elles avaient lutté. Après cette première éclosion du personnel politique et politisant, les jeux de la politique ont repris leurs droits avec les vieilles règles, les vieilles recettes, comprenant la publicité, les manigances, la visibilité politique, l'obligation de prendre un micro et de parler en public. A ce moment-là, les femmes ont eu tendance à s'enfuir. Une deuxième explication serait que cette faible participation tient peut-être en France au fait qu'on a changé la loi électorale. Quand on avait un scrutin de liste pour la représentation proportionnelle, on mettait des noms de femmes puisqu'on votait pour une liste. On les plaçait en quatrième ou cinquième position, mais on mettait des femmes. Lorsqu'on est passé au scrutin uninominal (introduit par Mendès France) chaque parti a dû miser sur un seul candidat par circonscription. De ce fait, on a vu très nettement revenir au jour cette vieille suspicion que la femme fait un moins bon candidat que l'homme si on doit choisir entre les deux. J'en ai vécu un très bon exemple: je me suis présentée aux élections législatives de 1967 en tant que candidate de la fédération de la gauche. J'ai demandé le canton de Compiègne où mon père avait été maire, et j'avais fait mes études au collège de Compiègne, mon frère y exerçait, j'y avais une maison. C'était une circonscription où j'avais véritablement ma chance. Je vais donc trouver le Monsieur qui s'occupe des listes, il me regarde et dit: "Cette circonscription, on peut la gagner, elle est jouable, on ne peut pas y mettre une femme!" Alors cette notion de visibilité politique et le scrutin uninominal se combinent pour expliquer à mon avis la faible présence des femmes parmi les députés. Du reste, on a bien vu que pour l'élection européenne on a voté à nouveau par représentation proportionnelle, par scrutin de liste, et on a eu beaucoup plus de femmes. Le barrage masculin était moins fort et moins efficace.

Vous voyez, on me demande souvent pourquoi j'étudie la condition de la femme. Eh bien, indépendamment de l'élan peut-être militant que j'ai pu avoir au début, l'intérêt intellectuel de ce sujet est extraordinaire. Vous avez l'impression parfois de découvrir un pays dans toutes ses dimensions, différent de celui qu'on vous présente habituellement. Tout ce qu'on examine se révèle avec un relief différent, et faire apparaître ces reliefs, c'est vraiment ce qui est passionnant et peut apporter une image plus exacte de la société française ainsi que des contrastes frappants qui existent de pays en pays.

Notes

1. Conseil économique et social, *La démographie de la France: bilan et perspectives*, rapport présenté par Evelyne Sullerot (Paris: *La Documentation Française, 1978*).

2. Emmanuel Le Roy Ladurie, *Les paysans du Languedoc* (Paris: Mouton, 1966).

3. Philippe Ariès, *L'enfant et la vie familiale sous l'Ancien Régime* (Paris: Seuil, 1973).

4. Jean-Louis Flandrin, *Familles: parenté, maison, sexualité dans l'ancienne société* (Paris: Hachette, 1976).

5. Louis Roussel, *La famille après le mariage des enfants*, I.N.E.D., *Travaux et Documents*, Cahiers N° 78 (Paris: P.U.F., 1976).

6. Il ne faudrait toutefois pas trop dauber sur le sexe des mots car il existe des contre-exemples. J'ai trouvé énormément de mots péjoratifs qui n'ont pas de féminin et qui sont toujours au masculin: escroc, assassin, par exemple. Il y a même des mots qui sont toujours au féminin et ne désignent jamais que des hommes: une recrue, une ordonnance, une sentinelle, une estafette, etc.

7. Jean Fourastié, *Les Trente Glorieuses* (Paris: Fayard, 1979).

8. Voir l'Italie, le Portugal de la Révolution des oeillets, et presque tous les pays anciennement colonisés accédant à l'indépendance.

Gérard Vincent

Agrégé d'Histoire, sculpteur, peintre, professeur à l'Institut d'Etudes Politiques de Paris, Gérard Vincent est l'auteur de plusieurs ouvrages célèbres sur le monde des lycées. Notamment: Les Professeurs du second degré, Les Lycéens *et* Le Peuple lycéen.

Spécialiste de l'histoire contemporaine, chercheur à la Fondation Nationale des Sciences politiques, il a récemment publié deux nouveaux ouvrages importants: Les Français 1945–1975: chronologie et structure d'une société *et* Les Jeux français, *dans lesquels il brosse un fascinant portrait de la société française et cherche à démystifier l'image qu'elle se fait d'elle-même.*

LA FIN DES ILLUSIONS

Essayer de comprendre un petit peu les mécanismes d'une société pour voir comment elle fonctionne, cela se traduit finalement par un discours, oral ou écrit. Si vous avez eu le courage de violer *Les Jeux français* ou *Les Français 1945–1975*, vous avez pu voir que j'ai posé le problème du passage de ce qui se passe à ce qu'on écrit. Je voudrais insister là-dessus, le mot histoire en français désigne deux choses complètement différentes: le passé des hommes, ce qu'ils ont fait sans trop savoir d'ailleurs qu'ils créent l'histoire, et le récit qu'à posteriori, par une rationalisation postérieure, écrivent un certain nombre de gens qui s'intitulent historiens. C'est très frappant de voir que c'est un mot qui désigne au moins deux choses complètement différentes: le passé des hommes et le récit qu'on en élabore après. C'est la raison pour laquelle dans tout ce que je vais vous dire, j'emploirai de façon très précise l'expression d'histoire vécue quand je parlerai de ce qu'ont fait les hommes et d'histoire récit lorsque je parlerai de ce que les historiens—ou les sociologues parce que la sociologie n'est pas autre chose qu'une histoire toute

124

contemporaine—ont écrit. Ce dont je parle c'est le passage du non-discursif au discursif.

Pour prendre un exemple très simple, vous êtes pour la plupart des littéraires, si vous écrivez un livre sur Flaubert, vous écrivez un discours sur un discours, vous passez du discursif au discursif. Tandis que si je vous racontais les émeutes de 1968 au Quartier Latin, où il y a des mots qui ont été prononcés, il y a des slogans qui ont été proférés, il y a donc eu du discursif, mais il y a également eu la police qui a fait des choses, les étudiants qui en ont fait d'autres. Ce n'était pas du discursif. En passant par l'intermédiaire d'un certain nombre de concepts, je vais aboutir à un texte, un discours, qui sera nécessairement en grande partie fictionnel. C'est la raison pour laquelle je n'aime pas beaucoup l'expression de "sciences humaines" parce qu'à mon avis elles sont toutes entachées de la subjectivité du chercheur qui est toujours contraint de passer par la réfraction de concepts et d'appareils conceptuels. Si bien que le discours sociologique, comme le discours historique, est toujours en grande partie fictionnel.

C'est pour vous dire que dans des livres aussi apparemment neutres que la chronologie *Les Français 1945–1975*, même une chronologie pose des problèmes très compliqués parce qu'il faudrait d'abord s'entendre sur ce qu'est un événement. Quels sont les événements importants, quels sont les événements non-importants? A partir de quel seuil peut-on considérer qu'il y a quelque chose qui mérite d'être noté. Ce qui mérite d'être noté c'est le notable, et on est en pleine tautologie. Ce n'est pas simple du tout étant donné qu'à partir du moment où on aboutit à un discours, se pose le problème du choix des mots, et nous rêvons tous dans les sciences humaines de mots qui soient à la fois monosémiques—qui n'aient qu'un sens—et qui soient univoques, c'est-à-dire dont le sens ne varie pas quel que soit le contexte de l'occurrence du mot. Or il n'y a qu'un langage de ce point de vue là qui soit à la fois univoque et monosémique, c'est le langage mathématique. Il est certain que les chiffres, de ce point de vue-là, quelle que soit leur émergence dans un discours, sont monosémiques et univoques, mais, quand il s'agit de percevoir les mentalités des lycéens, tout ne peut pas être mis en chiffres. Alors c'est un problème quasiment insoluble et je dirai que finalement le discours sociologique ou le discours historique sont des discours fictionnels avec des segments de scientificité. De temps en temps il y a un petit secteur neutre. Surtout avec l'utilisation des ordinateurs. Mais même dans ce domaine, la programmation n'est jamais neutre. En amont et en aval, au niveau du traitement des données, rien n'intervient, rien ne se réintroduit sans la subjectivité du chercheur.

A ces quelques remarques introductives, je voudrais ajouter quelques constatations sur ce que j'appelerai "la fin des illusions".

Tout d'abord, ce qui caractérise la société française actuelle, c'est la fin de la croissance continue. Depuis 1974, comme vous le savez, il y a des problèmes. Entre 1944 et 1974, la France a connu un taux de croissance très élevé et s'est plus transformée en trente années que pendant tout le siècle précédent. Après l'avoir annoncée pendant dix, quinze ans de suite, les économistes ont oublié la crise qu'ils avaient l'habitude de prédire. Je ne parle que de la France, bien qu'on ne puisse pas isoler le système français du système économique mondial. Mais vous savez aussi bien que moi que depuis que la crise est arrivée, on n'a trouvé aucun remède. D'ailleurs, d'une part, je ne crois pas qu'il s'agisse d'une crise. En fait c'est autre chose. C'est plus une mutation structurelle. D'autre part, les économistes, comme les sociologues, ne sont pas des gens sérieux. Ils se croient infaillibles parce qu'ils mobilisent un vaste appareil mathématique, mais ils se trompent régulièrement. Donc première illusion, c'est la fin de la croissance continue. Alors, en France—et c'est tout à fait passionnant—on s'aperçoit qu'il existe un discours politique lénifiant des dirigeants qui annoncent "la prospérité au coin de la rue".

La deuxième illusion qui a capoté, c'est cette croyance à la malléabilité de la société à la volonté de quelques hommes ou à la volonté d'un seul homme. Cela me fascine parce que j'ai été élevé sottement avec une conception simpliste et volontariste de l'existence qui disait qu'au fond la société est malléable à la volonté d'un certain nombre de décideurs, qui sont des hommes très bien informés et capables d'influencer le cours de l'histoire. Je ne voudrais vexer personne, mais les grands hommes politiques actuels ne dominent pas la situation, et c'est peut-être pour cette raison qu'ils se réfugient dans un discours de type triomphaliste. Autrement dit, il existe une opposition entre le logos et la praxis, entre une pratique hésitante, tâtonnante, et un discours triomphaliste. Et rien n'y fait, les gens continuent à tenir le même discours. Nous nous trouvons dans un univers complètement mythologique au niveau politique et ce qui est intéressant c'est que l'historien-sociologue travaille à partir d'un certain nombre de sources qui sont notamment ces discours. Alors comme on sait maintenant que ces discours sont sinon en opposition, du moins en divergence avec la réalité, on croit de moins en moins, enfin on commence à croire un peu moins à la malléabilité d'une société à la volonté de quelques-uns. Donc, le mythe que je voudrais dénoncer, c'est celui du personnage historique, car pendant trop longtemps l'Histoire a été écrite de façon monarchique et elle continue à l'être. Les hommes politiques souvent entretiennent l'illusion de leur efficacité par le discours. A ce propos, le seul homme politique des quarante dernières années qui a osé adopter une attitude contraire, c'est le président Henri Queuille à qui l'on doit cette belle phrase: "Il n'est aucun problème, si complexe soit-il, qu'une absence de décision ne puisse résoudre."

Ainsi, quand on s'amuse, ce qui est un peu cruel, à prendre tous les discours économiques d'un premier ministre et ensuite à comparer ses chiffres à ceux de l'I.N.S.E.E. (l'Institut National des Statistiques et des Etudes Economiques, organisme d'Etat qui dépend du Ministère des Finances), on s'aperçoit qu'entre ce qu'il dit et les chiffres qui émanent de ses propres services, il y a une complète contradiction.

Une troisième illusion, qui me fascine beaucoup, c'est la notion des contre-modèles. Il y en a eu, il y en a plusieurs et, en général, ils fonctionnent par la négativité du type: "En France ce n'est pas formidable, mais ailleurs c'est pire."

Par exemple, pour les gens de ma génération, le modèle qui a eu un prestige considérable au lendemain de la guerre, c'est le modèle communiste. Pour un esprit français, cartésien comme chacun sait, la planification totale, c'était absolument merveilleux. Cela corroborait cette idéologie que j'ai dénoncée, la malléabilité de la société à la volonté de quelques-uns. Sans polémiquer, disons que tous les problèmes n'ont pas été résolus en U.R.S.S., que maintenant en France, c'est un modèle que l'on n'aime pas. Je ne parle pas de cette nouvelle mode de l'anticommunisme hystérique qui vous donne immédiatement droit à passer à la télévision. Je laisse le soin à Jean-Marie Domenach de vous parler des Nouveaux Philosophes qui ne sont pas plus des philosophes qu'ils n'ont des idées nouvelles. Ce que je veux dire, c'est qu'en U.R.S.S., la vie n'est pas toujours drôle. Chacun sait que dans les grands magasins de Moscou on trouve des manteaux de fourrure en août et des bikinis en décembre parce que le système de répartition est très mal établi.

Au modèle soviétique il faut ajouter le modèle cubain qui a

bénéficié notamment chez les étudiants d'un prestige considérable. Mais bien vite on s'est aperçu que Fidel Castro était confronté à des contradictions énormes. Ensuite il y a eu le modèle maoïste qui a joué un rôle considérable auprès de la jeunesse française. Enfin on allait changer l'homme, enfin ce ne serait plus une société, comme on disait à l'époque, de fric et de flics. Mao passait pour l'homme qui avait cassé la famille. Or tout le système de reproduction des inégalités sociales est lié au maintien de la cellule familiale, même si, comme c'est le cas américain, cette cellule familiale paraît moins stricte que dans les pays européens. Cependant, on a appris après la mort de Mao que dans tous les postes importants il y avait des membres de sa famille.

Enfin, comme autre modèle, il y a vous, les Américains. Les Français ont une certaine idée des Etats-Unis—nous en reparlerons si vous voulez, puisqu'il est toujours intéressant de voir comment fonctionne un double processus de fascination et de répulsion. Ce modèle est entre autres répulsif par son caractère de société de haut risque. Enfin, il faut préserver notre identité, on se trouve bien chez nous, c'est moins pire et c'est peut-être pour cela que la majorité a été reconduite car après tout ce n'est pas ce qu'on fait chez soi qui est important, c'est le fait qu'à côté ce soit pire.

La fin de la croissance continue, l'illusion que l'histoire est dans les mains de quelques-uns, l'importance des contre-modèles, à cela, ajoutons une dernière illusion qui prend fin, celle de l'indépendance nationale. Devant les problèmes énergétiques, devant la complexité des sociétés multi-nationales, on est en droit de se demander qui dirige vraiment cette société française dont nous allons parler.

Il pourrait y avoir différents points de vue, différentes approches. Une première serait l'approche monarchique: il y a un grand décideur et l'histoire est malléable à sa volonté. Un deuxième type d'approche pourrait être l'approche oligarchique: il y a un petit nombre de gens qui décident, mettons, l'entente entre Giscard d'Estaing et les multi-nationales pour simplifier. En gros ce serait la thèse marxiste—que les sociétés sont dirigées par un petit groupe de multi-nationales, ce qui est en partie vrai. Mais l'approche que je choisirai sera une approche systémique: c'est-à-dire en termes de systèmes, un ensemble avec des quantités d'effets, d'actions, de rétro-actions que personne ne contrôle de façon précise, qui, comme le système d'enseignement, est lié à la société globale, l'influence, mais retroagit sur cette même société. Donc c'est cette approche systémique qui sera la mienne avec un certain nombre de concepts qu'il faut que je précise, notamment le concept d'effet pervers qui est fondamental.

Ce qu'on appelle un effet pervers c'est quand la sommation des volontés et décisions individuelles qui sont prises de façon rationnelle aboutit au contraire de ce qui était souhaité. Un exemple. Vous savez que les Français ont réussi à construire des villes invivables. C'est en grande partie le résultat d'une planification dont nous sommes très fiers, qui a été pendant longtemps la première du monde. Si bien que dans une grande ville à partir du vendredi soir, du samedi, c'est la ruée sur les autoroutes pour quitter Paris et pour y rentrer à partir du dimanche soir. Je suis un prophète sans risque, prenons le premier août comme exemple. Parce que nous sommes le peuple le plus travailleur du monde, mais nous sommes également le plus vacancier, et à partir du 1er août je me dis, "Je vais partir très tôt, je veux ne pas avoir trop de monde sur la route, je vais partir à trois heures du matin." Mais comme mon voisin fait le même raisonnement, enfin comme tous les gens font le même raisonnement, on se retrouve tous à trois heures du matin sur l'autoroute, alors qu'à neuf heures on part beaucoup plus facilement. C'est le type même de l'effet pervers. Pourtant c'était rationnel. Si j'avais été le seul à le faire, je serais sorti dans des conditions favorables.

Ce que je viens d'énoncer est anecdotique, mais les effets pervers ont joué un rôle beaucoup plus important dans les phénomènes d'éducation. On s'est dit pour avoir un bon emploi, il faut des diplômes puisqu'il y a corrélation entre le travail qu'on a et le diplôme. Donc je vais pousser mes enfants à avoir des diplômes. Alors il y a eu un exhaussement général de l'enseignement, et puis tout le monde s'est retrouvé avec un bachot, puis avec une licence, puis avec le chômage. Chaque raisonnement était juste, mais comme les autres faisaient le même ... A supposer que vous trouviez du travail aujourd'hui en France, vous pouvez escompter, avec une licence, trouver un emploi du genre de celui que vous trouviez il y a dix ans avec le bac, et il y a vingt ans avec le B.E.P.C. (Brevet d'Etudes du Premier Cycle). Ainsi, l'exhaussement général du niveau des études a abouti à cet effet pervers.

COMMENT CLASSER 53 MILLIONS DE FRANCAIS?

Madame Sullerot vous en ayant parlé, je n'insisterai pas sur certains aspects démographiques. Toutefois, une question se pose pour l'historien, le sociologue: comment classer les 53 millions de Français? Pour les Américains, comment classer les 217 millions d'Américains? Nous tombons dans le problème de la taxinomie, la science des classifications. Or aucune taxinomie n'est neutre, et tout discours est sous-tendu et idéologisé par la taxinomie qui a été retenue et qui est révélatrice d'un type de civilisation.

Pour des raisons qui me semblent manifestes on ne peut pas ne pas faire de distinctions entre ces 53 millions de Français. Il y a des classifications qui sont évidentes, ce sont les classifications par âge. On est dans le domaine de la certitude. Une autre classification évidente, c'est la classification par sexe, puisque, tout au moins au niveau des enquêtes, il n'y a que trois solutions: masculin, féminin, non réponse. Dans les questionnaires, il y a toujours des gens qui ne répondent pas. On pourrait imaginer de classer les individus par exemple en fonction de la couleur de leurs yeux, en fonction de leur taille. On peut imaginer que des grands votaient pour De Gaulle par mimétisme et que des petits voteront pour Mitterrand. Pourquoi pas? On pourrait être classé en fonction de la beauté du corps, il y aurait les beaux, les moyens et les laids. Aux Etats-Unis, vous avez choisi de classer les gens en fonction de leurs revenus. Dans vos statistiques, vous avez neuf catégories comme nous, avec les supérieurs, moyens et inférieurs.

En France, l'I.N.S.E.E. a décidé de choisir un système de groupes socio-professionels (G.S.P.) qui sont au nombre de dix:

— 0 agriculteurs exploitants
— 1 salariés agricoles
— 2 patrons de l'industrie et du commerce
— 3 professions libérales et cadres supérieurs
— 4 cadres moyens
— 5 employés
— 6 ouvriers
— 7 personnels de service
— 8 autres catégories
— 9 personnes non-actives

Il est évident que chacun de ces groupes comprend des individus occupant des situations sociales fort différentes aux points de vue rémunération, partrimoine, niveau culturel, diplômes, pouvoir, prestige, etc. Conscient de ce problème, l'I.N.S.E.E. a subdivisé ces

dix groupes en trente catégories socio-professionnelles (C.S.P.).
Pour vous donner un exemple, dans le sixième groupe socio-professionnel (G.S.P.), les ouvriers se subdivisent en sept catégories
socio-professionnelles (C.S.P.), qui sont: contremaîtres, ouvriers
qualifiés, ouvriers spécialisés, mineurs, marins et pêcheurs, apprentis
ouvriers, manoeuvres.

Les gens de l'I.N.S.E.E. se sont donc trouvés confrontés à une
masse fantastique de professions. Une des choses qui m'a le plus
frappé dans la vie, c'est la première fois que j'ai lu le code des
professions, un livre qui fait à peu près 300 pages où vous avez la
liste de toutes les professions exercées en France. C'est une école de
modestie parce que vous vous rendez compte que vous n'avez jamais
entendu parler de la plupart de ces métiers. On sait ce que c'est
qu'un professeur, un pédicure, un président de la République, mais
on ne connaît pas le dixième des professions. Il a donc fallu classer
tous ces métiers et, forcément, le placement dans une catégorie ou
dans une autre est parfois arbitraire. Ce système de classification est
cependant révélateur d'un système de civilisation, et si les Français
l'acceptent c'est qu'il n'est pas complètement abérrant et qu'il n'est
pas trop contesté.

Quand on essaye d'établir la situation sociale d'un individu, un
employé de banque par exemple, on doit examiner évidemment la
catégorie socio-professionnelle, mais aussi d'autres éléments tels que
les revenus, les diplômes, le prestige.

La C.S.P. à elle seule n'est pas suffisamment informative et l'on
doit examiner les revenus. Aussitôt gros problème. Son salaire est
connu puisqu'il est déclaré par son employeur à l'administration
fiscale. Mais il est possible qu'il ait d'autres revenus. Les notions de
salaire et de revenu ne sont pas les mêmes. Prenez un employé, fils
d'ouvrier, qui n'a pour seul revenu que son salaire, et comparez-le à
un employé, fils de médecin, qui n'a pas fait d'études, qui a juste
passé péniblement son bac et est devenu ensuite petit employé. Papa
a pardonné quand même, il a offert une voiture, il a payé un
appartement. Papa est mort et lui a laissé un portefeuille d'actions.
Donc mon employé—le fils de médecin—est dans la même C.S.P.
que mon employé—le fils d'ouvrier, mais ils ont des revenus
complètement différents. Ils ont même un comportement, un
discours, un vocabulaire, des positions partisanes qui sont
différentes. Mon fils de médecin est, ce qu'on appelle, en régression

sociale. Parce que dans les idées conventionnelles—on peut les contester—un médecin est supérieur à un employé. Donc ce fils de médecin devenu employé cherchera à masquer un peu sa régression sociale, ne serait-ce qu'en maintenant le type de vocabulaire qu'il avait acquis dans sa classe d'origine.

Voilà l'esquisse d'un problème sur lequel j'insisterai à l'occasion, qui est le problème des codes. Vous entendez toujours dire qu'en Angleterre on repère facilement un individu suivant son accent et la manière dont il s'exprime. En France, c'est exactement la même chose. Vous êtes immédiatement repéré en fonction de votre comportement et de ce que Roland Barthes appelle les vestèmes, c'est-à-dire les vêtements en tant que signifiants, en tant que porteurs de sens. Il y a des distinctions grossières évidemment. Si vous dites, "Je vais au coiffeur" au lieu de dire, "Je vais chez le coiffeur", on saura immédiatement que vous êtes d'une origine sociale dite modeste. Mais il y a des choses beaucoup plus subtiles.

Pour revenir un instant sur cette distinction entre salaires et revenus, disons qu'il y a incompatibilité entre ce que disent gagner les Français et la manière dont ils vivent.

PARTICIPANT—*Mais c'est la différence entre la richesse et le revenu qui existe dans tous les pays.*

Oui, mais la richesse, le patrimoine dont on vient de parler, est producteur de revenus. Vous avez par exemple un portefeuille d'actions qui fera partie des revenus que votre banque déclare à l'administration fiscale. Ce sont des revenus non salariaux mais qui sont connus. De même, si vous avez des immeubles qui vous rapportent des loyers, cet argent laisse des traces. L'administration fiscale le sait, ce sont des revenus connus. Aussi connus que les salaires. Les revenus auxquels je fais allusion sont des revenus occultes non déclarés, non perceptibles.

A l'époque où j'ai entrepris mon étude sur les professeurs, aux environs de 1965, le poste de professeur de mathématiques le plus demandé dans toute la France était le lycée de Jeanson de Sailly situé dans le 16e arrondissement, au coin de la rue de la Pompe, un des quartiers les plus riches de Paris. C'est un lycée plein de fils-à-papa qui ont du mal à comprendre les mathématiques, et les professeurs de mathématiques peuvent gagner autant avec leurs petits cours (leçons particulières) qu'avec leur salaire.

Laissez-moi vous donner un autre exemple. Un de mes anciens étudiants de Sciences Po, qui plus tard a fait l'E.N.A., est par la suite devenu sous-préfet. C'est un garçon qui me fascine car il représente un cas exceptionnel en France d'ascension sociale en une génération. Je suis allé lui rendre visite à Ussel, pays d'Henri Queuille et de Chirac—la Corrèze est donc productrice d'hommes politiques. C'était en 1973. Il gagnait 3.500 F. par mois, ce qui n'était pas énorme. C'était un salaire de cadre moyen supérieur. Par contre, il avait une maison immense, trois domestiques: une bonne, une femme de ménage qui était là toute la journée et un chauffeur-jardinier. Il avait une voiture de service, il avait le transport gratuit en France sur les chemins de fer et les avions. Ce sont donc les avantages de fonction qui étaient considérables. On retrouve ces avantages dans le secteur privé et le but pour beaucoup de Français c'est d'avoir les revenus déclarés les plus minimes possible et les avantages de fonction les plus grands possible pour échapper à l'impôt.

Le troisième élément qui permettrait de situer un individu socialement, ce sont les diplômes. Pas besoin de le dire, quand les Français ont des diplômes, on le sait. Vous ne pouvez pas vous vanter d'un diplôme que vous n'avez pas car il existe des annuaires. Les Français vivent avec les annuaires. Untel, polytechnicien? Quelle promotion? Donc vous ne pouvez pas vous targuer d'un titre que vous n'avez pas. Le diplôme et sa provenance, c'est important.

Et enfin, le quatrième élément, le plus difficile à saisir, le plus fugitif, c'est le prestige. Qu'est-ce qu'une situation prestigieuse? Le mot prestige implique une dimension d'altérité et une dimension d'identité. Je m'explique. D'altérité, c'est-à-dire qu'est-ce que les autres pensent de moi? Est-ce que j'ai une fonction prestigieuse? Or cela dépend évidemment des critères de ceux qui vous jugent. Prenez un professeur de lycée. Les ouvriers pourraient considérer qu'il a un job prestigieux. Mais le président-directeur général d'une grosse société considérera au contraire que c'est un minable. Le prestige a également une dimension d'identité, c'est-à-dire qu'est-ce que je pense de moi? Si je suis professeur, fils d'instituteur, je peux considérer que j'occupe une position prestigieuse parce que par rapport à mon père j'ai amélioré ma situation. Si je suis le fils d'un P.-D.G., je me considérerai comme professeur au lycée de Noeux-les-Mines (Pas-de-Calais) comme en régression sociale.

Il y a des problèmes d'argent qui interviennent aussi. Qu'est-ce qui est le plus prestigieux: un professeur d'université qui gagne en

France en gros 10.000 F. par mois ou un marchand de saucissons sans diplôme et qui en gagne 50.000? Cela dépend de la subjectivité de celui qui juge, de ses critères. Est-ce l'argent ou est-ce le savoir qui compte? Autrement dit, le prestige avec cette dimension d'altérité et d'identité, n'est pas quantifiable. Ou alors, il faudrait inventer des échelles extrêmement savantes avec des calculs de probabilité et on aboutirait à des modèles d'une telle complexité qu'on ne pourrait pas les utiliser. Comme le prestige n'est pas quantifiable, comme on ne connaît pas les revenus, finalement on s'est contenté d'utiliser les catégories socio-professionnelles tout en présumant qu'il existe des lacunes. On s'est donc résigné à accepter l'idée que celui qui occupe une C.S.P. élevée a des revenus, des diplômes et un prestige relativement importants. Voilà donc, avec toutes les réserves que je viens de faire et dont les gens de l'I.N.S.E.E. sont tout à fait conscients, le système de classification choisi pour la France.

Contrairement aux idées à la mode, je pense que la société française reste une société de classes et qu'il existe au sommet de la pyramide française une petite caste, une petite classe dirigeante, une strate supérieure, caractérisée par une très forte viscosité, c'est-à-dire que la mobilité sociale y est très faible. On s'y succède quasiment de père en fils. A ce niveau de la strate supérieure de la classe dominante, les chiffres de l'I.N.S.E.E. ne nous servent à rien, car ils saisissent les flux, les grandes masses, alors que là il faudra qu'on saisisse au contraire les biographies et les généalogies. Et cette année, je vais faire un séminaire—car j'ai la chance d'enseigner dans cette microsociété qu'est Sciences Po, d'où sortent justement les membres de cette strate supérieure de la classe dominante—un séminaire uniquement sur des généalogies. J'ai lancé une enquête, en voie de dépouillement, sur les anciens élèves de Sciences Po, c'est-à-dire sur les pères, les grand-pères, les arrière-grand-pères et parfois même les enfants, puisque parmi les anciens élèves j'ai des gens de soixante, soixante-dix ans. J'ai donc cinq générations, et sur 3.000 réponses j'en ai eu 2.500 d'exploitables. J'ai été surpris de constater que les choses allaient encore plus loin que je ne pensais. Au niveau des grands-pères paternels des anciens élèves de Sciences Po, je n'ai que soixante-cinq ouvriers et au niveau des grands-pères maternels j'en ai soixante-sept. Cela veut dire que les grands-parents étaient déjà très fortement positionnés et que la mobilité sociale était extrêmement faible dans cette strate supérieure.

En bas de la pyramide sociale, il y a des ouvriers, des employés, avec également une très forte viscosité sociale, c'est-à-dire qu'ils sont fils d'ouvriers ou fils de petits paysans et ils le restent pour la plupart. C'est dans l'intervalle, dans ce qu'on appelle d'un terme imprécis les classes moyennes—qu'il y a une mobilité dite sectorielle, c'est-à-dire que la mobilité dans la mesure où elle existe vous fait passer d'une catégorie socio-professionnelle à une catégorie très voisine. Par exemple d'employé à ouvrier ou d'ouvrier à employé. Par exemple de contre-maître à artisan ou d'artisan à contre-maître. Donc forte viscosité au sommet, forte viscosité à la base. C'est dans l'intervalle, dans ces classes moyennes qu'il y a un peu plus de fluidité sociale. La France reste incontestablement une société de classes, sans beaucoup de fluidité. Bien entendu, tout le monde n'est pas d'accord là-dessus et vous entendez toujours parler des exceptions: Pompidou par exemple.

Pour essayer de saisir l'envergure et la complexité du problème, il est intéressant d'examiner le tableau (ci-dessous) décrivant l'évolution des catégories socio-professionnelles de 1954 à 1975. En réalité, la France a connu en vingt et un ans la plus grande révolution de son histoire, révolution dans les structures sociales et dans les modes de vie. Si vous prenez les agriculteurs, vous voyez qu'ils représentaient 20,7% de la population active en 1954. En 1975 7,6% et cela a encore diminué depuis. Donc nous nous alignons peu à peu sur le modèle américain où la population active agricole ne représente que 3,5% de la population totale.

Par contre, si vous prenez les "cadres supérieurs, professions libérales", vous voyez qu'ils étaient 554.260 et représentaient 2,8% de la population active, alors qu'en 1975, ils sont 1.459.000 et représentent 6,7% de la population active. En résumant on peut dire que les "cadres supérieurs, professions libérales" ont triplé en vingt et un ans. Ce sont vraiment des mutations structurelles considérables. Si vous examinez à l'intérieur de ces "cadres supérieurs, professions libérales" (qui constituent un groupe socio-professionnel) et que vous prenez les professeurs, vous voyez qu'ils sont 80.720 en 1954 et 377.000 en 1975. Le professeur a proliféré. De même les employés passent de 2.073.740 à 3.841.000.

Quant aux ouvriers, si en nombre absolu ils ont augmenté de deux millions de 1954 à 1975, en pourcentage de la population active, ils ne sont passés que de 33,6% à 37,7% et depuis, ce pourcentage n'augmente plus. Ici encore nous nous alignons sur le modèle

EVOLUTION DES CATEGORIES SOCIO-PROFESSIONNELLES
1954 – 1975

CATEGORIES	1954 Nbre	%	1962 Nbre	%	1968 Nbre	%	1975 Nbre	%
Agriculteurs exploitants	3.983.840	20,7	3.044.670	15,8	2.469.840	12,08	1.651.000	7,6
0 Agriculteurs	3.983.840	20,7	3.044.670	15,8	2.469.840	12,08	1.651.000	7,6
Salriés agricoles	1.152.560	6	826.090	4,2	588.200	2,8	375.000	1,7
1 Salariés agricoles	1.152.560	6	826.090	4,2	588.200	2,8	375.000	1,7
Industriels (21)	84.940	0,4	80.660	0,4	79.160	0,3	60.000	0,2
Artisans (22)	755.680	3,9	637.897	3,3	622.800	3,04	534.000	2,5
Patrons-pêcheurs (23)	24.780	0,1	19.312	0,1	18.360	0,08	15.000	E
Gros commerçants (26)	178.900	0,9	172.833	0,8	213.500	1	187.000	0,9
Petits commerçants (27)	1.271.500	6,6	1.133.965	5,8	1.028.160	5,03	913.000	4,2
2 Patrons de l'ind. et com.	2.295.800	11,9	2.044.667	10,6	1.961.980	9,59	1.709.000	7,8
Professions libérales (30)	120.420	0,6	125.057	0,6	142.520	0,6	172.000	0,8
Professeurs, prof. littéraires et scientifiques (32)	80.720	0,4	125.126	0,6	209.080	1,02	377.000	1,7
Ingénieurs (33)	82.160	0,4	138.061	0,7	190.440	0,9	256.000	1,2
Cadres administratifs sup. (34)	270.960	0,4	377.694	1,9	450.760	2,2	654.000	3,0
3 Cadres sup. et prof. lib.	554.260	2,8	765.938	3,9	992.800	4,8	1.459.000	6,7
Instituteurs, prof; intellectuelles (41)	399.280	2,08	421.189	2,1	564.360	2,7	738.000	3,4
Services médicaux et sociaux (42)			110.101	0,5	176.320	0,8	298.000	1,4

Techniciens (43)	195.920	1	343.986	1,7	533.940	2,6	759.000	3,5
Cadres administratifs moyens (44)	546.920	1,8	626.011	3,2	739.480	3,6	970.000	4,4
4 Cadres moyens	1.139.440	5,9	1.501.287	7,7	2.014.100	9,8	2.765.000	12,7
Employés de bureau (51)	1.634.540	8,5	1.885.508	9,7	2.409.880	11,7	3.104.000	14,3
Employés de commerce (52)	439.200	2,3	510.910	2,6	620.020	3,03	737.000	3,4
5 Employés	2.073.740	10,8	2.396.418	12,4	3.029.900	14,8	3.841.000	17,7
Contre-maîtres (60)	143.960	0,7	306.142	1,5	360.120	1,7	443.000	2,0
Ouvriers qualifiés (61)	2.849.980	14,8	2.286.459	11,8	2.606.680	12,7	2.986.000	13,7
Ouvriers spécialisés (63)	1.853.740	9,6	2.394.102	12,4	2.705.760	13,2	2.947.000	13,6
Mineurs (65)	239.760	1,2	191.588	0,9	143.840	0,7	73.000	0,3
Marins et pêcheurs (66)	52.600	0,2	48.061	0,2	4.560	0,2	38.000	0,2
Apprentis ouvriers (67)	212.320	1,1	251.044	1,3	262.600	1,2	107.000	0,5
Manoeuvres (68)	1.091.040	5,7	1.583.394	8,2	1.575.040	7,7	1.613.000	7,4
6 Ouvriers	6.443.400	33,6	7.060.790	36,6	7.698.600	37,6	8.207.000	37,7
Gens de maison (70)	239.240	1,7	306.602	1,5	283.900	1,3	234.000	1,1
Femmes de ménage (71)	230.180	1,2	222.467	1,1	230.700	1,1	154.000	0,7
Autres personnels de service (72)	434.560	2,2	518.243	2,6	656.460	3,2	856.000	3,9
7 Personnels de service	1.003.980	5,2	1.047.312	5,3	1.171.060	5,7	1.244.000	5,7
Artistes (80)	46.180	0,2	42.184	0,2	52.300	0,2	59.000	0,3
Clergé (81)	175.840	0,9	165.634	0,8	131.840	0,6	117.000	0,5
Armée et police (82)	302.760	1,5	356.205	1,8	338.540	1,6	348.000	1,6
8 Autres catégories	524.780	2,7	564.023	2,9	522.680	2,5	524.000	2,4
ENSEMBLE	19.171.800	100	19.251.195	100	20.439.160	100	21.775.000	100

Source: *Tableaux de l'Economie Française 1978* (Paris: I.N.S.E.E., 1978), p. 33.

américain. De plus, il faut compter parmi ces 37,7% près d'un million et demi de travailleurs étrangers.

En examinant un tel tableau, on découvre très vite les difficultés qu'on rencontre en voulant traduire en chiffres et en taxinomie les subtilités et les complexités de la réalité sociale. Prenez par exemple le G.S.P. "personnels de service". Vous voyez qu'ils sont 1.003.980 en 1954 et 1.244.000 en 1975. Donc il n'y a pas eu là une augmentation spectaculaire. Mais la ventilation à l'intérieur du G.S.P. est, elle, spectaculaire, puisque vous voyez une catégorie modestement intitulée "autres personnels de service" qui, elle, a doublé en vingt et un ans. Alors ces "autres personnels de service", ce sont notamment toutes les hôtesses—hôtesses d'accueil, hôtesses de l'air. Donc si vous prenez le G.S.P., vous additionnez la bonne espagnole et l'hôtesse de l'air ou l'hôtesse d'accueil, des gens très différents les uns des autres.

La faiblesse de toute taxinomie est encore plus apparente quand vous examinez les "patrons de l'industrie et du commerce". Vous voyez qu'ils sont 2.295.800 en 1954 et 1.709.000 en 1975. Or, un patron de l'industrie et du commerce, cela peut être le P.-D.G. de Citroën-Peugeot ou un petit commerçant qui travaille avec sa femme. Autrement dit, ce sont encore des gens très différents les uns des autres. On additionne une puce et un éléphant, et on dit: "Cela fait deux bêtes." Plus bas dans le tableau, vous trouvez tous les gens qu'on ne savait pas où placer et que les chercheurs de l'I.N.S.E.E. ont modestement intitulés "autres catégories". Il s'agit là d'un conglomérat bizarre où vous trouvez les artistes, les membres du clergé, l'armée, la police.

Tout cela pour souligner qu'à partir de ce tableau nous percevons des mutations structurelles profondes, une poussée fantastique des cadres, une diminution des agriculteurs, et en même temps, nous en tirons une leçon de modestie car si nous saisissons les flux, nous ne savons pas vraiment ce qui se passe au niveau des individus. Ainsi toute la strate supérieure reste insaisissable au niveau statistique, et peut-être rendrait-on mieux compte d'une société par quelques biographies et généalogies exemplaires mais non quantifiables.

PARTICIPANT—*Justement, existe-t-il des tableaux par sexe?*

Votre question est très pertinente. Nous avons malheureusement relativement moins de tris statistiques par sexe alors que nous en avons beaucoup par C.S.P. Par exemple, en ce qui concerne les problèmes de mobilité sociale, on prend toujours comme critère la profession du père. Il n'y a que depuis quatre ou cinq ans qu'on s'occupe enfin de la profession de la mère. J'ai fait une petite étude sur l'origine sociale des élèves de Polytechnique. Depuis sa fondation en 1900, chaque année, il y a 1% de polytechniciens dont le père est ouvrier. Cela en fait trois sur une promotion de 300. En 1971 et 1972 le pourcentage avait doublé, ils étaient six par année. Pensant qu'il s'agissait là d'une nouvelle tendance, j'ai cherché à savoir qui étaient les mères de ces douze étudiants. Je me suis d'abord rendu compte que les pères n'étaient pas n'importe quel ouvrier, mais des ouvriers qualifiés ou des contremaîtres, et ensuite dans huit cas sur douze, les épouses étaient des institutrices. Or nous savons que le capital culturel compte au moins autant que le capital pécuniaire. Un des aspects de l'enseignement français que vous connaissez tous, c'est qu'il faut qu'un enfant soit "à l'heure", c'est-à-dire qu'il entre dans telle ou telle classe à l'âge préscrit. De plus, il faut que les parents connaissent admirablement bien les filières, les systèmes d'orientation, ce qui n'est pas toujours facile. Une mère institutrice peut donc représenter un atout considérable.

Puisque nous sommes sur ce sujet de la ventilation par sexe et des inégalités sociales, je vais confirmer ce qu'Evelyne Sullerot n'a pas manqué de vous signaler, c'est-à-dire que la condition de la femme active n'a pas cessé de se détériorer. En 1968, elles représentaient 34,9% de la population active, en 1975, 37,3%, mais la proportion de main d'oeuvre féminine est d'autant plus forte que la qualification est moindre. Sur cent manoeuvres en 1968, il y avait trente femmes. Elles sont trente-huit en 1975. Par contre, dès que vous prenez le pourcentage d'ingénieurs femmes, il est de 3,4 en 1968 et de 4,4 en 1975. Donc une augmentation de 8% pour les manoeuvres et 1% pour les ingénieurs. D'autre part, les statuts les moins prestigieux sont presque uniquement féminins: 96,5% des gens de maison sont des femmes.

Dès que vous examinez la question du chômage, il dépasse un taux de 3% depuis 1976 et son apparition est le grand événement de ces dernières années, vous vous apercevez qu'il frappe de manière inégale. Ce sont les jeunes qui sont pénalisés et plus particulièrement les jeunes filles et les jeunes femmes. Sur cent jeunes filles de moins de dix-huit ans à la recherche d'un emploi, plus du tiers (33,5%) est chômeur, la proportion des jeunes hommes est de 17,5%.

Tout cela me plonge dans des abîmes de réflexion parce que vous avez en France, depuis 1968, un discours très ardemment féministe justifié par un fondement statistique. Les dénonciations violentes et pertinentes de la phallocratie, les mouvements féministes, les maisons d'édition, les journaux tels que *Le Torchon brûle* ne semblent pas avoir eu d'influence sur la répartition des emplois entre les hommes et les femmes. Le discours féministe est resté au fond marginal, très intellectuel, limité dans les classes plus ou moins culturellement favorisées et n'a pas influé sur les mécanismes sociaux.

Pour illustrer et comprendre la complexité des inégalités sociales, il faudrait toujours tenir compte des salaires, des revenus et du patrimoine. D'une part, il y a plusieurs façons de présenter les écarts de salaires, d'autre part nous savons que les revenus sont souvent insaisissables. Les mêmes chiffres peuvent être manipulés différemment et donner des discours très divergents. L'étude de la composition des patrimoines pose des problèmes insolubles. Prenez un étudiant à qui le père offre une voiture et un appartement. Statistiquement, son patrimoine est nul, mais en réalité il jouit dès son jeune âge du patrimoine familial.

Or s'il y a une chose dont on ne parle presque jamais en France, ce sont les patrimoines liés à la famille. Rendez-vous compte que tous les trente ans, ce qui n'est pas bien public change de mains avec un système de droits successoraux unique au monde. En ligne directe, quelle que soit la fortune du défunt, quelle que soit la fortune de l'héritier, la taxe la plus élevée est de 20%.

J'ouvre ici une parenthèse. Depuis deux ou trois décennies, c'est la première fois dans l'histoire de l'humanité que les enfants sont séparés du patrimoine, des biens de la famille, par leurs parents. C'est-à-dire qu'aujourd'hui, on hérite en moyenne à cinquante ans. Il était impensable dans les sociétés d'autrefois qu'un homme, passé cinquante ans, n'ait pas encore hérité de ses parents. Ce phénomène entraîne des rapports intergénérationnels différents. Les jeunes de vingt à vingt-cinq ans sont aujourd'hui séparés du patrimoine par une durée très longue au moment même où la société de consommation les incite à avoir les choses tout de suite. Ma génération avait vécu ce que j'appellerai une psycho-pathologie de la patience. On attendait longtemps la chose désirée. Culturellement les gens de ma génération étaient formés à la lecture. Je n'ai pas le temps de développer, mais brièvement disons que le rapport avec la lecture ou le rapport avec la télévision entraîne au niveau de la structuration du mental et du psychisme un rapport différent avec le temps. Quand on lit *Guerre et Paix* ou *L'Education sentimentale*, il faut un certain temps, tandis que *Guerre et Paix* en trois ou quatre feuilletons, c'est expédié, et le rapport avec le temps est extrêmement différent. Or vous voyez tout de suite qu'il y a aujourd'hui une contradiction, puisque d'une part tout notre système socio-économique tend à diminuer cette psycho-pathologie de la patience, le passage à l'acte et à la possession est beaucoup plus rapide, et d'autre part, un peu contradictoirement, on est séparé du patrimoine familial par un temps très long.

Mais pour en revenir au problème des inégalités, ce qu'il faut surtout retenir, c'est qu'en France, le rapport entre le patrimoine des plus privilégiés, c'est-à-dire des professions libérales par exemple, et le patrimoine des moins privilégiés, c'est-à-dire des ouvriers, est un rapport qui va de un à huit. Là encore, la société française n'est pas transparente. Les privilèges liés à une situation sociale faussent l'évaluation des revenus et des patrimoines, certainement très différents dans la réalité de ce qu'ils semblent être au vu des statistiques.

Si nous nous tournons encore une fois vers cette gigantesque machine qu'est l'Enseignement, on peut se demander si elle fonctionne dans le sens d'une réduction des inégalités sociales. Or, la répartition des étudiants selon la C.S.P. du chef de famille nous montre immédiatement qu'il y a pénalisation des catégories moins favorisées. Le tableau ci-dessous se lit en colonnes. Par exemple, sur cent étudiants en 1960−61, six étaient fils d'ouvrier. En 1974−75, ils sont treize, alors que nous avons vu que la population ouvrière représentait 37,7% de la population active.

Ce tableau est en outre insatisfaisant car dès qu'on regarde dans d'autres statistiques la répartition des étudiants à l'université par discipline, selon la C.S.P. du chef de famille, on s'aperçoit que sur cent fils dont le père est cadre supérieur, profession libérale, il y en a 26,8 qui sont étudiants en médecine. Alors que sur cent fils d'ouvrier qui sont étudiants, il y en a 10,5 qui sont en médecine. Par contre, sur cent fils d'ouvrier qui sont étudiants, il y en a 35,5 qui font des lettres. Or les lettres aboutissent à peu près au chômage automatique, sauf si on réussit à passer l'Agrégation ou le C.A.P.E.S.

D'autre part, ces mêmes chiffres sont eux-mêmes très médiocres parce qu'ils sont insuffisants. Quand je dis que sur cent étudiants dont le père est ouvrier il y en a 10,5 qui sont en médecine, je n'ai

REPARTITION DES ETUDIANTS
SELON LA CATEGORIE SOCIO-PROFESSIONNELLE
DU CHEF DE FAMILLE DE 1960–1961 A 1975–1976[1] (en %)

Catégorie socio-professionnelle du chef de famille	1960-1961	1961-1962	1961-1963	1963-1964	1964-1965	1965-1966	1966-1967	1967-1968	1973-1974	1974-1975	1975-1976
Agriculteur exploitant ou salarié agricole	6	6	7	6	6	6	7	7	7	7	6
Patron de l'industrie et du commerce	18	18	17	15	15	15	15	15	12	12	10
Profession libérale ou cadre supérieur	29	28	26	29	30	29	29	35	33	33	30
Cadre moyen	19	18	17	18	18	17	16	17	16	16	16
Employé	8	8	7	9	9	9	8	9	9	9	9
Ouvrier	6	6	8	8	8	9	10	11	12	13	11
Autre, sans profession ou non déclarée	14	15	18	15	15	15	15	5	11	11	18
Total	100	100	100	100	100	100	100	100	100	100	100

1. Toutes universités, y compris instituts universitaires de technologie, hors grandes écoles et classes préparatoires aux grandes écoles. L'importance et l'instabilité du poste "non déclaré" nécessite une certaine prudence dans l'interprétation des évolutions.

Source: *Données Sociales*, édition 1978 (Paris: I.N.S.E.E., 1978), p. 307.

pas pu avoir les statistiques intéressantes qui seraient le pourcentage de ceux qui terminent leurs études de médecine et qui ont leur titre en poche. Si en première année de médecine il y a encore un pourcentage de fils d'ouvrier relativement élevé, au niveau de la sixième année ce pourcentage devient faible, quasi-dérisoire. En effet il y a des éliminations qui sont dues à deux types de facteurs, d'une part les fils d'ouvrier n'ont pas les appuis familiaux qui leur permettent de recevoir éventuellement des conseils éclairants ou des indications. Non pas que tous les fils de bourgeois qui passent leur médecine soient fils de médecin. Mais comme c'est le même milieu, le fils d'un avocat qui fait sa médecine a un père qui a nécessairement des médecins dans son réseau relationnel. Or, il existe dans l'enseignement supérieur français, je pense que c'est la même chose aux U.S.A., des stratégies de carrière et des codes. Il faut savoir quel type d'université choisir, il faut savoir quel type de patron choisir, quel type de service il faut demander dans tel ou tel hôpital. Eventuellement un coup de téléphone peut aider pour être dans le service du professeur Untel, parce que le professeur Untel est puissant. Qu'un fils d'ouvrier soit parvenu à passer son doctorat en médecine, cela ne lui ouvrira pas les portes du niveau supérieur, celui des chefs de service dans les grands hôpitaux et des grands professeurs français car, à ce niveau-là, le réseau relationnel est tout à fait déterminant.

Je n'insiste pas plus sur ce tableau, mais ce qu'il faut bien comprendre, ce qui va dans le sens de la thèse qui sous-tend tout ce que je viens de vous dire, c'est la présence d'une forte viscosité au sommet de la pyramide sociale, d'une forte viscosité à la base et d'une relative fluidité dans les zones intermédiaires. Les pouvoirs, les privilèges au sommet de la hiérarchie sont cumulatifs et les pénalisations à la base le sont également. Quand je dis, les privilèges et les pouvoirs sont cumulatifs, je fais allusion à ce que nous nommons le capital social. Or, le capital social comprend le capital culturel, le capital pécuniaire mais également le réseau relationnel auquel je faisais allusion et qui est absolument fondamental en France. Si on a un père bien placé, on obtient des avantages qui sont évidents, soit par la position même du père, soit par la position des amis du père.

Pour reprendre la thèse d'Alain Girard[1] sur le choix du conjoint, la France a un système endogamique, on se marie entre soi. Un professeur d'université n'épouse pas une employée de maison portugaise. Au niveau des professions libérales par exemple, si un fils de médecin épouse une fille d'avocat, il y a évidemment cumul du réseau relationnel parental. Alors, si le père est avocat, l'oncle sera ingénieur, ancien élève de Polytechnique, un autre oncle sera inspecteur des finances, si bien qu'on dispose à ce moment-là d'un capital relationnel qui est très important et qui notamment est très informatif au niveau des codes de réussite et de stratégie. Or, il faut que vous soyez informé des codes pour savoir quelle filière, quel patron choisir, et c'est une chose qui ne peut vous être dite que par un oncle ou par un ami de vos parents.

GROUPES ET CATEGORIES SOCIO-PROFESSIONNELS

LES PAYSANS

"Comment étant qui je suis, ne serais-je pas ému et soucieux en voyant s'estomper cette société campagnarde installée depuis toujours dans ses constantes occupations et encadrée par ses traditions; ce pays des villages immuables, des églises anciennes, des familles solides, de l'éternel retour des labours, des semailles et des moissons; cette contrée de légendes, chansons et danses ancestrales, des patois, costumes et marchés locaux; cette France millénaire que sa nature, son activité, son génie, avaient faite essentiellement rurale?"

Charles de Gaulle[2]

Les paysans, comme les ouvriers et la plupart des employés, sont incontestablement classés dans les couches populaires sans privilèges dans la mesure où ils n'ont aucun pouvoir de décision. Le pouvoir de décision qu'ils ont, ils l'ont par intermédiaire du vote une fois de temps en temps, mais c'est évidemment assez rare, même si ce vote, comme nous le verrons, est important.

Les premières remarques qui me viennent à l'esprit devant un public américain, c'est d'abord que la connotation même de paysan est très différente de celle de *farmer* et ensuite que la population active agricole en France est plus élevée et souvent plus âgée qu'aux U.S.A., bien que les résultats du recensement de 1975 indiquent encore une accélération de l'exode agricole et que des mesures aient été prises par le gouvernement afin de rajeunir cette population.

En effet, nous avons en France une législation compliquée dont je vous ferai grâce et qui a créé les indemnités viagères de retraite (I.V.D.)[3] afin d'encourager les vieux agriculteurs à laisser la place aux jeunes. Ces anciens agriculteurs étaient 783.300 en 1974 et par ménage représentaient 1.363.000 personnes. Même s'ils ne dirigeaient plus une entreprise, ils restaient à la campagne et ils votaient. Or, la France a un système politique à l'heure actuelle qui est très bipolarisé. Vous savez qu'aux présidentielles de 1974 Giscard d'Estaing l'a emporté d'à peu près 400.000 voix, un écart très court; qu'aux législatives de '78, l'écart a également été très court. Une élection peut se gagner avec 400.000 ou un million de voix. Si les agriculteurs sont relativement de moins en moins nombreux, ils sont toutefois repartis sur l'ensemble du territoire national, à l'exception des très grandes villes. Cependant, le système français est un système de scrutin majoritaire à deux tours, c'est-à-dire qu'au deuxième tour, en ce qui concerne les députés, vingt, trente, deux cents ou trois cents voix peuvent faire pencher la balance dans un sens ou dans un autre. Les agriculteurs relativement peu nombreux par rapport à l'ensemble de la population sont partout présents, mais, si en gros, ils rouspètent, ils barrent les routes, ils votent à droite, comme tous les membres des secteurs archéo-capitalistes de la production et de la distribution, comme les artisans et les petits commerçants. Donc ils attirent, si vous le voulez, la sollicitude des pouvoirs publics étant donné que le résultat des élections peut dépendre d'eux. Alors, je laisse à Stanley Hoffmann le soin de vous parler de l'histoire politique de la France, mais quand en 1965 le Général de Gaulle s'est présenté aux élections présidentielles pour la seconde fois, mais pour la première fois au suffrage universel, il a été mis en ballottage, en grande partie, parce que la F.N.S.E.A. (la Fédération Nationale des Syndicats d'Exploitants Agricoles) avait donné l'ordre de voter pour Mitterrand à ce deuxième tour. De Gaulle l'a emporté au deuxième tour mais il y a eu ballotage et aussitôt après les élections un certain nombre de mesures ont été prises destinées à favoriser la paysannerie.

De 1955 à 1970 le nombre des exploitations est passé de 2.300.000 à 1.555.000. L'indemnité viagère aux chefs âgés a accéléré ce phénomène, mais cette hémorragie du tiers des petites exploitations n'a pas empêché l'exploitation moyenne de résister. En 1975, la surface agricole utile (S.A.U.) d'une exploitation moyenne était d'environ vingt-quatre hectares. On peut considérer que 100 hectares représentent la frontière qui sépare les exploitations familiales des exploitations patronales. Mais les grandes exploitations existent. Il y en a 30.000 qui ont plus de 100 hectares soit un peu plus de quinze pour cent des superficies agricoles utiles. Ce sont des enclaves dans un tissu largement artisanal. Paradoxalement, nous avons donc un large secteur d'exploitations familiales alors que le reste de la société connaît une industrialisation rapide.

Nous savons aujourd'hui que l'analyse marxiste a été démentie puisque l'évolution des structures n'a pas aboli les petites et moyennes entreprises au profit de Krupp agrariens. Marx ayant longtemps vécu en Angleterre, où la petite propriété a disparu très tôt, victime des systèmes *d'enclosures* des grandes exploitations anglaises, il a vu ces paysans moyens ruinés venir s'entasser dans les *slums* des grandes villes. C'est l'univers de Dickens. Procédant par analogie, il a considéré que dans toute l'Europe occidentale le processus serait le même. Marx s'est donc trompé, et ce qui subsiste, c'est la moyenne entreprise de vingt-quatre hectares. Que s'est-il donc passé? Ce qui est tout à fait intéressant, c'est que la volonté des décideurs n'a joué en rien et que ce sont des mécanismes économiques qui ont fonctionné sans que personne les ait consciemment voulus ou contrôlés. On retombe dans l'analyse systémique pour laquelle j'ai opté lorsque j'ai expliqué que c'est dans cet esprit que j'abordai la société française.

Dans la France du dix-neuvième siècle, il existait un élément psychologique qui était la passion des paysans pour la terre. Si bien qu'il y a toujours eu un appétit d'achat des terres et une compétition entre les paysans pour acheter de la terre. Du reste, les lois d'orientations de 1960−62 permettent aux paysans de faire face au phénomène opposé des résidences secondaires et d'acheter prioritairement les biens fonciers qui sont à vendre dans leur pays. Mais la valeur de la terre dans la deuxième moitié du dix-neuvième siècle était très élevée pour des raisons en grande partie passionnelles. Il fallait léguer à ses enfants une terre un peu plus importante que la terre qu'on avait soi-même héritée des parents. D'autre part, c'est un peu compliqué mais c'est pour vous montrer comment tout est interdépendant, tout réagit sur tout, il se passe quelque chose que finalement personne n'a contrôlé. Je crois pour ma part que le machiavélisme joue dans l'histoire un rôle beaucoup moins important qu'on ne le dit généralement. Cela peut jouer de temps en temps, c'est évident, mais ce serait encore avoir une vision trop optimiste des choses et penser que le machiavélisme est efficace, on serait retombé dans l'idéologie que j'ai dénoncée, à savoir la malléabilité de la société à la volonté de quelques-uns. Non, cette passion pour la terre est en grande partie liée au code civil et à une question d'héritage.

Prenons l'exemple d'un paysan veuf avec deux enfants. En France il existe ce qu'on appelle des héritiers réservataires. D'après le code civil, votre patrimoine est divisé en trois. Un tiers va nécessairement à l'aîné, qui est héritier réservataire. Un tiers va nécessairement au cadet, qui est également héritier réservataire. Le troisième tiers constitue ce qu'on appelle la quotité disponible, c'est-à-dire la portion de biens que vous pouvez léguer à qui vous voulez. Je passe sur les droits de l'épouse, si l'épouse est encore vivante, cela complique tout. Aujourd'hui, le paysan, qui est un très très gros agriculteur du nord, qui possède 100 hectares, un portefeuille et des valeurs immobilières, s'il a deux enfants, ce n'est pas compliqué: il laisse l'entreprise à l'un et le portefeuille avec les actions à l'autre. Mais le paysan français vers 1860 n'avait pas d'actions, pas d'obligations, il n'avait que sa terre. S'il avait deux enfants, il devait partager en deux. Et on avait des exploitations toutes petites et c'est la raison pour laquelle on a appelé le code civil "la machine à hacher la terre". Ce paysan avait peur que ce soit trop petit et essayait d'acquérir le plus de terres possibles. Autrement dit, cette espèce de famine de terres n'est pas seulement liée à un attachement ancestral, l'amour pour la terre qui, elle, ne ment pas, comme disait Pétain, mais est liée également au problème de rentabilité d'entreprise.

D'autre part, quand vous suivez l'évolution, au dix-neuvième siècle, dans cette société que vous ne pouvez pas vous imaginer parce que c'est une société sans inflation, il faut se rendre compte qu'entre 1800 et 1914, le franc germinal est resté absolument stable. J'ouvre une parenthèse parce que thésauriser, garder son argent aujourd'hui c'est absurde. Avec l'inflation qu'il y a, il faudrait être un débile mental pour garder son argent. Donc vous êtes tous endettés, j'imagine. Mais à l'époque, si vous preniez l'évolution du pouvoir d'achat d'un franc germinal sur 114 ans—étant donné qu'entre 1800 et 1914 il y a des choses qui se sont passées au niveau de l'amélioration de la productivité—avec un franc en 1900, vous pouviez acheter beaucoup plus de choses qu'avec un franc en 1800. Autrement dit, à cette époque le comportement économique du thésauriseur n'était pas absurde. Puisque, sur longue distance et malgré les crises cycliques, il y avait l'abaissement des prix. Aujourd'hui, imaginez que vous héritiez de 100.000 francs, vous avez vingt-deux ans, et vous dites: "Tiens, je vais les garder parce que je me marierai à trente-deux ans." Que faire avec 100.000 francs pour en garder la valeur au bout de dix ans? Si vous prenez un compte sur livret d'épargne malgré l'intérêt votre argent se dévalorise. Par contre, si vous héritez de deux ou trois millions, il n'y a aucun problème parce qu'il est beaucoup plus facile de maintenir et de protéger un capital élevé contre l'érosion monétaire qu'un petit capital. Il y a là encore un mécanisme qui joue dans le sens de la pénalisation des petits et de la gratification des grands.

Je reviens à mes paysans pour vous montrer que cette famine de terre au dix-neuvième siècle correspondait au fond à quelque chose qui était un raisonnement économique relativement valable. Toutefois, le niveau du prix du marché des produits agricoles était trop bas pour assurer des profits intéressants aux détenteurs de capitaux. Ces derniers ont donc été doublement dissuadés d'acheter des terres. D'une part elles valaient très chères puisque la demande était forte parmi les paysans, d'autre part les produits agricoles étaient, eux, trop bon marché. Les capitalistes cessèrent d'acheter des terres dont les produits étaient commercialisés à un prix insuffisant. Ils se tournèrent vers les placements immobiliers urbains et les actions, souvent à l'étranger, en Russie par exemple où le gouvernement semblait plus stable qu'en France.

Vous voyez donc que la perpétuation de cette moyenne propriété s'explique par la prise en considération de l'existence du code civil, de la manière dont fonctionne le système successoral et des conditions économiques qui correspondent à la période du grand essor industriel et de la reconstruction de Paris par le baron Haussmann.

L'autre donnée qu'il faut absolument comprendre est politique. La fin du Second Empire et le début de la Troisième République correspondent au développement des formes démocratiques et du suffrage universel. La société est très inégalitaire, plus tranchée que la période actuelle. Toutefois, à partir du moment où on joue le jeu du suffrage universel, il ne faut quand même pas que les paysans votent du mauvais côté. C'est la raison pour laquelle l'Etat va intervenir au niveau des prix agricoles et créer des prix de soutien. Ce soutien est d'autant plus nécessaire que les tâches agricoles se sont divisées en deux types d'exploitation. Les céréales produites par les agrariens d'un côté et les produits de l'élevage pratiqués par les petits exploitants de l'autre. Donc l'Etat, pour se perpétuer sous sa forme démocratique va intervenir de façon pseudo-arbitrale afin d'assurer la coexistence entre les deux modes de production agricole, un peu comme la loi Royer tend aujourd'hui à assurer la coexistence entre deux modes de distribution: les grandes surfaces capitalistes et les petits commerçants archéo-capitalistes. Car l'Etat a besoin de la base sociale de petits (exploitants agricoles, commerçants) pour se perpétuer sous sa forme "démocratique". Mais il va de soi que ces "mesures arbitrales" ne lèsent aucunement les grands intérêts agrariens.

Nous touchons là à un problème d'une très grande complexité, car quand je parle des paysans, j'additionne une fois de plus la puce et l'éléphant, c'est-à-dire le grand agrarien de la Beauce et le petit paysan de l'Auvergne qui dispose de quinze ou seize hectares, qui fait de la polyculture et qui fait également de l'élevage. Les intérêts de ces gens-là ne sont pas nécessairement convergents. Mais il y a au moins un point sur lequel les intérêts convergent, c'est la défense des prix. Et une fois de plus on a pénalisation des pénalisés et privilèges des privilégiés. Car si le gouvernement dans des discours émouvants se penche sur le petit producteur de blé, en annonçant une augmentation du prix du quintal, le petit producteur du Cantal qui produit péniblement huit à dix quintaux à l'hectare bénéficie de cette hausse du prix du blé, mais il en bénéficie très peu alors que le grand agrarien qui, possède 200 hectares, en bénéficie énormément. Certes, cela permet de tenir un discours où les gros se présentent comme les défenseurs des intérêts des petits. Ce qui vous explique que la F.N.S.E.A. dont je parlais tout à l'heure réussisse assez paradoxalement à se présenter comme défenseurs de la totalité des paysans.

Au niveau de la défense des prix, il existe bel et bien une certaine convergence d'intérêts qui profite au maintien de l'exploitation moyenne. Mais est-ce à dire que cette exploitation moyenne soit indépendante et que le paysan français soit un homme libre, ce qu'il prétend être? Effectivement, il n'est pas salarié, et les Krupp agrariens ne se sont pas réalisés, contrairement aux prévisions de Marx. Toutefois, l'activité agricole est une activité dominée en amont et en aval. Elle est dominée en amont parce que l'exploitant agricole est acheteur de produits industriels. Non seulement il achète des machines, des tracteurs, mais il achète des engrais, il dépend de l'industrie chimique et des produits préfabriqués pour l'alimentation du bétail ou des animaux qu'il élève. De ce point de vue-là, il y a révolution copernicienne. Nous ne savons plus aujourd'hui ce que c'est qu'un vrai poulet. En aval, il y a la commercialisation des produits. En France, à peu près la moitié de la production est achetée par l'industrie agro-alimentaire. Les acheteurs sont dans des conditions très favorisées puisqu'ils sont regroupés et sont relativement peu nombreux devant des vendeurs qui sont eux très dispersés. C'est la raison pour laquelle la F.N.S.E.A. essaie d'organiser des espèces de coopératives de ventes afin d'obtenir une certaine égalité dans le marché. Certes ces paysans français ont échappé au sort des paysans anglais, ils existent, ils ont des exploitations moyennes, mais en fait ils sont insérés dans un système économique qu'ils ne contrôlent pas puisqu'ils ne contrôlent ni le prix des produits industriels qu'ils achètent ni les prix de vente et encore moins la valeur ajoutée.

Prenez par exemple la vente du blé. De plus en plus, le blé en France n'est plus consommé sous forme de farine. De moins en moins même il est consommé sous forme de pain. Le Français a sa baguette, son béret basque et son litre de rouge. Je vous accorde encore le litre de rouge en permanence, mais la baguette c'est terminé. Les boulangers vendent de moins en moins de pain. Par contre, les biscottes se vendent très bien, surtout depuis qu'il faut être mince. Mais ce qui est important, c'est cette notion de valeur ajoutée. Le vieux paysan qui produit du blé, qu'il le vende à un meunier dans le système traditionnel ou à une agence agro-alimentaire dans le système industriel qui en fera des produits à la fois nourrissants mais non engraissants, cette vente lui échappe et il bénéficie assez peu de la valeur ajoutée. Le résultat de tout cela c'est que les paysans ne sont vraiment sauvegardés que parce que le régime politique français a besoin d'avoir leur vote puisqu'ils constituent une des bases sociales de la démocratie telle qu'elle existe. D'autre part, étant donné les difficultés qu'ont rencontrées les énormes entreprises soviétiques, la notion de contre-modèle intervient.

En France en définitif aujourd'hui vous avez le partage du travail. La production de blé est assurée en gros par les gros agrariens de la Beauce, du Bassin parisien et de la Picardie. L'élevage est assuré par les petites entreprises de vingt-quatre hectares et qui font de la polyculture. Mais comme il y a toujours des risques d'obsolescence, les grosses entreprises n'ont pas du tout le désir de se lancer dans ce genre d'agriculture qui exige des investissements spécialisés. Le petit paysan pense que son sort individuel dépend de son effort personnel et non du sort de la classe à laquelle il appartient. C'est pourquoi il barre les routes mais vote à droite. Ainsi, d'un côté les paysans dépossédés partent en ville, d'un autre côté ceux qui restent conservent les apparences de ce à quoi ils tiennent le plus, car la propriété de la terre et d'un capital d'exploitation fait d'eux de petits possédants et cette apparence leur cache leur condition réelle qui est celle de prolétaire ou de quasi-prolétaire. Ce ne sont pas là des conditions favorables au développement d'une lutte de classes au sein de la paysannerie.

La position paysanne est donc très ambiguë et se traduit par des prises de position politique également ambiguës. La paysannerie est une des catégories les plus contestataires à l'égard des pouvoirs publics: barrages de routes, marches sur les centres urbains, sabotages. Or, comme nous l'avons vu, sur le plan électoral les paysans votent en faveur du pouvoir. La contradition est facilement explicable: politiquement et économiquement dominé, le monde paysan a acquis une position d'assisté par rapport à l'Etat qui est perçu comme relativement neutre.

Cette contradiction se retrouve au niveau des attitudes de la gauche et de la droite vis-à-vis de la paysannerie. Pour la pensée de droite comme pour la pensée de gauche le paysan c'est: l'ordre contre le désordre; la pérennité, l'enracinement, le travail contre la paresse; la patrie contre le cosmopolitisme; l'épargne contre la dissipation; l'incarnation des vertus familiales et morales. Mais pour la gauche, il est plus victime et pour la droite, davantage modèle. Pour la gauche il est inséré dans la lutte des classes, pour la droite dans l'antagonisme ville-campagne.

A ce propos, aux élections présidentielles de 1969, les candidats se sont faits les chantres de l'exploitation familiale. Je cite Pompidou:

> Faut-il dire, comme le disent certains, à l'échelle européenne en particulier, ... qu'il n'y a pas d'avenir pour l'exploitation familiale? Eh bien! je réponds catégoriquement non parce que des exploitations familiales sont nécessaires pour l'équilibre de notre pays. La classe paysanne a toujours été un élément de stabilité et de sagesse.

En réalité la vraie coupure de la société française est celle qui existe entre les communistes et les autres. Ces communistes n'ont jamais dépassé 26% des suffrages exprimés. Afin d'étendre sa base sociologique, d'atteindre d'autres couches de la population, celles qui sont menacées par l'expansion du capitalisme, le P.C.F. a créé en avril 1959 le M.O.D.E.F. (Mouvement de coordination et de défense des exploitations agricoles familiales). Le discours communiste est paradoxal et curieux car d'une part il considère que seules la collectivisation et la formation de coopératives agricoles peuvent résoudre les problèmes et d'autre part il se fait le champion de la défense des tout petits paysans, encourageant l'individualisme foncier d'un groupement essentiellement mécontent.

Pour terminer dans le sens de mes thèses sur les innombrables contraintes qui pèsent sur les décideurs ou pseudo-décideurs, il faut envisager la situation des agriculteurs français dans son contexte européen. La grande question actuelle est de savoir comment faire entrer la Grèce, le Portugal et l'Espagne dans le Marché Commun. L'Espagne est sans aucun doute le candidat le plus redouté parce qu'elle est la dixième puissance économique du monde et qu'elle produit notamment un vin très alcoolisé, admirable pour les coupages avec les vins français. Sa capacité de production est inépuisable et pourrait doubler en quelques années. L'Espagne pourrait donc vendre des fruits, des légumes, des oranges, du vin, tout ce qui concurrence les productions du Sud de la France. Elle ne vendra pas de blé, pas de betteraves, pas de produits qui concurrencent les agrariens du Nord. Autrement dit, les grands producteurs de Beauce seront tout à fait pour l'extension du Marché Commun à l'Espagne, alors que les viticulteurs du Sud seront contre. C'est sur ce point qu'il est intéressant d'examiner le discours politique et de voir par quels sortes d'artifices verbaux la gauche et la droite s'en tirent. A droite comme à gauche on dit oui à l'entrée de l'Espagne. On invoque une Europe qui soit capable de contrebalancer le gigantisme américain, ou comme un socialiste astucieux, on demande que l'entrée de l'Espagne se fasse le plus tôt possible, à la condition que le revenu par tête du salarié agricole et du viticulteur espagnol soit le même que celui du salarié agricole et du viticulteur français. On défend ainsi de façon très européenne les intérêts des salariés espagnols alors que si le vin espagnol pose un problème, c'est bien parce que les salariés espagnols sont mal payés.

LES OUVRIERS

Nous venons de voir que si les exploitants agricoles sont dominés par les moyens de production capitaliste, la nature spécifique de cette domination les incitait à compter davantage sur leurs performances personnelles que sur une lutte unie de leur classe sociale. D'où l'ambiguité de leur position.

En ce qui concerne les ouvriers, les premières questions qui se posent sont bien entendu: "Constituent-ils une classe sociale et cette classe est-elle potentiellement révolutionnaire?" En effet, face à "la classe ouvrière" dont il ne fait pas partie, le sociologue bourgeois: ou bien souligne "l'embourgeoisement de la classe ouvrière", puisque nous savons que les ménages ouvriers ont une voiture, ont une TV; ou bien, s'il est gauchiste, il s'invente un prolétariat en métamorphosant en ouvriers des militants révolutionnaires d'origine bourgeoise. De même, la définition du "contenu" de la classe ouvrière n'est pas simple. Dans le vocabulaire courant, on dit "la classe ouvrière", Monsieur Marchais dit: "La classe ouvrière ne tolérera pas que . . ." Au fond, qu'est-ce que c'est que cette classe ouvrière? D'après l'I.N.S.E.E., nous avons vu que c'est 37,7% de la population active. Mais en fait il y a non seulement des éléments d'unité mais aussi des éléments de diversité considérables, et que je voudrais essayer de dégager.

Un premier élément de diversité provient de l'existence d'une population double d'ouvriers français et immigrés. Nous avons vu qu'il y a un nombre considérable en France de travailleurs étrangers et que les chiffres que je vous ai donnés et qui proviennent de l'O.N.I. (Office National d'Immigration) sont sans doute inférieurs à la réalité dans la mesure où il existe une forte immigration clandestine. Ces ouvriers, ne l'oubliez pas, sont eux-mêmes divisés, hiérarchisés en groupes ethno-linguistiques souvent antagonistes.

Un deuxième élément de diversité découle de l'origine sociale. D'une part, vous avez des ouvriers français qui sont fils d'ouvriers, nous avons là une sorte de phénomène de "reproduction". D'autre part, un très grand nombre d'ouvriers sont soit d'anciens agriculteurs soit des fils d'agriculteurs. Le problème est assez complexe car avec la politique de décentralisation des industries, vous avez des ruraux qui sont des actifs ouvriers. Le tout petit paysan qui avait sept ou huit hectares en loue quatre ou cinq à un fermier voisin qui veut atteindre la surface de 24 ha, condition *sine qua non* de rentabilité: il garde 3,4 hectares qu'il cultive avec sa femme en fin d'après-midi, le samedi-dimanche et pendant les vacances. Il produit au moins une partie de son auto-consommation. Il fait un peu d'élevage, il a des lapins, des poules et éventuellement une ou deux vaches. Il est donc catégorisé par l'I.N.S.E.E. comme ouvrier mais en fait qui est-il? Il est moitié ouvrier, moitié paysan. C'est un rural qui est un actif du secteur secondaire et le taux de syndicalisation chez cet ouvrier paysan est très faible. D'autres ouvriers sont d'anciens artisans ou encore issus de milieux plus favorisés de petits commerçants ou de cadres moyens. Il est donc évident qu'en fonction de leurs origines les ouvriers actuels n'ont pas tous les mêmes traditions culturelles.

Le troisième élément de diversité est bien sûr le degré de qualification. Il existe toute une hiérarchie qui va des contremaîtres aux manoeuvres. Or, vous connaissez peut-être la phrase de Lazare Carnot qui, parlant de la société de l'Ancien Régime, disait que c'était "une cascade de mépris". Le milieu ouvrier connaît également des contradictions entre contremaîtres et manoeuvres.

La branche professionnelle joue également un rôle divisoire. Les ouvriers qui travaillent dans les secteurs de pointe avec une très haute qualification et des salaires très supérieurs à d'autres forment une couche privilégiée.

A ces quatre éléments, il faudrait en ajouter d'autres tels que la diversité régionale entre ouvriers parisiens et ouvriers des petites villes, la diversité en fonction de la taille de l'entreprise, en fonction des opinions politiques et bien sûr la diversité entre militants et non-militants, entre chrétiens et non-chrétiens, entre hommes et femmes, entre ouvriers âgés et jeunes. Les jeunes ouvriers nés après la guerre commencent à trouver que les vieux sont lassants, répétitifs, avec leur "Front Populaire" de 1936. Ils acceptent moins la discipline des syndicats, et leurs méthodes de grève, avec séquestration et pots de peinture, ne coïncident pas avec celles de la C.G.T. (Confédération Générale du Travail) ou de la C.F.D.T. (Confédération Française et Démocratique du Travail).

Pour les éléments d'unité, on peut d'abord dire que les ouvriers et les enfants d'ouvriers sont les grandes victimes de l'inégalité devant l'enseignement. La mobilité sociale est relativement faible en France et un ouvrier ne peut espérer en fait qu'une trajectoire courte, il a peu de chances de devenir autre chose qu'ouvrier. Des enquêtes ont montré qu'en grand nombre les enfants d'ouvriers quittent l'école dès l'âge de seize ans pour entrer dans la vie active avec des salaires égaux on inférieurs au S.M.I.C. Nous reviendrons plus tard à ces probèmes de l'inégalité devant l'enseignement mais disons que comme l'ascension sociale en France passe par le système d'enseignement, elle est donc faible pour les ouvriers d'autant plus

qu'ils restent dans leur milieu et se marient entre eux. Le seul
espoir de l'ouvrier c'est d'atteindre le stade de contremaître ou de
monter sa petite affaire ce qui est en grande partie un rêve.

J'ouvre une parenthèse. J'ai fait de la formation continue dans une
des très grosses entreprises françaises avec quarante-cinq
contremaîtres, des ouvriers qui avaient pour la plupart entre vingt et
vingt-cinq ans d'usine et qui étaient à la tête d'équipes d'à peu près
huit à dix personnes. Des gens qui avaient donc fait une ascension
sociale individuelle de trajectoire courte. Commencer ouvrier et
vingt ans après être chef d'équipe voire contremaître, ce n'est pas
Pompidou. J'ai été frappé par deux choses. D'abord, ils étaient très
contents de la société, puisqu'ils avaient fait une trajectoire
ascensionnelle, ce qui prouve qu'une trajectoire courte peut
provoquer une grande satisfaction. Ensuite, ils étaient des
représentants-type de ce que nous appelons—le phénomène est
moins rare aux Etats-Unis mais il est plus rare en France—l'ouvrier
conservateur. Ils étaient tous anti-communistes et d'un racisme
notamment prononcé. Mon propos n'est pas scientifique car je n'en
ai pas vu assez mais presque tous avaient des femmes actives, donc
deux salaires; tous avaient 0, 1, ou 2 enfants, donc limitation des
naissances; et les deux tiers étaient propriétaires de leur pavillon de
banlieue. Pavillon d'ailleurs souvent construit par des combines.
C'est-à-dire qu'il y a une sorte d'aide mutuelle et d'échange. Ce sont
des gens qui sont souvent adroits, assez polyvalents, et ils font la
plomberie à un camarade, lequel est électricien et vient faire leur
installation électrique. Si bien que petit à petit ils se construisent leur
pavillon, mais avec des moyens financiers relativement restreints.
Vis-à-vis de ce pavillon il y a un attachement passionnel. Non
seulement parce qu'on a sa maison mais c'est une maison qu'on a
faite, qu'on a construite en partie soi-même. Ce très fort attachement
peut être un facteur qui explique la faible mobilité géographique des
ouvriers français. C'est toujours ce qui nous surprend aux
Etats-Unis, c'est de voir la facilité avec laquelle les gens quittent une
région pour aller s'installer ailleurs. En France, pour faire bouger les
gens, il faut deux C.R.S. C'est très très compliqué.

C'est aussi au niveau de la consommation culturelle que nous
trouvons un élément d'unité chez les ouvriers. La télévision est leur
distraction principale alors que pour les autres C.S.P. elle représente
une distraction supplémentaire.

Un autre élément fondamental: les ouvriers ont en commun d'être tenus à l'écart de toutes les décisions non seulement d'importance nationale dans lesquelles ils n'interviennent que par le biais des élections, mais encore des décisions concernant leur entreprise. Quand il y a des fusions, Citroën et Berliet, par exemple, on ne les consulte pas.

Je voudrais attirer votre attention sur un point mais sur lequel je serai très bref, c'est le problème du militantisme en France.   Il faut beaucoup de courage pour militer. D'abord parce que cela pose un problème de temps, on voit de plus en plus apparaître des couples de militants chez les jeunes. Le militant doit être irréprochable dans son travail et renoncer à tout espoir de promotion. C'est la carotte ou le bâton. S'il y a un ouvrier qui crie un peu trop fort, on va essayer d'en faire un petit chef ou bien on essayera de le renvoyer pour une raison ou pour une autre. On n'a pas le droit de renvoyer quelqu'un pour des raisons de militantisme syndical, mais on peut le renvoyer pour des raisons de faute professionnelle. Ce qui est particulièrement grave dans le cas du militantisme c'est que dans les syndicats français, que ce soit la C.G.T. ou la C.F.D.T., les deux principaux syndicats, on organise des cours de formation pour les militants et qu'il en résulte une sorte d'effet pervers. Le militant devient quelqu'un de différent des autres ouvriers. Pour parler avec le représentant du patronat, il faut qu'il ait un certain maniement du verbe, un certain maniement du langage qu'il n'a pas. Donc, c'est dans ces espèces d'écoles de cadres syndicaux qu'on essaie de les lui inculquer. On essaie de lui donner aussi une formation macro-économique car il faut qu'un militant syndical sache que tout n'est pas possible, qu'une entreprise ne peut pas se permettre de doubler les salaires de ses employés sauf en adoptant une position suicidaire. Si bien que ce militant—surtout s'il a une certaine responsabilité—tend à devenir "différent". Cela devient une hantise et il a toujours peur d'être considéré comme un "vendu", "un martyr", ou un "expert".

Pour illustrer ces problèmes de langage, je voudrais éclairer ce commentaire d'un militant: "Il m'a fallu un certain temps pour parler au patron par téléphone sans être gêné." Eh bien, le téléphone en France est encore un grand élément de discrimination. Il n'y a pas plus d'un ménage d'ouvriers sur dix qui possède le téléphone. Or il y a tout un apprentissage du langage au téléphone. Ce que je dis peut paraître dérisoire, mais cela ne l'est pas. Il y a des gens qui sont complètement inhibés par le téléphone quand ils ne l'ont pas vécu dès leur jeunesse. Quand vous n'avez ni le maniement du verbe ni l'habitude du téléphone, cela pose évidemment des problèmes et notamment dans des discussions syndicales les représentants des ouvriers sont très gênés du point de vue verbal.

Enfin un dernier élément d'unité, quand on trie les catégories socio-professionnelles par l'espérance de vie, les ouvriers ont une espérance de vie plus courte que les autres et notamment les manoeuvres qui sont les principales victimes des accidents du travail.

Voilà donc en gros les éléments d'unité et les éléments de diversité des ouvriers français. A cela je voudrais ajouter, sans développer, quelques remarques générales. D'abord, le taux de syndicalisation demeure faible en France et il est presque impossible de connaître les effectifs réels des syndicats. En outre, depuis 1968, on a pu constater une désacralisation de la valeur travail devant les tâches répétitives et parcellaires, une montée de l'absentéisme d'où la préférence du patronat pour les travailleurs immigrés et pour les femmes tenus pour plus dociles. La dureté ressentie à gagner sa vie ne conduit toutefois pas l'ouvrier à dénoncer la société de consommation et son rêve pourrait se résumer dans les propos de ce chaudronnier: "Notre plus grand désir serait de posséder un petit jardin, une maison pas grande, une ou deux pièces, un champ, un arbre, une chaise longue et pouvoir être peinards."

Un autre point sur lequel je voudrais attirer votre attention, c'est le problème du chômage ouvrier. Contrairement à ce qui se passe aux Etats-Unis, jusqu'en 1974 la France a connu ce qu'on peut appeler le plein emploi. Entre 1945 et 1974, il n'y a jamais eu de chômeurs si ce n'est le chômage structurel: lorsqu'un secteur disparaissait, un autre se développait, le progrès technique fermait certaines usines mais en ouvrait d'autres. Mais le chômage tel que vous le connaissez aux Etats-Unis est un phénomène nouveau et soudain. Aux Etats-Unis, en période normale de prospérité et depuis des décénnies, vous aviez en moyenne 4% de la population active au chômage, en temps de crise vous atteigniez 8,9, parfois 10%. Comme le mot chômeur ne faisait pas partie de notre univers sociologique et mental, et qu'il avait une connotation péjorative, on a créé pour les statistiques le sigle P.D.R.E. (Personnel Disponible à la Recherche d'un Emploi). Sémantiquement parlant on prend de grandes précautions en France. Je vous signale en passant qu'on ne dit plus les "sourds", on dit les "mal-entendants". Ces chômeurs sont aujourd'hui plus d'un million trois cent mille et compte tenu de l'essor de la salarisation, la bourgeoisie, notamment les cadres, est elle aussi atteinte. Plus qu'une crise, il s'agit d'une grandiose modification structurelle et on peut se demander si ce phénomène pourrait aider à transcender les catégories sociales. Personnellement, je ne le crois pas. Les gens sont tellement de leur classe en France que l'ingénieur chômeur et l'ouvrier chômeur ont en commun d'être chômeurs, mais ils n'ont pas en commun d'être cadre et ouvrier. On a vu exactement la même chose avec tous les mouvements féministes. Ils sont restés très localisés dans une classe sociale. Alors que les femmes cadres et les femmes ouvrières ont des problèmes d'emploi du temps comparables, leur appartenance à la féminitude, comme on dit aujourd'hui, passe au second plan et en deça de leur appartenance à la classe sociale. C'est la raison pour laquelle, dans le livre que j'ai écrit sur les jeunes, à une époque où ce n'était pas à la mode, j'ai toujours contesté que les jeunes formassent une classe sociale. J'ai toujours pensé que l'appartenance à leur milieu d'origine était beaucoup plus importante que leur appartenance à une cohorte, à une classe d'âge. Deux jeunes, un fils d'ouvrier et un fils de bourgeois, peuvent porter le même jean, peuvent écouter le même disque, ils ne l'écoutent pas dans les mêmes conditions et la perception qu'ils en ont est une perception différente. Du reste dans toutes les enquêtes portant sur les jeunes, on s'aperçoit qu'il existe un évitement unanime de la condition ouvrière. Devenir ouvrier c'est un destin, ce n'est jamais un choix.

LES EMPLOYES

Le nombre absolu d'employés et leur pourcentage dans la population active ont connu un accroissement considérable durant ces trentes dernières années. Rappelons que d'après le tableau de l'évolution des C.S.P., les employés qui représentaient 10,8% de la population active en 1954, en représentaient 17,7% en 1975 et sont passés de 2.073.740 à 3.841.000 soit une augmentation de 73%.

Trois grandes constatations s'imposent immédiatement. La première, c'est que les employés sont de plus en plus proches des ouvriers. Il y avait, il y a quelques décennies, une sorte de hiérarchie dans la perception de la société et on mettait les employés au-dessus des ouvriers parce qu'ils avaient un niveau culturel plus élevé. Cette perception n'a plus cours aujourd'hui. Au niveau salarial, les employés ne gagnent pas plus que les ouvriers, ils n'ont pas plus de prestige qu'eux et au niveau des mariages, les employés et les ouvriers se marient entre eux. Donc la première constatation c'est que l'on peut parler d'une classe populaire où nous aurions les ouvriers, les employés et une grande masse de paysans.

La deuxième, c'est que le monde des employés est un monde essentiellement féminin et dans la hiérarchie des employés—car les employés comme les ouvriers constituent, eux aussi, un groupe très hiérarchisé—ce sont les tâches les moins rétribuées, les plus répétitives, les moins gratifiantes où l'on rencontre le plus fort pourcentage de femmes. On constate que les métiers qui contiennent 80% de femmes et plus sont caractérisés par un faible prestige, une absence de décision et une faible rémunération. Dans la couture et la chapellerie il y a 88,9% de femmes. Vous constatez que parmi les secrétaires, dactylos et sténographes, il y a 97% de femmes. Les employées de maison battent tous les records, puisqu'elles atteignent 99,9%.

La troisième constatation: de plus en plus, les employés font des tâches répétitives, parcellaires, même susceptibles d'un contrôle des cadences. Dans le cas des employés, la taxinomie de l'économiste australien Colin Clark (entre secteur primaire, secondaire et tertiaire) peut être dangereuse. Il faut se méfier de cette espèce de mythologie qui consistait à dire que puisqu'il y avait tertiarisation des tâches, il y avait forcément intellectualisation et donc les employés seraient des gens qui utilisent leur quotient intellectuel. En effet, il est paradoxal de voir que d'après l'I.N.S.E.E. une femme qui travaille dans une usine de transistor et qui fabrique des circuits est catégorisée comme ouvrière et qu'une perforatrice-vérificatrice en informatique est catégorisée comme employée, alors que l'une et l'autre font un travail répétitif et parcellaire à peu près identique.

En résumé, il y a accroissement des effectifs qui s'accompagne d'une féminisation. Enfin il faut souligner que cet accroissement est dû aux modifications de la production qui, en s'automatisant, exige des secteurs de préparation, de programmation, et de distribution de plus en plus vastes, c'est-à-dire un plus grand nombre d'employés.

Le monde des employés est un monde, lui aussi, hiérarchisé. J'ai insisté auparavant sur le fait que l'expression "les ouvriers" avait finalement relativement peu de sens parce qu'entre un manoeuvre malien ou maghrebin et un ouvrier qualifié il y a une distance considérable. Chez les employés il existe une dichotomie marquée entre employés de bureau et employés de commerce, les employés de bureau étant dans l'ensemble mieux rétribués et ayant des postes plus prestigieux. Les employés de commerce forment un monde très hétérogène. Dans une toute petite entreprise, un tout petit commerce, l'employé de commerce a un contact direct avec le patron et avec la clientèle, dans un grand magasin la vendeuse, dans la meilleure des hypothèses, peut encore avoir un rôle de conseillère, alors que dans les magasins populaires elle n'est qu'une débitrice. Elle a en fait un statut très différent de celui d'une vendeuse dans une boutique "chic" de la rue de Sèvres.

Dans les grands magasins comme la Samaritaine ou le Printemps, il n'y a pas deux bulletins de salaires équivalents à cause de la guelte (le pourcentage sur les ventes). Il est évident que l'employée du rayon de fourrures touchera un pourcentage beaucoup plus élevé qu'une employée au rayon des boutons ou au rayon de la quincaillerie. Autrement dit, il y a toute une rivalité pour accéder aux rayons nobles. Il y a toute une hiérarchie dans un grand magasin, hiérarchie d'ailleurs spatialement précisée. Car dans l'ensemble la quincaillerie est au sous-sol pour des raisons de poids, je suppose. Au contraire les manteaux de fourrure ne pèsent pas très lourd et sont en haut. Cette ascension a quelque chose de symbolique au niveau spatial et au niveau social. L'employée qui vend des manteaux de fourrure a une clientèle différente. Cette situation déclenche un phénomène de mimétisme avec les clients. La vendeuse par son comportement, ses manières de s'habiller, sa façon de parler tentera de s'identifier le plus possible avec ses clientes. De la manutentionnaire à la liftière, de la vendeuse au chef de rayon, il existe une hiérarchie et les moyens de promotion, d'ascension dépendent souvent d'éléments humains qui ne paraissent pas toujours dans les statistiques de l'I.N.S.E.E.

On dispose sur les employés de bureau des travaux fondamentaux de Michel Crozier mais ses enquêtes sont assez anciennes et frappées d'obsolescence.[4] Il y a vingt, vingt-cinq ans, Crozier avait montré que les employés formaient une sorte de classe-tampon entre la grosse bourgeoisie et le prolétariat. Toutefois, aujourd'hui cette idée est contestable et il vaut mieux les mettre dans les classes populaires. En effet, nous assistons à une déqualification des employés de commerce (de vendeuse conseillère à simple débitrice) et des employés de bureau qui, avec l'informatique par exemple, voient leur tâche mécanisée au point où ils font un trayail d'O.S. D'autre part nous savons que l'origine sociale des employés est de plus en plus ouvrière par rapport à ce qui se passait avant la guerre.

Prenons un cas spécifique: les assurances automobiles, service des sinistres. Autrefois, on recrutait les gens à un niveau scolaire bas et ils faisaient un travail qui pouvait être considéré comme intellectuel. Ils lisaient des dossiers. Aujourd'hui, certains employés mettent des croix dans les cases correspondantes, ils ne lisent plus le dossier, ils le mettent dans l'ordinateur. Par contre, ils sont recrutés au niveau du baccalauréat plus deux ans d'université. Les employés sont donc jeunes, vingt, vingt et un ans, ils sont diplômés et ont un niveau d'attente plus élevé. Or ces employés, les employés de banque surtout, ont fait grève en 1974. Ils ont manifesté, surtout, ils ont défilé dans la rue comme les ouvriers.

Dès que nous examinons le niveau de vie des employés, là encore nous disposons d'une masse de statistiques, nous nous apercevons que le décalage qui existait avec celui des ouvriers a disparu. Si l'on prend 100 comme base pour le revenu familial français moyen, les ouvriers seraient à 85 et les employés à 86. Autrement dit, ils sont tous les deux un peu en-dessous de la moyenne des revenus français mais ils sont extrêmement proches les uns des autres. Sur les formes extérieures du niveau de vie (les téléviseurs, les voitures, les machines à laver) les ouvriers et les employés sont au même niveau. Par contre, les employés ont plus le téléphone et leur budget vacances et loisirs sont ventilés de façon différente. On sait en outre que les employés qui occupent des postes impliquant certaines responsabilités sont également ceux qui ont l'activité de loisirs la plus intense. Le manque d'intérêt porté au travail professionnel entraînerait un désintérêt corrélatif pour les loisirs.

Quant au niveau de satisfaction des employés, nous savons par Michel Crozier que ceux qui occupent les postes les plus intéressants, sont ceux qui ont des exigences et des aspirations les plus élevées, qui sont les plus mécontents de leur sort et qui pensent le plus à un éventuel départ. Plus ils sont en bas de l'échelle, moins ils sont payés, plus ils sont attachés à la firme et plus ils ont un coefficient de satisfaction relativement élevé. Alors au fond le problème qui nous intéresse, pour en finir avec ces employés—et nous sommes très injustes, puisque je vous rappelle qu'ils sont trois ou quatre millions—c'est de cerner les ressemblances et les différences qu'ils ont avec les ouvriers afin de savoir si on peut vraiment parler d'une classe populaire. Les ressemblances, je les ai déjà mentionnées, je les rappelle: identité de niveau de vie, à peu près les mêmes dépenses avec quelques différences indiquées, égalité de niveau culturel, parce que le *white collar* c'était celui qui savait lire, écrire et compter et au début du siècle il se distinguait un peu du col bleu. Maintenant, la scolarité étant obligatoire jusqu'à seize ans, il n'y a pas nécessairement de grosses différences, c'est-à-dire que l'employé — d'ailleurs c'est une formule couramment utilisée en France — est devenu "l'O.S. de la paperasse". Il n'y a pas vraiment une intellectualisation des tâches de l'employé bien qu'il soit qualifié de tertiaire. Un fils d'ouvrier qui serait devenu employé ne pourrait pas vraiment affirmer qu'il a fait un saut en avant dans la hiérarchie sociale.

Cependant, il y a des différences que je tiens à signaler. La première, sur laquelle Crozier insiste, c'est la notion de "carrière" qui n'existe pas chez les ouvriers. Un ouvrier, contrairement à l'idéologie qu'on essaie de lui inculquer a peu de chance de sortir de sa condition. La seule mobilité qu'il connaisse est une ascension sectorielle, il peut devenir chef d'équipe ou contremaître. De ce point de vue, la formation permanente à laquelle j'ai participé est à mon avis une des grandes mystifications de la France contemporaine. Celui qui était ouvrier à vingt ans et est contremaître à quarante-cinq ans ne sera jamais plus qu'un "petit chef" autodidacte. Les ingénieurs qui dirigent les usines de fabrication sont aujourd'hui des gens qui sortent des E.N.S.I. (Ecoles Nationales d'Ingénieurs). La formation permanente, avec quelques pilules de culture générale, permettra aux contremaîtres d'attendre la retraite et leur fera prendre leur "cocuage" avec satisfaction. Les employés ont au contraire un petit espoir de carrière et les ascensions sociales, bien que rares, sont plus fréquentes. Michel Crozier a du reste une formule assez heureuse: "L'employé est au bas de l'échelle, mais déjà sur l'échelle." Il est en contact avec les cadres et les autres membres des classes supérieures et il tend à s'identifier à eux en intériorisant leur système de valeurs.

Certes les mass média jouent un rôle important en maintenant chez les employés l'illusion de la possibilité d'une ascension sociale. Je fais surtout allusion à une certaine presse comme *Intimité* et *Nous deux* qui connaissent un fort tirage et qu'on se prête facilement. On y trouve toute une mythologie sur les mariages inter-classes, sur la promotion sociale par le mariage. Dans toute cette littérature, profondément politique, soit dit en passant, le cadre ou le patron de petite entreprise est toujours grand avec le teint mat, les cheveux grisonnants, les yeux pailletés d'or et tombe amoureux de sa secrétaire. Incontestablement, dans la réalité, les phénomènes de mimétisme jouent au niveau des comportements, des vêtements, de la parole, mais le mariage a rarement lieu. Les statistiques montrent que 43% des employées sont mariées avec des ouvriers et 19% avec des employés.

Un autre élément de différence avec les ouvriers, c'est que les employés travaillent plutôt dans le centre des villes ou dans des quartiers de bureaux et sauf pour les employés d'usine, ne connaissent pas cette espèce de relégation dans les banlieues ouvrières. Les employés à Paris travaillent à Paris ou à la Défense.

Encore un point de divergence important, les employés votent moins à gauche que les ouvriers. Ils votent davantage pour les partis conservateurs. Aux présidentielles de 1974, 51% des employés-cadres moyens ont voté pour Mitterand et 49% pour Giscard d'Estaing.

PARTICIPANT—*Y a-t-il une grande différence entre les vacances des ouvriers et des employés?*

Dans l'ensemble, les employés ont un budget de vacances un peu supérieur à celui des ouvriers. Ils dépenseront moins pour la nourriture et plus pour les vacances. Un phénomène politiquement intéressant à étudier est celui du Club Méditerrannée fondé par Gilbert Trigano. Un homme qui a mieux compris la société française que le Général de Gaulle et qui l'a plus profondément marquée. Il a créé dans ses clubs une pseudo-société sans classe, une pseudo-société de risque. Mais nous sommes Français, et on veut des risques calculés. Il a ainsi créé un monde que j'appellerais un monde de l'équivalence. Un monde de vacances où l'on s'asseoit à la table que l'on choisit, où on se tutoie tous, où l'argent n'existe pas, où on essaie d'effacer le plus possible les distinctions. On sait que le pourcentage d'employés y est très fort et que les gens reviennent gonflés à bloc.

PARTICIPANT—*Les employés ont-ils le même nombre d'enfants que les ouvriers?*

Le taux de fécondité des ouvriers est légèrement supérieur à celui des employés. Les employés ont très souvent une politique de l'enfant unique liée au problème de l'ascension sociale. Comme je crois toujours à l'importance de la généalogie, permettez-moi de vous parler d'un cas précis. Au niveau des grand-parents, le grand-père est douanier, fils d'une famille de six enfants, et la grand-mère est paysanne, fille d'une famille de onze enfants. Le douanier a réussi à entrer dans l'administration et connaît la stabilité de l'emploi, n'a pas souffert du chômage au moment de la grande dépression. Sa femme faisait des ménages. Ils ont eu un fils qu'ils ont poussé et qui a fait sa médecine. Ils n'ont pas pu le pousser très loin parce que la médecine en France est extrêmement hiérarchisée et il s'est installé comme médecin à Besançon. Or ce qui caractérise la France depuis 30 ans, c'est l'augmentation des villes moyennes comme Tours, Poitiers, Grenoble. Besançon qui devait avoir 50.000 habitants en 1944 doit en avoir maintenant 150.000. Mon fils d'employé, en question, a terminé ses études juste après la guerre et s'est installé comme médecin généraliste à Besançon. Comme la ville a pris une extension considérable, il est devenu un notable de Besançon. On y a construit un grand hôpital et comme à cette époque il y avait pénurie de personnel médical—alors qu'aujourd'hui dans des régions comme Besançon on exigerait au moins un interne des hôpitaux de Paris ou un interne des hôpitaux de Lyon—c'est lui qui s'est retrouvé chef d'un service important à l'hôpital. Il a lui-même aujourd'hui trois enfants tous dans des Grandes Ecoles.

Je crois que la politique de l'enfant unique s'est manifestée quand les gens avait un projet de mobilité et cet employé des douanes a bien dû se rendre compte qu'il y avait une corrélation entre le fait d'avoir beaucoup d'enfants et la stagnation sociale. Je vous rappelle que dans certains milieux agricoles on pratiquait souvent une fécondité limitée à cause du partage des terres. Dans l'entre-deux-guerres on avait coutume de dire dans le Sud-Ouest: "Une femme qui a un enfant est une femme bien, une femme qui a deux enfants est une femme maladroite, une femme qui en a trois est une femme dévergondée."

Pour conclure nous pouvons avancer que comme la majorité des exploitants agricoles, comme les ouvriers, les employés sont sans pouvoir de décision, sans responsabilités, sans grand espoir de promotion sociale. On peut dire que les trois catégories que nous venons d'examiner jusqu'ici constituent une "classe de travailleurs". Mais on peut aussi se demander s'ils en ont conscience.

LES "PETITS COMMERÇANTS"

D'après l'I.N.S.E.E., les "petits commerçants" sont les actifs non salariés qui tiennent un commerce et emploient moins de trois salariés. Il y a quelques exceptions dont les bijoutiers qui, quel que soit le nombre de leurs salariés, sont toujours classés parmi les "gros commerçants". La distinction entre petits commerçants et artisans n'est pas toujours facile à faire. Face au droit commercial: est artisan quiconque est inscrit au répertoire des métiers tenu par la Chambre des métiers; est commerçant quiconque est inscrit à ce titre au registre de la Chambre de Commerce.

Je voudrais d'abord essayer de faire le portrait robot du petit commerçant français par le biais de quelques remarques générales. D'abord il est très souvent le fils de son père, les petits commerces étant héréditaires. Pour les artisans, par contre, vous trouverez beaucoup d'anciens ouvriers qui deviennent artisans, mais vous avez également beaucoup d'artisans qui redeviennent ouvriers parce que leur affaire n'a pas marché. Le niveau d'éducation des petits commerçants est dans l'ensemble très bas. On apprend sur le tas dans la boutique de papa et ce qui me paraît important, c'est de noter qu'en France le lieu de travail et le lieu d'habitation du petit commerçant ou du petit artisan est très souvent le même. Le petit commerçant habite souvent au-dessus de sa boutique. Et comme il travaille avec sa famille, généralement c'est sa femme qui tient la caisse, ses enfants apprennent le travail sur le tas. La vie familiale est caractérisée, comme dans les milieux agricoles, par le fait que le père de famille exerce la double fonction de père de famille et de chef d'entreprise. Cela explique que les petits commerçants et artisans constituent un électorat dans l'ensemble traditionaliste et conservateur. Au moment des élections, ils jouent un rôle arbitral, ce qui fait que l'Etat intervient pour les protéger contre l'extension du grand commerce et le développement des hypermarchés.

Je vous signale en passant que les taux de divorcialité par catégorie socio-professionnelles les plus faibles sont ceux des paysans et des petits commerçants. De même, le taux de fécondité des petits commerçants est nettement en-dessous de la moyenne nationale, sans doute, afin d'assurer à la descendance une certaine position sociale concrétisée par la possession du fonds de commerce.

La grande tendance, c'est évidemment la diminution du petit commerce, mais essentiellement la diminution du petit commerce alimentaire à cause de la concurrence des supermarchés, des hypermarchés et supérettes. Le surgissement des grandes surfaces s'explique par le fait qu'il y a de 1950 à nos jours une urbanisation croissante et que les villes anciennes sont asphyxiées par l'accroissement de la circulation automobile. D'autre part, les comportements des acheteurs, depuis que les femmes de vingt-cinq à cinquante-cinq ans ont des activités professionnelles et doivent pouvoir faire leurs courses rapidement, ont frappé d'obsolescence les modes de ventes traditionnelles. De plus, l'élévation du niveau de vie, mettant à la disposition de tous automobiles et réfrigérateurs, a permis d'accélérer cette mutation commerciale qui voit en 1948 la création des premiers "libre-service", et en 1952 celle des centres "Leclerc", se poursuit en 1963 avec l'inauguration du premier supermarché "Carrefour" de Marcel Fournier et dans les années 70 avec la multiplication des centres commerciaux qui finiront par plus ou moins réconcilier les grands et les petits parce que le petit commerce "spécialisé" attire la clientèle de l'hypermarché qui ne vend que ses produits de consommation courante.

Il y a donc un petit commerce en crise et un petit commerce en plein essor. S'il est vrai que de 1966 à 1973, 18.000 magasins d'épicerie-alimentation ont disparu, 90% des ventes de produits de boulangerie, 80% des pâtisseries, 84% de la charcuterie sont encore assurées par de petits commerçants. Il faut comprendre aussi que ceux qui ont fermé leurs portes sont surtout des établissements ruraux, à la suite, justement, de l'exode rural. Par contre, dans les domaines "non alimentaires" on voit leur nombre progresser spectaculairement.

L'agonie du petit commerce dont on a beaucoup entendu parler en France dans les années 70 n'est pas nouvelle. En réalité, elle existe depuis le début du dix-neuvième siècle et fait partie de cette contradiction capitaliste entre le désir de concentration commerciale et cette nécessité de conserver la base politique que représentent ces petits commerçants conservateurs.

Sans faire de longs rappels historiques, prenons comme exemple la loi de 1844 qui, sous Louis Philippe, limitait l'importance des commerces en imposant une taxe de 1000 francs aux magasins employant plus de vingt-cinq commis. Aristide Boucicaut, licencié parce qu'il était le vingt-sixième commis, fonde le "Bon Marché" où le client sera roi, les prix fixes clairement indiqués, l'entrée libre et où l'on propose la livraison à domicile et la vente par correspondance.

Toutes ces innovations commerciales, des grands magasins du dix-neuvième siècle aux hypermarchés contemporains, ont provoqué de vigoureux mouvements de défense. Le plus célèbre c'est bien sûr le mouvement "Poujade" dont l'origine est très précise. Le 23 juillet 1953, Pierre Poujade, papetier à Saint-Céré dans le Lot, organise une résistance contre le fisc. Une grève des postiers et des moyens de transport viendra aggraver la situation pendant l'été de 1953 et le mouvement se propagera avec une rapidité extraordinaire. Pierre Poujade crée l'U.D.C.A. (Union de Défense des Commerçants et Artisans). Le hasard veut que la femme de Poujade soit "pied noir" et que le premier congrès de l'U.D.C.A. ait lieu à Algers le 1er novembre 1954, le jour même où éclate l'insurrection des Aurès qui marque le début de la guerre d'Algérie. L'U.D.C.A. deviendra ainsi le mouvement des menacés: des petits commerçants menacés par la dynamique capitaliste et le développement des grandes surfaces; des pieds noirs menacés par le nationalisme algérien.

Je vous fais grâce des développements historiques et politiques. Ce qu'il faut retenir par contre, c'est que pour s'étendre au-delà de la base sociale qui lui avait donné naissance, le poujadisme va se donner une idéologie tendant à rassembler des gens dont les intérêts sont tout à fait différents de ceux des petits commerçants et artisans des départements pauvres comme celui du Lot. Les fondements idéologiques seront donc variés et je vous en cite quelques-uns extraits du journal poujadiste *Fraternité française.*

S'adressant aux classes moyennes Poujade dit:

> Un pays équilibré est celui qui possède une classe moyenne libre. . . . En dépit de toutes les adversités et de toutes les calamités, ces classes moyennes repoussent sans cesse la pierre du tombeau où un régime inhumain et anti-français voudrait les murer. Par un travail acharné, des sacrifices de tous les instants acceptés avec le sourire, une stricte économie et un sentiment intransigeant du devoir et de la probité les classes moyennes renaissent.

La seule promotion possible des ouvriers étant la création d'une petite affaire, Poujade répond aux rêves ouvriers: "avoir ta petite affaire à toi, bien à toi: c'est la promotion ouvrière."

Contre l'élitisme, l'Etat monstre, le dirigisme capitaliste, il annonce que "la France est atteinte d'une surproduction de gens à diplômes, polytechniciens, économistes, philosophes et autres rêveurs qui ont perdu tout contact avec le monde réel, tout rapport avec le sens commun."

Il s'attaque aux "six cents familles", à la collusion entre la finance, les fonctionnaires et les syndicalistes, s'oppose de façon purement raciste, lui Poujade, "fils d'une vieille terre", à Mendès France, "richissime, sans une goutte de sang gaulois dans les veines". Ce type de démagogie fait souvent appel aux sentiments profonds de nationalisme au moment même de la crise algérienne:

> Nous voulons vivre comme on vit aujourd'hui sur les bords de la Seine et de la Garonne, et s'il y a des gens qui désirent connaître le style de vie des bords de la Moskowa et du Mississippi, eh bien! qu'ils y aillent.

De ce fait, entre l'humiliation des boutiquiers menacés de prolétarisation et l'humiliation de la nation réduite à un rang mondial inférieur, on crée une équivalence qui permettra d'exiger un Etat fort, un nouvel ordre moral avec réforme de l'enseignement, contrôle de la presse enfantine, du cinéma, de la radio. Ce mouvement qui avait rassemblé pendant quelque temps la grande communauté des menacés finira par s'éteindre avec la fin de la guerre d'Algérie.

Un autre mouvement de défense sera celui du C.I.D.−U.N.A.T.I. (Comité d'Information et de Défense de l'Union Nationale des Artisans et Travailleurs Indépendants) dont Gérard Nicoud sera le leader principal. Ce mouvement parfois plus violent sera d'ampleur plus limitée, plus circonscrite que le poujadisme, mais coïncidera avec la période de 1968−69 et les années 70 qui connaîtront une forte diminution du petit commerce devant l'essor des grandes surfaces.

Face aux petits commerçants, les pouvoirs publics ont toujours été pris dans la contradiction suivante: laisser libre cours à l'expansion et au jeu de la concurrence ou protéger le petit commerce afin de recevoir son vote indispensable. Giscard d'Estaing en juin 1970 devant les revendications du C.I.D.−U.N.A.T.I. interdira par une circulaire les ventes à perte et tentera de corriger "les excès auxquels les entreprises les plus dynamiques et les plus puissantes pourraient être tentées de se livrer". En 1973 on votera la loi Royer afin de favoriser le commerce et l'artisanat et l'intégrer dans la compétition et la croissance économique par certaines protections fiscales et sociales. La loi Royer est intéressante car elle montre clairement que le capitalisme doit tempérer son propre dynamisme pour ne pas perdre l'appui de la base sociale qui lui est nécessaire. C'est pourquoi, malgré leurs gémissements, les petits commerçants—comme les petits exploitants agricoles—votent pour la majorité dans une forte proportion. Ils perçoivent l'Etat comme un arbitre.

Le petit commerce est donc protégé, et si l'annonce de la prochaine ouverture d'une grande surface dans un quartier provoque toujours une panique, cette panique est souvent irraisonnée. De plus, face à cette concurrence il existe plusieurs mentalités commerçantes qui expliquent la survie des petits commerçants. Il y a d'abord ceux qui s'adaptent principalement par les aménagements d'horaires, l'insistance sur la qualité des produits vendus, les contacts personnels avec le client et éventuellement le crédit. Ensuite, il y a des formes nouvelles de petits commerces qui font partie de ce que Bourdieu appelle "les stratégies de reconversion".

Je m'explique. Dans les familles bourgeoises, on avait l'habitude de parler d'ascension sociale. Depuis quelques années il se produit fréquemment le phénomène inverse de régression sociale. Aujourd'hui la règle est plus ou moins la suivante: avec un diplôme on se maintient, sans diplôme on régresse. Prenons comme exemple la famille d'un industriel qui aurait trois fils. Le premier fait l'E.N.A., le second passe l'agrégation et devient professeur, ce qui est plutôt mal vu dans la bourgeoisie d'affaires, par contre le troisième a mauvais esprit, il voyage au Népal ou fait une crise de maoïsme et passe trois ans sur la chaîne comme O.S. Autrefois, un jeune bourgeois qui n'avait pas les capacités requises pour succéder à l'affaire, on lui donnait un poste de Directeur adjoint avec recommandation de ne jamais mettre les pieds à l'usine. Aujourd'hui le système compétitif des industries ne permet plus de caser ce fils sans compétence. Alors, il devient potier, il fait du tissage ou tient un magasin de disques car il aime la musique et il peut en parler. Ainsi, explique Pierre Bourdieu,

> La catégorie des artisans a subi, elle aussi, des transformations internes
> . . .: l'artisanat de luxe et l'artisanat d'art exigent la possession d'un

patrimoine économique mais aussi d'un capital culturel. . . . Bref tout se passe comme si l'extension du marché des biens symboliques (comme les livres, les disques ou les reproductions d'oeuvres d'art) ou des biens à composante symbolique (comme les objets de décoration ou les vêtements) et la constitution d'un marché très important de services symboliques favorisaient les entreprises individuelles fondées surtout sur la possession de capital culturel.[5]

Ces nouveaux types d'artisanat et de commerce à fort investissement culturel rendent possible la rentabilisation de l'héritage de classe, directement transmis par la famille, sans légitimation scolaire. Les enfants nés de "bons" milieux ont de "bonnes" manières et peuvent obéir à une stratégie compensatoire. Les commerçants de biens symboliques—le snobisme et le réseau relationnel aidant—seraient des héritiers non diplômés.

Je résume. Nous avons donc en France un maintien et une survivance des petits commerçants et des artisans pour des raisons politiques d'abord, ensuite pour satisfaire les modes, améliorer le "cadre de vie" en y maintenant des boutiques dont les vitrines animent la rue devenue à la mode et célébrée comme "lieu de rencontre". Je pense qu'une autre raison tient au fait que l'on entretient, grâce au petit commerce, l'idéal ou le mythe pour certains de la promotion sociale et de l'ascension individuelle. Il existe quelques exemples de réussites.

Une dernière raison, qui est un peu fausse d'ailleurs mais peu importe puisqu'elle est partagée, c'est l'idée que la petite propriété est le fondement de la liberté, de l'indépendance. Nous retombons ici dans la survivance de ces valeurs traditionnelles et conservatrices. Le petit commerce, c'est la famille, c'est l'esprit rentier, l'idée de l'économie, l'idée qu'il ne faut pas gaspiller. Tout cela débouche sur un discours moralisateur, une idéologie petit commerçant qui veut que les moyens d'accession à la propriété soient facilités. En témoigne le discours de Royer au premier tour des présidentielles de 1974. "Les ouvriers, s'ils possèdent une maison, s'ils bricolent, ils ne pensent plus à contester." Il faudra aussi former des animateurs qui permettront progressivement de rassembler, mobiliser, fortifier, moraliser la jeunesse. "La morale est le respect dû aux parents, à la propriété, aux rapports de commandement. Tout ce sans quoi une société s'effondre. . . . Un homme politique, comme un éducateur, un soldat ou un chef religieux, doit protéger les siens qui ne doivent pas être pervertis."

De leur côté, beaucoup de petits commerçants trouvent la publicité scandaleuse, estiment que les grandes surfaces détériorent la moralité publique en incitant les jeunes à voler. Ils s'estiment les défenseurs des vertus fondamentales (contre le vol, pour des achats raisonnables, contre le gaspillage, contre le progrès technique dévastateur et polluant) et entendent jouer dans la société française le rôle de gardiens des valeurs traditionnelles.

LES DIRIGEANTS DES PETITES ET MOYENNES ENTREPRISES

Désormais nous allons cerner des catégories sociales beaucoup moins nombreuses que celles que nous avons vues jusqu'ici. Mais au fur et à mesure que nous "montons" dans l'échelle sociale, nous voyons diminuer le nombre d'individus et croître leur pouvoir et leurs privilèges.

Comment définir les P.M.E.? D'après Léon Gingembre, président de la C.G.P.E.M.E. (Confédération Générale des Petites et Moyennes Entreprises),

> On considère comme petite et moyenne entreprise celle dont le patron détient la majorité du capital, celle dont il assume lui-même la gestion sous sa responsabilité personnelle et dans laquelle il existe des contacts permanents et directs avec ses salariés. Bref une entreprise dans laquelle le chef assume la responsabilité financière technique et sociale, sans que ces éléments soient dissociés.

Ainsi, dans la mentalité française, la notion d'"entreprise moyenne" évoque surtout celle dont le patron est à la fois propriétaire et gestionnaire.

Habituellement on est donc contraint de recourir à des critères numériques insatisfaisants. On situe les P.M.E. entre les petits commerçants (deux salariés au maximum), artisans (cinq salariés au maximum) et les 895 entreprises françaises employant 1000 salariés ou plus (à elles seules, elles emploient plus de deux millions de salariés) qui sont les "grandes entreprises". Je vous fais grâce des chiffres, disons qu'en gros, en 1978, il y avait un total de 112.380 petites et moyennes entreprises si nous prenons comme critère les effectifs de 10 à 999 salariés par entreprise. En France—comme aux Etats-Unis d'ailleurs—il y a un très grand nombre de petites et moyennes entreprises. Les Américains ont tendance à sous-estimer le nombre de P.M.E. qu'il y a chez eux. En France, non seulement cela apparaît avec évidence mais encore ces P.M.E. assureraient 62% de la production française et peut-être 85% de la distribution.

Ce qui nous intéresse particulièrement, c'est l'idéologie des responsables, des dirigeants des P.M.E. Le thème récurrent de leurs discours est qu'ils sont les grands promoteurs de l'innovation. D'après eux, contrairement à ce qui se passe aux U.S.A., ce n'est pas dans les grandes entreprises—où les systèmes de recherches sont tellement bureaucratisés dans le style du C.N.R.S. que finalement on y trouve plus de chercheurs que de trouveurs—qu'on rencontre des innovateurs, mais c'est dans les P.M.E. qu'il y a des gens avec des idées. Ces mêmes dirigeants opposent l'aptitude du système capitaliste et concurrentiel à susciter l'innovation et à l'intégrer dans le procès de production à la lourdeur bureaucratique des grandes entreprises capitalistes ou du système soviétique dont l'échec, dans le secteur distributif, administre—selon eux—la preuve de son incapacité à s'adapter aux exigences nouvelles de la clientèle d'un grand pays industriel.

Une réflexion très intéressante s'impose, c'est que les dirigeants des P.M.E. sont très peu diplômés: 28% n'ont fait que des études primaires; 20% se sont arrêtés au bachot; 23% viennent du technico-commercial et il n'y en a que 29% qui possèdent des diplômes d'études supérieures. Par contre, ceux qui sortent des grandes écoles en France, entrent dans les grosses sociétés privées, les services de l'Etat, ou encore dans les sociétés nationalisées comme la S.N.C.F. ou certaines banques, où ils ont la sécurité de l'emploi. Ils se lancent rarement dans l'aventure de la petite et moyenne entreprise. On trouve peu d'ingénieurs diplômés qui créent leur propre entreprise car l'ingénieur français, qui a été hyper-sélectionné par les systèmes de concours, entre dans de grandes entreprises où il a quasiment la sécurité de l'emploi. Comme vous le savez, le système des concours français est un système de codes initiatiques. Vous ne pouvez entrer dans une Grande Ecole qu'avec, d'une part, un certain capital de connaissances—qui n'est pas mince, il faut le reconnaître—un certain capital cognitif, mais en même temps un certain capital culturel. Il y a une extraordinaire fermeture de l'éventail des tempéraments car ce fameux examen oral du système français implique en outre un certain style comportemental. Pratiquement rien ne ressemble plus à un Enarque qu'un autre Enarque. Et je pense que dans nos grandes sociétés nous avons des gens qui sont très intelligents, qui savent beaucoup de choses, mais ils se ressemblent tous parce que notre système scolaire joue un rôle castrateur. Incontestablement, au niveau des P.M.E. il y a un éventail de tempéraments beaucoup plus vaste.

Ce phénomène est normal car au fond, on se méfie de l'imagination. Toute société a pour finalité de socialiser les individus et les rendre conformes à un modèle prévalent. Ou bien vous avez un système d'éducation complètement coercitif et vous créez des individus qui sont facilement socialisables parce qu'ils ont intériorisé très jeunes tous les codes, mais alors une telle société sera exposée, bien entendu, à la continuité dans l'identité, elle ne sera pas capable d'innover, elle se reproduira éternellement. Ou bien vous avez un type d'enseignement qui favorise l'imagination, mais en même temps la subversion, parce qu'à ce moment-là il y aura un individu qui pourra élaborer ou imaginer un modèle sociétal qui ne sera pas conforme à celui qui est en place au moment où il fait ses études.

Les défenseurs des P.M.E. vont beaucoup plus loin que le thème de l'innovation ou la souplesse du fonctionnement de leurs entreprises. Léon Gingembre, leur président, tient à montrer que les P.M.E. c'est aussi la défense de notre civilisation contre le gigantisme de style américain. C'est lui qui a écrit l'article P.M.E. pour l'*Encyclopédie Française* (1960), et je vous cite ce passage qui est particulièrement significatif:

> Devant le dilemme: la Société mangera-t-elle l'homme? La Technique asservira-t-elle la société après lui avoir donné de fausses garanties ou au contraire la Société continuera-t-elle à progresser grâce à la volonté des hommes? Les P.M.E. ont choisi et par leur choix, constituent une des chances que l'humanité peut avoir encore de rester libre. Si l'Europe doit se faire, si l'on veut qu'elle se fasse dans le sens de la liberté, qu'on songe à défendre les P.M.E., qu'on comprenne qu'elles constituent la substance de nos sociétés actuelles, que c'est en elles qu'on trouvera les valeurs spirituelles qui ont toujours traditionnellement permis aux idées d'humanisme de triompher. Les P.M.E. doivent aspirer à la promotion d'un humanisme moderne qui libère l'homme, lui permette de ne pas devenir l'esclave des techniques mêmes qu'il a créées, de continuer à s'élever, de promouvoir les capacités là où elles se trouvent, d'empêcher la domination des puissances d'argent et, par une constante amélioration du niveau de vie, de créer une société moderne basée sur l'union des catégories sociales et non sur la haine ou sur l'asservissement. Les P.M.E. gardent leurs chances, il faut espérer qu'elles sauront en profiter pour permettre aux civilisations de garder le culte de la liberté humaine.

Le chef d'entreprise et notamment le créateur d'une P.M.E. est un certain type d'homme, autoritaire, qui a le goût du risque, le sens du contact humain. Le thème constamment évoqué est celui de l'entrepreneur dynamique opposé au fonctionnaire ou à l'ingénieur précautionneux qui entre dans une grande firme pour éviter tout risque et s'assurer une carrière "sûre". La difficulté rencontrée dans la création de nouvelles entreprises ne tient pas seulement à la rareté des "hommes à fort tempérament" mais aussi au fait que les P.M.E. ne disposent pas de l'appui des grandes entreprises comme aux U.S.A., que le système fiscal pénalise les entreprises naissantes et que le banquier français de base est très timoré et ne risque pas son argent sur quelqu'un qui a une idée. Il y a une phrase historique de Detoeuf, un patron de pointe des années 30, qui résume l'attitude des Français: "En France, pour réussir, un seul secret: avoir déjà réussi."

L'innovation, la souplesse de fonctionnement, une gestion peu coûteuse sont les atouts des P.M.E. Toutefois, la crise actuelle a mis en évidence certaines faiblesses. Les P.M.E. ont souvent une mauvaise connaissance de l'état du marché. De plus, il semble que très souvent les P.-D.G. de P.M.E. tendent à confondre la trésorerie de leur entreprise avec la leur propre. Le Conseil des Impôts est moins élogieux que M. Gingembre sur la vertu des entrepreneurs. Dans son rapport de 1974, il constate que sur les 3000 plus gros contribuables (ayant déclaré en 1971 un revenu imposable de 400.000 francs pour 1970), il y a 995 chefs d'entreprises industrielle et commerciale contre 271 cadres et 447 professions libérales. Et le rapport ajoute: "Aux privilèges de toutes sortes qui favorisent ces professions s'ajoutent dans de nombreux cas des fraudes considérables."

Lorsqu'une P.M.E. est en difficulté, contrairement à ce qui se passait aux Etats-Unis, il existait d'innombrables systèmes de subventions. Trente emplois supprimés dans une petite ville, c'est un drame. Le maire et les autorités locales vont essayer d'en obtenir le sauvetage auprès des Commissions Fourcade. Ces commissions départementales ont été créées afin d'aider les entreprises en difficulté temporaire de financement. Elles accordent des délais de paiement pour les taxes fiscales et la sécurité sociale des salariés. Cependant, la politique actuelle du gouvernement se fait de plus en plus sévère et les P.M.E. qui ne sont pas rentables ont d'énormes difficultés, d'où le grand nombre de faillites en ce moment.

Pour résumer, les P.M.E. sont très importantes, elles connaissent de très grandes difficultés en raison de la crise, elles sont dirigées par des personnes qui n'ont pas de diplômes ou très rarement mais qui ont beaucoup plus de tempérament puisqu'elles n'ont pas été émasculées par le système d'enseignement. Elles ont donc des qualités et des défauts et font, en ce moment, de gros efforts pour se recycler en gestion et en marketing. Mais ce qui nous intéresse, c'est qu'à partir de ces dirigeants de P.M.E., nous commençons à atteindre les gens qui sont multipositionnés dans la société. C'est-à-dire que ces dirigeants occupent simultanément ou successivement d'autres postes importants dans les mairies, les conseils municipaux, les tribunaux de commerce, les chambres de commerce, les clubs comme le Rotary. C'est à ce niveau de la hiérarchie que commence à apparaître cet élément fondamental en France: les décorations, la Légion d'honneur ou le Mérite. Je me permets une parenthèse: vous verrez rarement un ouvrier avec la Légion d'honneur. C'est fantastique, les gens qui ont réussi félicitent les gens qui ont réussi. Un gars a travaillé pendant trente ans en usine, il a droit à une retraite modeste. Mais celui qui a gagné énormément d'argent parce qu'il a trouvé un petit créneau dans le cadre d'une P.M.E., lui reçoit la Légion d'honneur.

PARTICIPANT—*Aux Etats-Unis, je crois que le prestige financier l'emporte incontestablement sur le prestige culturel. Est-ce moins le cas en France?*

Ah, vous savez, c'est très compliqué, parce que vous posez là tout le problème du rapport avec l'argent. Dans une famille de petite bourgeoisie traditionnelle malgré les désastres financiers on ne parle jamais d'argent. Peut-être un peu plus aujourd'hui, mais il y a deux questions qu'on ne pose jamais en France: "Combien gagnez-vous?" et "Pour qui votez-vous aux élections?" Maintenant cela commence à se modifier un petit peu. Je ne peux pas répondre clairement à votre question. L'idéal c'est d'avoir les deux. Le médecin ou le chirurgien a un capital de diplômes et un capital pécuniaire. Mais nous avons, nous, un mépris profond—quand je dis "nous" je parle au nom de la classe dont je fais partie—pour les nouveaux riches. On emploie le mot *self-made man* dès qu'on veut donner une connotation favorable. En français on dira, "C'est un nouveau riche." Comme je vous l'avais dit au début, le problème se pose en termes d'altérité et d'identité.

Tout dépend d'où vous venez, pour juger ce que vous êtes devenu ou pour juger ce qu'est devenu un autre. Donc je ne peux pas vous répondre avec précision, mais je pense que le capital culturel est quand même plus estimé qu'aux Etats-Unis.

Je pense à une autre question puisqu'elle est très subtile et exigeante. Si vous comparez les parents d'élèves des lycées du Quartier Latin, par exemple le lycée Henri IV, que je connais bien puisque j'y ai enseigné pendant plusieurs années, et du Lycée Jeanson de Sailly, qui est situé dans le seizième, vous vous apercevez que la profession des parents est extrêmement différente. Vous avez à Henri IV un très très grand nombre de fils d'avocats, de médecins, de professeurs d'université, de professeurs de lycée. Vous avez à Jeanson de Sailly un très grand nombre d'enfants d'industriels, de gros commerçants. Il y a beaucoup plus d'argent chez les parents des enfants de Jeanson de Sailly que chez les parents des enfants d'Henry IV. Je suis persuadé, si on voulait répondre à votre question avec précision, qu'il y a entre les parents des élèves des deux lycées toute une dialectique du mépris. Un professeur d'université considère qu'un type qui a gagné de l'argent en vendant des casseroles sans avoir lu Barthes est un minable, et le marchand de casseroles considérera que ce type qui a fait des années d'études, a fait des bouquins que personne ne lit et gagne 10.000 ou 12.000 francs par mois est absolument un minable. Et ils ne se reçoivent pas entre eux. D'ailleurs, ils n'auraient rien à se dire.

PARTICIPANT—*Ces problèmes de mobilité sociale sont fascinants et je me demande ce que deviennent les enfants des* self-made men. *J'ai des amis qui dirigent en France de petites entreprises et qui font tout pour que leurs enfants deviennent médecins ou professeurs.*

Ce que vous dites est très intéressant car j'ai cru percevoir que quand quelqu'un avait fondé une P.M.E., une personne peu diplômée qui avait pris des risques, cette personne désirait effectivement la sécurité pour ses enfants. D'autre part, les enfants qui avaient été témoins des difficultés par lesquels passe un père directeur de P.M.E. se destinaient eux-mêmes à une profession différente. Quand le chef de famille est en même temps chef d'entreprise et que les conversations des repas évoquent sans cesse l'équilibre de l'entreprise, les problèmes de gestion voire la faillite, il est probable que les enfants sont passablement découragés.

LES PROFESSIONS LIBERALES

Je ne dirai que deux ou trois mots des professions libérales. D'abord une définition:

Les membres des professions libérables sont des personnes physiques éventuellement groupées, titulaires d'un diplôme, titre ou agrément professionnel, exerçant leur profession d'une manière indépendante tant de l'Etat et des collectivités publiques que des entreprises industrielles et commerciales, dispensant des services personnels délivrés librement, ce dans le cadre d'un réglement, d'une discipline et d'une éthique professionnelle, souvent même sous l'obédience d'un Ordre.[6]

Il s'agit donc de non-salariés, médecins, avocats, notaires, architectes, dans l'ensemble des gens qui ont de gros revenus et souvent des positions locales importantes parce qu'ils sont en contact avec un grand nombre de gens. Ils sont à peu près 200.000, ce qui est très peu sur une population active de vingt et un millions. En outre, sur ces 200.000, il y a des infirmières, des kinésithérapeutes, des masseurs, des sages-femmes qui font partie des professions libérales à petit revenu. C'est-à-dire que les "vraies" professions libérales, celles qui ont un prestige important, ne représentent peut-être que le dixième de ces 200.000. Nous n'en retrouverons donc que 20.000 dans la strate supérieure de la classe dominante.

Pénalisés en début et en fin de carrière, les professions libérales ont toutefois au zénith de leur carrière des revenus très élevés. Si nous dressons la carrière théorique d'un membre d'une profession libérale, nous voyons que l'exercice d'une telle profession comporte l'interdiction de la publicité, que ce qui importe avant tout ce sont les investissements intellectuels (diplômes), la nécessité de s'installer, souvent l'acquisition d'instruments de travail onéreux et en constante évolution. Ici encore, le gouvernement intervient et pour aider les jeunes à s'installer on a créé la "loi Pleven" qui prévoit des prêts de sept ans.

Quand à l'origine sociale des professions libérales, nous ne disposons pas d'études précises, mais il s'agit sans aucun doute d'une catégorie sociale où le taux de reproduction est très élevé. La moitié des médecins sont issus de familles où il y a un médecin (père, mère, grand-père, oncle, tante). Si l'endogamie est très forte, par contre le taux de féminisation des professions libérales est assez faible. Sur 6300 notaires en activité, il y avait trente-deux femmes. Il faudrait s'arrêter sur chacune de ces professions pour comprendre aussi à quel point elles sont hiérarchisées non seulement à l'intérieur de chacune d'elles mais aussi entre elles.

LES CADRES

Dans le tableau décrivant l'évolution des catégories socio-professionnelles, nous avons vu que, de 1954 à 1975, les cadres moyens avaient doublé et les "cadres supérieurs, professions libérales" avaient triplé. D'après une évaluation de l'I.N.S.E.E. valable pour le début 1976, les cadres supérieurs seraient au nombre de 985.000, les cadres moyens 1.364.000, soit au total 11% de la population active. Si l'on considère les techniciens et les contremaîtres comme personnel d'encadrement, ils sont 1.328.000, soit 6,2% de la population active. Si on ajoute les 685.000 enseignants (3,2%) et les cadres de l'armée et de la police, on arrive à un total des cadres représentant 22% de la population active.

Il est toutefois extrêmement difficile de savoir qui il faut considérer comme cadre puisqu'il n'existe pas vraiment de définition claire. Le mot n'est pas récent; "cadres militaires", "cadres de mouvements de jeunesse", "cadres syndicaux" sont employés depuis longtemps. Mais l'emploi du mot "cadre" dans les divers secteurs de l'économie ne remonte qu'à quelques années. Il en va de même pour tous les pays industriels (managers, quadri, Fuhrungskräfte). L'utilisation de ce terme correspond à une modification de la structure socio-professionnelle liée à une certaine phase du développement économique des sociétés industrielles d'où la reconnaissance de l'existence de cette nouvelle catégorie et le fait que la réalité qu'elle recouvre est très imprécise.

Par contre, au niveau du vécu, vous savez très bien si vous êtes cadre ou pas cadre. Parce que, quand vous l'êtes, vous avez un statut qui est concrètement visible. Quand vous arrivez au travail, vous ne pointez pas, les ouvriers, certains employés pointent. Dans les cantines, le prix du ticket est souvent plus élevé pour les cadres que pour les non-cadres. Dans cette même cantine, cadres et employés se regroupent spontanément par tables différentes.

Certains critères sont clairs. Il est évident que le salaire des cadres est plus élevé et qu'ils ont un certain niveau de compétence assuré par leurs diplômes d'une Grande Ecole ou de l'université. Par contre, la fonction exercée au sein de l'entreprise, le degré d'initiative, l'étendue des responsabilités sont des critères qui restent flous et compliqués. Les cadres sont des gens qui en fait ont un pouvoir de décision que l'évolution structurelle actuelle tend à diminuer de plus en plus. Dans une entreprise où tout est programmé, organisé, le cadre, au fond, n'a plus que des tâches d'exécution. Autrement dit, son rôle est ambigu parce qu'il est du côté du patron puisqu'il doit assumer une productivité élevée. D'autre part, il a plutôt l'impression d'être du côté des salariés car sa responsabilité est assez réduite et sa marge d'initiative ou d'action est souvent très faible.

Avec la crise, les cadres manifestent de plus en plus leur mécontentement. Outre l'angoisse produite par l'insécurité de l'emploi et les contraintes d'un recyclage permanent, ils ont le sentiment d'être les victimes de l'arrêt de l'expansion. Ils cherchent donc à se sécuriser par toutes sortes de moyens. Notamment par l'acquisition de leur logement, 51% des cadres en sont propriétaires contre 35% pour la moyenne des Français et 15% possèdent d'autres biens immobiliers. De même par l'épargne, puisque 86% s'entourent de "garanties financières" en plaçant leurs économies dans la pierre, à la caisse d'épargne (55%) ou à la bourse (32% possèdent des actions ou des obligations).

Du point de vue politique on s'aperçoit que les cadres supérieurs occupent une place modeste parmi les députés, les sénateurs, les maires des petites villes. Cependant, ils sont nombreux dans les postes d'administration des petites villes de plus de 30.000 habitants où ils revêtent généralement une étiquette "apolitique" et font surtout valoir leurs facultés gestionnaires. Mais leurs fonctions municipales renforcent leur statut et ils y tiennent. Ce refus de s'engager politiquement indigne le C.N.J.C. (Centre national des jeunes cadres) qui remarque qu'aux dernières présidentielles Mitterrand et Giscard ont rivalisé d'amabilité à l'égard des cadres mais que depuis, les cadres intéressent moins les leaders. Le C.N.J.C. affirme que si la place des cadres dans la vie nationale n'est pas à la mesure du rôle qu'ils y jouent, ils n'ont qu'à s'en prendre à eux-mêmes.

Au niveau de l'entreprise on s'est aperçu que l'enthousiasme pour les prises de responsabilité est réduit. Une enquête de la Shell en 1973 où ces deux questions étaient posées: "Voulez-vous plus de responsabilités?", "Estimez-vous normal qu'il y ait relation entre responsabilité et sanctions?" a donné 75% de oui à la première question et 75% de non à la deuxième. Au fond, tout cadre rêve du statut de professeur: inamovibilité et irresponsabilité. Salariés, non dépourvus de pouvoirs et de privilèges, les cadres—surtout supérieurs—occupent dans la société française une position ambiguë.

LA MOBILITE SOCIALE

C'est à propos des cadres que je vais essayer de parler de la mobilité sociale. J'aurais pu en parler à propos de toutes les autres catégories socio-professionnelles, mais les cadres représentent un large secteur de la population active, et c'est précisément parmi eux qu'il existe une mobilité sociale importante.

D'après une enquête de l'I.N.S.E.E. de 1970,[7] dans le groupe socio-professionnel "cadres supérieurs, professions libérales", sur 100 pères, 52 fils étaient classés à la fin de leurs études dans le même G.S.P. que leur père. On parle donc d'un taux de reproduction de 52%. Ce résultat me permet deux lectures éventuelles. Soit je peux dire qu'il y a vraiment un taux de reproduction excessif, soit je peux dire qu'il y en a 48% ailleurs et me demander où sont ces 48 fils. Quelques-uns sont peut-être patrons de l'industrie ou du commerce et ont donc un statut qui est égal ou supérieur à celui du père, mais la plupart doivent être seulement cadres moyens ou employés. Donc la société est fluide. Il y a une régression sociale importante. Autrement dit, à partir de la même statistique, on peut élaborer deux discours différents. Ici, je parlais en termes de dispersion, des pères aux fils. Si maintenant je parle en termes non plus de dispersion mais de recrutement et que j'examine la situation actuelle, tout a changé. En termes de recrutement, en 1970, sur 484.555 "cadres supérieurs, professions libérales" 115.172 avaient un père du même G.S.P., donc à peu près 26%. Mais nous savons que ce G.S.P. a triplé en vingt et un ans et il est normal qu'une fraction importante vienne actuellement d'autres catégories sociales, probablement inférieures. Nous avons donc une modification profonde dans la répartition de la population active et on peut se demander ce qui ressort à la mobilité structurelle et à la mobilité circulatoire. On comprend tout de suite l'importance du problème: si on raisonne en termes de dispersion, nous avons une forte reproduction (52%); si on raisonne en termes de recrutement, la reproduction est plus faible (26%). On peut donc tenir deux discours divergents à partir des mêmes données statistiques relativement "neutres". Ce que je tiens à souligner, c'est que les statistiques sont inutilisables si l'on ne connaît pas leur protocole d'établissement.

Ce qu'on appelle donc la reproduction c'est le fait que le fils ou la fille occupe une position sociale qui est la même ou comparable à celle du père. Pour simplifier le plus possible, nous allons prendre, dans le tableau ci-dessous, les professeurs.

Le tableau se lit en ligne puisque le 100% est à l'extrême droite. Vous voyez que pour 100 pères professeurs (32), il y a 15,8 fils qui sont dans la colonne 30, c'est-à-dire professions libérales. Autrement dit, ces 15,8 fils sont probablement avocats, avoués, notaires, médecins, des gens de haut standing. Vous avez 27,3 fils qui sont professeurs. Donc une reproduction à l'identique considérable puisque sur 100 pères professeurs plus du quart de leurs fils sont professeurs. Vous avez 19,5 fils qui sont en 33, c'est-à-dire ingénieurs, ce qui veut dire qu'ils se sont maintenus socialement. Vous avez 15,2 fils qui sont en 34, cadres administratifs supérieurs, donc qui se sont aussi maintenus. Autrement dit, si j'additionne 15,8, 27,3, 19,5 et 15,2, j'obtiens un total de 87,8 fils qui se sont soit maintenus soit élevés. Ce qui établit immédiatement l'importance du capital culturel et de la connaissance des codes scolaires. Je vous rappelle que les professeurs d'après l'I.N.S.E.E., cela va du professeur de C.E.S. jusqu'au professeur d'université. On peut ainsi considérer que 87,8% des fils de professeur se maintiennent ou s'élèvent. La régression ne commence qu'au niveau des techniciens. Vous voyez que pour 100 pères professeurs il y avait 3,4 techniciens, 4,6 cadres administratifs moyens et 9,9 autres cadres moyens. Il y a régression, mais cette régression est de faible amplitude. Car une véritable régression, ce serait pour ces fils de retourner dans d'autres catégories populaires, c'est-à-dire employés, ouvriers ou personnels de service. Ces trois dernières catégories que je viens de désigner sont intitulées dans le tableau "autres actifs" et ne représentent que 4,3. On peut dire que sur 100 pères professeurs, il y a 87,8 fils qui se maintiennent ou s'élèvent, il y en a un pourcentage moindre qui déclinent un peu, et la régression sociale n'est que de 4,3%, proportion véritablement très très faible. Si nous lisons la ligne d'en dessous, celle des ingénieurs, et si nous la trions avec d'autres actifs, nous voyons que pour 100 pères ingénieurs, 35,3 fils deviennent ouvriers, employés ou personnels de service. Mais bien entendu, les

Croisement entre certaines catégories socio-professionnelles détaillées du père et du fils
Hommes actifs occupés au moment de l'enquête nés entre 1918 et 1935

Catég. socio-profess. du fils à l'enquête

Catégorie socio-professionnelle du père	30	32	33	34	Techniciens 43	Cadres administratifs moyens 44	Autres cadres moyens 41 + 42	Autres actifs	Total
30 Professions libérales	11.404 *27,5*	3.297 *7,9*	2.921 *7,0*	6.455 *15,6*	2.470 *6,0*	2.556 *6,2*	1.428 *3,4*	10.969 *26,4*	41.500 *100,0*
32 Professeurs	1.963 *15,8*	3.380 *27,3*	2.415 *19,5*	1.878 *15,2*	422 *3,4*	575 *4,6*	1.222 *9,9*	533 *4,3*	12.388 *100,0*
33 Ingénieurs	2.219 *5,2*	1.635 *3,8*	7.193 *16,7*	9.737 *22,7*	3.750 *8,7*	2.859 *6,7*	410 *0,9*	15.159 *35,3*	42.962 *100,0*
34 Cadres administratifs supérieurs	7.164 *5,8*	5.129 *4,1*	13.314 *10,7*	35.068 *28,3*	8.873 *7,2*	14.429 *11,6*	3.608 *2,9*	36.430 *29,4*	124.015 *100,0*
3 Cadres supérieurs	22.750 *10,3*	13.441 *6,1*	25.843 *11,7*	53.138 *24,1*	15.515 *7,0*	20.419 *9,2*	6.668 *3,0*	63.091 *28,6*	220.865 *100,0*

Source: Pohl, Thelot, Jousset. *L'enquête formation-qualification professionnelle de 1970.* INSEE. 1974

ingénieurs, c'est l'addition de la puce et de l'éléphant, puisqu'on additionne là d'anciens élèves de l'Ecole Polytechnique qui sont des ingénieurs de très haut standing et les ingénieurs autodidactes, formés sur le tas et qui sont devenus ingénieurs après vingt ou vingt-cinq ans d'usine et ne sont qu'ingénieurs de fabrication.

La reproduction, de façon tout à fait évidente, est certes facilitée par le capital pécuniaire mais elle l'est encore plus par un certain capital intellectuel et culturel qui comprend l'apprentissage du langage et la connaissance des codes pour savoir dans quelle section scolaire il faut mettre son enfant, dans quelle université, dans quel type de Khâgne il devra aller.

Evidemment le grand défaut de ce genre de tableau, vous l'avez tout de suite constaté, c'est qu'on prend compte de la profession du père et qu'on oublie la profession de la mère. Maintenant, l'I.N.S.E.E. tient compte également de la situation de la mère, ce qui est fondamental. Le tableau ci-dessous décrit pour le même G.S.P. (3) le croisement de la position du père par celle de la fille. La mère n'est toujours pas prise en considération, mais on prend en considération la fille.

Vous voyez que pour 100 pères professeurs, il y a 25,7 filles qui le sont également. Donc la reproduction à l'identique est à peine moins forte que pour les fils, qui était de 27,3%. Vous avez 11,7 filles qui sont cadres supérieurs. Par contre, vous voyez qu'au niveau des filles la régression est beaucoup plus nette: 21 sont cadres administratifs moyens, 16,2 autres cadres moyens, il n'y a pas d'employés, et pour les autres actifs il n'y a pas de pourcentage, on ne les a pas. Mais enfin on sait qu'il doit y en avoir un certain nombre.

Tous ces chiffres vous montrent combien ces milieux sont finalement endogamiques et confirment ma thèse sur l'existence de ces espèces de ghettos indépendants qui constituent la société française. Quand papa et maman sont professeurs ou instituteurs et qu'il y a un fils et une fille qui le sont également, cela finit par créer des espèces de sub-sociétés assez coupées du reste de la société.

Avant même de continuer sur ce sujet, il faut que je vous donne quelques définitions qui s'imposent. On appelle mobilité sociale le changement de classe en fonction d'une division trichotomique de la société: classe dirigeante, classes moyennes, classes populaires. La mobilité professionnelle exprime le changement de C.S.P. On peut la mesurer en utilisant les statistiques de l'I.N.S.E.E. Cette mobilité peut être ascendante (l'ouvrier qualifié qui devient ingénieur par

Croisement entre certaines catégories socio-professionnelles détaillées du père et de la fille
Femmes actives occupées au moment de l'enquête, nées entre 1918 et 1935

Catégorie socio-professionnelle de la fille à l'enquête

Catégorie socio-professionnelle du père	Professeurs 32	Autres cadres supérieurs 30, 33, 34	Cadres administrat. moyens 44	Autres cadres moyens 41, 42, 43	Employés de bureau 51	Petits commerçants 27	Personnel de service 7	Autres actifs	Total
30 Professions libérales	2.188 *10,6*	2.406 *11,6*	2.645 *12,8*	3.602 *17,4*	1.897 *9,2*	7.721 *37,4*	— —	2.12 *1,0*	20.671 *100,0*
32 Professeurs	2.276 *25,7*	1.042 *11,7*	1.864 *21,0*	1.433 *16,2*	— —	2.248 *25,4*	— —	— —	8.863 *100,0*
33 Ingénieurs	1.218 *4,3*	3.371 *11,9*	5.189 *18,2*	4.013 *14,1*	4.703 *16,5*	3.216 *11,3*	— —	6.733 *23,7*	28.443 *100,0*
34 Cadres administratifs supérieurs	3.722 *6,2*	4.781 *7,9*	7.729 *12,8*	7.716 *12,7*	19.260 *31,8*	2.016 *3,3*	7.049 *11,7*	8.207 *13,6*	60.480 *100,0*
3 Professions libérales, Cadres supérieurs	9.404 *7,9*	11.600 *9,8*	17.427 *14,7*	16.764 *14,2*	25.860 *21,8*	15.201 *12,8*	7.049 *6,0*	15.152 *12,8*	118.457 *100,0*

promotion interne) ou régressive (le commerçant ruiné qui devient employé). En outre on parle de mobilité intra-générationnelle ou biographique quand elle concerne le même individu durant sa vie active; on parle de mobilité inter-générationnelle quand elle désigne un changement de la C.S.P. du fils ou de la fille par rapport à celle du père. La contre mobilité désigne le cas d'un individu qui, par une mobilité intra-générationnelle ascendante, rejoint au bout d'un certain nombre d'années la situation sociale de son père: par exemple le cas d'un ouvrier qualifié, fils d'ingénieur, qui deviendrait ingénieur autodidacte par la formation permanente.

D'après nos conversations, j'ai le sentiment que la mobilité intra-générationnelle est beaucoup plus forte aux Etats-Unis qu'en France. Ainsi certains d'entre vous ont exercé d'autres métiers avant d'enseigner dans une université. En France ce serait beaucoup moins fréquent. Ou alors si on enseigne dans une université c'est après avoir enseigné dans l'enseignement secondaire ou primaire. Vous avez peut-être entendu parler de M. Haby qui a été ministre de l'Education pendant un certain temps et de Mme Saunier-Seïté. Ce sont deux cas spectaculaires de mobilité sociale intra-générationnelle ou biographique, mais entièrement dans le milieu enseignant car tous deux ont été successivement instituteurs, professeurs de lycée et professeurs d'université avant de devenir ministres.

Quand on examine la mobilité sociale d'un individu, il est particulièrement intéressant de voir à quel moment on prend l'individu. Si je trie la situation de Pompidou par rapport à la situation de son père, quand Pompidou était professeur au lycée Henri IV, j'ai: père instituteur, fils professeur. Si je fais le même tri quinze ans après, quand Pompidou est directeur général de la banque Rothschild, j'ai: père instituteur, fils P.-D.G. d'un institut bancaire. Si je trie Pompidou président de la République . . . Autrement dit, toute étude de mobilité sociale raffinée doit être séquentielle. Il s'agit de diviser la biographie d'un individu en un certain nombre de tranches puisque les gens ne terminent pas nécessairement leur vie dans le poste qu'ils occupaient au début de leur vie.

Imaginons maintenant un autre cas. Nous allons prendre deux individus. Un fils d'ingénieur polytechnicien et un fils d'ouvrier qui tous deux font l'Ecole Polytechnique et qui en sortent en 1950. Nous avions vu qu'il n'y avait qu'un pour cent de fils d'ouvrier à Polytechnique; donc je passe sur la performance extraordinaire que ce fils d'ouvrier a dû faire pour arriver là. Nous allons imaginer également pour simplifier qu'ils sortent tous les deux cinquième *ex aequo* de cette Grande Ecole. Alors la question qui se pose est la suivante: en 1980, où seront-ils respectivement? Le fait d'avoir fait la même Ecole, d'en être sortis dans le même rang, est-ce que cela a effacé la différence d'origine sociale? Ou est-ce qu'au contraire—le fils d'ouvrier avec des performances scolaires égales et on peut même dire supérieures à celles du fils d'ingénieur polytechnicien puisqu'il n'a reçu aucune aide chez lui—la malédiction de sa naissance plébéienne va le suivre toute sa vie? Eh bien, toutes les études qui ont été faites montrent qu'en 1980 le fils d'ingénieur aura une situation et un statut supérieur au fils d'ouvrier. C'est-à-dire que malgré la prouesse extraordinaire qu'il a accomplie, ce dernier n'aura pas pu effacer ce que j'ai appelé la malédiction de sa naissance plébéienne. Nous avons là deux termes qu'il faut absolument que vous connaissiez. Dans une société où l'origine sociale continue à jouer quels que soient les scores universitaires qui ont été accomplis, on dit que c'est une société à structures de dominance. Dans une société où à titres égaux l'origine sociale cesse de jouer et les chances de réussite sociale sont égales, nous appelons cela une société méritocratique.

Les résultats sont catégoriques et vous feront plaisir. Toutes les enquêtes montrent que la société américaine a une structure méritocratique, alors que la France a une structure de dominance. Ce qui joue en France, c'est le capital social et dans le cas que nous venons d'imaginer, le réseau relationnel du père polytechnicien est supérieur à celui du père ouvrier.

Pour conclure sur la mobilité sociale, je terminerai par ces quelques réflexions. Tout d'abord, il faut se garder de toute perspective volontariste qui sous-entendrait que les individus ont choisi librement leur destin. En fait, les contraintes sont telles que les jeux sont faits dès l'âge de trois ans comme nous l'a appris Alain Girard.[8]

D'autre part, on doit toujours tenir compte de la longueur des trajets de mobilité. Vous avez des ingénieurs qui sont fils d'instituteur, qui sont petits-fils de cheminots et qui sont arrière-petits-fils de paysans; il a fallu quatre générations pour qu'ils accèdent au statut d'ingénieur. Alors du point de vue de l'historien ou du sociologue, on peut considérer qu'une telle société est remarquable qui permet à l'arrière-petit-fils d'un paysan de devenir ingénieur, mais au niveau du vécu, surtout si on tient compte d'un certain nombre de facteurs dont j'ai parlé et notamment de la psychopathologie de l'impatience, cela peut provoquer des réactions tout à fait différentes. Autrement dit, si on dit à un ouvrier agricole, "T'es heureux comme un pou, parce que ton arrière-petit-fils sera Polytechnicien," on peut considérer que dans la société de rapidité et de vitesse dans laquelle nous vivons cela soit un raisonnement peu satisfaisant.

Un autre aspect dont il faudrait tenir compte, et cela se fait maintenant, c'est la situation sociale et la situation culturelle des mères, car elles jouent évidemment un rôle déterminant, surtout si la mère est dite inactive et est donc au foyer. L'apprentissage du langage est beaucoup plus le fait de la mère que le fait du père.

Une autre remarque touche les individus qui sont en régression sociale. Prenons le cas d'un fils d'ingénieur devenu employé par exemple, mais qui possède un capital, un patrimoine important parce que ses parents sont morts tôt. Son salaire ne représentera peut-être qu'une fraction de ses revenus, mais il continuera pratiquement à avoir le standing de vie de ses parents. Il n'est en regression sociale qu'en fonction de la grille des C.S.P. et non pas en fonction de son niveau de vie et de ses dépenses.

De plus, tout discours sur la mobilité sociale est lié à la taxinomie retenue. Si vous avez retenu les catégories socio-professionnelles de l'I.N.S.E.E., vous aurez forcément une mobilité sociale importante puisque l'ouvrier spécialisé qui deviendra contremaître sera considéré comme un mobile social ascendant. Si vous retenez au contraire les dix groupes socio-professionnels, vous aurez une mobilité sociale beaucoup plus faible puisque contremaître et ouvrier sont dans le même G.S.P. Si vous êtes de droite vous avez tendance à prendre la grille des trente C.S.P. de la population active pour affirmer que la société est fluide. Si vous êtes de gauche, au contraire, vous soulignerez la viscosité, en prenant plutôt une grille du G.S.P. ou une grille trichotomique divisant la société comme le fait Daniel Bertaux[9] en trois grandes classes: "classe dirigeante" (industriels, gros commerçants, cadres supérieurs et professions libérales), "classe moyenne" (employés/cadres moyens, artisans, petits commerçants), "classe populaire" (ouvriers, agriculteurs).

Nous avons vu tout à l'heure que pour les "cadres supérieurs, professions libérales", la reproduction se faisait à 52%. Les fils des classes moyennes se maintiennent à 50%, alors que 40% d'entre eux tombent dans les classes populaires, et 10% seulement montent dans les classes supérieures où ils prennent la place laissée vacante par les fils des classes dirigeantes devenus classe moyenne. Quant aux fils des classes populaires, ils restent dans ces classes dans la proportion d'à peu près trois-quarts (employés, ouvriers, personnels de service) un autre quart acquiert le statut de classe moyenne, et environ 2% acquiert le statut de classe supérieure en devenant ingénieurs, cadres supérieurs, professions libérales, professeurs. Mais comme bien entendu cette classe supérieure est beaucoup moins nombreuse que la classe populaire, ces 2% de fils d'ouvriers qui deviennent membres de la classe supérieure représentent 13% des effectifs de la classe supérieure. Là encore les chiffres peuvent être trompeurs. En termes de recrutement, 13% des membres de la classe supérieure proviennent des classes populaires, en termes de dispersion un enfant d'ouvrier n'a que deux chances sur cent d'accéder au sommet. Nous pouvons donc dire que la mobilité sociale existe dans la société française contemporaine, mais que, statistiquement, elle est sectorielle, c'est-à-dire que la C.S.P. d'arrivée est proche de la C.S.P. de départ. Certes on rencontre quelques exceptions comme Georges Pompidou, mais ce type d'ascension sociale exemplaire a toujours existé. Mazarin devenu premier ministre n'était-il pas fils d'un horticulteur italien? Ces exceptions servent opportunément d'alibi pour légitimer des systèmes sociaux relativement stables.

PARTICIPANT—*J'ai tout de même beaucoup de difficulté à me limiter à deux structures, l'une méritocratique pour les U.S.A., l'autre de dominance pour la France. Cela me paraît dangereux de simplifier à ce point. Les chiffres et les systèmes que l'on compare ne sont pas les mêmes dans les deux pays.*

Vous avez absolument raison, c'est très compliqué non seulement d'un pays à un autre mais les expressions "société méritocratique" et "société de dominance" doivent être utilisées avec une très grande prudence parce que dans les deux cas l'inégalité devant l'enseignement est considérable. Il ne faut pas oublier que nous sommes partis d'un cas tout à fait exceptionnel puisque nous avions vu que sur 100 Polytechniciens, il y avait un fils d'ouvrier, et c'est de ce fils d'ouvrier que nous sommes partis. Bien entendu, en amont, la chance pour un ouvrier de devenir Polytechnicien par rapport à la chance d'un fils de "cadre supérieur, profession libérale" de devenir

Polytechnicien doit être du rapport de 1 à 200 ou de 1 à 300. C'est pour cela que je n'aime pas beaucoup l'expression méritocratique parce qu'on a l'air de dire que tout le monde a les mêmes chances devant l'enseignement. Pas du tout. Cela veut dire qu'une fois surmontée l'inégalité des chances devant l'enseignement, il subsiste une inégalité des chances devant les statuts. Je crois qu'il faut beaucoup insister là-dessus. Parce que sans cela on tombe dans le stéréotype du genre "n'importe quel *self-made man* peut devenir président".

PARTICIPANT—*A votre avis, l'Etat joue-t-il un rôle en ce qui concerne la promotion sociale? Est-ce que le prolongement de la scolarité, la démocratisation de l'enseignement, le système des bourses, facilitent la mobilité sociale en France?*

C'est une des questions les plus controversées qui soient. Il y a littéralement eu une "explosion scolaire". Les enfants et adolescents scolarisés sont passés de 127.000 en 1897, à 737.000 en 1945, 3.718.000 en 1972, et plus de 5.000.000 en 1975. Cette scolarisation massive a-t-elle permis de supprimer le handicap des enfants issus de milieux culturellement et pécuniairement défavorisés? Les détenteurs du pouvoir ne manquent pas d'affirmer l'expansion démocratique. Les sociologues comme Bourdieu et Passeron accusent au contraire notre système scolaire de "reproduire" les inégalités sociales tout en donnant—circonstance aggravante—bonne conscience aux possédants et aux enseignants.

Nous avons jusqu'ici surtout examiné des statistiques relatives à la mobilité sociale au niveau de la société globale. Nous disposons d'une excellente enquête faite par l'I.N.E.D. et portant sur 17.500 enfants qui étaient en CM2 (cours moyen) en 1962 et qui ont été "suivis" pendant dix ans.[10] Cette étude sous forme de probabilités séquentielles confirme la forte incidence des situations scolaires successives sur l'histoire scolaire et post-scolaire des enfants. Ceux qui sont dans l'enseignement supérieur en 1972 étaient de bons élèves en CM2 dix ans avant. Ceux qui sont dans des Grandes Ecoles en 1972 étaient d'excellents élèves en CM2 mais de plus ils étaient "à l'heure", c'est-à-dire qu'ils avaient neuf, dix ans au maximum en 1962 et presque tous étaient issus de milieux culturellement favorisés. Les jeux sont donc faits avant même d'entrer en CM2 puisque ces élèves des Grandes Ecoles, anciens bons élèves de CM2, avaient aussi fait une bonne scolarité en Cours Préparatoire où, très jeunes, ils avaient appris à lire et écrire en quelques mois. Cela ne veut pas dire que tous les enfants des classes favorisées entreront dans de Grandes Ecoles. Il y a bien sûr des concours d'admission sévères et des inégalités individuelles. On peut se demander toutefois si ces concours n'ont pas pour fonction de sélectionner les adolescents les plus "doués" des milieux favorisés et les "surdoués" des milieux défavorisés qui ont surmonté le handicap de leur origine sociale. Si je réponds affirmativement, cela prouve que les concours, tout honnêtes et objectifs qu'ils soient, font partie de la mythologie de l'égalité des chances scolaires mais qu'en réalité le système ne fait que "reproduire" les inégalités sociales.

Un autre point sur lequel je voudrais insister c'est que le système français de l'enseignement supérieur comprend en réalité deux systèmes: d'une part l'aristocratie des Grandes Ecoles, de l'autre la plèbe des universités et que les deux sont eux-mêmes extrêmement hiérarchisés. Entre quelqu'un qui sort de Polytechnique et quelqu'un qui sort de l'université avec une licence en mathématiques, il y a un fossé considérable.

Je reviendrai dans un instant sur les Grandes Ecoles, car je voudrais parler encore une fois de l'origine sociale des étudiants à l'université. L'explosion scolaire est devenue une "explosion universitaire" puisque des années 50 aux années 70, le nombre des étudiants a plus que quintuplé. Il y a effectivement eu une démocratisation du recrutement. Le pourcentage d'étudiants issus de pères ouvriers a augmenté de 2,5 fils ou filles en 1951 à 13,1 en 1971. Ceci pour l'ensemble des disciplines. Mais si nous l'examinons de près, cette démocratisation varie en fonction des disciplines et on s'aperçoit qu'un très fort pourcentage de fils ou filles d'ouvriers sont inscrits dans les facultés de lettres et sciences humaines, alors que la "médecine", par exemple, reste très "aristocratique" et en compte un très faible pourcentage. Une première lecture rapide des statistiques permettrait de conclure qu'il existe une démocratisation de l'enseignement supérieur et qu'elle réduit les inégalités sociales. Toutefois, il faut absolument bien comprendre que les licences et maîtrises délivrées en lettres et sciences humaines ne donnent droit à aucun emploi sauf à passer le concours du C.A.P.E.S. et l'Agrégation, concours qui restent parmi les plus sélectifs en France.

Un autre point que je voudrais souligner c'est que la prolongation de la scolarité obligatoire, la "massification" de l'enseignement secondaire, et la "démocratisation" de l'enseignement supérieur ont multiplié le nombre de titulaires de diplômes. Résultat, un titulaire du bachot en 1975 se présente sur le marché du travail avec un diplôme qui équivaut à ce que valait il y a dix ans le B.E.P.C. C'est la thèse capitale de Raymond Boudon, un sociologue de droite, qui résume ainsi le problème: "Les bénéfices tirés par les individus des classes moyennes et inférieures de la lente démocratisation de l'enseignement sont, dans une certaine mesure, rendus illusoires par l'augmentation générale de la demande d'éducation. En effet, d'une période à l'autre, les espérances sociales identiques sont associées à un cursus plus long."[11]

L'univers des étudiants, je le disais, est très hiérarchisé. Examinons maintenant l'origine sociale des élèves des Grandes Ecoles qui eux ont passé des concours d'admission très sélectifs alors que les étudiants des universités sont admis après le bachot sans sélection. Sur ce point je tiens à préciser que la loi d'orientation universitaire, dite "loi Edgar Faure", votée après mai 1968, n'a fait que renforcer la dichotomie entre l'aristocratie des élèves des Grandes Ecoles et la plèbe des universités. Toutes les enquêtes, tous les travaux de recherche prouvent qu'à la tête des grandes entreprises publiques et privées, à la direction des administrations, dans les cabinets ministériels, à tous les postes de responsabilités, on ne trouve pratiquement que des anciens élèves de Polytechnique et de l'E.N.A. Tout le système français fonctionne à partir des Grandes Ecoles et les universités sont devenues des garderies. Concernant l'origine sociale, le tableau ci-dessous indique très clairement combien l'héritage socio-culturel est important. On voit bien vite que les élèves des Grandes Ecoles qui seront demain "l'élite du pouvoir" sont toujours issus des mêmes milieux socialement et culturellement privilégiés.

Pour répondre à la question qui m'était posée tout à l'heure, je reprendrai la conclusion même de Boudon, je cite: "Il est très peu probable que l'atténuation des inégalités scolaires comme celle des inégalités socio-économiques passe par la réforme scolaire. . . . La supression de l'inégalité des chances devant l'enseignement passerait par la réduction des inégalités sociales, c'est-à-dire par des changements profonds dans la société tout entière."[12] Le fait que ce

Origine sociale des élèves des Grandes Ecoles

Profession du chef de famille	Ecoles scientifiques							Ecoles normales sup.		Ecoles administratives				
	Polytechnique		Centrale	Mines	Sup. Aéro	Sup. Elec	Arts et Métiers	Ulm et Sèvres	St Cloud Fontenay	E.N.A.		I.E.P.	% de la pop. active	Orig. sociale des étudiants
	1962	1971	1962	1962	1962	1962	1962	1962	1962	1965	1970 1975	1962	1962	
Agriculteurs	1	3,3	2	5	5	4	5	1	7	(1) 4,1	(2) 3,6	8	12	6
Salariés agricoles	–	–	–	–	–	–	1	–	1	–	–	–	2,8	–
Patrons de l'ind. et du com.	13	14,6	12	13	31	19	19	9	14	16,7	12,7	19	10,5	18
dont industriels	5	7	3	4	18	6	4	2	–	2,1	6,8			5
Professions lib. et cadres sup.	57	55,6	47	41	33	42	19	51	18	56	48,5	44	3,9	29
dont hauts fonctionnaires	19	14	16	11	11	17	6	7	6	25	–	11		6
Cadres moyens	15	18,6	18	18	19	17	19	26	24	15,9	19,7	1~	9,7	18
dont instituteurs (public)	7	1,8	4	4	4	4	5	13	14	–	–	–		5
Employés	8	2,3	9	12	8	8	10	5	10	6,3	9,7	8	14,9	8
Ouvriers	2	1	2	5	2	7	17	3	15	1	5,6	2	37,4	6
Personnel de service	–	–	–	–	–	1	2	–	2	–	–	1	5,7	1
Autres catégories	3	4	4	1	1	–	3	1	4	–	–	2	2	8
Rentiers, sans profession	1	–	6	5	1	2	5	4	5	1	–	3	–	6
Total	100	100	100	100	100	100	100	100	100	100	100	100	100	100

Sources : Statistiques du Ministère de l'Éducation Nationale
ENA (1) : A. Girard, La Réussite Sociale, Paris, PUF, O.S.J., 1971, 127 p., p. 90
ENA (2) : Journal Officiel, Sénat, 5 mars 1975

soit un auteur aussi peu marxiste que Boudon qui nous dise que pour changer l'école, il faut changer la société, nous confirme encore une fois ce que j'ai intitulé au début la fin des illusions.

LA PERPETUATION D'UNE STRATE SUPERIEURE DE LA CLASSE DOMINANTE

Jusqu'ici nous avons conclu que la grande masse des exploitants et salariés agricoles, des ouvriers, des employés, des membres du personnel de service, des commerçants et artisans, des cadres moyens n'ont aucun pouvoir de décision sur le plan national, régional voire même communal. Ce qui ne veut pas dire qu'ils soient complètement dépourvus de moyens d'action quand ils sont menacés par des mesures leur portant préjudice. Leurs syndicats constituent parfois des groupes de pression, souvent des groupes de véto dont doivent tenir compte les détenteurs du pouvoir. C'est avec les patrons des entreprises moyennes, les membres des professions libérales et les cadres supérieurs que nous voyons apparaître des cas d'individus multipositionnés, c'est-à-dire présents dans plusieurs champs de l'activité sociale.

On doit donc se poser une dernière question, existe-t-il dans la société française actuelle une strate supérieure de la classe dominante qui accumulerait les privilèges, détiendrait le pouvoir de décision, contrôlerait l'appareil d'Etat?

Nous savons que depuis 1945, la société française est caractérisée par une très forte mobilité structurelle, c'est-à-dire par des modifications profondes dans la répartition de la population active: exode rural, déclin ou expansion de certaines activités industrielles, croissance du secteur tertiaire, etc. Cette forte mobilité est liée à un enrichissement économique de tous; cependant les écarts entre les plus riches et les plus pauvres n'ont pas été réduits. Il s'agit donc de savoir si cette mobilité structurelle et la forte croissance économique (jusqu'à la "crise" de 1974) ont permis—ou non—la perpétuation au sommet de la pyramide sociale d'un petit groupe de personnes privilégiées. Or l'histoire de la société française depuis la Révolution de 1789 montre clairement que se perpétue au sommet de la pyramide sociale la concentration des pouvoirs et des privilèges entre les mains d'un petit groupe d'individus. Combien sont-ils aujourd'hui, c'est un sujet controversé, mais je dirais entre 50.000 et 100.000.

De même qu'au sommet il y aurait ce cumul des privilèges et des pouvoirs ainsi qu'un phénomène de reproduction, à la base il y aurait perpétuation d'un cumul des pénalisations. Ainsi le taux de reproduction est très fort pour la classe dominante et les classes populaires, par contre il est moins élevé dans la vaste zone intermédiaire. On découvre une mobilité sectorielle assez forte dans les classes moyennes où l'on peut éventuellement passer de contremaître à cadre moyen ou de cadre moyen à cadre supérieur. Mais les trajectoires qui vous conduiraient de la classe populaire à cette strate supérieure sont tout à fait exceptionnelles. Nous avions déjà mentionné Pompidou et Mazarin comme des exemples de mobilité intragénérationnelle ou biographique. Or, ces cas sont d'autant plus remarquables qu'ils sont rares et concernent des gens qui, très tôt, très jeunes, ont intériorisé les valeurs et les codes de la strate à laquelle ils voulaient accéder. C'est sur ce phénomène qu'on appelle dans notre jargon "socialisation anticipatoire" que je voudrais m'arrêter un instant. Ceci dit, l'expression est pédante, mais elle est quand même très descriptive et informative, puisqu'elle implique que ce sont des gens qui "en remettent", c'est-à-dire que dans la mesure où ils ne sont pas issus de cette strate supérieure de la classe dominante, ils forcent un peu les choses sur le plan du comportement et de la distinction.

J'ai connu des cas tout à fait frappants, de gens qui sont entrés à l'E.N.A. par le concours fonctionnaire. Vous savez qu'il y a un concours pour les étudiants, généralement issus de milieux aisés, et un concours pour les fonctionnaires déjà en service mais qui veulent améliorer leur carrière en faisant l'E.N.A. En général, ces fonctionnaires proviennent—ou plutôt provenaient—des classes moyennes et parfois des classes populaires. S'ils sortent de l'E.N.A. dans un bon rang—ce qui est exceptionnel—ils se retrouvent dans les Grands Corps où parfois ils trahissent par leur comportement leur origine sociale. Je vous donne un exemple, celui du baise main qui se pratique dans cette haute société, mais qui se pratique suivant un code tout à fait précis. J'ai vu des cas presque touchants de gens qui étaient par exemple d'anciens inspecteurs des impôts, qui, après être entrés à l'E.N.A., après avoir travaillé comme des forçats, sont sortis et ont été nommés à l'inspection des finances et se sont retrouvés à ce moment-là dans ce milieu très distingué où il leur a fallu se mettre au baise main. C'est extrêmement drôle de voir des gens qui débutent. Il y a des règles précises. Par exemple vous ne baisez jamais la main d'une dame dehors. Si vous rencontrez une dame de cette bonne société dans la rue et que vous lui faites un baise main vous êtes immédiatement catalogué comme quelqu'un qui ne connaît pas le code. Ce sont de petits détails qui font partie du type d'éducation que vous avez reçu. Moi j'ai reçu un type d'éducation, bien que faisant partie d'une famille ruinée, où on m'a appris par exemple à sortir d'une pièce sans tourner le dos aux dames et sans rater la porte. C'est quelque chose qui vous marque mais qu'on apprend difficilement à trente ans. D'abord parce qu'à ce moment-là on a le sentiment d'être tout à fait ridicule. Par contre, quand on a été marqué pendant sa petite enfance, c'est un jeu qu'on joue très facilement.

Les "sursocialisés anticipatoires" sont rares mais importants puisqu'ils ont une fonction légitimatrice de la société de classe et perpétuent le mythe d'une société fluide. En réalité une fois intégrés au système, ils s'en font eux-mêmes les défenseurs acharnés puisque le système les a favorisés. Si les structures sociales françaises avaient été d'une telle rigidité que Pompidou ait été contraint à être toute sa vie professeur au lycée Henri IV, compte tenu de son quotient intellectuel, de son amour du pouvoir, il y a de fortes chances pour qu'il soit devenu à ce moment-là un syndicaliste acharné et un contestataire du système établi. En l'intégrant, on a désamorcé en quelque sorte sa pugnacité.

C'est là un facteur essentiel car, en France, on se souvient toujours de la société de l'Ancien Régime qui a éclaté en 1789 quand la noblesse s'est constituée en classe fermée notamment dans un domaine qui était très précis, le domaine de l'armée. Il était impossible, à partir de la fin du règne de Louis XV, de devenir officier si on n'avait pas quatre quartiers de noblesse. De tels règlements n'existaient pas à l'époque de Louis XIV. Les technocrates de Louis XIV étaient en grande partie bourgeois. Colbert était un bourgeois, Vauban était un fils de noble qui avait dû travailler puisqu'il avait été ruiné et avait perdu son droit de noblesse, avant d'être réannobli par Louis XIV. Parmi les grands généraux de Louis XIV, il y avait des bourgeois. Dans le personnel ecclésiastique il y avait des bourgeois comme Bossuet. Autrement dit, il y avait des possiblités d'ascension. A partir du moment où la société nobiliaire s'est complètement fermée (quand on prend la liste de tous les gens qui étaient évêques ou archevêques en 1788, il n'y a pas un roturier; dans le commandement de l'armée française, il n'y a pas un roturier), on a vu la société éclater puisqu'il y avait une contradiction évidente entre une bourgeoisie détentrice du pouvoir économique mais radicalement exclue de toutes les fonctions politiques. De ce point de vue, la République a toujours été beaucoup plus prudente et les "sursocialisés anticipatoires" représentent cette soupape de sureté qui permet à des gens d'origine modeste ou d'origine moyenne de monter.

Je considère donc qu'il existe actuellement une classe dominante et je ne dis pas dirigeante puisque je ne crois pas à la malléabilité de la société, à la volonté de quelques-uns. Mais en affirmant cette perpétuation, je ne crois pas polémiquer. Aux seizième, dix-septième, dix-huitième et au tout début du dix-neuvième siècles, il était presque normal—puisque la société française était relativement immobile—que se perpétuât à la tête de la pyramide sociale une strate supérieure. Mais dans une société en complète mutation, avec des bouleversements technologiques aussi importants que ceux qu'on a connus, on peut se demander pourquoi ce sont toujours les mêmes gens, leurs enfants, leurs neveux, ou leurs gendres qui se trouvent aux postes de décision. En effet, les détenteurs des privilèges et du pouvoir ont très bien su défendre leurs territoires, ils ont une souplesse d'adaptation que l'on peut dénoncer sur le plan éthique mais qu'il convient d'analyser sur le plan socio-historique. En fait cette perpétuation a été rendue possible depuis 1870 parce que les leçons du déclin de la noblesse n'ont pas été perdues.

Nous savons que l'héritage économique se transmet avec l'appui de l'héritage culturel à condition que ce dernier soit incarné dans un diplôme. C'est ce qu'avait déjà compris Emile Boutmy, au lendemain du désastre français et de la victoire allemande de 1870–1871, quand il a pensé à fonder l'Ecole libre des Sciences Politiques et qu'il écrivait à son ami Ernest Vinet en février 1871:

> On dit partout qu'il faut refaire des hommes ... mais, auparavant, ne faut-il pas créer l'élite qui, de proche en proche, donnera le ton à toute la nation? Refaire une tête au peuple, tout nous ramène à cela. L'enseignement nouveau s'adresse aux classes qui ont une position faite et le loisir de cultiver leur esprit. Ces classes ont eu jusqu'ici la prépondérance politique; mais elles sont menacées. Elles avaient établi leur première ligne de défense sur les hauteurs de la naissance et de la fortune; elles avaient pour elles les lois et les moeurs. Voici que partout les moeurs les trahissent, les lois les abandonnent ... Le privilège n'est plus; la démocratie ne reculera point. Contraintes de subir le droit du plus nombreux, les classes qui se nomment elles-mêmes les classes élevées, ne peuvent conserver leur hégémonie politique qu'en

invoquant le droit du plus capable. Il faut que, derrière l'enceinte croûlante de leurs prérogatives et de la tradition le flot de la démocratie se heurte à un second rempart fait de mèrites èclatants et utiles, de supériorité dont le prestige s'impose, de capacités dont on ne puisse se passer sans folie.

L'Ecole a ouvert ses portes en 1872 avec quatre-vingt-neuf étudiants. Il y avait 222 inscriptions en 1880 et ce chiffre n'a cessé de croître pour se stabiliser aux environs de 4.000 étudiants. La nationalisation de l'Ecole libre des Sciences Politiques, qui devient en 1945 l'Institut d'Etudes Politiques, n'a pas modifié l'origine sociale des étudiants, comme le prouve une enquête en cours d'exploitation.

Cette élite a su se maintenir au sommet par son capital social, pécuniaire, universitaire (éventuellement par des stratégies de mariage *ad hoc*) et en intégrant par mimétisme les plus doués des classes inférieures. Elle a pu, par cette intelligence calculatrice, survivre à l'effondrement du Second Empire, à la Première Guerre Mondiale, à la crise de 1929, au Front Populaire, à l'effondrement militaire de 1940, à la Libération, à la décolonisation. Elle n'a pas été unanime à vouloir la fin de la Quatrième République, mais elle s'est retrouvée unie pour profiter de la Cinquième et l'infléchir dans le sens de ses intérêts. Les statistiques montrent clairement que depuis 1899, l'origine sociale des trois quarts des ministres est restée presque inchangée et les députés sont pour plus de la moitié eux aussi issus des classes supérieures.

Une étude systématique du contenu du *Who's Who in France* a permis de constater que cette élite, qui vit dans l'illusion de son hétérogénéité, est presque uniquement composée "des hommes de plus de quarante ans, bacheliers, sans origines prolétariennes (2% de femmes, 3% de fils d'ouvriers). Plus de sept sur dix habitent Paris, sont d'origine sociale supérieure, ont fait des études supérieures."[13]

Dans cette strate supérieure nous proposons donc de mettre les membres des Grands Corps, les hauts fonctionnaires techniques, les 500 P.-D.G. des 500 premières entreprises françaises et les membres des conseils d'administration de ces mêmes sociétés, les parlementaires non communistes, le personnel ministériel (ministres, conseillers techniques, chargés de mission), les maires des 196 villes de plus de 30.000 habitants, les manipulateurs des mass média, les 300 généraux ou amiraux, etc. Le fait que certains membres de cette strate soient dans le secteur privé et d'autres dans le secteur public lui donne un éclairage en relief de la réalité sociale. C'est un des aspects intéressants de la haute société française que ce conflit entre "l'administration" défenseur — comme elle le prétend et le croit — de l'intérêt général et les "grands intérêts" des industries, des banques et des promoteurs immobiliers. Il arrive que dans une même famille vous ayez un individu qui dirige une entreprise privée, le frère ou le cousin étant inspecteur des finances, donc deux visions différentes qui donnent en quelque sorte plus de relief à la saisie de ce qui est concret, de ce qui se passe réellement dans la société. Il ne s'agit pas seulement de la multipositionnalité de tel ou tel de ses membres mais de la multipositionnalité de la strate tout entière. Les contradictions qui existent au sein de cette strate, entre le chef d'entreprise et le haut fonctionnaire (par exemple à propos des "commissions Fourcade"), sont toujours subordonnées à la défense stratégique des intérêts de la strate, mais très éclairantes pour conceptualiser cette stratégie défensive. Trop crispé sur la défense de l'entreprise de base, le P.-D.G. tend à se concentrer sur des positions tactiques alors que l'inspecteur des finances conserve une vue stratégique des choses. C'est la concertation, parfois conflictuelle mais le plus souvent amicale et relationnelle, entre les différents membres de cette strate qui permet d'en assurer la perpétuation avec succès.

Il m'est difficile d'examiner en peu de temps tous les mécanismes de la perpétuation de cette strate dominante. Je ne veux ni me perdre dans la dimension historique du problème ni revenir sur le système scolaire à la base de cette perpétuation. Toutefois, le phénomène de reproduction que nous avons discuté n'est pas un phénomène nouveau. Jules Ferry affirmait de façon péremptoire que l'école primaire était l'école du peuple, l'enseignement secondaire étant réservé à la bourgeoisie. Les lycées et collèges, avec leurs classes élémentaires payantes dont les professeurs étaient recrutés par un concours spécial, constituaient avec les établissements confessionnels les écoles de la bourgeoisie. Un système hypocrite et ingénieux rendait presque impossible les passages de l'école communale au lycée. Il était interdit de passer son certificat d'études primaires avant douze ans et l'on refusait l'inscription en sixième des enfants qui avaient plus de dix ans. Il appartenait aux instituteurs de "pousser" les enfants "surdoués" issus de milieux populaires et de les présenter à l'examen d'entrée en sixième à l'âge de dix ans. S'ils étaient admis, ils recevaient une demi-bourse, mais presque jamais une bourse entière, le système étant conçu pour favoriser l'ascension d'enfants dont les parents avaient déjà atteint une certaine aisance. Donc Jules Ferry, créateur de l'école primaire gratuite, laïque et obligatoire, n'avait pas seulement pour but d'instruire les enfants du peuple, mais aussi de les enfermer dans leurs propres écoles.

Aujourd'hui les familles de cette strate supérieure suivent toujours les conseils d'Emile Boutmy, elles ajoutent la compétence à leurs capitaux social et pécuniaire, et elles résistent victorieusement à l'explosion scolaire. Elles se sont résignées à voir les enfants des classes moyennes, voire des classes populaires envahir les universités. Mais qu'importe puisque, comme nous l'avons montré, elles "tiennent" les Grandes Ecoles où s'achèvent les enfances de chefs. Ces chefs seront en outre multipositionnés, ce qui veut dire que la classe dominante détiendra un nombre élevé de positions élevées avec un nombre restreint d'individus, ce qui contribuerait, d'après Boltanski, à expliquer "le nombre très faible des élèves admis dans les Grandes Ecoles et la stabilité dans le temps du volume de leurs promotions".[14]

Tout ce que nous avons dit sur le système scolaire en tant que facteur principal des inégalités sociales tend à faire oublier que l'héritage pécuniaire demeure essentiel. Le système fiscal est lui aussi un mécanisme reproducteur efficace. Pendant longtemps, les droits successoraux ont été si faibles que les patrimoines se transmettaient quasi-intégralement aux héritiers, même s'ils ne l'étaient pas en ligne directe. Le soin constant des législateurs dans cette matière a été non la circulation des biens mais la protection des patrimoines.

A ces mécanismes fiscal et scolaire, il faudrait aussi ajouter le système judiciaire qui constitue un mécanisme d'une efficacité remarquable. La "compréhension" des juges à l'égard de la délinquance économique a été récemment soulignée. De même tout le système publicitaire de la société de consommation joue dans le sens de la perpétuation du système social existant. Certes le niveau de vie des classes populaires monte, mais la hiérarchie demeure et les écarts se maintiennent.

Une chose sur laquelle je voudrais insister, c'est que si le but de cette strate supérieure de la classe dominante est de conserver ses privilèges et son pouvoir de décision, elle ne constitue pas une bande de gens assoiffés de sang. Autrement dit, s'il faut tuer des pauvres pour garder son pouvoir, on le fait—c'est ce qui a été fait en 1848, c'est ce qui a été fait en 1871—à ce moment-là on n'était pas capable de donner à chacun, même de façon inégalitaire, une part du gâteau et de se reproduire. La grande erreur de Marx, ce qu'il n'a pas vu, c'est que si le capitaliste veut exploiter l'ouvrier, lui faire produire un travail gratuit, lui faire secréter de la plus-value qu'il monopolise, à partir du moment où l'ouvrier devient consommateur, il devient le client du système capitaliste. C'est ce qu'a bien compris Henry Ford. Donc à partir du moment où l'ouvrier devient consommateur, tout va bien. C'est une des raisons pour lesquelles le système des indemnités de chômage a été très fort en France. Tout individu a deux fonctions économiques: une fonction de production et une fonction de consommation, et s'il ne peut pas accomplir sa fonction de production parce qu'il est chômeur, on veut au moins qu'il continue à consommer. Aujourd'hui un tiers des ouvriers sont propriétaires de leur appartement et ils sont propriétaires d'un certain nombre de meubles, de voitures, de téléviseurs. Donc, si pour garder son pouvoir il faut "cogner", cette strate dominante "cogne". Mais il n'y a pas de sadisme particulier. Personnellement, je pense qu'elle est aidée, ce faisant, par des éléments qu'elle ne contrôle pas qui sont le résultat du système social, c'est-à-dire le respect des Français pour la hiérarchie. Chaque fois que l'on fait des enquêtes et que l'on demande qui doit diriger une usine, les ouvriers répondent toujours: "le patron". De plus, l'Etat qui finalement est en grande partie contrôlé par cette strate supérieure est très souvent perçu comme un arbitre. La preuve, c'est que les ouvriers se tournent vers l'Etat pour essayer de résoudre leurs problèmes. Et d'ailleurs, l'Etat est sans doute un moins mauvais patron que les patrons du secteur privé. Il vaut quand même mieux être ouvrier chez Renault, bien que ce ne soit pas drôle, que d'être ouvrier chez Citroën.

Nous avons déjà parlé des problèmes de multipositionnalité à l'égard de cette strate supérieure mais je crois qu'il faut de même ajouter le concept de pluri-appartenance. La position exprime un lieu où s'exerce un certain "pouvoir". Mais il n'est pas indifférent d'appartenir à la H.S.P. (Haute Société Protestante) ou à la haute société israélite, à telle association d'Anciens Elèves, à la Franc-maçonnerie ou au groupe de pression des catholiques, à la Légion d'honneur ou à l'Ordre du mérite, à l'Automobile Club ou au Rotary, etc. L'appartenance à certains groupes renforcent la positionnalité d'un individu dans les champs universitaire, culturel, administratif, économique et politique.

Ce qui est nouveau, dans la France contemporaine, ce sont les stratégies de carrière. Sous la Troisième et Quatrième Républiques, la carrière politique classique était la suivante: acquisition d'une légitimité locale (communale, conseil général, députation) et une fois député, il était possible de se multipositionner et d'avoir une sorte de légitimité nationale. Cette stratégie classique favorisait l'ascension des "sursocialisés anticipatoires" de la moyenne voire de la petite bourgeoisie. Aujourd'hui il en va différemment. Issu de la strate supérieure de la classe dominante, on passe par une Grande Ecole (X ou E.N.A.), "on fait" du cabinet ministériel, on se présente dans une circonscription qu'il est bien vu d'arracher à l'opposition, on revient au Parlement et on devient secrétaire d'Etat puis ministre.

Cette différence vous la retrouvez entre Henri Queùille et Jacques Chirac. Queuille, médecin à Neuvic sur Ussel, s'était fait élire maire de la ville; par la suite il est devenu conseiller général, député, vingt-quatre fois ministre et deux fois président du Conseil, c'est-à-dire quelqu'un de très intéressant pour la communauté de Corrèze puisque tout se décide à Paris. Et la Corrèze, qui est un des départements les plus pauvres de France, est néanmoins très riche en équipements collectifs.

La carrière de Chirac est exemplaire d'une nouvelle stratégie de carrière. Parisien, ayant quelques attaches lointaines avec la Corrèze, il fait l'E.N.A., il est bien classé et sort dans les Grands Corps, entré dans le cabinet ministériel comme conseiller technique, il joue à fond la carte Pompidou. Il a senti sans doute que Pompidou était l'homme qui montait et à la surprise générale, en 1962, Pompidou a été nommé premier ministre par De Gaulle, ce qui était curieux puisque Pompidou n'était pas du tout connu du grand public puisqu'il dirigeait la Banque Rothschild. De Gaulle était cependant très astucieux sur ce point et il voulait que ses ministres aient également une légitimation locale. Et Chirac, à partir de son poste de conseiller technique au cabinet du premier ministre Pompidou, s'est présenté au siège d'Ussel aux élections de 1967 et a fait sa campagne électorale précisément sur le pouvoir dont il disposait dans la bureaucratie parisienne. Queuille était parti. Pendant l'intervalle, il y avait eu un député qui n'avait pas de pouvoir. Les gens d'Ussel ont écouté un discours électoral qui en gros leur disait: vous allez élire un nouveau Queuille, parce que, moi aussi, je suis au cabinet du premier ministre, et en ce qui concerne les équipements publics, les routes, je peux résoudre bien des problèmes là où ils se résolvent. Queuille était radical socialiste, disons de gauche, d'une gauche rose pâle; Chirac était de droite mais pour les équipements, on se moque que ce soit la gauche ou la droite qui aboutisse. Vous connaissez la suite. Après la mort de Pompidou, aux élections présidentielles, Chirac donnera son appui à Giscard d'Estaing et sera considéré comme un traître par beaucoup de gaullistes pour avoir déserté Chaban-Delmas. Giscard l'ayant emporté, Chirac est devenu premier ministre de 1974 à 1976 et finalement dans la politique de grignotage du gaullisme que représente la politique de Giscard, Chirac a été évincé.

Je résume. Hier on acquerait une légitimité locale qui vous envoyait à Paris, à la Chambre des députés ou au Sénat. On essayait de devenir ministre, et à ce moment-là on avait une légitimité nationale qui vous permettait de vous faire réélire sur le plan local. Maintenant on fait l'E.N.A., on noue à Paris des réseaux relationnels grâce aux stages dans les cabinets ministériels, ce qui permet de faire avancer des dossiers. On va se présenter dans une circonscription qu'on choisit bien et où on essaie de se trouver un vague ancêtre pour avoir quand même une sorte d'attache locale. Les gens votent facilement pour vous parce qu'ils savent que vous êtes puissant et que vous pourrez faire aboutir les problèmes d'équipements locaux, et vous obtenez à ce moment-là une double légitimité. Vous avez donc commencé par le pouvoir national pour acquérir une légitimité locale, c'est un tout autre profil de carrière.

L'efficacité opératoire de la combinaison du capital social hérité de la famille et du capital culturel hérité mais accru par des performances individuelles apparaît avec éclat dans le cas de Valéry Giscard d'Estaing. Je voudrais donc terminer ces remarques en examinant l'arbre généalogique de l'actuel président de la République. Son grand-père paternel est un magistrat de Province possédant des biens fonciers. Son père, Edmond Giscard, qui particularise son nom en y ajoutant "d'Estaing", épouse une demoiselle Bardoux dont la mère est une Georges Picot apparentée à la puissante famille des Montalivet. Passé par l'Ecole libre des Sciences politiques, inspecteur des finances, Edmond Giscard d'Estaing est largement positionné dans les milieux économiques, notamment ceux qui sont liés à l'exploitation des colonies (il n'y a rien de polémique dans cette expression puisque les manuels eux-mêmes distinguaient alors les "colonies d'exploitation" des "colonies de peuplement"). Il est également administrateur de nombreuses sociétés des "secteurs de pointe". Son frère, René Giscard, épouse une demoiselle Carnot, descendante de Lazare Carnot, passe lui aussi par l'Ecole libre des Sciences politiques, devient conseiller d'Etat. Les enfants d'Edmond et René Giscard sauront tous ajouter aux capitaux économique et social les performances scolaires requises, ce qui veut dire que les cousins de l'actuel Président sont bien positionnés.

Valéry Giscard d'Estaing, né en 1926, sort sixième de Polytechnique en 1949, ce qui lui permet de choisir l'E.N.A. (où quelques places sont "réservées" aux Polytechniciens bien classés), et d'en sortir parmi les premiers en 1951 dans le Corps de l'Inspection des Finances. Il épouse Anne-Aymone de Brantes, qui est associée à la famille Schneider, de gros sidérurgistes du Creuzot. Je n'ai pas à retracer la carrière brillante du Président de la République. Je voudrais simplement vous faire remarquer qu'elle est conforme à la nouvelle stratégie ascensionnelle que je viens de décrire. Directeur adjoint du Cabinet d'Edgar Faure, en 1954 il va chercher la légimité du suffrage universel en se faisant élire Député du Puy-de-Dôme au siège que quittera son grand-père maternel Jacques Bardoux qui ne se représentera pas. Mais le cas de Valéry Giscard d'Estaing est particulièrement intéressant pour le sociologue et l'historien. Personne ne lui dénie au moins trois qualités: il est "distingué", compétent, et bon pédagogue. Son aptitude à parler sans notes le distingue du vulgaire. Il a été élu au suffrage universel après avoir été huit ans ministre des finances et de l'économie, ce qui est une performance qui donne la mesure de l'habilité avec laquelle il a mené sa stratégie de carrière. Son allure "aristocratique" (même si sa famille figure dans le dictionnaire de la fausse noblesse) "grand, mince, élancé, parlant bien" empêche que ceux qui l'ont élu s'identifient à lui. Il n'y a certainement aucun phénomène de mimétisme dans son élection. Les électeurs ont voté pour quelqu'un de "différent" d'eux, de "supérieur" par le savoir et par la distinction. Giscard a joué la carte de la différence, alors que Pompidou au contraire avait joué la carte du bon Français comme tous les autres, parvenu au sommet par le travail.

Je termine avec ce qu'il y a de plus élevé dans cette société française. Mais cette strate supérieure existe et mes propos peuvent facilement être vérifiés statistiquement. Quant à son pouvoir de décision, disons que les grandes crises traversées par le pays n'ont pas été voulues ni décidées par elle. Ce qui est toutefois intéressant c'est qu'à la suite de chacune de ces crises, cette strate s'est avérée capable de déployer une stratégie à la fois compensatoire et conservatoire. Le propre de la strate supérieure n'est pas de créer une situation mais d'exploiter—de tirer parti—des situations historiques qui se créent sans elle, et parfois contre elle. Cette strate fait en sorte que l'histoire ne se fasse pas durablement contre elle. On pourrait prendre l'exemple de 1968. La stratégie compensatoire et conservatoire de la strate supérieure y a donné la mesure de son talent: la loi d'orientation n'a pas plus transformé les universités que la création des sections syndicales d'entreprises n'a transformé la condition ouvrière. Rappelons que l'augmentation de 10% des salaires a valu pour tous les salariés, y compris les directeurs généraux des plus grosses sociétés.

Il ne semble pas non plus que l'actuelle "crise" économique renouvelle la problématique que nous avons définie. Un homme comme Giscard d'Estaing se doit de faire un certain nombre de "réformes" qui ne porteront pas atteinte aux privilèges et aux pouvoirs de cette strate dont il est issu. Mais les grognements du patronat devant certaines mesures—ou à leur simple annonce— montre qu'une fois de plus tacticiens du secteur privé et stratèges du secteur public s'affronteront en un combat codé et non douteux dont l'issue—sauf dramatisation de la crise économique ou imprévu—sera la perpétuation de cette strate.

Notes

1. Alain Girard, *Le Choix du conjoint. Une enquête psycho-sociologique en France* (Paris: I.N.E.D., 1964).

2. Charles de Gaulle, *Mémoires d'espoir, le renouveau 1958–1962* (Paris: Plon, 1970), p. 164.

3. L'I.V.D., créée par la loi du 8 août 1962 a, de 1963 à 1973, attribué une allocation à 400.000 chefs d'exploitation et libéré 7 millions d'hectares, soit près du cinquième de la superficie agricole française.

4. Michel Crozier, *Le phénomène bureaucratique* (Paris: Seuil, 1963); *Le monde des employés de bureau* (Paris: Seuil, 1965).

5. Pierre Bourdieu, *Le marché des biens symboliques* (Paris: Centre de Sociologie Européenne, 1970); Pierre Bourdieu, Luc Boltanski, Monique de Saint-Martin, "Les Stratégies de reconversion, les classes sociales et le système d'enseignement," *Information sur les sciences sociales* (oct. 1973).

6. "Les professions libérales en France," *Notes et Etudes Documentaires* (25 mai 1971).

7. R. Pohl, C. Thélot, M. F. Jousset, *L'enquête formation-qualification professionnelle de 1970*, Collections de l'I.N.S.E.E., 1974, Série Démographique et Emploi, D. 32, p. 190.

8. Alain Girard, *La réussite sociale en France. Ses caractères, ses lois, ses effets* (Paris: P.U.F., 1961); "De la fin des études élémentaires à l'entrée dans la vie professionnelle ou à l'université: la marche d'une promotion de 1962 à 1972", (I.N.E.D.) *Population*, 36 (1973).

9. Daniel Bertaux, "L'hérédité sociale en France," *Economie et Statistique*, No. 9 (février 1970)

10. Girard, *La réussite sociale en France* et "De la fin des études".

11. Raymond Boudon, *L'inégalité des chances. La mobilité sociale dans les sociétés industrielles* (Paris: Armand Colin, 1973), p. 216.

12. Ibid.

13. O. Lewandowski, "L'image sociale de l'élite d'après le *Who's Who in France*," *Revue française de sociologie* (janv.-mars 1974), pp. 43–74.

14. Luc Boltanski, "L'espace positionnel, multiplicité des positions institutionnelles et habitus de classe," *Revue française de sociologie* (janv.-mars 1973), pp. 24–25.

Stanley Hoffmann

Professeur de sciences politiques et président du Centre d'études sur l'Europe à Harvard, Stanley Hoffmann est diplômé de l'Institut d'études politiques de Paris et docteur en droit. Après avoir enseigné et participé à diverses recherches à la Fondation nationale des sciences politiques de Paris, il est venu aux Etats-Unis en 1955. Il est l'auteur de nombreux ouvrages sur les relations internationales et sur la vie politique et intellectuelle de la France. Notamment: Organisations internationales et pouvoirs politiques des Etats, Le Mouvement Poujade, Contemporary Theory in International Relations, A la recherche de la France *(co-auteur)*, The State of War, Gulliver's Troubles, or the setting of American Foreign Policy, De Gaulle, artiste de la politique *(en collaboration avec Inge Hoffmann)*, Essais sur la France. Déclin ou renouveau?, Sur la France, Primacy or World Order. *Depuis 1980, il est titulaire de la Chaire de Civilisation française à Harvard.*

LE CITOYEN ET L'ETAT: DE L'ANCIEN REGIME AU SECOND EMPIRE

Nous sommes censés couvrir ce vaste sujet du citoyen et de l'Etat en une semaine, ce qui est évidemment une gageure. Nous allons donc commencer par nous replonger un peu dans l'histoire, car c'est à peu près indispensable malgré tous les changements dont on vous a déjà parlé; en particulier un changement qui risque à long terme d'avoir des effets probablement bénéfiques sur la formation civique des Français, à savoir de l'enseignement de l'histoire dans les lycées. Certes, pour l'instant, les Français restent encore marinés dans leur propre histoire et pour comprendre les attitudes contemporaines des citoyens envers l'Etat, il faut que nous nous replongions un peu dans l'évolution assez troublée de ces rapports.

Je vous proposerai donc le programme suivant: nous examinerons brièvement la formation des idées et des attitudes à l'égard de l'Etat en remontant à l'Ancien Régime parce qu'il me semble que la France reste très profondément marquée par l'Ancien Régime et que dans une certaine mesure la Ve République est un "Ancien Régime Nouveau". Nous regarderons un peu quelles sont les principales familles spirituelles, les principales idées politiques qui ont émergé de la Révolution et de la première partie du dix-neuvième siècle, c'est-à-dire les grandes tendances politiques françaises. Par la suite, je voudrais qu'on examine de plus près la période de la IIIe République, le seul régime durable après la Révolution et qui a laissé des traces extrêmement profondes à la fois dans le comportement des gens et dans les institutions elles mêmes. Enfin, nous pourrons considérer les problèmes du citoyen et de l'Etat sous le régime actuel. Vous remarquerez au passage que j'ai mis la IVe République entre parenthèses. Cela tient à plusieurs raisons. La première, c'est que j'ai vécu sous la IVe République et que j'en ai pris une horreur croissante. La seconde, c'est que je ne sais jamais très bien quoi en faire. La troisième, c'est que suivant le temps, on en parlera soit comme une espèce de codicile à la IIIe République, soit comme une sorte de prélude fracassant à la Ve.

D'une part, nous verrons aussi quels sont les problèmes du citoyen face au gouvernement, face aux institutions centrales du pays. D'une autre, nous discuterons les problèmes du gouvernement local et ceux de la décentralisation qui ont beaucoup excité les sociologues, les intellectuels et les journalistes, mais très peu la classe politique, et, à mon avis, pas du tout les citoyens. En effet, les nombreux livres, notamment ceux de Michel Crozier et quelquefois les miens, qui préconisent la décentralisation comme solution à tous les problèmes de la France n'ont rencontré jusqu'ici que l'indifférence totale du citoyen moyen.

Alors, si vous le voulez bien, nous allons commencer avec l'Ancien Régime. Si vous avez lu *L'Ancien Régime et la Révolution* de Tocqueville,[1] vous savez tout ce qu'il y a à savoir sur la France moderne. De plus, vous en saurez pas mal sur Tocqueville, y compris sur son absence totale d'optimisme sur la possibilité de réconcilier les citoyens et l'Etat, à savoir que les Français sont incapables d'être des citoyens. Tous ceux qui ont écrit sur ce sujet ont pris pour modèle, modèle souvent idéalisé, les régimes anglo-saxons, à commencer par Tocqueville, mais c'est vrai aussi pour Michel Crozier et Raymond Aron. Les points de référence sont toujours l'Angleterre ou les Etats-Unis. Pour Tocqueville c'était les deux. Parce qu'en plus de son livre sur les Etats-Unis, sa correspondance et ses autres textes étaient truffés de références au civisme anglo-saxon.

Si par contre on essaie de voir ce qui fait l'originalité de la France contemporaine par rapport à d'autres voisins que l'Angleterre, on est tout de suite frappé par le fait que la France est un Etat. Si on la compare à l'Italie, par exemple, la différence est tout à fait sensible. L'Italie moderne, n'a pas vraiment d'Etat, d'abord parce qu'elle n'est unifiée que depuis peu de temps, mais enfin ce n'est pas une raison suffisante car l'Allemagne aussi est unifiée depuis peu de temps. Ce qui surprend lorsque l'on compare la France et l'Italie, c'est de voir à quel point la formidable armature d'Etat a maintenu la France à travers quinze constitutions et je ne sais combien de révolutions.

Les Français ont en outre une certaine habitude—qui se comprend d'ailleurs—de voir surtout les avantages de leur système quand ils sont à l'étranger. Quand ils sont en France, ils y voient surtout des inconvénients. Certes cela leur donne à l'égard de l'Italie un mépris beaucoup trop facile. Parce qu'il faut voir les avantages et les inconvénients. L'absence d'Etat en Italie pose évidemment un problème, parce que cela signifie que la bureaucratie y est beaucoup moins efficace et encore plus lourde et plus corrompue que la bureaucratie française qui reste, elle, à peu près incorruptible et d'une efficacité relativement grande. L'avantage de ce manque d'Etat en Italie fait que le pays a une capacité beaucoup plus grande, contrairement à ce qu'on croirait en lisant les journaux, de survivre à toutes sortes de catastrophes. Dès qu'il y a choc, les unités de base qui composent le pays, arrivent très bien à maintenir un certain équilibre. Vous avez une vie assez naturelle des communes. Après tout, l'Italie est avant tout un rassemblement de villes. Les communes, les régions, les traditions provinciales survivent très bien, même lorsqu'il n'y a pas de gouvernement, ce qui se passe la moitié du temps, et même lorsqu'il y en a un qui ne marche pas, ce qui est le reste du temps. En France par contre—et on s'en est aperçu de façon fulgurante en mai 68—dès que l'Etat cafouille, le pays pratiquement se dissout. Alors vous avez donc une relation assez importante et assez étrange d'un pays qui vit par son Etat, et est en partie étouffé, proteste contre cet étouffement par révoltes successives et pourtant, dès que la révolte est finie, revient de façon presque instinctive à la matrice de l'Etat.

C'est pour cette raison que je commencerai par l'Ancien Régime parce que c'est le modèle dans lequel se réfugie les Français dès que les choses vont mal. En période relativement calme, et il y en a eu quand même quelques unes, le modèle s'assouplit et les rapports entre le citoyen et l'Etat deviennent plus aimables. Le citoyen peut participer davantage, le carcan se relâche un peu, mais en période de crise, on revient presque tout de suite aux modèles de l'Ancien Régime, c'est-à-dire à un Etat qui se considère comme le gardien de l'intérêt général, notion très peu anglo-saxonne, et surtout très peu américaine. Notion que les Américains comprennent peu et qui fait aussi que les Français ne comprennent rien—en plus ils ne veulent pas le savoir—du système américain. Ce ne sera probablement pas la première digression, mais je vous signale que l'absence à la fois d'études sérieuses et d'intérêt pour les Etats-Unis en France est une chose tout à fait extraordinaire. Il n'y a pas une chaire d'histoire contemporaine sur les Etats-Unis en France. Il y a une chaire d'histoire qui traite surtout l'histoire coloniale, c'est-à-dire la période avant que les Etats-Unis aient la fâcheuse idée de devenir indépendants. Du reste, les livres qui paraissent sur les Etats-Unis sont en général les livres les plus sensationnels qui vous expliquent ou bien que le pays est en voie de dissolution immédiate par faiblesse congénitale et troubles généralisés, ou bien qui explique que la révolution mondiale—la bonne, celle qui ne sera ni de Marx ni de Jésus—partira des Etats-Unis. Mais la différence essentielle est que, pour les Américains, l'Etat est considéré comme une espèce de centre de rassemblement et de réconciliation des intérêts particuliers considérés comme parfaitement légitimes.

Ce qui choque les Français, c'est de voir justement que le rôle de l'Etat américain est d'harmoniser les groupes de pression et les groupes ethniques, de mettre de l'huile dans les rouages. Il n'y a pas aux Etats-Unis cette conception, qui reste dominante en France et qui date de l'Ancien Régime, d'un Etat non seulement représentant unique de l'intérêt général mais encore représentant unique d'une essence supérieure aux intérêts particuliers. Là il faut reconnaître que le théoricien le plus important de cette conception française des choses était un Suisse. Bien que Jean-Jacques Rousseau n'ait pas été un sympathisant de l'Ancien Régime, c'est lui qui a formulé une théorie politique, prenant la République genevoise pour modèle, selon laquelle c'est à l'intérieur de chacun des citoyens que se fait la séparation entre l'intérêt particulier et l'interêt général. Il y a au fond de chaque citoyen un homme privé qui fait partie de telle ou telle faction ou groupe et qui est un être inférieur. Puis il y a en chacun de nous un citoyen qui communique avec les autres citoyens, c'est-à-dire le fragment individuel de la volonté générale. Et cette part est tout à fait supérieure.

Cette notion de l'Etat, essence supérieure, est d'origine monarchique, mais grâce à Rousseau, elle deviendra la base d'un Etat démocratique. Si je le mentionne, c'est parce qu'à l'heure actuelle cela reste extrêmement important. Prenez un personnage politique dont on se moque parfois aux Etats-Unis mais qui est à mon avis l'un des très rares hommes d'Etat et personnage tout à fait remarquable de la France actuelle, Michel Debré. Eh bien, c'est un homme qui croit profondément à cette distinction entre l'intérêt général, l'intérêt représenté par l'Etat qui ne pourrait pas s'exprimer si l'Etat n'existait pas, et les intérêts particuliers qui sont d'essence inférieure. C'est une rhétorique qui est à la fois monarchique d'origine et démocratique d'expression. Il y a du Rousseau caché dans la Constitution de la Ve République rédigée du reste très largement par Debré.

Cette conception tout à fait remarquable est faite d'ailleurs pour provoquer des conflits. Parce que même si on proclame que les intérêts particuliers sont d'essence inférieure, il est certain qu'ils risquent de s'exprimer assez férocement. Dans cette conception qui sépare l'Etat du citoyen, vous avez—même lorsque c'est un Etat démocratique qui ne représente que la partie civique de chacun d'entre vous et que tout ce qui n'est pas la partie civique est inférieur—une source de conflit tout à fait certaine. Vous me direz qu'il y a toujours conflit, également dans la conception américaine qui légitimise les intérêts particuliers. Oui, bien sûr. Il y aura compétition entre ces intérêts particuliers et obligation de les reconcilier, ce qui risque d'être quelquefois assez turbulent. Mais ce conflit sera d'un ordre tout à fait différent où tous les intérêts en présence seront considérés comme à peu près également respectables. Au contraire, dans la conception française, que vous preniez Rousseau ou l'Ancien Régime pur—dont je vais parler dans un instant—vous avez un germe de conflits beaucoup plus violents. Car d'un côté vous avez un Etat censé être non seulement plus puissant mais aussi moralement supérieur à vous et aux individus qui, précisément parce qu'on leur dit que l'Etat est d'une essence supérieure, vont être tentés en permanence de s'emparer de cet Etat, pour que la définition de l'intérêt général reflète leurs intérêts particuliers. Vous avez donc là un germe de conflit beaucoup plus important que dans la conception pluraliste américaine qui attache au fond la même importance à tous les intérêts et qui voit dans l'Etat avant tout un *traffic cop* ou, au plus, un médiateur, plutôt, qu'une espèce de formule magique qui détient seule la vérité.

Si dans toute la période de la France moderne que nous allons survoler, et en particulier depuis Napoléon, le fonctionnaire moyen, et encore beaucoup plus le haut fonctionnaire, s'est souvent comporté avec une arrogance absolument extraordinaire, c'est justement parce qu'on lui inculque depuis la naissance ou depuis le moment où il naît fonctionnaire, c'est-à-dire vers l'âge de dix-neuf ans, l'idée qu'il a le droit de décider pour les autres. Les autres n'ont qu'une conception inférieure et partielle de la réalité alors que lui détient la vérité. Or on est surpris de voir l'extraordinaire ampleur des décisions que prennent les hauts fonctionnaires, les Enarques par exemple, dans le système français. Ces décisions dans un autre système politique démocratique—et la France est quand même une démocratie—seraient prises ou bien par le parlement ou bien par les agences relativement autonomes ou indépendantes de l'Etat. Ce phénomène tient non seulement à la force de la tradition bureaucratique en France, mais aussi à cette conception qu'au fond tout le monde accepte, même en la contestant, que ce soit l'Etat, la bureaucratie en réalité, qui tranche les problèmes, qui décide au fond de la vie de chacun tous les jours. Ce qu'on conteste, bien entendu, c'est la façon dont les décisions sont prises, c'est le contenu des décisions. Mais que ce soit l'Etat qui ait le droit de s'occuper de l'aménagement du territoire, de la Sécurité Sociale, du prix du lait, du prix du livre, du contingentement du pétrole, des taux de profit des camionneurs, tout le monde trouve cela parfaitement normal. Et cette attitude remonte à cette conception d'un Etat tout puissant.

L'ANCIEN REGIME

Commençons donc par l'Ancient Régime et par celui qui en est le fondateur, celui qui en a fait la théorie, c'est-à-dire Richelieu. En effet c'est Richelieu qui nous a laissé avant de disparaître un testament tout à fait intéressant décrivant la façon dont il faut, selon lui, que la France soit gouvernée. Il part de l'idée que les Français forment une nation impossible à diriger, idée reprise du reste par presque tous les hommes d'Etat français. Pompidou les trouvait ingouvernables, De Gaulle, comme vous le savez, nous a laissé cette boutade: "Comment peut-on gouverner un pays qui a 225 variétés de fromage?"

Après la Fronde, Richelieu explique que la France était un pays impossible, sans discipline, sans continuité, sans patience, où l'habitant se sert toujours des ressources publiques pour ses intérêts particuliers, un pays plein d'intrigues, où chaque faction fait appel à l'étranger pour arbitrer ses conflits avec les autres, et que la seule façon de gouverner un pays pareil est de lui imposer une camisole de force. Comment faire? C'est l'idée de la construction de l'Etat comme oeuvre d'art. Sa conception se révèle tout à fait classique, proche de celle du *Prince* de Machiavel qu'il avait sans doute lu, mais à certains égards beaucoup plus riche que les conseils donnés à un chef de guerre qui s'empare d'une petite ville italienne. En effet Richelieu écrit pour le souverain du plus grand pays d'Europe. Si bien que l'oeuvre d'art est infiniment plus compliquée et les conseils sont infiniment plus complexes que la mécanique un peu élémentaire du *Prince*. L'idée c'est de faire de l'Etat la colonne vertébrale et l'emballage de la nation. Tout doit être dans l'Etat ou autour de l'Etat. Il faut arranger l'équilibre de la société autour de l'Etat et sous un monarque absolu de droit divin. Le principe de Richelieu n'est pas de diviser pour régner mais au contraire de rassembler, mobiliser, arranger pour régner. Ce qui est tout à fait différent.

La base d'ailleurs est curieusement cartésienne parce que ce ministre réclame un souverain de droit divin et le justifie par des arguments parfaitement rationnels. Si l'homme est suprêmement raisonnable, il faut qu'il fasse régner la raison suprêmement. L'autorité du roi et l'obéissance des sujets sont tous les deux considérés comme des choses raisonnables en soi. Pour Richelieu, la notion de raison d'Etat n'a rien de sinistre. Au contraire, c'est le préalable au bien commun car elle va faire prévaloir le bien commun. La raison d'Etat c'est l'intérêt général, principe de base pour chacun qui sera défini par un prince raisonnable. C'est l'idée que le prince est au fond lui-même assujéti à l'intérêt général et qu'il n'a pas le droit d'imposer ses fantaisies à l'Etat. C'est toujours la partie raisonnable du prince qui doit gouverner. Or comment va-t-il gouverner? Richelieu va vouloir créer un équilibre social par et autour de l'Etat. Il nous donne des recettes tout à fait intéressantes. Les objectifs qu'il fixe à l'Etat sont tout à fait modernes et recoupent en partie ce que Gérard Vincent vous a déjà décrit à propos des classes sociales actuelles.

Les objectifs de Richelieu sont très subtiles et quelque peu antagonistes car ils reposent premièrement sur un certain *statu quo*, un èquilibre conservateur, mais deuxièmement sur une certaine circulation sociale. Un troisième objectif sera la création de la richesse par l'Etat. Pour atteindre ces objectifs Richelieu a l'idée de toute une série de manipulations. Les classes privilégiées, les nobles et les prêtres, garderont leurs privilèges, mais en échange elles devront être totalement fidèles au roi, ce qu'elles n'ont pas été dans le passé. Nous avons là une espèce d'échange de bons procédés. Elles conservent leurs privilèges sociaux mais en échange elles abandonment toute prétention politique. En ce qui concerne le Tiers Ordre, les roturiers, Richelieu préconise le maintien de la vente et de l'hérédité des offices parce qu'il y voit une triple garantie: du maintien du *statu quo* social, de la circulation sociale, et des gens qui s'enrichiront et qui pourront, grâce à leurs ressources, acheter des places qui leur donneront un intérêt au maintien de l'Etat. De plus, on encourage indirectement le commerce puisqu'en rendant achetables les offices les plus prestigieux, on encourage les gens à gagner de l'argent, ce qui sera très bon pour la richesse générale. Quant au peuple, la masse de la population, en particulier la masse des paysans, Richelieu a des idées parfaitement rudimentaires. Surtout ne les instruisez pas trop, parce que l'instruction est une source, dit-il, de perversion, de subversion, d'orgueil et de litige. Quant à l'Etat lui-même, il est le premier à introduire l'idée que le personnel de l'Etat, c'est-à-dire les bureaucrates, doivent être recrutés indépendamment de leur origine sociale. Alors là aussi, vous voyez que l'Etat a pour but à la fois la conservation de la société tout en étant en même temps un facteur de promotion sociale. S'il y a un roturier intelligent, eh bien qu'on en fasse un ministre, ou qu'on en fasse un intendant. De cette façon on aura à la fois circulation des élites et *statu quo*. Et il ajoute que—c'est là qu'il n'a pas du tout été suivi par les rois et en particulier par Louis XIV—l'Etat devrait maintenir les dépenses à un niveau relativement bas et ne doit pas trop imposer ses sujets.

Louis XIV a mis tous ces préceptes en oeuvre. La domestication des nobles par Louis XIV et la création de toutes pièces de tout un arsenal de règles et de rituels fait pour les maintenir à la cour, pour les diviser, pour les hiérarchiser, pour les réduire à l'état de chiens domestiques avec toutes sortes de jeux et de rubans, c'est justement la mise en oeuvre de la formule de Richelieu. Ils gardent leurs privilèges mais on les rend inoffensifs. De même en ce qui concerne la bourgeoisie, le Tiers Ordre, toute la politique de l'Ancien Régime consiste à les rendre politiquement inoffensifs et socialement utiles en les poussant vers des entreprises productives. Tout le mercantilisme de Colbert est fait pour encourager le bourgeois à s'enrichir. De cette façon il ne fera pas de politique et il rapportera de l'argent à l'Etat. D'autre part on le maintiendra socialement inoffensif et politiquement utile en lui donnant toutes sortes de places dans la bureaucratie de l'Etat et cela en continuant à assurer la vénalité des offices. Louis XIV crée ainsi la première bureaucratie centralisée de l'Europe moderne et c'est dans Tocqueville que vous en trouverez la description la plus complète. Cependant à certains égards l'ancien Régime décrit par Tocqueville est souvent celui de Napoléon plus que celui de Louis XIV ou de Louis XV. Quand on lit Tocqueville, on a l'impression que la bureaucratie de l'Ancien Régime était tellement puissante, qu'elle avait complètement détruit tout ce qu'il y avait de pouvoir autonome en France. Je crois que c'est vrai dans la mesure où justement l'Etat, en particulier sous Louix XIV, avait à peu près complètement éliminé ou détruit les libertés locales et les libertés provinciales. Cependant il y avait tous les gens qui achetaient des offices et qui ne devaient rien au roi. Donc s'il existe bien une centralisation, l'Etat de Louis XIV connaît des limites sur ce qu'il pouvait faire par rapport à ce que deviendra l'Etat sous Napoléon Ier ou sous Napoléon III voire même sous la Ve République. Là où Louis XIV s'est séparé des préceptes de Richelieu à son grand dommage d'ailleurs, c'est à propos de la révocation de l'Edit de Nantes et de l'escalade des dépenses de l'Etat. Richelieu s'était du reste mal rendu compte qu'il est très difficile de recommander à la fois la création d'une bureaucratie centrale et le maintien de dépenses limitées. La bureaucratie coûte cher.

Ce qui est plus important pour nous qui voyons cela trois siècles après, c'est la formation sous l'Ancien Régime du genre de style d'autorité que Michel Crozier décrit dans ses livres et qui en fait n'a pas beaucoup changé. Ce style d'autorité que vous retrouvez à travers toute la société, toute l'histoire de la France moderne, c'est cet extraordinaire mélange de hiérarchie et d'irresponsabilité qui date du dix-septième siècle. Hiérarchie, en ce sens que, comme l'explique Crozier, les gens comptent sur l'échelon supérieur pour résoudre les conflits. Les conflits, c'est toujours l'Etat qui est chargé de les résoudre. Et là en effet le rôle des agents du roi était un rôle décisif. En quelque sorte, les intendants, les différents agents du roi étaient les messagers chargés de protéger le peuple contre les supérieurs immédiats. Vous avez là une habitude qui survit dans toute la France moderne. Quand on est opprimé par le supérieur immédiat, on compte sur deux et trois échelons au-dessus. Et quand nous regarderons les problèmes de décentralisation, nous verrons qu'une des raisons pour lesquelles en général cela n'a pas marché c'est que quand on décentralise, on affaiblit l'échelon central et on renforce l'autorité inférieure. Je vous donne un exemple. Il y a quelques années quand une commission a recommandé une réforme de l'enseignement secondaire qui aurait affaibli les pouvoirs du ministère à Paris et renforcé l'autonomie des lycées, c'est-à-dire celle du proviseur sur les professeurs, les professeurs unanimement ont pris la défense du ministère et ont refusé la décentralisation qu'ils réclamaient par ailleurs. Pourquoi? Parce que dans la pratique cela les mettait directement à la merci de leur patron immédiat. Or dans toute la tradition, qui commence avec l'Ancien Régime, on a recours à l'échelon le plus élevé qui a le grand avantage d'être assez loin de vous pour ne pas vous écraser en permanence. De plus, il y a l'idée que la centralisation finalement c'est un service qu'on vous rend. Grâce à la centralisation, vous échappez à la dépendance envers votre supérieur immédiat. C'est une idée formulée de façon théorique par Rousseau dans toutes ses oeuvres. Ce Suisse échappé à la Suisse a gardé la nostalgie, a au fond mis en code l'expérience française parce que toute la conception de Rousseau depuis le *Discours sur l'inégalité,* c'est le refus de la dépendance directe à l'égard de la volonté générale. Et la volonté générale, c'est bien entendu l'Etat. Si on ne dépend que de la volonté générale, on ne dépend que de soi-même. A la hiérarchie s'ajoute aussi un sens de l'irresponsabilité car l'autorité qui decide vous est complètement étrangère.

Ce qu'il y a de plus notoire dans la conception de l'Ancien Régime, c'est qu'il n'y a pas de citoyens. Personne n'est citoyen. Il y a l'Etat, puis il y a les sujets malaxés, triturés, mis en forme par l'Etat. Du point de vue esthétique c'est très joli, du point de vue civique cela laisse quelque peu à désirer. Vous avez là le germe d'un divorce que vous trouvez à travers toute la pensée politique française et que vous retrouvez souvent dans la littérature française, divorce entre ce qui est à l'intérieur de votre tête et à l'extérieur. Ce système où personne n'est citoyen et où on a recours à l'Etat pour résoudre les conflicts, vous laisse intellectuellement totalement libre. Vous pouvez penser ce que vous voulez, vous pouvez être tout à fait rebelle en pensée, vous pouvez être tout à fait critique en pensée, aussi longtemps que vous respectez les règles du jeu. Vous pliez la machine, vous pliez la bête, et une fois que vous vous soumettez au rituel social, vous pouvez penser exactement ce que vous voulez. C'est un système qui vous laisse une liberté de pensée considérable, tout en ayant l'air peu démocratique en surface parce qu'il ne vous laisse aucune liberté d'action personnelle.

Conformisme extérieur, liberté critique individuelle, tout le monde est réduit à l'état de spectateur. En particulier les nobles, spectateurs par excellence, mais aussi bétail puisque ce sont eux qu'on envoie se faire tuer dans les guerres. Les décisions sont prises par un tout petit nombre d'hommes, le roi et ses ministres qui sont eux-mêmes dans une situation quelque peu ambiguë étant à la fois agent du roi et faisant partie de la société. Résultat, cette conception repose non seulement sur un mélange de hiérarchie et d'irresponsabilité mais encore sur un mélange de dépendance et de ressentiment. En effet, chaque classe de la population dépend d'une autre et tout le monde dépend de l'Etat. Le peuple, au sens moderne, dépend dans sa vie quotidienne des curés, des nobles, des guildes. La plupart des paysans ne possèdent pas entièrement leurs terres et doivent toujours un certain nombre de droits. La bourgeoisie dépend très largement de la monarchie, soit pour les offices que la monarchie met en vente, soit pour leur prospérité, puisque c'est l'Etat qui réglemente les professions, décide quel doit être la longueur de la toile que l'on fabrique, fixe les tarifs douaniers intérieurs et extérieurs. Quant à la noblesse, elle dépend entièrement de la monarchie et des faveurs du roi. Les paysans sont exploités, les bourgeois sont réglementés, les nobles sont domestiqués.

Cette situation prédispose à un certain degré de résistance ou de disponibilité à la révolte mais en même temps dure puisque chacun a un intérêt particulier à maintenir le système. Personne n'est content, mais en même temps personne n'est sûr qu'un autre système serait au fond meilleur. Ce phénomène est tout à fait contemporain car à l'heure actuelle en France tout le monde est mécontent, tout le monde rouspète, tout le monde vous explique à quel point les choses vont mal, mais au fond personne ne veut de changement étant donné que chacun reste complice du système. Le pays, en état d'ébullition mentale permanente, reste toutefois profondément conservateur.

La construction de Richelieu aussi admirable qu'elle fût ne pouvait pas durer, elle était trop fragile pour contrôler une société en plein mouvement. Cet Etat "camisole de force" ne pouvait plus contenir une société débordant de partout. D'une part, elle ne peut plus maintenir ce type d'autorité, d'autre part, la construction est trop lourde car elle est tellement complexe qu'elle n'est plus réformable. Elle n'arrive pas à courir après les événements, elle n'arrive pas à agir, et vous avez tout au long du dix-huitième siècle un Etat immobiliste dans une société en plein mouvement.

Ce qui manque au dix-huitième siècle, c'est pour commencer un roi de premier ordre, avec un sens très net de son devoir. Ce système politique était sensé être une force d'unification et de dynamisme; unification parce que, grâce à la bureaucratie, le pays devait être entièrement centralisé afin de surmonter les divergences locales et régionales; dynamisme puisque dans la conception de Richelieu l'Etat devait être le moteur du développement et de la modernisation économiques par le protectionnisme, par le mercantilisme et par la régulation de l'industrie. L'Etat est donc la force de modernisation et crée le capitalisme au moment même où le système social va dans la direction opposée. Car le système social voulu par Richelieu et plus tard Louis XIV était au fond encore féodal. Or le dilemme, tout au long du dix-huitième siècle, sera le suivant: si l'Etat décide de défendre, de protéger sa base féodale qu'il a maintenue jusque-là, cela signifie de plus en plus que l'Etat se met du côté d'une minorité et qu'il risque de perdre sa vocation d'intérêt général. L'Etat n'est au fond que l'Etat de cinq ou six pour cent de la population, les nobles, les curés du haut clergé, et les bourgeois annoblis et enrichis. On a là une situation fragile qui contredit en plus le rôle centralisateur, unificateur, rationnalisateur de l'Etat. Si par contre l'Etat choisit la réforme de la société en diminuant les hiérarchies sociales, en abolissant ce qui reste des droits féodaux, comment va-t-il s'y prendre? Est-ce que la monarchie française aura les moyens, la capacité d'action de se transformer en monarchie réformiste, étant donné qu'elle est en fait entre les mains d'une petite caste au sommet qui ne dispose à l'égard du reste de la population que de relais extrêmement réduits. Encore une fois, il n'y a pas d'assemblées représentatives, il n'y a rien. Si l'Etat veut être un Etat réformateur, il a tout à créer, et en particulier il a tout à créer au détriment de ses propres racines, qui sont des racines après tout féodales.

Deux grandes thèses, celles de Turgot et Montesquieu, partageront les opinions de l'époque. Il y a la thèse royale qui désire une monarchie réformiste s'en prenant aux castes traditionnelles, qui veut un Etat ne se contentant pas seulement de modernisation économique mais promulguant aussi une modernisation sociale par la réforme des impôts. C'est la thèse de Turgot, seul grand ministre de la fin de l'Ancien Régime. Mais l'ironie de ce dix-huitièmesiècle, c'est que ce sont justement les privilégiés qui annexent l'Etat. En réalité, l'Etat devient prisonnier des bandelettes qu'il a mises autour des nobles et le roi ne peut plus décider contre leur avis. Aussi, les besoins financiers qu'exigent les guerres ne permettent plus de réformer le système fiscal et les réformes ne pourraient aboutir car non seulement elles se heurtent à l'opposition des privilégiés mais encore à celle des paysans et des habitants des villes qui eux sont menacés par la hausse des prix en cas de réforme. La monarchie est en fait incapable de se mettre du côté de 90% de la population et commence à perdre son caractère d'intérêt général.

Même quelqu'un comme Turgot aura du mal à envisager pour la France une assemblée comparable à celle du parlement britannique. On n'arrive pas à développer l'idée que la façon de sauver l'Ancien Régime, c'est en fait de créer des citoyens. Alors cet Etat, qui perd peu à peu sa fonction d'intérêt général, devient victime d'une espèce de mise en cause généralisée par les Philosophes des Lumières qui vont retourner contre l'Etat de l'Ancien Regime tous les arguments dont s'était servi Richelieu. Les philosophes expliquent que l'Etat coûte trop cher, n'est d'aucune utilité sociale, et mettent en cause tous les fondements du système. De Montesquieu à Rousseau—et Tocqueville l'analysera dans un chapitre brillant—se développe une des caractéristiques de la pensée politique française, à savoir la tendance des intellectuels français à penser en termes idéologiques. C'est-à-dire qu'ils mettent en cause l'ordre général de la société en adoptant une façon de percevoir les problèmes comme des problèmes d'ordre moral plutôt que des problèmes pratiques et en affichant un certain manque de réalisme politique, la plupart d'entre eux étant en effet en dehors du régime.

Différente de la thèse royale, il y a celle de Montesquieu qui se fonde, elle, sur une mise en cause de l'absolutisme royal. Il est du reste assez curieux de voir que cet homme qui est un admirateur du système britannique l'admire dans la mesure où il croit que la société anglaise, en imposant la limitation de la monarchie et la création du parlement, a réussi en fait à sauvegarder l'aristocratie, à sauvegarder les libertés des nobles. Ce que Montesquieu reproche à Louis XIV, à qui il en veut à mort, c'est d'avoir emprisonné les nobles. On retrouve donc chez Montesquieu une nostalgie pour une conception féodale un peu mythique et mystique. Le gouvernement mixte qu'il souhaite, avec parlement, liberté locale et décentralisation, c'est une société où les nobles garderaient en fait leurs privilèges. C'est donc une thèse qui préconise un retour à ce qui avait existé entre le sixième et le seizième siècles avec libertés locales, assemblées d'Etat, le tout prédominé par les nobles.

Turgot, l'école des physiocrates, et ce redoutable personnage qui est Voltaire, se tournent plutôt vers la notion du despotisme éclairé. Ils voudraient la rationnalisation de la société en abolissant les privilèges, les réglementations et les coutumes qui s'opposent aux lois naturelles de la société. L'idée d'ailleurs très américaine, est que si on laisse la société toute seule, tout se passera bien. Qui devra s'occuper de tout cela? Eh bien, ce ne sont pas du tout les citoyens, mais un despote intelligent. Paradoxe étonnant, Montesquieu regarde en arrière vers une société hiérarchisée, alors que l'école la plus moderne défend un monarque tout puissant.

Un troisième groupe, moins important, réunit des gens comme Gabriel Bonnot de Mably, frère de Condillac. Il s'agit d'utopistes agrariens un peu socialisants qui rêvent en fait d'une société rurale idyllique où il n'y aurait ni inégalité féodale ni capitalisme moderne. Ce sont des gens qui voient très bien que pour le paysan il y a deux ennemis: les nobles qui les exploitent et les bourgeois qui s'enrichissent et achètent leurs terres. On rêve ainsi de société cooperative rurale où la notion d'Etat disparaîtrait complètement. Ce sont des ancêtres involontaires de l'autogestion.

Vous comprenez ainsi le paradoxe. La seule théorie moderne de l'Etat est associée à une conception sociale réactionnaire et la conception sociale moderne est associée à une conception parfaitement autoritaire de l'Etat. C'est ainsi qu'on aborde la Révolution et quand on regarde les cahiers de doléances rédigés pour les Etats Généraux de 1789, on s'aperçoit que le vide politique que l'Ancien Régime avait créé, c'est-à-dire l'absence de citoyens et l'absence de participation, a eu des conséquences tout à fait extraordinaires.

Une première conséquence, c'est que tous les gens qui critiquent l'Etat, et qui le critiquent de directions parfaitement opposées, se retrouvent d'accord sur un point: la mise en cause de l'absence de participation. A la fin du dix-huitième siècle, tout le monde réclame la création d'assemblées. Non seulement les bourgeois qui regardent du côté de l'Angleterre, mais aussi les nobles qui pour refuser les réformes que les ministres de Louis XVI essaient timidement de faire passer, s'y opposent en disant: "Nous voulons être consultés, nous voulons des assemblées; vous n'avez pas le droit de prendre par décret des mesures qui nous obligeraient de payer des impôts, qui nous priveraient de nos privilèges et aboliraient la vénalité des offices." Toutes les critiques convergent sur cette absence d'institutions politiques et le résultat, comme vous le savez, c'est que la Révolution a commencé non pas par la gauche mais par la droite. Ce sont les privilégiés qui obtiennent de Louis XVI la convocation des Etats généraux et ce sont les opposants aux privilégiés qui applaudissent car, pour eux, l'essentiel c'est d'obtenir le droit à la parole.

Ce qui frappe Tocqueville, c'est que si chacun a son idée de réforme, en dehors de cette réclamation du droit à la parole, personne ne présente d'arguments sur le système politique qu'il faudrait avoir. Il y a un vide politique qui montre très bien que le système de l'Ancien Régime, fondé sur l'absence d'institutions autres que la monarchie et ses fonctionnaires, n'a pas réussi à créer un sens civique dans la population.

Je ne vous parlerai pas de la Révolution car nous serions encore tous là en l'an 2000, surtout si l'on étudie non seulement ce qui s'est passé mais les interprétations et l'interprétation des interprétations. Il suffit de dire que l'échec le plus flagrant de la période 1789 à 1799 a été l'inaptitude de créer des rapports stables entre l'Etat et les citoyens. Ce qui est un peu un paradoxe puisque c'est avec la Révolution que l'Assemblée du Tiers Etat s'est transformée en Assemblée Nationale et que la notion moderne du citoyen apparaît. C'est sous la Révolution que les gens se saluent du titre de citoyen et c'est à ce moment-là que prend place la notion moderne d'une nation composée de citoyens ainsi que la notion de souveraineté nationale. En effet, la Révolution ne pourra pas créer un Etat. Nous aurons des citoyens, qui d'ailleurs passent une grande partie de leur temps à se dénoncer et s'exterminer, mais pas d'Etat.

Pour comprendre la société actuelle, par contre, ce qui nous intéresse c'est la naissance à cette époque de quatre grandes écoles de pensée que l'on retrouvera tout au long du dix-neuvième siècle. J'en brosserai donc un tableau très rapide.

L'EXTREME DROITE

Nous aurons bien entendu une extrême droite qui va durer avec à peu près les mêmes thèmes jusqu'au régime de Vichy. Son dernier fleuron, si on peut l'appeler un fleuron, sera Charles Maurras. Un des paradoxes amusants de l'histoire de la pensée politique en France, c'est que la droite est l'école de pensée qui critique toujours la Révolution pour avoir sacrifié le réel à des abstractions telles que les droits de l'homme ou l'idée de souveraineté nationale. C'est-à-dire d'avoir substitué la raison individuelle à la volonté de Dieu ou à l'expérience historique. Or les arguments qu'emploient l'extrême droite en France sont aussi abstraits et aussi rationnalisateurs que les arguments qu'ils critiquent. Et cela tient au fait qu'il est justement très difficile en France de parler d'expérience historique, de faire comme Edmund Burke, de dire que tout ce qui s'était maintenu pendant des siècles devait être bon, puisqu'en France l'expérience historique a été en quelque sorte coupée par la Révolution.

La méthode dont se servent tous les contre-révolutionnaires français, de Maurras en particulier, c'est de présenter à coup d'arguments des idées, comme des lois politiques générales valables pour toutes les sociétés à tous les moments, ce qui est très exactement le contraire du conservatisme empirique anglais ou américain. Ce qu'on trouve dans l'extrême droite française c'est bien entendu la lutte contre la Révolution, contre l'Etat laïque, contre le péché originel qui est la volonté de fonder l'Etat sur le consentement du citoyen. Il ne peut y avoir de société sans gouvernement, de gouvernement sans souveraineté, de souveraineté sans hiérarchie. L'objectif sera de recréer une société hiérarchisée, pastorale, dominée par la noblesse et la vie rurale. Une société à base de familles, de professions héréditaires et de groupes autonomes. L'Etat devra respecter l'autonomie des municipalités, des corporations, ne pourra pas toucher à la famille.

Cette droite préconise donc cette notion tout à fait curieuse d'un Etat qui n'aurait d'autre fonction que de veiller au maintien d'une société très traditionnelle. Maurras parlera toujours de la décentralisation comme d'un thème d'extrême Droite alors que la République a toujours centralisé. Or c'est une notion tout à fait passéiste en réaction à la fois contre la Révolution et contre l'Ancien Régime. Cette conception fait évidemment appel à toutes les valeurs traditionnelles: obéissance à un monarque, respect de l'Eglise, lutte contre le laïcisme et le divorce, maintien de la famille patriarcale. Tout ce qui au dix-neuvième siècle pourra donner aux gens l'idée d'un déclin de la France sera utilisé par cette extrême droite pour démontrer que ce déclin est lié à l'abandon du genre de société et d'Etat que représentent les idées de ces gens-là.

LES LIBERAUX

Une deuxième école de pensée dont la IIIe République sera l'héritière c'est l'école libérale française avec l'abbé Sieyès, les Girondins et plus tard François Guizot. On leur doit une conception très différente du libéralisme américain ou anglais. En effet les libéraux français ne sont pas des démocrates. Et je crois que la clé de la pensée politique française, que Tocqueville avait très bien vue, c'est la rupture entre les notions de libéralisme et de démocratie. Les libéraux français sont avant tout des gens qui représentent la bourgeoisie aisée et quand je parle de bourgeoisie aisée, je ne veux pas seulement dire bourgeoisie capitaliste. A mon avis la caractéristique essentielle de cette bourgeoisie française c'est qu'au fond elle n'a pas été dominée par sa fraction économique mais par les différents groupes de juristes, de notaires, d'avocats, de hauts fonctionnaires, de professeurs, ceux qu'on appellerait aux U.S.A. les *professionals*. En France, le haut du pavé a toujours été tenu par la bourgeoisie non économique. Les libéraux sous la Révolution, sous la Monarchie de Juillet étaient donc les interprètes de cette bourgeoisie aisée qui avait à la fois ou alternativement l'intelligence et les ressources.

La conception des libéraux français est donc tout à fait élitiste et lutte sur deux fronts. D'une part contre l'Etat monarchique, parce qu'on se bat toujours contre l'Ancien Régime; on ne veut pas revenir à la situation où cette classe n'avait aucun droit, était taxée alors que les nobles ne l'étaient pas, n'avait pas d'assemblée représentative. D'autre part, on ne veut pas non plus de démocratie, on ne veut pas du règne du nombre car après tout cette bourgeoisie ne représente que 10% de la population. Si on a la phobie du suffrage universel, on ne veut pas non plus la souveraineté d'un seul. Ce qu'on veut c'est quelque chose d'assez compliqué, c'est le règne des élites.

Ce que les libéraux désirent c'est la souveraineté nationale par opposition à la souveraineté monarchique, mais on vous explique gravement que la nation ce n'est pas la même chose que la somme des citoyens. Autrement dit, il y a une distinction non seulement entre souveraineté nationale et souveraineté du roi mais aussi une distinction beaucoup moins évidente entre souveraineté nationale et souveraineté populaire. La souveraineté populaire, c'est Rousseau, c'est la théorie des Jacobins, c'est le règne du nombre. La souveraineté nationale, c'est une abstraction. Pour que la nation soit représentée par ses meilleurs éléments, il faut que le suffrage soit censitaire. L'électorat et l'élection seront réservés aux gens qui ont les compétences et les ressources, c'est-à-dire qui peuvent verser un montant d'impôts pour exercer le droit de vote.

L'école libérale française développe avec toutes sortes de raffinements une conception assez complexe de la représentation. Le peuple, là encore, n'a aucun droit. Ceux qui peuvent voter choisissent des élus pour leur intelligence, leurs ressources, leur talent mais par la suite les électeurs n'ont pas le droit de dire à leurs élus ce qu'ils doivent faire. Autrement dit, la nation, représentée en fait par 200.000 ou 300.000 électeurs, délègue ses pouvoirs à une assemblée législative de 300 ou 400 personnes qui ensuite discutent librement. C'est une théorie merveilleuse pour les élus et afin de lutter à la fois contre le pouvoir du nombre et contre le pouvoir d'un seul, on développe parallèlement toute une théorie de *checks and balances* avec deux assemblées. Il faudra à la fois que l'exécutif soit freiné par le parlement, mais au-dessus du cabinet, il faudra une espèce de pouvoir exécutif neutre capable d'arrêter la populace. Et dans toute cette tradition libérale française, il faut qu'il y ait au-dessus de ce parlement un roi ou un président de la République avec des pouvoirs d'urgence au cas où le système dérape. Nous avons donc un système très complexe fait essentiellement de conceptions négatives.

Il ne faut pas que ce soit le règne du nombre, il ne faut pas que ce soit le règne d'un seul, il s'agit en quelque sorte de protéger une société qui émerge de la Révolution et où la bourgeoisie se trouve au pouvoir. L'essentiel c'est de construire un système politique qui laisse faire l'ordre social et qui ne le dérange pas. Qu'est-ce qui pourrait le déranger? Eh bien, ce serait un roi voulant retarder les aiguilles de la montre et revenir à la société hiérarchisée de l'Ancien Régime, ou bien cela pourrait être la révolution sociale de démocrates aveugles confiant le pouvoir aux masses non-éclairées.

Cette farouche résistance à l'élargissement du suffrage on la retrouve dans la fameuse formule de Guizot dont il ne reste plus, dans les citations, que le "enrichissez-vous". En réalité ce qu'il a dit, c'est, "Enrichissez-vous par le travail et par l'épargne." C'était dans un débat sur l'élargissement du suffrage. On ne pouvait voter que si on avait un certain revenu et à ceux qui voulaient changer le chiffre, il disait: "Mais pas du tout. N'importe qui peut devenir électeur. Il suffit de s'enrichir et d'arriver au niveau requis. Enrichissez-vous par le travail et par l'épargne."

LES DEMOCRATES

Une troisième conception de l'Etat est celle que j'appellerais l'école des démocrates. C'est au fond celle de la gauche française classique qui commence avec les Jacobins et se poursuit avec la génération de 1848. Autant les libéraux essaient de construire un Etat compliqué et de réduire au fond la notion de citoyen à une minorité bourgeoise, autant les démocrates voudront établir toutes sortes de variations autour de la notion de citoyen sans trop s'intéresser à la construction de l'Etat. La théorie des démocrates est un peu celle de Rousseau: tout le monde est citoyen et nous avons tous en nous une part de la volonté générale. Leur conception qui est avant tout morale se fonde vraiment sur la souveraineté du peuple et s'oppose au suffrage censitaire. Donc pas d'institutions complexes, pas de retour à une société hiérarchisée, mais pour qu'une République démocratique puisse vivre, un sens civique profond qu'on développera grâce au patriotisme et à l'éducation. De Robespierre à Michelet et aux fondateurs de la IIIe République on assiste à une véritable mythologie de l'éducation qui sera la force d'unification des Français. On ne propose pas du tout la réforme sociale. On a tort de croire que les démocrates français étaient des niveleurs. Ils ont bien l'idée qu'il ne faut pas de différence de fortune excessive mais il n'est pas question pour eux d'abolir la propriété individuelle. Au contraire, la plupart des Jacobins étaient de braves commerçants, des fermiers, tout à fait attachés à leur propriété. Ce qu'ils veulent, c'est éviter les excès. On unifiera les Français quelles que soient leurs différences de rang, de classe, de fortune en les faisant tous siéger à la fois sur les bancs des mêmes écoles.

L'école abolira en quelque sorte les différences de classe, par le seul fait que tout le monde sera imprégné des mêmes valeurs. C'est une très jolie conception, c'est celle que la IIIe République essaiera de mettre en oeuvre. Les démocrates parlent pour une bourgeoisie qui n'est pas la bourgeoisie des libéraux, celle des industriels, des grands banquiers, des hauts fonctionnaires, des juges et des grands avocats. Ils parlent pour la bourgeoisie de Bouvard et Pécuchet, celle des petits commerçants, des artisans, des petits fonctionnaires, des paysans pas trop riches mais qui ont leur propre terre, c'est-à-dire des millions de gens, et non pas des dizaines de milliers comme les libéraux. Le citoyen démocrate est au fond le petit indépendant. Soit dit en passant, on ne parle pas des ouvriers.

Dans toute cette conception, ce qui disparaît, c'est bien entendu l'Etat. On n'aime pas la monarchie, on n'aime pas la délégation de souveraineté si chère aux libéraux, en bons disciples de Rousseau on considère la représentation comme une confiscation. Méfiants vis-à-vis d'une assemblée trop indépendante, les démocrates seront aussi méfiants à l'égard du bicaméralisme et très ambivalents à l'égard de l'exécutif. On se méfie de l'exécutif mais en même temps on voudrait un homme à poigne. Sur ce point, si vous voulez faire des comparaisons avec les Etats-Unis, ce qui est toujours tentant, ce ne sont pas les libéraux français qui sont les plus proches de la pensée politique américaine sauf sur les questions institutionnelles de *checks and balances* mais ce sont beaucoup plus les démocrates avec leur esprit civique. Vous trouvez au fond dans le public américain la même ambivalence à l'égard de l'Etat. Lorsqu'il est trop fort et trop lointain, on se plaint, mais lorsque par malheur le président manque d'autorité, on en réclame, et comment!

LES SOCIALISTES

Finalement, la dernière école, la plus complexe bien que je n'entrerai pas dans les détails, c'est celle de l'extrême gauche. Elle commence sous la Révolution avec Babeuf, dont la "conspiration des Egaux" est très intéressante, et se poursuit à travers le dix-neuvième et le vingtième avec tout le foisonnement des idées socialistes. Il y a bien sûr les écoles profondément différentes et divisées de Charles

Fourier, Louis Blanc, Auguste Blanqui et Proudhon. Si pour l'extrême droite, les libéraux et les démocrates, ce qui compte avant tout c'est la politique, pour les socialistes, c'est la réforme sociale et économique. Le politique ne vient qu'après. Sur ce qu'il faudrait faire de l'Etat, les socialistes sont profondément divisés sur les fins et les moyens. Certains socialistes sont très étatistes et désirent une sorte d'"Etat providence", d'autres par contre rejettent entièrement la notion d'Etat.

Peu étudié, mal connu mais au fond probablement plus influent que beaucoup d'autres, Louis Blanc, qui a d'ailleurs vécu assez longtemps pour siéger sur les bancs de la IIIe République, propose une première tendance, un Etat qui aurait le droit de réglementer et de nationaliser l'industrie, de faire des réformes sociales, et qui serait là pour durer.

Une deuxième tendance assez bien représentée par Blanqui, propose qu'après la Révolution, l'Etat réforme les institutions, supprime en particulier les armées permanentes, détruise l'Eglise, et fasse des réformes fiscales, mais qu'ensuite l'Etat devra disparaître. Il y a d'ailleurs des points communs très intéressants entre les théories de Blanqui et les théories marxistes-léninistes.

Une troisième tendance sera celle de Proudhon, la plus résolument anarchiste de l'histoire politique française et pour qui le problème est très simple: l'Etat c'est l'ennemi. Le pouvoir étant l'ennemi, la société démocratique idéale serait une société sans pouvoir. Et il y a une correspondance tout à fait intéressante entre Proudhon et Marx vers 1846−47 où Proudhon exprime ses désaccords avec Marx et en particulier rejette la notion de la dictature de classe. L'Etat quel qu'il soit, est mauvais et le but de la révolution, ce n'est pas de refaire du pouvoir mais de le détruire. Idée très curieuse qui suppose qu'il n'y aurait de pouvoir que dans l'Etat et qu'il n'y en aurait pas dans la société. Proudhon est pour l'abolition de l'Etat et pour ce qu'on appellerait de nos jours l'autogestion la plus absolue.

Il existe non seulement des désaccords sur les fins entre ceux qui veulent un Etat maintenu, ceux qui pensent à un Etat provisoire et ceux qui ne veulent pas d'Etat mais aussi des désaccords sur les moyens. D'une part vous avez les révolutionnaires et de l'autre les réformistes.

Ce qui est frappant c'est qu'au fond aucune de ces quatre écoles de pensée n'arrive vraiment à réconcilier l'Etat et le citoyen. Les socialistes parce que d'abord ils ne sont pas d'accord entre eux et la pensée qui exercera sur eux la fascination la plus profonde, celle de Proudhon, au fond veut abolir l'un des deux termes, c'est-à-dire l'Etat. Les démocrates parce qu'ils postulent sans expliquer comment, que l'Etat et le citoyen c'est la même chose, donc il n'y a pas de problème. Quand tous les citoyens agiront en citoyen, ils seront eux-mêmes l'Etat et puis tout le monde sera bien content. Les conflit parce qu' au fond on limite le terme et l'exercice du pouvoir même chose. Du côté des libéraux, il n'y a pas de résolution du conflit parce que au fond on limite le terme et l'exercice du pouvoir de citoyen à une minorité de parvenus ou de gens bien établis. Et du côté de l'extrême droite, il n'y a que l'Etat, d'ailleurs limité en domaine, et il n'y a pas de citoyens. Le miracle, c'est d'être arrivé, malgré toutes ces écoles et ces tendances, à construire quelque chose qui tienne, à savoir la IIIe République.

Vous remarquerez que je n'ai presque rien dit de Napoléon. La raison est assez simple. Les deux régimes des deux Napoléon sont au fond un retour à l'Ancien Régime. Le régime de Napoléon Ier en particulier est une mise en oeuvre moderne de tous les préceptes de Richelieu. On revient tout simplement à la matrice. En période de confusion et de désagrégation, les Français se réfugient dans le moule de l'Ancien Régime, rénové par Napoléon Ier, avec pour seule différence que la centralisation napoléonienne opère non plus dans la société fragmentée en trois ordres, avec libertés locales et vénalité des offices, mais opère dans une société rabotée par la Révolution. C'est-à-dire que l'Etat central est beaucoup plus puissant avec Napoléon. On simplifie souvent et on pense que l'histoire de France est une histoire continue: la centralisation, encore plus de centralisation, toujours plus de centralisation. C'est faux. Ce qu'il y a de très intéressant dans la Révolution, c'est qu'elle a commencé par détruire la centralisation de l'Ancien Régime sur certains points. La Révolution a voulu unifier la société par l'abolition des rangs et des ordres, par la création des départements, pour abolir justement les différences entre les provinces. Mais il y a eu une volonté de décentralisation et au début la Révolution a pratiqué des libertés locales extrêmement vastes. A cause des guerres civiles et étrangères, l'expérience ne durera que deux ou trois ans et par la suite Napoléon deviendra le grand codificateur des institutions centralisées.

Quand au régime de Napoléon III, régime qui commence

seulement à être exploré en détail, il est assez remarquable en ce sens que même s'il contrôlait de très près la vie politique, il a laissé assez de libertés d'expression pour que l'avenir se prépare de façon relativement libre sans que les différents groups aient besoin de se réfugier dans la clandestinité. Lorsque le régime est tombé, au moment de la capitulation de Sedan, il y avait une équipe prête à prendre la succession. Ce qui est un cas relativement rare dans l'histoire de France, où en général les transitions se font très mal. Or celle-là ne s'est pas bien faite non plus dans la mesure où elle a eu lieu à l'occasion d'une défaite militaire de première grandeur et a été accompagnée de la révolte de Paris, c'est-à-dire la Commune. Cependant quand on voit la facilité relative avec laquelle les fonctionnaires de Napoléon III et toute la bureaucratie qu'il avait mise en place ont été remplacés par une équipe composée très largement de libéraux et de démocrates, on se dit que finalement ce régime a été beaucoup moins catastrophique et oppressif que l'orthodoxie républicaine a longtemps donné à le croire. C'est vrai aussi d'ailleurs sur le plan économique, puisque de tous les régimes français au dix-neuvième siècle, c'est celui qui s'est le plus intéressé à l'industrialisation et au développement économique de la France.

PARTICIPANT—*Ce qui me frappe dans tous vos propos c'est ce thème de liberté de pensée, liberté d'expression. Il me semble qu'elle reste purement spéculative.*

Oui. Très largement spéculative. Ce qui est frappant, je sais que vous en avez parlé avec Laurence Wylie, Evelyne Sullerot et Gérard Vincent, c'est ce contraste entre les idées souvent très avancées et très peu orthodoxes des gens et leur comportement parfaitement conservateur. Il n'y a aucun pays, me semble-t-il, où on puisse aussi peu se fier à ce que les gens disent de leurs opinions. Ce n'est pas qu'ils mentent, pas du tout, mais que leurs opinions et leur comportement sont deux choses parfaitement différentes. Il y a une quinzaine d'années, quelqu'un avait interviewé des dirigeants industriels français et leur avait demandé ce qu'ils pensaient des rapports avec les ouvriers et avec les syndicats. D'après ces interviews il n'y avait pas plus égalitaires que les patrons français qui considéraient tous que les syndicats étaient une chose admirable, que les ouvriers avaient les mêmes droits que tout le monde, qu'il ne fallait pas de méthodes autoritaires. Cela n'avait aucun rapport avec ce qui se passait dans les usines, bien entendu. Pour parler de milieux qui nous touchent de plus près, le corps enseignant français vote à gauche à 80%, mais bloque depuis des générations toute véritable tentative de réforme. Aucun ministre de l'éducation ne peut aller contre les syndicats de l'enseignement français qui font toujours le même calcul: "S'il y avait une réforme totale on serait pour. Aussi longtemps qu'il n'y a pas de réforme totale, il vaut mieux que les choses restent comme elles sont." Or ce divorce existe dans tous les milieux, il ne faut donc pas croire ce que disent les gens.

PARTICIPANT—*Est-ce que vous êtes d'accord avec l'analyse selon laquelle de nombreuses idées de droite de la fin du dix-neuvième siècle sont devenues des idées de gauche aujourd'hui et vice versa? Par exemple, ce retour à la terre dont on parle tant actuellement?*

Non. S'il y a un point commun à toute la pensée politique française du dix-neuvième siècle, c'est la nostalgie du terroir. Ce n'est pas une idée de droite. Vous trouvez la même chose, un peu moins chez les libéraux, chez les démocrates pour qui la société idéale est une société de petites villes rurales, de bourgs. Les villes sont toujours considérées comme des machines à fabriquer du collectivisme par les démocrates du dix-neuvième siècle. Et même dans l'extrême gauche, quelle est la conception proudhonienne de la société si ce n'est une conception artisanale. Proudhon au fond ne s'intéresse pas beaucoup au prolétariat moderne. Ce qui l'intéresse c'est de réintroduire dans l'industrie le maximum d'autonomie, celle qui justement, d'après lui, existait dans les campagnes, dans l'artisanat rural. Et il y a dans toute la pensée politique française une très grande nostalgie de la société rurale et une méfiance à l'égard des villes. Il y a même eu pendant tout le dix-neuvième siècle des mythes selon lesquels les villes étaient plus malsaines que la campagne, alors qu'on sait à l'heure actuelle que c'est parfaitement faux.

LE CITOYEN ET L'ETAT: DE LA IIIe A LA Ve REPUBLIQUE

LA IIIe REPUBLIQUE

Jusque vers 1870, les quatre écoles se disputaient en quelque sorte dans le vide, surtout pendant la période du Second Empire, c'est-à-dire depuis 1852. A partir de 1875, à partir de l'adoption de la Constitution de la IIIe République, les choses vont changer dans la mesure où on peut dire qu'une idéologie prend le pouvoir. Le texte de la Constitution représente le premier cas de compromis important dans l'histoire politico-intellectuelle française, compromis entre libéraux et démocrates, et servira de cadre à la vie politique et sociale pendant soixante-cinq ans, de 1875 à 1940. Ce compromis est d'autant plus remarquable que pendant toute la période qui a suivi 1848 les libéraux avaient fait alliance avec l'extrême droite et les démocrates avec les socialistes.

C'est à partir de ce moment-là, vers 1848, qu'on peut vraiment parler d'un clivage gauche-droite. Cependant, beaucoup de livres simplifient à outrance car, comme aujourd'hui d'ailleurs, il y a toujours eu deux droites et deux gauches: la gauche socialiste donnant la priorité à la réforme économique et sociale et la gauche démocrate; la droite libérale et la droite réactionnaire au sens propre du terme.

Les deux gauches sont séparées beaucoup plus par les idées que par ce que je n'ose appeler leur base électorale puisque pendant une bonne partie de cette période-là on ne vote pas ou on ne vote que par plébiscite ou on ne vote qu'au suffrage censitaire. Donc la base est plus ou moins la même et Gambetta, qui deviendra l'un des grands hommes de la IIIe République, est un démocrate pur donnant priorité à la réforme politique plutôt qu'à la réforme sociale. Or il est l'élu d'un quartier d'ouvriers parisiens, les ouvriers votant indifféremment pour les démocrates ou les socialistes. Le prolétariat dans le sens moderne n'existe pas encore. Ce sont les idées qui séparent et il faut se rendre compte que la classe politique attachée à la gauche est composée de petits bourgeois plutôt que d'ouvriers. Les socialistes sont de petits bourgeois, artisans et commerçants. Il n'y a qu'à jeter un coup d'oeil sur la composition de la Commune pour s'apercevoir qu'il y a énormément de petits métiers et peu de véritables prolétaires.

A droite, c'est un peu plus compliqué. Les libéraux représentent très largement la bourgeoisie d'affaires et de prestige, bourgeoisie arrivée par l'hérédité et les diplômes alors que l'extrême droite s'appuie davantage sur ce qui reste de la noblesse, encore que les nobles soient eux-mêmes divisés entre libéraux et extrême droite. Toutefois, il y a une différence de clientèle. Les libéraux sont plus parisiens, l'extrême droite est beaucoup plus provinciale, et ce sera dans la province que Maurras plus tard recrutera ses dévoués et ses fanatiques. Pendant toute la durée du Second Empire, il s'opérera une sorte de rapprochement entre les libéraux, qui ont été épouvantés par les débordements populaires de juin 48, et l'extrême droite. Après tout, ils représentaient les deux élites menacées soit par le mouvement populaire et socialisant soit par les parvenus comme Napoléon III et son équipe. Je vous signale ce rapprochement parce que vous le retrouverez dans les années 30. Mais en 1875, ce que nous avons c'est un rapprochement temporaire entre les deux centres, c'est-à-dire entre libéraux et démocrates. Et la Constitution de 75, je crois que c'est d'ailleurs une des raisons pour lesquelles elle a duré, est le fruit de ce compromis où chacune des deux tendances abandonne une partie de ses idées préférées.

De leur côté, les libéraux obtiennent dans la Constitution de 1875 tout l'arsenal de mécanique parlementaire dont nous avons parlé; la souveraineté déléguée, les deux chambres, un sénat conservateur, un exécutif en partie parlementaire, en partie indépendant puisque le président de la République peut dissoudre l'assemblée populaire avec le consentement du sénat, donc un exécutif fort dont les libéraux avaient toujours rêvé, c'est-à-dire capable d'arrêter les masses populaires. En échange, et pour la première fois, les libéraux acceptent le suffrage universel. De leur côté, les démocrates consentiront à accepter cet arsenal parlementaire, cette série de filtres à la volonté populaire qui sont complètement étrangers à la théorie démocrate puisque celle-ci repose justement sur la théorie rousseauiste du pouvoir directe du peuple le moins dilué possible.

Pourquoi les démocrates ont-ils accepté un tel compromis? Sans doute qu'ils se sont rendu compte que le peuple français au fond était un peuple très conservateur. En 1848, quand les démocrates étaient arrivés au pouvoir après la Révolution de février, ils avaient donné aux Français le suffrage universel en pensant que ces derniers seraient très reconnaissants. Eh bien, pas du tout. Le suffrage universel est allé à droite, à Napoléon III. De plus, les démocrates donnèrent l'impression de ne pas savoir maintenir l'ordre et ils ont compris que s'ils voulaient vraiment arriver au pouvoir, ils devaient rassurer les Français et se montrer capables de gouverner sans désordre. Ce sera du reste tout le programme de gens comme Gambetta et Jules Ferry.

Cette espèce de marché, suffrage universel mais institutions tout à fait proches de la théorie libérale donnera donc une Constitution réconciliant démocrates et libéraux. Mais comme dans ce genre de marché quelqu'un finit toujours par être dupe, les libéraux se sont aperçu bien vite que les suffrages allaient aux démocrates. Guizot avait donc raison, il y avait incompatibilité profonde entre le suffrage universel et la théorie libérale d'un gouvernement par des élites assez étroites. De ce point de vue, la grande intelligence politique de Gambetta sera justement d'enraciner les démocrates dans ce qu'il appelait les nouvelles couches, c'est-à-dire le gros du peuple français, les paysans possédant quelques terres, les petits commerçants, les artisans, les petits fonctionnaires. C'est tout ce peuple-là qui est allé aux démocrates et a laissé les libéraux dans le désert.

Voyons maintenant la théorie de l'Etat dans la IIIe République et les rapports entre le citoyen et l'Etat. Disons d'abord que la IIIe République a connu deux grandes périodes: une première période héroïque jusqu'à l'affaire Dreyfus et une période de déclin qui couvre le vingtième siècle jusqu'en 1940. En faisant l'histoire intellectuelle pour chacune de ces deux périodes, on pourrait désigner deux pères théoriciens. Je ne dis pas pères fondateurs parce que les fondateurs ont été des hommes politiques et non pas des penseurs. Par exemple, Rousseau avait été le père théoricien des Jacobins, de Robespierre. Pour la première période de la IIIe République celui qui donne ses idées aux discours de Gambetta, Jules Ferry et de bien d'autres, c'est Charles Renouvier, le traducteur de Kant. Pour la seconde période, c'est le philosophe Alain (Emile Chartier) bien connu pour ses *Propos*.

Pendant cette première période, le rôle de l'Etat sera de veiller à l'épanouissement de la liberté individuelle, de donner à l'individu le maximum de développement moral possible. La seule société qui soit morale est une société fondée sur la conscience et la raison de l'individu. Et vous avez à faire à une conception où les deux termes en présence sont l'individu et l'Etat, où il est très peu ou pas du tout question de groupes. Il y a l'individu et il y a l'Etat et le seul rôle de l'Etat est de représenter la volonté générale. Dans la conception de Renouvier, la seule raison pour laquelle il faut un Etat, c'est que la paix ne règne pas spontanément entre les individus. Il y a d'abord risque de guerre entre les nations, et il faut un Etat pour protéger la collectivité nationale contre les ambitions des autres, et puis il y a des conflits de classe dûs à l'inégalité entre les individus. Le rôle de l'Etat est de servir en quelque sorte de médiateur, mais il n'est pas créateur de droits. Les droits appartiennent à l'individu et la société n'est pas autre chose que la somme des consciences individuelles. On est très loin de Durkheim ou de Hegel. Il n'y a pas vraiment d'autonomie de la société et le seul Etat moralement acceptable c'est bien entendu la République. L'individu se donne à lui-même sa loi ce qui aura, tout en étant révolutionnaire, une conséquence tout à fait conservatrice car une fois que la France est en République, il n'y a plus de droit de révolution. L'idéal ayant été atteint, on n'a plus le droit de lui porter atteinte. Cet Etat, qui exprime en quelque sorte la conscience civique de l'individu et qui est par conséquent l'expression la plus haute de ce qu'il y a de meilleur dans l'individu, est cependant un Etat à fonction extrêmement limitée.

On en revient donc au raisonnement de Rousseau. L'Etat représente simplement ce que nous avons tous en commun, c'est-à-dire la volonté du bien commun. D'où le lien commun ne sera pas l'intérêt mais le devoir. Cela vous renvoie à la morale anti-utilitaire de Kant pour qui le bonheur des individus est considéré comme ne relevant pas de l'ordre de la moralité mais de l'ordre de l'intérêt individuel. Toute cette distinction en quelque sorte philosophique et éthique sera introduite dans la politique. Le lien commun entre les citoyens, c'est le devoir, et le seul objectif de l'Etat c'est le progrès moral de l'individu. Tous les hommes de la IIIe République répéteront que l'Etat doit au citoyen non pas le bonheur ou l'égalité, mais la justice et la moralité. Qu'est-ce que cela veut dire? Eh bien, que les citoyens ne doivent pas s'attendre à ce que l'Etat fasse leur bien-être. Autrement dit, l'entraide, la charité, la bonne volonté des riches, la patience des pauvres, ce n'est pas du domaine de l'Etat mais de la société.

Ainsi la IIIe République accordera toutes sortes de libertés à l'individu: liberté de la presse et liberté de réunion (1881), liberté syndicale (1884), liberté d'association (1901), toujours en vigueur. Il y aura aussi des lois de décentralisation sur lesquelles je reviendrai plus tard et qui donnent plus d'autonomie aux communes, et on crée en outre le Conseil Général. L'Etat fait en sorte que l'individu s'épanouisse sans s'occuper des problèmes sociaux. Nous avons donc une doctrine qui essaie de réconcilier tout le monde tout en disant aux Français, "L'Etat vous réconciliera à condition de ne pas s'occuper de ce qui vous différentie les uns des autres. Parce que c'est trop particulier, ce n'est pas général." La propriété reste un droit sacré, une des formes de l'expression de l'épanouissement individuel, et le changement social ne viendra pas par la contrainte mais par l'assistance mutuelle, la solidarité, la coopération. L'Etat a une fonction réduite, très proche de l'Etat gendarme de la théorie libérale.

Quant à l'organisation de l'Etat, on voit que l'Assemblée deviendra le véritable dépositaire de la souveraineté du peuple. C'est le peuple entier qui vote et qui délègue à la chambre des députés sa souveraineté. L'Assemblée aura pour mission de protéger la République à la fois contre les excès possible de l'exécutif—après l'expérience napoléonienne, on se méfie de l'exécutif—et contre les mouvements trop spontanés du peuple. Une fois que les démocrates sont au pouvoir, eux aussi commencent à se méfier un peu des mouvements du peuple et ne détestent pas mettre une certaine distance entre le peuple et ses élus. Alors que dans la théorie démocrate originelle héritée de Rousseau, l'essentiel était le lien très étroit entre le peuple et ses élus, avec le droit pour le peuple de rappeler les élus lorsqu'ils n'étaient pas obéissants, dans la IIIe République le pouvoir du peuple s'exprime par l'élection tous les quatre ans, mais entre les élections, on demande au peuple de se taire. Ainsi la révision de la Constitution en 1875 ne se fait pas par le peuple. Ce sont simplement les deux assemblées qui se réunissent en congrès à Versailles et qui décident de la révision, sans référendum et sans ratification.

L'Assemblée aura comme rôle essentiel de faire des lois d'ordre très général, l'Etat servant simplement de cadre. C'est d'ailleurs cette conception très abstraite de la loi qui explique les profondes différences qui existent entre la pratique française et américaine. Jusqu'à il y a très peu de temps—cela n'a d'ailleurs pas beaucoup changé—les commissions parlementaires françaises n'avaient pas du tout d'experts à leur disposition, une différence considérable avec le congrès américain. Le congrès américain est truffé d'experts qui expliquent aux membres du congrès tous les détails qui pourraient toucher la législation fiscale, l'environnement, tout ce que vous voudrez. Le parlement français ressemble d'une façon étonnante à l'Académie Française. Au lieu d'être quarante, ils sont quelques centaines, mais au fond on se réunit pour discuter. Et on discute. Et cela prend très longtemps. Et pourquoi pas? Parce que, encore une fois, la fonction de ce parlement est de se réunir sur des questions d'ordre extrêmement général, d'ordre philosophique: le rôle de la religion dans la société, le rôle du système d'éducation, le droit des

Français de se réunir sans être contrôlés par la police, la décentralisation. On n'a donc pas besoin d'experts puisque tout relève de l'ordre de la philosophie. Comme l'Assemblée est composée presque exclusivement d'avocats et de professeurs, des gens qui parlent admirablement bien, les débats parlementaires de la IIIe République sont tout à fait passionnants.

Tout ce système est du reste extrêmement bien adapté à la société française de cette période, société pas encore tellement politisée, pas encore tellement industrialisée. Il correspond au style français d'autorité, c'est-à-dire que l'Assemblée est en quelque sorte le supérieur hiérarchique de tout le monde, mais en même temps a une fonction extrêmement limitée qui ne risque pas d'empiéter sur les droits des individus. Cela correspond tout à fait à la recherche de règles pour ensérer l'autorité dont Michel Crozier parle toujours. On préfère régler les conflits par recours à l'autorité plutôt que par compromis face à face, mais en même temps on se méfie de l'autorité supérieure et on essaie de l'ensérer dans un réseau de règles pour empêcher qu'elle ne devienne arbitraire.

Cette conception, très belle au point de vue harmonie, pose deux problèmes essentiels. Le premier, c'est qu'elle est extraordinairement abstraite et que pour faire marcher un régime fondé sur l'idée que tout ce qui divise en fait les Français n'est pas du ressort de l'Etat, est une gageure. Pour que cela marche il faut vraiment ou bien que la solidarité sociale marche très bien—ce qui n'a jamais été le cas en France—ou bien que tout le monde accepte cette théorie selon laquelle l'Etat n'a pas à s'occuper du particulier. Or il est certain que les gens n'accepteront pas cela. Donc il faudra faire des compromis. Le deuxième problème c'est que, quand on regarde le détail des institutions, on s'aperçoit que c'est admirablement machiné pour une période heureuse ou une période normale, mais qu'en cas de crise on a affaire à un régime composé entièrement de freins et où il n'y a pas de moteur. Parce qu'une Assemblée, bicamérale et de plusieurs centaines de personnes, ce n'est pas ce qui peut agir le plus facilement. L'exécutif, le président étant affaibli, est aux mains des cabinets, eux-mêmes dépendants du parlement, donc risquant de ne pas durer longtemps. Résultat, à chaque fois qu'il y aura crise, le régime ou bien sera menacé ou bien abdiquera pour tomber entre les mains d'un dictateur temporaire qu'on espère bénévole— Clemenceau pendant la guerre de 14, Poincaré dans les années 20, et puis finalement le maréchal Pétain qui n'était pas bénévole du tout.

Jusqu'ici, pour résumer, nous pouvons dire que les démocrates donnent la liberté aux Français et les Français donnent le pouvoir aux démocrates. Ce merveilleux échange représente une première face de la IIIe République. La deuxième face, qui est également conforme à la théorie de l'Etat des démocrates, c'est la tentative d'unification morale. En effet, la seule chance pour que cette théorie qui laisse en dehors de l'Etat tout ce qui divise les Français marche, c'est d'arriver à unifier les Français au point de vue moral de telle façon qu'ils acceptent les inégalités sociales et que l'Etat ne s'en occupe pas. Une fois que tous les Français se sentiront citoyens, il importe peu que les uns soient riches et les autres soient pauvres. Quand on regarde les traités d'instruction civique de cette époque, on s'aperçoit qu'ils sont pleins d'homélies du genre: "Le riche apprendra à respecter le pauvre et le pauvre se rendra compte que si le riche est riche, c'est parce qu'il a beaucoup travaillé." C'est admirable.

Toutefois, il existe des obstacles à cette unification morale et l'obstacle de taille est évidemment l'Eglise. Ce fut donc une lutte sourde par moments et très ouverte à d'autres contre l'Eglise. Pour les démocrates sans exception l'Eglise était un facteur de division, une force d'abrutissement maintenant les Français à l'état de sujets et qui avait aussi le tort de leur expliquer que l'autorité véritable était à Rome et non pas dans la République. Dans les années 80, Jules Ferry réussira à expulser l'Eglise du sytème scolaire, en 1905 l'Eglise sera séparée de l'Etat. L'école primaire profondément idéologique de la IIIe République s'occupera de la formation civique grâce à un étonnant mélange de laïcisme, de patriotisme, de morale bourgeoise au sens le plus large. On apprend aux enfants justement les vertus du travail, de l'épargne, et de l'effort, le respect de la famille, l'obéissance aux autorités. Il est amusant de voir à quel point cette idéologie scolaire, qui est dénoncée par l'Eglise comme profondément subversive, comme révolutionnaire, est extraordinairement conservatrice.

Le livre qui théorise le mieux, qui fait pour le système scolaire de la IIIe République ce que Renouvier aurait fait pour le système politique, c'est le livre d'Emile Durkheim, *L'Education morale*. Pour Durkheim la fonction de l'école est double: apprendre à l'enfant le respect et l'autorité; en faire un citoyen national français, rationnel et universel. Et on retrouvera dans les livres de Lavisse, dans les instructions civiques de l'école, et dans les directives de Jules Ferry aux maîtres d'école, toutes les vertus de la France libératrice, émancipatrice, bref un extraordinaire mélange de conservatisme et de hardiesse. Hardiesse, car si l'équipe de Ferry n'est pas anti-religieuse, elle est tout de même furieusement anti-catholique. Mais ce qui est intéressant, c'est qu'il existe une association extrêmement étroite entre l'école et l'Etat, puisque, dans cet Etat qui n'a de vocation que le général, le seul instrument dont il dispose c'est l'école. Et c'est pour cette raison que l'école est toujours un chapitre important dans l'histoire politique de la France de cette période parce que c'est l'instrument de l'Etat par excellence. L'Etat n'en avait pas d'autre.

Comme le dira Clémenceau, les instituteurs seront l'armée de la République. On les forme dans des espèces de séminaires laïques qui sont les Écoles Normales. Or évidemment c'est mettre sur le dos de l'instituteur un fardeau extraordinaire. Parce que le voilà chargé de former non seulement des enfants mais des citoyens français et républicains. Il s'agit de faire en sorte que le citoyen qui sort de l'école vote bien, vote pour les démocrates, ne vote ni trop à gauche ni surtout à droite. Il y a là une absence de réalisme extraordinaire et il faudra attendre très longtemps pour qu'on s'en aperçoive. Tous les enfants vont à l'école primaire, et c'est à l'école primaire qu'on forme le citoyen, mais l'école secondaire, c'est-à-dire le lycée, reste extraordinairement élitiste. Ne vont au lycée qu'une toute petite fraction des Français. Le plus extraordinaire c'est qu'au début cela a marché. Et je crois que l'un des grands mystères de l'histoire de la France contemporaine, à savoir le comportement des Français pendant la guerre de 1914–1918, s'explique par le succès de l'école primaire. En fait, pendant trente ans la gageure a réussi et le régime a formé des citoyens patriotiques, convaincus que la République était leur bien propre. Je crois que cela explique dans une très large mesure que la France ait tenu dans des conditions aussi épouvantables que celles qu'elle a connues lors de la première guerre mondiale.

Cette théorie a donc marché pendant longtemps et même les socialistes acceptèrent la conception des démocrates. Jean Jaurès, par exemple, la partage entièrement. Il estime que les prolétaires ont une patrie, c'est la République. L'école républicaine est la preuve que les prolétaires sont des Français comme les autres. Evidemment Jaurès voudra aller plus loin, exigera des réformes sociales, voudra changer le régime de la propriété, mais il ne mettra pas en cause le cadre républicain.

La législation sociale de la IIIe République sera très en retard sur celle, non seulement de l'Angleterre, mais même de l'Allemagne où la législation sociale est imposée par ce monstre étonnant qui est Bismarck. Bismarck impose une législation sociale pour justement couper l'herbe sous les pieds des socialistes. En France, où les choses sont beaucoup plus démocratiques, il ne se passe rien. D'où d'ailleurs des tensions sociales de plus en plus vives. Ce n'est qu'en 1918 que la France adoptera l'impôt sur le revenu. Parce que jusqu'à ce moment-là, il est considéré comme une atteinte à la propriété. Donc pas de réformes fiscales, pas de réformes sociales. Le seul accroc à la théorie selon laquelle l'Etat ne s'occupe pas de ce qui est particulier, sera l'adoption d'un protectionnisme douanier parce que tous, industriels et agriculteurs, le réclament.

Toute cette première époque de la IIIe République est donc caractérisée par la faiblesse de l'exécutif, par le jeu parlementaire, par les cabinets qui se succèdent tous les trois ou six mois car il n'y a pas de partis politiques véritablement organisés. Le seul parti qui apparaîtra vers 1900 sera le parti socialiste dont Jaurès sera justement l'unificateur. Cette absence de partis est une chose étonnante et assez difficile d'ailleurs à expliquer. Je crois que cela tient avant tout au fait qu'un parti, c'est une espèce de lien vertical entre le corps électoral et le parlement pour mobiliser les gens autour de quelque chose. Or toute la doctrine de la IIIe République se fonde sur une société qui s'occupe d'elle-même et délègue ses pouvoirs au parlement qui lui délibère. Il ne faut surtout pas mobiliser les gens.

Evidemment, les théories de la IIIe République ne convainquent pas tout le monde. Il y a beaucoup de mécontents. Vous avez d'abord des mécontents à gauche qui trouvent que cet Etat, qui s'abstient de transformer les conditions sociales et qui se livre avant tout à un jeu politique constant, fait le plaisir des amateurs, des ténors de l'Assemblée mais n'est quand même pas sérieux. A droite, bien entendu, vous avez tous ceux qui n'acceptent absolument pas la démocratie, le parlementarisme et qui dénoncent de plus en plus vivement l'instabilité ministérielle, les scandales dans lesquelles les parlementaires se trouvent mêlés.

C'est surtout à partir de l'affaire Dreyfus que l'idéologie du régime sera mise en cause. Soit dit en passant, le personnel politique ne veut pas du tout s'occuper de cette affaire qui risque de diviser, de polariser les Français. Mais le fait est que la bi-polarisation a eu lieu et que vous avez à partir de l'affaire Dreyfus la grande crise intellectuelle des années 1900 et quatre grandes mises en cause du régime. Il y a d'abord celles de Charles Maurras et Maurice Barrès à droite. Maurras préconise un retour à la monarchie intégrale; Barrès, plus plébiscitaire mais assez proche de Maurras, fonde sa critique sur l'anti-parlementarisme, l'anti-sémitisme, une certaine xénophobie, et un sens très aigu et presque maladif du déclin de la France dont on rend le régime responsable.

Vous avez à gauche les mises en cause de Charles Péguy, qui commence par le socialisme mais qui très rapidement déchante, et se réfugie dans une espèce de nationalisme populiste difficile à définir au point de vue politique. Il en veut à la classe politique très profondément et ne voit de salut que dans le peuple. Enfin, à gauche encore, il y a celle de Georges Sorel, auteur de *Réflexions sur la violence*, pour qui la République est une duperie et pour qui les élections ne feront jamais que du pouvoir et du conservatisme. Sorel est le théoricien du syndicalisme révolutionnaire de l'élite ouvrière des imprimeurs, des artisans et non pas du prolétariat. Comme Proudhon, ce que Sorel met en forme par son mythe de la grève générale, c'est une notion merveilleusement romantique et à mon avis complètement absurde de la disparition de l'Etat. Un beau jour tout le monde se mettra en grève et puis le lendemain matin il n'y aura plus d'Etat et ce sera le bonheur universel, l'autogestion dans l'atelier. C'est le thème de mai 1968, "élections-trahison", du syndicalisme révolutionnaire français. Toutefois, il ne faut pas aller trop loin non plus. La violence dont parle Sorel est avant tout une violence intellectuelle. Il ne demandait pas qu'on casse les machines et qu'on casse du bourgeois. Mais le ton est un ton révolutionnaire.

Toutes ces mises en cause sont particulièrement importantes dès qu'on s'aperçoit qu'après cette génération de 1900, la pensée politique française au vingtième siècle n'apportera presque plus d'idées nouvelles. En fait vous avez deux vagues d'idées politiques, celle des années 30 et celle de la Libération. Or il n'y a pas une idée dans les années 30 que vous ne trouveriez déjà dans la génération de 1900. En général, c'est du réchauffé, quelquefois des idées sympathiques comme celles du fondateur d'*Esprit*, Emmanuel

Mounier, qui sortait tout droit de Péguy; mais tout le reste c'est du Maurras diffus, du Sorel dilué, du Barrès mis en poudre. Quant aux idées politiques de la Libération, celle de Simone Weil, de Camus, de Sartre, voire de Bernanos, elles sont anti-politiques, apolitiques, très différentes des systèmes de pensée du dix-neuvième siècle.

A l'heure actuelle, il y a même une espèce de vide des idées politiques. Il y a beaucoup de choses intéressantes dans la vie intellectuelle mais déchiffrer Barthes, décrypter Lévi-Strauss, lire Foucault, ce n'est pas du domaine de la politique.

L'affaire Dreyfus, puis la première guerre mondiale mettront définitivement fin à cette première période, à cette conception idéalisée, abstraite et au fond intenable des rapports entre l'Etat et le citoyen, entre cet Etat noble mais limité et ce citoyen profondément civique, très fier de son droit de vote, formé par l'école primaire, mais acceptant que l'Etat se désintéresse de lui. Il y aura dès lors changement de style et de ton, et c'est le philosophe Alain qui se fait plus ou moins le porte-parole de cette deuxième période de la IIIe République. Je vous signale en particulier deux de ses livres, *Eléments d'une doctrine radicale* et *Le Citoyen contre les pouvoirs*. Cette deuxième période sera beaucoup plus cynique. On renonce complètement à l'idéal d'unification entre le citoyen et l'Etat et on se contente en quelque sorte d'institutionaliser le scepticisme.

Effectivement, Alain représente une sorte de Proudhon sans le socialisme. Son idée, c'est que la liberté, ce n'est pas du tout comme pour Rousseau ou pour Kant l'épanouissement de la conscience du citoyen, au contraire, la liberté, c'est le droit de dire "zut" à tout le monde et en particulier à l'Etat. C'est le droit d'avoir la paix. C'est un pouvoir de résistance avant tout. Alors que pour la première génération de républicains, la politique était quelque chose de très bon qui faisait prévaloir le général sur le particulier et qui unifiait les Français; pour Alain le seul but de la politique c'est d'empêcher l'oppression de l'individu par le pouvoir par la société. Et comme il le dit lui-même dans *Le Citoyen contre les pouvoirs,* le plus clair de l'esprit démocratique, c'est qu'il est anti-social. Voilà une conception radicalement non-américaine et qu'il faut connaître pour comprendre la France contemporaine. Le pouvoir c'est le mal, et les élites, même si ce sont vos élites, même si ce sont vos notables de petite ville, c'est également le mal, parce qu'une élite confisque toujours le pouvoir. La raison, dit-il, pour laquelle il est radical, c'est que le radicalisme tel qu'il le voit, c'est l'organisation de la méfiance.

Puisque les élites sont le mal, il faut surveiller les élites. Et le rôle des comités qui seront formés—comment dire—des purs et des durs dans les petites villes ou dans les bourgs, c'est-à-dire des membres du parti radical, sera justement de mettre en état de suspicion permanente leurs députés et leurs ministres. Le bureaucrate sera mis en état de suspicion par le ministre. Le ministre sera constamment contrôlé par le député. Le député sera constamment examiné à la loupe par le comité radical local qui veillera à ce que le député se conduise bien. La conception d'Alain est donc fort éloignée de la conception très noble du début de la IIIe République où le député représentait la volonté générale, l'ensemble de la France.

La pensée d'Alain exprime très bien le désenchantement, le mépris du gouvernement, le mépris du député à qui on demande de petits services d'une part mais dont on veut la paix de l'autre. Comme l'a fait remarquer Raymond Aron, qui, comme beaucoup de sociologues français, a été l'élève d'Alain, c'est une conception catastrophique au point de vue civique parce que cela apprend essentiellement au citoyen à ne pas être un citoyen. Et d'ailleurs la règle d'Alain l'explique. C'est l'obéissance sans amour: "Obéissez aux lois parce qu'autrement vous aurez des ennuis; si vous n'obéissez pas, il y aura du désordre." Alain est contre le désordre car après tout il est très bourgeois. Cependant, il ajoute: "Obéissez sans amour." Le grand mythe de l'unification nationale par l'école et par le patriotisme est remplacé par l'idée qu'il faut que chacun cultive son jardin dans son coin. C'est le triomphe radical de l'individualisme au sens le plus égoïste du terme.

Voilà dans quel état d'esprit on aborde cette dernière période, et je crois qu'on comprend beaucoup mieux comment on est arrivé au désastre de 1940. On méprise le pouvoir, on se méfie de tout le monde et comme vous le savez la France est un des seuls pays où, quand vous demandez aux gens, "Comment allez-vous?", ils vous répondent, "Je me défends", ce qui est une réponse intraduisible et admirable. Mais un pays dans lequel la conception du civisme se fonde sur "Je me défends" n'est pas un pays bien préparé aux tempêtes. Après l'énorme saignée de 1914–18, les crises économiques, financières et générales des années 20 et 30 ne feront qu'accentuer ce divorce qui existe entre le citoyen et l'Etat.

C'est avec ce régime sans moteur, ce parlement sans experts pour discuter ou régler les problèmes économiques, cet exécutif qui n'existe pas et une situation diplomatique épouvantable qu'on arrive à l'échec du Front Populaire. Léon Blum prendra bien toute une série de mesures économiques mais sur la base de statistiques ou bien qui n'existent pas ou bien qui sont fausses. On s'aperçoit très vite que les remèdes font plus de mal que de bien. Enfin la politique sociale du Front Populaire qui est assez hardie épouvante les milieux conservateurs, épouvante le patronat.

L'expérience du Front Populaire échouera et ce sera la dernière tentative d'action dans le régime. Après, il y aura le gouvernement d'Edouard Daladier qui dure le plus longtemps, de 38 à 40, et qui est un gouvernement parfaitement immobiliste, dominé par les radicaux, dans un climat de pré-guerre. Si bien que les Français arrivent à la déclaration de guerre avec un double état d'esprit. D'une part, ils n'ont aucune envie de faire la guerre et on assiste dans les années 30 à une véritable marée de pacifisme. D'autre part, les Français abordent la guerre avec un mépris général pour le régime. La droite considère que le régime parlementaire a mis la France en faillite, a mis la France en crise, a provoqué la guerre. Et la base même du régime, c'est-à-dire les petits paysans, les petits ouvriers-artisans, les classes moyennes, tout ce qui a soutenu le régime, est complètement démoralisée par l'échec du Front Populaire et au fond cherche un homme à poigne. Il est assez curieux de voir que pendant deux ans Daladier hérite d'une espèce de préjugé pro-dictateur. Les gens cherchent un homme fort et croient pendant deux ans que c'est Daladier, le taureau du Vaucluse ou en réalité, comme disait quelqu'un, un roseau peint en fer.

Je n'entre pas dans les détails de l'effondrement de 1940. Ce qu'il faut comprendre, c'est que ce n'est pas seulement une défaite militaire, mais une faillite du régime. Lorsque la France tombe, il y a un sursaut général contre la République et un enthousiasme débordant pour Pétain qui apparaîtra comme le sauveur. Ce qui est très frappant, c'est de regarder les débats de l'Assemblée nationale à Clermont-Ferrand en juillet 40 et de voir comment les parlementaires s'en prennent au régime. Il n'y a rien de plus attristant et de plus déplaisant que de lire ces pages où, parlementaire après parlementaire, on monte à la tribune, on fait son auto-critique et on explique que le parlementarisme est un régime ignoble et qu'il faut y mettre fin.

Une fois de plus vous avez une défaite militaire comme en 1870, qui en fait détruit le régime. Et je crois que cette deuxième période de la IIIe République est cette phase de démoralisation civique, qui fait que le citoyen ne s'intéresse plus guère qu'à son intérêt particulier et où l'Etat, mon Dieu, est considéré comme un ramassis de voleurs. Cela explique aussi que les thèmes de Pétain, qui sont des thèmes de droite classique, soient aussi populaires au début. Ainsi le thème de l'expiation—vous avez beaucoup péché, vous allez beaucoup souffrir, et cela vous fera beaucoup de bien—le thème du retour à la terre, aux vertus traditionnelles, à l'obéissance, aux sacrifices, la fin de l'égoïsme, tous ces thèmes auront énormément de succès. Plus tard on s'apercevra que les choses sont plus compliquées. On commencera à regretter les beaux jours de la IIIe République. Mais au début, lorsque Pétain décide l'abolition des partis politiques, la dissolution des syndicats, la mise en prison des responsables de la défaite, et même le jugement des anciens responsables, puisqu'il passe en jugement Daladier, Léon Blum, tout le monde est d'accord. Bien entendu tout est la faute des politiciens et on assiste à une espèce d'énorme chasse au bouc émissaire. Alors voilà la fin de ce qui avait si bien commencé, et il faudra en quelque sorte les épreuves de la guerre, de la Résistance et de l'occupation pour sortir de tout cela. En prélude à ce qui va suivre, je crois qu'on ne peut pas comprendre le Général de Gaulle si on ne se rend pas compte qu'il a grandi dans les deux phases de la IIIe République. Il est né en 1890, il est devenu officier vers 1910, comme il le dit dans ses mémoires, la France qu'il a apprise à l'école—qui était d'ailleurs l'école catholique—c'était la France patriotique de l'avant 1914. Ensuite dans l'entre-deux-guerres, il a vu cette espèce de déclin de tout et je crois qu'on comprend mieux son dégoût des partis, son mépris des institutions parlementaires à exécutif faible, sa volonté de réduire les pouvoirs du parlement, si on se rend compte qu'il a passé en fait vingt ans de frustration, entre 1920 et 1940, à prévoir la catastrophe sans être capable de réagir. Il y a chez lui, comme d'ailleurs dans le Pétain de 40, une volonté de mettre fin à un régime qui a mal tourné. Et pour lui, c'est à la fois la IIIe et puis la IVe aussi qui reprendra un peu les pires défauts de la IIIe.

LA IVe REPUBLIQUE

Pour entamer la période d'après-guerre, je commencerai par lancer quelques brassées de fleurs plus ou moins empoisonnées sur le tombeau de la IVe République. La chose la plus étonnante, c'est de voir le contraste qui existe entre ce que les Résistants disaient avoir l'intention de créer et le résultat. Quand on relit les professions de foi des mouvements de la Résistance, on se rend compte que tout le monde voulait un régime entièrement nouveau, pur et dur, débarrassé des vices de la IIIe République, mais que finalement on est tout juste arrivé à restaurer une IIIe en pire.

Quelles sont les raisons de cet échec? Cela tient en partie aux divisions entre les différents mouvements et partis qui ne sont pas d'accord entre eux sur les institutions. Il a fallu faire de grands compromis et je crois que le P.C. en voulant empêcher l'établissement d'un régime exécutif fort a joué un rôle important. Dans la France d'après-guerre, les communistes avaient peu de chances, même en obtenant 26% ou 38% aux élections, de jamais contrôler l'exécutif et ils avaient particulièrement peur qu'un exécutif fort signifie en fait le Général de Gaulle. Ils ont fait de leur mieux pour promulguer une Constitution qui donnerait tout le pouvoir à une assemblée unique et en cela ils furent plus ou moins aidés par les socialistes eux-mêmes divisés. Si les partis et les mouvements de la Résistance avaient réclamé un exécutif fort pendant l'occupation, surtout au début, parce qu'ils étaient très traumatisés encore par l'effondrement de la IIIe République, en 1944−45, le thème de l'exécutif fort disparaît, parce que pour beaucoup d'entre eux, l'exécutif fort c'était aussi Vichy, c'est-à-dire un exécutif fort devenu tyrannique et dont les excès avaient, en quelque sorte, effacé les insuffisances de la IIIe.

Egalement, à partir de la Libération, il y a une espèce de discordance entre les mouvements de la Résistance et les partis d'une part et le Général de l'autre, discordance qui porte sur à peu près tout: les priorités du pays, les institutions, la réforme de la vie politique. Pour la plupart des partis, un exécutif fort signifierait la perpétuation du Général de Gaulle dont ils n'ont en fait aucune envie. Ainsi, quand on arrive à la phase de rédaction de la Constitution, qui est très longue, très difficile, et marquée au beau milieu par la démission subite du Général, on finit par aboutir à une Constitution qui, en fait, rétablira un régime très proche de celui de la IIIe République mais avec un Président encore plus faible. La seule différence sera une différence dans la loi électorale car tous les partis étaient convaincus que l'une des raisons de la faiblesse de la IIIe était l'absence de partis organisés. Ce qui était exact: en dehors des communistes et des socialistes, les partis de la IIIe étaient peu ou pas du tout organisés. Pour que la vie politique française soit plus stable qu'avant la guerre, on opte pour une réforme électorale. La France passe alors du scrutin uninominal à deux tours, celui de la IIIe et du régime actuel, à la représentation proportionnelle. En effet, lorsque vous avez la représentation proportionnelle, chacun vote dans sa circonscription pour une liste et non pas pour un candidat. Ce qui signifie que c'est le parti vraiment qui choisit ses représentants. Tandis qu'avec un scrutin uninominal, dans un parti faible ou mal ou peu organisé comme l'était le Parti Radical d'avant guerre ou comme le sont les deux partis américains, puisque en Amérique aussi on utilise le scrutin uninominal, une personnalité qui a une position solide dans une circonscription peut se présenter même si le parti ne l'aime pas. Avec la proportionnelle, les candidats sont vraiment les fonctionnaires du parti et on a donc des partis mieux organisés.

Certes on a vu la création de partis solides, mais contrairement aux attentes des constituants, le résultat final a été de rendre la France encore plus ingouvernable qu'avant. Avant, les gouvernements tombaient parce que les partis n'existaient pratiquement pas, il y avait des coalitions entre clans qui se faisaient et se défaisaient, mais maintenant pour obtenir la formation d'un gouvernement, il fallait des négociations longues et compliquées entre des partis rigides. D'autre part, si chacun de ces partis avait l'air solide en surface, en profondeur il était terriblement divisé. En effet les raisons qui avaient donné naissance à chacun de ces partis n'avaient absolument rien à voir avec les problèmes que la France allait devoir confronter: la décolonisation, le réarmement de l'Allemagne, l'inflation et les difficultés économiques d'après-guerre. Sur ces problèmes chaque parti était divisé.

Le véritable miracle, c'est que la transformation économique et sociale de la France ait pu être entreprise malgré cette espèce de mélasse constitutionnelle et institutionnelle de la IVe République. Cela tient au fait qu'on assiste à un accroissement considérable des fonctions de l'Etat et que cette transformation économique et sociale est adaptée en gros par la bureaucratie qui la mène plus ou moins à bien sans que la crise politique permanente du régime interfère trop. En quelque sorte, il y a une sorte de division du travail. Le commissariat au plan, les ministères, les bureaucraties techniques et financières s'occupent du développement économique pendant que les partis politiques se disputent à propos de politique étrangère, de l'intégration européenne, du réarmement de l'Allemagne, et surtout des problèmes de la décolonisation.

Pour cette raison, les spécialistes restent très divisés dans leurs jugements sur le régime. Si on ne regarde que ce qui se passe au parlement, je crois qu'on peut être induit à être extraordinairement sévère devant la succession d'échecs. Si on regarde au contraire ce qui s'est passé dans les coulisses, c'est-à-dire l'oeuvre de rénovation économique entreprise très largement par les hauts fonctionnaires, au contraire, le bilan est beaucoup plus remarquable. J'y reviendrai plus tard parce que sur ce plan-là on ne peut pas vraiment distinguer la IVe de la Ve République. Il y a une continuité à peu près complète. Ce sont les mêmes hommes, les mêmes équipes, les mêmes idées issues de la période de la Résistance et de la guerre. Il y a eu quand même à la Libération une certaine unité nationale qui n'a pas duré mais qui était importante, autour de l'idée de rénovation économique, de transformation sociale, de modernisation, et il y a sur ce plan une sorte de solidarité et de continuité entre la IVe et la Ve. D'ailleurs, quand De Gaulle est arrivé au pouvoir, ce ne sont pas ces équipes qui ont changé, loin de là. Il a gardé les mêmes, il n'a changé bien entendu que le personnel politique.

Je ne vois pas grand-chose d'autre à dire de la IVe République sauf que les groupes de pression vont jouer un rôle de plus en plus important. Je vous avais dit que dans la théorie républicaine classique de la IIIe République, vous avez l'Etat d'une part et puis l'individu de l'autre, en état de tension permanente. Le groupe par contre n'y existe pas beaucoup et le parti non plus. Sous la IVe République on a, non seulement la reconnaissance officielle des partis mais aussi un rôle croissant des groupes. Qu'il s'agisse du patronat, des syndicats ouvriers, des petites et moyennes entreprises, des agriculteurs, des petits commerçants qui deviennent extraordinairement désagréables—je ne pense pas seulement au mouvement poujade mais aussi à la Confédération des Petites et Moyennes Entreprises qui l'avait précédé—qu'il s'agisse des bouilleurs de cru, des betteraviers, des céréaliers, des anciens combattants . . . , tout le monde s'organise, justement parce que c'est l'Etat qui est maintenant chargé de l'économique et du social et parce qu'on est en période d'inflation. Les partis étant divisés, les gouvernements étant faibles, les groupes obtiennent très souvent, comme vous l'a justement décrit Gérard Vincent, des concessions ou encore empêchent des réformes. Et on peut dire que, sur le plan économique et social, la IVe République a été une sorte de course entre la modernisation entreprise par le commissariat général au plan créé par De Gaulle en 1945, par le ministère des finances d'une part et puis de l'autre par les groupes de pression qui essayaient chacun dans leur coin de défendre leurs intérêts.

PARTICIPANT—*N'y a-t-il pas juste à la Libération une brève période de nationalisation intense qui a posé les bases de la réforme sociale?*

Oui, absolument, il y a eu toute la brève période d'unanimité de 1944−45, et du début 1946, où en effet on a jeté les bases de cet Etat interventionniste par toute une série de mesures. Vous avez la nationalisation du gaz, de l'électricité, des usines Renault, des principales banques et de quelques compagnies d'assurances. En deuxième lieu, il y a l'établissement du commissariat général au plan, institution très originale obtenue de De Gaulle par Jean Monnet et qui reste en dehors de la bureaucratie classique. Vous avez donc tout à fait raison. Pendant cette même période, il y a eu aussi un retour aux lois du Front Populaire avec l'extension des congés payés, la création des comités d'entreprise et la mise au point d'un système extrêmement développé de sécurité sociale.

A l'origine de la plupart des transformations d'après-guerre, vous ne trouvez pas des hommes politiques mais des hauts fonctionnaires tels que Jean Monnet pour le Plan et la communauté charbon-acier, Pierre Laroque pour la sécurité sociale, Bloch-Lainé pour le crédit, Delouvrier pour la transformation de la région parisienne, Simon Nora pour l'informatique. Je pense aussi à Jérôme Monod qui pendant dix ans, sous la Ve, a été directeur de la D.A.T.A.R. (Délégation à l'Aménagement du Territoire et à l'Action Régionale), c'est-à-dire chargé de remodeler la carte des activités économiques et industrielles de la France et de les déplacer vers la province. Ces hommes ont au fond joué un rôle plus important que les hommes politiques parce qu'ils avaient des pouvoirs autonomes et qu'ils pouvaient agir relativement librement. Si l'on compare, ce sont les hommes politiques comme Gambetta, Jaurès, Ferry, Clémenceau, Blum, qui comptent dans la IIIe République. Dans la IVe, ce sont au contraire des fonctionnaires, et dans la Ve ces fonctionnaires deviendront parfois des hommes politiques comme, par exemple, Chirac et Giscard.

PARTICIPANT—*Pensez-vous que ce déplacement vers des technocrates loin des hommes politiques renforce cette perte de civisme chez les Français? Je pense à mon grand-père pour qui Clémenceau, Poincaré, Jaurès étaient de grands hommes.*

Certainement. Remarquez que le propre du haut fonctionnaire, même de personnages remarquables, c'est d'agir un peu dans les coulisses. Ce qui est intéressant c'est qu'à l'heure actuelle, les gens qui font les discours, c'est-à-dire les parlementaires, ne sont écoutés de personne, et les gens qui ont le pouvoir effectif ne parlent pas. Ils rédigent de temps en temps des rapports illisibles par le commun des mortels parce que ce sont après tout des rapports profondément techniques. Le public ne les connaît pas et je crois que vous avez tout à fait raison. Notez qu'à partir du moment où vous avez un Etat qui s'occupe de tout, la technocratie est en quelque sorte inévitable. Mais ce sont ces gens-là qui ont transformé la France et qu'on connaît peu.

LA Ve REPUBLIQUE

Voyons maintenant quels sont les rapports entre l'Etat et le citoyen sous la Ve République. Quand le Général de Gaulle arrive au pouvoir en 1958, il a des idées extrêmement précises. Cela fait vingt ans qu'il les explique et si j'ai commencé par Richelieu c'est que tous deux ont beaucoup de points en commun. En particulier l'idée que la France ne peut être elle-même que s'il y a un Etat fort qui puisse être préservé contre tous les accidents de l'histoire et qui soit organisé comme le cadre commun et le guide du pays. Sans cet Etat la France se divise et se décompose. Cependant si Richelieu concevait l'Etat en termes de monarchie de droit divin, De Gaulle est républicain et se rend parfaitement compte qu'au vingtième siècle, l'Etat se doit d'être la République fondée sur le consentement populaire. On ne peut ni revenir au bonapartisme ni à la monarchie.

La construction gaulliste se fonde sur trois postulats. Le premier est optimiste et suppose qu'il y a caché dans la France des profondeurs une sorte de volonté générale latente et qu'on pourrait la faire venir à la surface si seulement il y avait un Etat fort et stable. Ce qui est intéressant c'est que, pour De Gaulle, et c'est la grande différence avec Rousseau c'est à l'exécutif de faire surgir cette volonté générale.

Le deuxième postulat est relativement pessimiste, à savoir que les divisions superficielles ou idéologiques des Français sont durables, qu'il n'y a pas vraiment moyen de les éliminer, sauf par dictature dont il ne voulait pas—"ce n'est pas à l'âge de soixante-cinq ans que je vais commencer une carrière de dictateur," disait-il—et que par conséquent il fallait à tout prix protéger l'Etat de ces divisions. Cela signifie qu'il ne fallait absolument pas que le gouvernement soit entre les mains des partis. Les partis existaient comme des faits de la nature, comme la grêle, l'orage, les sauterelles, les moustiques, et les serpents. On ne pouvait rien faire pour s'en débarasser, cela faisait partie de la création, mais il fallait au moins faire en sorte que le gouvernement ne soit pas composé de serpents, de moustiques, et d'autres animaux de ce genre, les partis français étant en quelque sorte irrésponsables et destructeurs. A ce propos, un des discours les plus remarquables de De Gaulle est celui qu'il a donné au parlement d'Angleterre en 1960, dans lequel, trois ans avant de les empêcher d'entrer dans le Marché Commun, il a rendu un hommage superbe et très nostalgique aux Anglais. En leur disant, vous êtes un pays exemplaire, chez vous les partis sont des partis patriotiques qui ne se déchirent pas sur l'essentiel, qui sont disciplinés, qui vous permettent de gouverner, il sous-entendait, bien sûr, ce n'est pas comme chez nous.

Le troisième et dernier postulat c'est qu'il y a en France une tradition qu'on ne peut pas changer, parce que si on la changeait cela serait vu comme un pas vers la dictature. Cette tradition, c'est la tradition parlementaire, c'est-à-dire l'idée qu'il faut que le gouvernement soit responsable devant le parlement. Or c'est un peu la quadrature du cercle. Le gouvernement ne doit pas être aux mains du parlement, puisque le parlement est composé de bêtes féroces, mais en même temps il faut que le gouvernement soit responsable devant le parlement. Problème insoluble mais on est arrivé tout de même à une solution avec une Constitution tout à fait originale dont tout le monde a dit le plus grand mal au début et dont on a fini par accepter les avantages. C'est en fait le double exécutif. Vous avez d'une part un président de la République, qui lui est indépendant du parlement, qui depuis 1962 est élu au suffrage universel, et qui a des pouvoirs autonomes assez considérables. Il peut dissoudre l'Assemblée nationale sous certaines conditions, il peut recourir au référendum, il nomme pas mal de hauts fonctionnaires, en cas de crise nationale, l'article 16, dont De Gaulle s'est servi pendant la guerre d'Algérie, lui permet en fait une dictature temporaire pendant que dure la crise.

Vous avez donc un président de la République indépendant des forces politiques quotidiennes et un premier ministre qui nomme un cabinet qui lui est responsable devant l'Assemblée nationale, qui a donc besoin d'une majorité. Pour empêcher que le cabinet ne redevienne prisonnier du parlement, la pratique a fait que le premier ministre est non seulement choisi par le président de la République, comme la Constitution lui en donne le droit, mais qu'en fait le président de la République peut également le congédier, ce qui n'est pas du tout dans la Constitution, mais ce qui est devenu la pratique de tous les présidents de la République. Lorsqu'ils ont envie de se débarrasser de leur premier ministre, ils s'en débarrassent.

Ce très curieux arrangement d'un exécutif bicéphale est au fond une conception assez originale. En ce qui concerne le rôle de l'Etat dans la société, De Gaulle est très proche de Richelieu et de Colbert; l'Etat doit être le cadre de la société et a le droit d'agir sur la société. De Gaulle n'a jamais douté du fait que l'Etat avait le droit le plus complet d'intervenir économiquement, ce qui reste, soit dit en passant, une des nuances importantes entre gaullistes et giscardiens. Les giscardiens sont des libéraux plus ou moins compromis dans la mesure où ils dirigent un Etat interventionniste, mais leur théorie n'est pas interventionniste; elle repose au contraire sur la théorie libérale classique: le droit du marché, un Etat qui n'intervient pas trop, pas de bureaucratie. Dans la pratique, je le répète, les giscardiens ont mis beaucoup d'eau dans leur vin. Du côté des gaullistes, la théorie est par contre très interventionniste. Le devoir de l'Etat c'est de gouverner la société. Quand il était premier ministre, Michel Debré, très net sur ce sujet, réformateur par excellence, rendait ses ministres "fous furieux" en leur envoyant des notes quotidiennes sur les réformes à faire dans les vingt-quatre heures dans leurs ministères.

Nous avons donc affaire à un Etat très actif qui n'est finalement ni celui de la conception classique de la gauche ni celui de la conception classique de la droite. Pour la droite, l'Etat ce devait être soit la dictature—si on pense au bonapartisme—soit le frein indépendant qui puisse empêcher les mouvements de masse. Or ce n'est pas du tout la conception de De Gaulle. Ce n'est évidemment pas non plus l'Etat de gauche, puisque, dans l'ensemble, la gauche est hostile à l'exécutif trop fort. Finalement c'est un peu une conception d'Ancien

Régime, dans le style du Général, une sorte de synthèse de traditions françaises. Il y a d'abord un reste de monarchie, le président de la République est un peu l'équivalent moderne du roi. Si vous avez le moindre doute là-dessus, je vous recommande une étonnante conférence de presse du Général en 1964, où il expliquait posément aux journalistes et au public qu'il n'y a pas en France une seule autorité qui ne dépende de lui: tout le monde, le premier ministre, les juges . . . C'était digne de Louis XIV, "L'Etat c'est moi." Notez que ce retour à la tradition monarchique n'est pas très étonnant si on se rappelle que la famille De Gaulle était une famille monarchiste, que le Général lui-même n'avait pas beaucoup de sympathie pour la IIIe et la IVe Républiques et que dans ses derniers mémoires, il parle lui-même de l'espèce de monarchie qu'il exerçait.

A côté de ce penchant monarchiste, et c'est là que la volonté de synthèse apparaît, il y a ce curieux îlot parlementaire, c'est-à-dire qu'on garde un parlement qui a le droit de voter des lois—dans des conditions d'ailleurs beaucoup plus restreintes qu'avant, mais qui quand même peut renverser en théorie le gouvernement—avec un cabinet responsable devant le parlement. C'est un peu comme si on avait pris la IIIe République et qu'on l'ait enfermée dans un cadre monarchique. Cette étonnante construction a du reste évolué et quand on regarde la Constitution on a l'impression, comme devant certains tableaux modernes, que, suivant que vous vous déplacez vers la gauche ou vers la droite, vous voyez des choses différentes. Il y a en effet deux lectures possibles de la Constitution. D'abord, une lecture avant tout parlementaire où l'exécutif principal est le gouvernement, qui a besoin de la confiance du parlement mais qui a des pouvoirs très importants. C'est donc du gouvernement que viennent les projets de lois. Le président de la République est simplement une sorte de roue de secours. C'est lui qui nomme le premier ministre et en cas de crise il a le pouvoir dont je vous parlais. Mais l'essentiel c'est le couple: cabinet-parlement, à l'anglaise, avec le cabinet qui domine le parlement. Cette lecture, c'est la lecture de Michel Debré qui a quand même été le principal auteur du texte dans le détail.

Une deuxième lecture possible, au contraire, donne la prédominance au président. Le cabinet, dans cette lecture, devient simplement l'organe du président. Le premier ministre est une espèce de chef d'état major du président, et bien entendu, le cabinet a besoin du consentement du parlement, mais on peut obtenir ce consentement en faisant peser sur les députés la menace de dissolution. Dans cette lecture, c'est du président que tout émane et c'est évidemment la lecture du Général qui s'est d'ailleurs débarrassé de Debré en 1962. Debré du reste continue à expliquer que les deux lectures sont aussi possibles l'une que l'autre. Mais ce qui est très intéressant pour nous, ce n'est pas tellement le fait qu'il y ait deux lectures possibles mais plutôt que les trois présidents de la République successifs aient donné la même lecture. En réalité on a constamment tendu à renforcer les pouvoirs du président.

En théorie on pourrait toujours un jour revenir à la lecture parlementaire s'il y avait un président très faible ou si le parlement était de tendance politique opposée au président. Dans ce cas—par exemple si la gauche l'avait emporté en 78—Giscard avait fait savoir qu'il resterait, mais cela signifiait qu'il aurait dû prendre, mettons, Mitterrand comme premier ministre, et visiblement on en serait revenu à la lecture Debré. Il y aurait eu un cabinet très fort, appuyé sur le parlement, et le président se serait en quelque sorte retiré dans ses appartements relativement somptueux de l'Elysée.

Cela ne s'est pas produit, et cela ne risque de se produire que si il y a une Assemblée nationale de couleur différente de celle du président. Aussi longtemps que l'Assemblée et le président sont du même bord, la lecture Debré n'a pas beaucoup de chance, parce que visiblement aussi longtemps que le président est en quelque sorte maître du parlement, il n'y a pas de raison—sauf par masochisme—qu'il se donne un premier ministre qui le priverait de ses pouvoirs. D'ailleurs c'est un peu ce qui s'est passé; chaque fois que le premier ministre a donné l'impression de vouloir devenir aussi important que le président de la République, le président de la République s'est débarrassé du premier ministre. De Gaulle s'est débarrassé dans des conditions extrêmement cocasses de Pompidou, par la suite Pompidou s'est lui-même débarrassé de Chaban-Delmas, comme Giscard d'Estaing a évincé Chirac.

Ce qui est assez fascinant c'est qu'à chaque fois, si vous prenez ces trois exemples, le premier ministre trop politique a été remplacé essentiellement par un haut fonctionnaire: Pompidou par Couve de Murville, inspecteur des finances d'origine, diplomate de carrière, ministre des affaires étrangères pendant dix ans, et tout à fait style haut fonctionnaire; Chaban-Delmas par Messmer, haut fonctionnaire discipliné et obéissant; Chirac par Raymond Barre, professeur d'économie politique.

Certes ce dualisme de l'exécutif est un des défauts de la Ve République et risque toujours de provoquer des conflits, des tensions entre le président et le premier ministre. Dans le cas du tandem De Gaulle-Pompidou, Pompidou est resté ministre pendant six ans. Or les deux hommes étaient en désaccord à peu près complet sur ce qu'on pourrait appeler les réformes. De Gaulle était assez réformateur, mais, et c'est un mot difficile à appliquer au Général, quelque peu intimidé par les questions touchant l'enseignement, les rapports patrons-ouvriers, la décentralisation. Au fond il avouait qu'il n'y connaissait pas grand-chose. Par contre quand il s'agissait de défense, de politique étrangère, de l'Algérie, il se sentait maître du terrain. En ce qui concerne la politique intérieure et économique, il flottait tout en désirant un certain nombre de changements, alors que Pompidou n'en voulait pas. Pompidou était en quelque sorte le conservateur typique dont la théorie était simple: la société change déjà assez d'elle-même, l'industrialisation est un bouleversement à elle seule, la priorité de la France, c'est l'industrialisation, n'ajoutons pas des réformes d'en haut à la grande réforme d'en bas. Les gens sont déjà assez désorientés par l'énorme transformation sociale et par l'urbanisation. N'allons pas compliquer les choses en créant des régions, en réformant l'université, d'ailleurs les universités sont des choses admirables. Regardez-moi, parti de mon village, je suis devenu Normalien, premier ministre . . . Donc pourquoi changer? Je ne reviens pas sur ce que Gérard Vincent vous a déjà dit, mais le fait est qu'il existait une tension croissante entre les deux hommes. Quand l'explosion de mai 68 est arrivée, le Général qui avait un penchant naturel à trouver que le véritable responsable c'était toujours quelqu'un d'autre, a été convaincu que lui, De Gaulle, avait eu raison de vouloir des réformes et qu'il avait eu tort de ne pas les avoir imposées et de s'être laissé convaincre par Pompidou qui lui disait à chaque fois: "Vous savez, ce n'est pas le moment. Attendez. Les choses ne sont pas mûres." Le résultat c'est qu'il s'est débarrassé de Pompidou. Mais avant cela on a eu une espèce d'immobilisme pendant plusieurs années. De même dans l'équipe Pompidou-Chaban-Delmas. On a retrouvé exactement le même problème mais de façon inversée, avec un président immobiliste et un premier ministre qui voulait tout changer. Toutefois, malgré ces conflits, je crois que la formule d'un double exécutif a plus d'avantages que d'inconvénients.

Un des avantages est d'ordre purement politique. Quand les

choses vont mal, le président de la République a un bouc émissaire et peut dire, "C'est la faute du gouvernement." S'adressant un jour à un auditoire de paysans mécontents qui se plaignaient que certains décrets n'avaient pas été pris dans les délais prévus par la loi, De Gaulle leur a dit: "On a tardé à prendre des décrets . . ." comme si le "on" et lui n'avaient rien à faire ensemble. Par comparaison, un président américain n'a personne sur qui se décharger. Quand les gens font la queue cinq minutes devant les pompes à essence, c'est la faute du président. En France on pourrait toujours dire, "Giscard n'y est pour rien. C'est le domaine de M. Barre." C'est très important d'avoir une espèce de tampon, d'édredon, au point de vue de la politique quotidienne.

L'autre avantage de ce double exécutif est plus important. Il permet justement au président de la République de s'occuper des choses sérieuses et du long terme. Vous avez finalement une sorte de division du travail où l'Elysée n'a pas besoin de s'occuper des détails quotidiens car le premier ministre, qui est là pour une durée plus courte, est chargé du quotidien. Cela me paraît tout à fait utile parce que l'un des drames de l'Etat moderne, c'est que finalement les responsables sont entièrement accaparés par l'immédiat et par l'urgent. Il n'est donc pas du tout mauvais d'avoir un président de la République qui puisse penser, comme le dit toujours l'actuel, à la France de l'an 2000. En tous les cas cette division, non seulement correspondait admirablement au tempérament du Général qui considérait qu'un chef devait être dégagé des soucis médiocres, mais elle s'est avérée aussi très pratique pour ses successeurs.

Certes, le jour où l'Assemblée sera d'une couleur politique différente du président et où le président sera alors obligé de prendre un premier ministre d'un autre parti ou d'une autre tendance, il y aura des problèmes de rapports entre le parlement et l'exécutif. Tout va très bien tant que l'exécutif a une majorité au parlement, ce qui a été le cas depuis 1958. La Constitution donne au gouvernement toutes les armes dont il peut avoir besoin pour obtenir ce qu'il veut du parlement. Le parlement peut en principe renverser le gouvernement par motion de censure, mais dans la mesure où vous avez une majorité cohérente cela ne se fait pas. Tant que vous avez cette majorité le gouvernement a toutes sortes de moyens réglementaires pour obtenir ce qu'il veut du parlement. Mais si vous aviez un parlement, mettons, de gauche avec un président de la République de droite et un cabinet qui serait nécessairement de gauche puisqu'il aurait besoin de l'appui du parlement, vous avez des germes de conflits très importants. En effet, si vous regardez la plupart des pouvoirs du président, la Constitution textuellement dit qu'il doit les exercer avec l'appui du gouvernement ou avec le contreseing des ministres. Le seul pouvoir tout à fait indépendant du président, c'est le pouvoir de dissoudre l'Assemblée et la possibilité de quelques nominations de hauts fonctionnaires. Pour tout le reste—autres nominations, référendum—il ne peut agir que si le gouvernement est avec lui. On peut donc se demander ce qu'il resterait des pouvoirs de Giscard d'Estaing si la gauche l'emportait. Cela ne s'est pas encore produit, mais cela peut se produire et laisse planer certains doutes sur les pouvoirs effectifs du président si la majorité change de côté.

Si le régime marche aussi efficacement depuis vingt et un ans, cela provient sans doute de la simplification considérable du système des partis. Sous la IVe République, et je ne parle que des grands partis en dépit de l'intérêt que peuvent avoir les petits comme le P.S.U., il y avait six formations principales: les communistes, les socialistes, les radicaux (en général divisés entre radicaux de gauche et radicaux de droite), les démocrates-chrétiens, un ou deux partis indépendants paysans et les gaullistes. Aujourd'hui on est arrivé à quatre, ce qui, pour la France, est une simplification remarquable. Certes elle provient très largement du fait que le président est élu au suffrage universel. Au deuxième tour, il ne peut y avoir que deux candidats, et cela oblige les partis à se coaliser.

Ainsi vous avez ce que les experts appellent la bi-polarisation. Ce qui complique malheureusement les choses c'est que chacun des deux pôles est assez hétérogène. Le régime a marché parce que vous avez eu jusqu'ici la majorité et l'opposition. A partir du moment où il pourrait y avoir des cassures très sensibles dans la majorité et dans l'opposition, le jeu risque de devenir plus flou. A l'heure actuelle, le gouvernement tient parce que gaullistes et giscardiens, qui se détestent, votent ensemble lorsqu'il s'agit de donner un vote de confiance au gouvernement. Néanmoins, si M. Chirac, dans sa frénésie, décidait un jour proche qu'il en a assez de soutenir le gouvernement et ordonnait aux députés gaullistes, qui, soit dit en passant, ne le suivraient pas, de voter contre le gouvernement, on reviendrait à des crises ministérielles. Bien entendu, le président pourrait dissoudre l'Assemblée et essayer une nouvelle majorité. Toutefois on reviendrait à une certaine instabilité. De même, si la gauche l'avait emporté en 78, s'il n'y avait pas eu la cassure de l'union de la gauche, avant que la gauche l'ait emporté, mais qu'il y ait eu une rupture entre communistes et socialistes après, vous auriez eu de nouveau une instabilité assez notoire.

Le fait d'avoir deux pôles assure une certaine stabilité, mais le fait que chacun de ces pôles est fracturé rend l'avenir relativement imprévisible. Tant que le pôle de gauche sera une alliance entre communistes et socialistes, la France sera condamnée, me semble-t-il—j'emploie le mot condamnée au sens neutre—à l'absence d'une alternance véritable. C'est là la grande différence avec l'Angleterre ou les Etats-Unis. C'est le seul point sur lequel la France est plus proche de l'Italie que des pays anglo-saxons. Jusqu'à présent du moins, et je ne crois pas que cela changera vite, la majorité des Français se refuse à élire une majorité de gauche et cela tient en partie à une méfiance très profonde à l'égard du parti communiste. D'élection en élection, les gens ont très peur et remettent la même majorité en place depuis vingt et un ans.

Sur ce point, je crois que Giscard se rend parfaitement compte de l'utilité d'une alternance pour légitimer le régime qui ne sera vraiment solide que le jour où il aura fait l'expérience d'une majorité différente. Et l'alternance à laquelle rêve Giscard—avec sa conception, à long terme—c'est de remplacer la majorité gaulliste et giscardienne, majorité de droite qui gouverne, par une majorité de centre, c'est-à-dire giscardienne-socialiste. A ce moment-là, on n'aurait plus une alternance gauche-droite, mais une alternance droite-centre.

Le malheur, et il y a beaucoup de malheurs, il faudrait qu'il y ait un centre. Or, les giscardiens sont de droite. La droite en France se reconnaît rarement comme droite. Les gaullistes ont toujours voulu siéger à gauche au parlement et les giscardiens ne sont certainement pas un parti du centre. En matière économique, en matière sociale, en tout ce que vous voudrez, ils sont conservateurs parfaitement classiques. Les socialistes ne se considèrent pas non plus comme un parti du centre mais au contraire comme un parti de gauche, plus démocratique et à certains égards plus radical que le parti communiste. Alors le rêve giscardien est un peu prématuré. Par-dessus le marché, les socialistes ont fait dans le passé de très mauvaises expériences d'alliance avec la droite. Une telle alliance risquerait donc de leur faire perdre ce qui leur reste de clientèle ouvrière comme ce qu'ils ont récemment acquis de clientèle parmi les jeunes et les réformateurs. Pourtant leur seule alternative, l'alliance avec les communistes, est une alliance parfaitement contre nature. En s'alliant avec les communistes, ils risquent de rester dans l'opposition pour toujours puisque les communistes ont l'air bien décidés à ne pas laisser les socialistes arriver au pouvoir en numéro un. En s'alliant avec les giscardiens, ils arriveraient peut-être au gouvernement, mais comme wagon traîné par la locomotive de Giscard.

Quant à l'alliance entre giscardiens et gaullistes, elle est de plus en plus aigre pour des raisons qui tiennent surtout à des conflits de personnalités et de tempéraments. Les programmes des deux partis ne sont pas si différents, leurs bases électorales sont les mêmes, le public conservateur français vote indifféremment pour un giscardien ou pour un gaulliste, il ne voit pas très bien la différence. Il y a pourtant des différences de nuances. Les giscardiens sont plutôt internationalistes, atlantistes, européens. Les gaullistes sont très nationalistes. L'étranger c'est l'ennemi. Les giscardiens sont pour la coopération entre puissances industrielles, les gaullistes sont plus tournés vers le Tiers Monde, parce que le Général était devenu un peu le héros du Tiers Monde. Les gaullistes sont beaucoup plus interventionnistes et planificateurs que les giscardiens. Beaucoup plus étatistes, ils considèrent que la bureaucratie est une bonne chose, que c'est à l'Etat de diriger la société. Au contraire, les giscardiens y vont de leurs couplets contre la bureaucratisation. En bons conservateurs classiques, ils voient l'inflation comme le problème numéro un et acceptent l'ouverture des frontières. Les gaullistes sont plutôt protectionnistes, s'il le faut, pour sauver les industries en déclin, et pensent que l'emploi est plus important que l'inflation. En dehors de ces différences, il y a surtout le fait qu'entre Chirac et Giscard, il y en a un de trop.

Du côté des socialistes et communistes, les divergences sont beaucoup plus profondes à la fois au niveau des programmes et des bases électorales. L'électorat socialiste n'est pas du tout l'électorat communiste qui reste, moins qu'avant mais quand même dans une très large mesure, un électorat ouvrier. L'électorat socialiste est de moins en moins ouvrier et de plus en plus nouvelle classe moyenne, cadres moyens, petits fonctionnaires. De plus, vous avez deux programmes totalement différents ce qui fait que l'union est très délicate.

Il y a dans le régime actuel un certain divorce entre la classe politique et le pays. La classe politique, qui est divisée en deux, gauche et droite, me paraît offrir aux électeurs ou bien trop ou trop peu. La coalition de droite dit aux Français: "Vous savez, finalement, ça ne va pas si mal. Ça pourrait aller beaucoup plus mal. En fait, si vous votez pour nos adversaires, ça ira beaucoup plus mal. Par conséquent, faites-nous confiance. On en fera le moins possible, et comme ça, ça ira mieux." La coalition de gauche, si on peut l'appeler une coalition, dit: "Tout va très très mal. La société est radicalement mauvaise. Il faut changer de société," et on vous offre tous les jours un nouveau "projet de société"—terme intraduisible dans aucune autre langue civilisée. Ainsi, le programme des socialistes s'appelait "changer la vie". Ce qui est tout de même beaucoup. Aussi j'ai plutôt l'impression que le Français moyen, dans la mesure où il existe, n'est pas tellement satisfait de l'immobilisme de la coalition au pouvoir, qui vraiment ne lui offre rien sinon de toutes petites mesures de détail. Néanmoins, il n'a pas tellement envie qu'on lui change la société de fond en comble parce qu'après tout le Français n'est pas tellement révolutionnaire. On a donc l'impression que les uns offrent pas assez, les autres un peu trop. D'autant plus qu'ils ne sont pas d'accord entre eux sur ces projets de société. Il y en a au moins quatre, un pour les communistes et trois pour les socialistes, dont l'un est à peu près identique à celui des communistes. Cela fait beaucoup.

Très rapidement disons qu'il y a le projet du parti d'avant-garde, qu'on pourrait appeler marxiste-léniniste, avec nationalisation, économie contrôlée par l'Etat, planification autoritaire, augmentation de salaires et de sécurité sociale, réformes fiscales très développées. C'est le modèle soviétique. Vous avez aussi le bon vieux modèle social-démocrate qui remonte à Louis Blanc et à Jaurès, avec quelques nationalisations, augmentations des droits des ouvriers dans les entreprises et les syndicats, planification relativement souple, extension mais pas totale du contrôle de l'économie par l'Etat. C'est un peu le programme de Mitterrand. Et puis enfin vous avez l'autogestion, radicalement différente, qui voudrait affaiblir les pouvoirs de l'Etat et rompre avec le modèle centralisateur, et qui donnerait aux associations locales, aux entreprises, aux ateliers, des pouvoirs d'autogestion très considérables. Pour la plupart, ces projets des diverses gauches semblent dérouter les gens qui veulent des réformes plutôt qu'une transformation totale de la vie.

Un autre problème sur lequel je voudrais m'arrêter un instant est celui posé par un double déplacement du pouvoir de la législature vers l'exécutif et les hauts fonctionnaires. Sous la IIIe et IVe Républiques, l'institution centrale était par définition le parlement. Or par définition, le parlement est une institution poreuse, accessible, ne serait-ce que parce que les députés, les sénateurs ont besoin d'être réélus, et aussi à cause du nombre. L'électeur moyen en était un peu resté, même sous la IVe République, à la notion d'Alain de "députés à votre service" d'où toutes sortes d'intergroupes parlementaires chargés de la défense des groupes de pression. Sous la Ve au contraire le parlement est réduit à une portion beaucoup plus limitée.

L'exemple type qu'on pourrait prendre, c'est celui de la loi. Sous la IIIe et la IVe Républiques, c'était le parlement qui votait la loi. Quand je dis qu'il la votait, cela veut également dire que lorsque le gouvernement présentait un projet de loi, il n'avait aucune garantie que ce projet arriverait en discussion en séance. En effet, les commissions parlementaires avaient non seulement le droit de l'amender tant qu'elles le voulaient, mais surtout elles avaient le droit de substituer au projet présenté par le gouvernement un contre-projet préparé par la commission. Si bien que finalement le gouvernement n'avait guère de chance de voir son propre projet passer. De plus, le parlement et les commissions étaient maîtres de l'ordre du jour et siégeaient à peu près tout le temps. Avec la Constitution de la Ve République, vous avez un changement à peu près complet. D'abord la Constitution définit de façon restrictive le domaine de la loi. Le parlement se voit définir des zones dans lesquels il peut passer des lois, sur, bien entendu, les libertés publiques, le budget. Mais tout ce qui est en dehors de cette définition est du domaine réglementaire et par conséquent peut être régi par le gouvernement. C'est la première fois qu'on définit de façon restrictive le domaine de la loi. Deuxièmement, les sessions du parlement sont courtes. Troisièmement c'est maintenant le gouvernement qui décide l'ordre du jour de l'Assemblée, et les pouvoirs des commissions ont beaucoup diminués. Il y a donc déplacement en direction de l'exécutif, ce qui signifie pour le Français moyen un déplacement dans le sens autoritaire parce que l'exécutif est beaucoup moins accessible, moins abordable, moins facile à manipuler.

Le deuxième déplacement qui renforce de beaucoup cette transformation, c'est celui du personnel politique vers le personnel administratif. Lorsqu'on parle de l'exécutif, on ne parle pas seulement du gouvernement, on parle avant tout de la bureaucratie et par définition elle n'est pas tellement accessible, elle se cache bien, c'est presque son métier de se cacher. Aujourd'hui, dans une très large mesure, elle est la maîtresse du jeu, c'est elle qui choisit ses interlocuteurs et elle a des moyens de pression très importants sur eux. Le sens de la pression est inversé. Bien entendu, les groupes peuvent faire pression sur l'Etat, mais l'Etat a toutes sortes de moyens pour obtenir des groupes ce que l'Etat veut. Pour prendre un exemple permanent et récent à la fois: l'industrie de l'acier est en crise depuis longtemps, or c'est le gouvernement qui, par des subsides, des aides, des crédits, peut obtenir de l'industrie de l'acier toutes sortes de choses qui ne sont pas toujours de l'intérêt de l'industrie de l'acier. Le plus intéressant, c'est l'exemple de Fos dont Claude Fischler vous parlera plus en détail et où le gouvernement a décidé pendant la période d'euphorie des années 60, de mettre sur pied un vaste projet d'industrialisation du Midi. Les industriels de l'acier n'étaient pas très enthousiastes, mais comme le gouvernement allait y consacrer beaucoup d'argent, ils ont suivi. Le résultat c'est qu'on a fini par contribuer à la fabrication d'une surproduction d'acier à un moment même où l'industrie est en crise parce que l'acier importé est beaucoup moins cher. Aujourd'hui, le gouvernement se retrouve avec ce complexe industriel de Fos au moment où on ferme les usines d'acier en Lorraine. Donc il y a des gaffes de temps en temps.

Finalement, non seulement l'exécutif est moins facile à manipuler mais c'est lui qui maintenant a des moyens de domestiquer les groupes. Le citoyen moyen peut toujours faire appel ou écrire à son député et dire: "Ecoutez, il se passe des choses désagréables, le contrôleur des finances veut m'imposer en me disant que les signes extérieurs de richesse indiquent que je devrais payer quatre fois plus d'impôts. Aidez-moi." Le député moyen peut envoyer une lettre à l'adminstration et six mois plus tard il aura une réponse dilatoire parce qu'après tout le fonctionnaire n'a plus tellement besoin de se protéger du député, il est couvert par le ministre.

Ce double déplacement de l'équilibre va tout à fait dans le sens de l'autorité et équivaut à désaisir le citoyen dans la vie quotidienne. Evidemment, il peut toujours voter et il vote d'ailleurs en permanence, mais il se demande après à quoi cela sert. Non pas comme dans le passé parce que le gouvernement n'est plus de la même couleur que son vote mais parce que le parlement ne compte plus tellement, et que les gouvernements qui durent aussi longtemps que le souhaite le président de la République, n'ont pas tellement besoin de tenir compte des doléances du citoyen moyen sauf en période toute pré-électorale. Dans les six ou neuf mois qui précèdent l'élection, on redécouvre soudainement toutes sortes d'intérêts particuliers qui coïncident par hasard avec ceux des catégories qui votent pour le gouvernement: les petits commerçants, les agriculteurs, les artisans, les personnes âgées, c'est-à-dire les classes qui votent pour la majorité. Mais en dehors de ces moments exceptionnels le gouvernement et la bureaucratie ont une liberté de manoeuvre tout à fait remarquable. Et je crois que c'est ce qui explique la tendance très fréquente des citoyens à rouspéter et à manifester. Tous les citoyens qui ne sont pas très organisés, qui sont un peu amorphes dans la vie quotidienne, explosent quand les choses vont mal. N'oubliez pas que la France est un pays très peu syndiqué comparé à d'autres pays européens ou aux Etats-Unis. En cas de chômage massif, les personnes inorganisées peuvent exploser. De même, il y a tous les groupes qui, eux, sont organisés, mais que ne bénéficient pas des faveurs du pouvoir et qui sont évidemment furieux de voir d'autres groupes en bons termes avec l'Etat. Par exemple, les petits industriels par rapport à la grande industrie, les petits commerçants par rapport aux agriculteurs, les agriculteurs pauvres par rapport aux gros agriculteurs. Tous les groupes qui se considèrent comme négligés manifestent de temps en temps. Souvent, les groupes favorisés qui sont en liaison avec le gouvernement ne détestent pas voir d'autres groupes manifester parce que cela augmente leur propre pouvoir. Ils peuvent ensuite marchander au nom des autres. Par exemple, les organisations agricoles qui sont très proches du pouvoir ne détestent pas du tout voir les petits paysans bloquer les routes, parce que cela donne aux gros paysans des moyens de pression sur le gouvernement, alors qu'en général c'est le contraire, c'est le gouvernement qui fait pression sur les syndicats agricoles à force de subventions, de crédits de toutes sortes, d'aide au départ, d'aide à la retraite.

Pour le citoyen, par rapport à la IIIe ou la IVe République, il y a donc un sentiment de dépossession qui tient en large mesure à la transformation constitutionnelle. La Ve République déplace le pouvoir du législatif à l'exécutif et passe d'un Etat relativement limité à des fonctions de gendarme, à un Etat qui en fait s'occupe de tout. Leur rôle étant accru, les hauts fonctionnaires, les membres des Grands Corps (Mines, Ponts et Chaussées, Inspection des Finances, Conseil d'Etat, etc.) sont polyvalents, ils peuvent être nommés à n'importe quoi et jouent un rôle très important dans la transformation économique et sociale du pays. Toutefois, ces fonctionnaires, tout comme ceux qui sont à la tête des grandes entreprises et des banques nationalisées, restent totalement anonymes pour le citoyen moyen. D'où cette espèce de ressentiment assez profond à l'égard de la bureaucratie. Vous avez un Etat dans lequel la vie quotidienne des gens est tracée par des anonymes sur lesquels on n'a pas prise. Vous me direz que c'est partout la même chose dans les Etats modernes où la bureaucratie a un rôle considérable, mais je crois que la différence tient au fait que la bureaucratie française est beaucoup mieux protégée du public que celle de beaucoup d'autres pays. Et cela tient en partie au déclin du rôle du parlement. Et à l'absence du pouvoir local dont on parlera dans un moment.

PARTICIPANT—*Pourriez-vous développer cette idée d'une bureaucratie française mieux protégée du public?*

Cela tient au fait que le parlement a finalement très peu de pouvoir comparé à celui des parlements italien, allemand ou anglais. La Constitution de 1958, largement rédigée par Debré, veut à tout prix empêcher le retour aux débordements parlementaires. Debré a multiplié les garanties par la réduction du rôle des commissions, par des sessions courtes, par la possibilité pour le gouvernement de renouveler le budget si le parlement ne vote pas à temps. L'idée de Debré était la suivante: en Angleterre la discipline est obtenue par le fait qu'il n'y a que deux partis et que le parti majoritaire contrôle le parlement. De même en Allemagne. En France, aucun parti n'aura jamais à lui seul la majorité, et il faut donc obtenir la même discipline parlementaire par un système restrictif. Ce qui se fait de façon organique en Angleterre par le jeu des deux partis devra se faire en France par des interdictions. Ce qui est très français d'ailleurs: "Défense de fumer", "Défense de ceci", "Interdit d'interdire". Le résultat, c'est un parlement qui en effet a très peu de moyens et la carrière parlementaire n'est plus une carrière très intéressante. Souvenez-vous de ce que Gérard Vincent vous a dit à propos de la filière actuelle des hommes politiques. Vous ne

commencez plus une carrière par une situation locale et en devenant
député, mais en sortant d'une Grande Ecole et en faisant du cabinet
ministériel. Il en résulte que si dans les années 30 la France était un
pays gouverné par des vieillards, aujourd'hui les décisions
essentielles sont prises par des gens qui ont moins de quarante ans et
qui occupent le sommet de cette bureaucratie.

D'autre part ce qui fait la force de cette bureaucratie, c'est qu'elle
est centrale, unique et qu'elle contrôle tout. Les hauts fonctionnaires,
les membres des Grands Corps sont des polyvalents et Ezra
Suleiman[2] a raison de dire qu'ils ne sont pas vraiment des
technocrates, des spécialistes. Au contraire, ils sont formés à l'E.N.A.
pour pouvoir s'occuper de n'importe quoi, pour passer à la tête de
n'importe quel type d'administration. De plus, le système est
curieusement très libéral puisqu'il existe des hauts fonctionnaires
qui, comme Fabius et Attali qui écrivent des projets de société pour
Mitterrand, font justement partie de l'opposition. Du reste, De
Gaulle, qui était complètement indifférent à ce que faisaient les gens
aussi longtemps qu'ils faisaient bien leur travail, a toléré pendant très
longtemps des gens dont on savait parfaitement qu'ils étaient dans
l'opposition.

PARTICIPANT—*Justement, est-ce que vous ne voyez pas là une
différence entre De Gaulle et Giscard dans la mesure où De Gaulle pouvait,
par la force de sa personnalité, dominer la situation même symboliquement,
tandis qu'avec Giscard, on a moins cette impression? Le président actuel
n'est-il pas moins puissant?*

Ce n'est pas si sûr. A certains égards il est moins libéral que De
Gaulle. Giscard a mis des hommes à lui en place un peu partout. Il
s'est débarrassé de beaucoup de fonctionnaires qu'il n'aimait pas et il
regarde de très près pour voir si les gens lui sont personnellement
loyaux. De ce point de vue-là, je crois au contraire qu'il y a plutôt
renforcement de la présidence. Toutefois, je note une contradiction
intéressante chez Giscard. D'une part, en idéologie, c'est un libéral.
Si vous lisez son "devoir de vacances" d'il y a trois ans, *Démocratie
française*,[3] qui est une excellente copie de l'élève de l'E.N.A.,
admirable dans les généralisations, vous y retrouvez toute
l'orthodoxie libérale: Etat qui n'en fait pas trop, pluralisme, libertés,
initiatives individuelles, droit des groupes de s'organiser, etc. Par
contre, dans la pratique, dans son comportement quotidien il est le

défenseur constant de la bureaucratie et parfois est extrêmement méprisant à l'égard des milieux d'affaires. Les industriels se sont beaucoup plaints de Giscard parce que, chaque fois qu'il y avait des mesures coûteuses à prendre, il les mettait un peu sur le dos du patronat. Giscard a en outre complètement arrêté la décentralisation et a donné au fond à la fonction publique une liberté très considérable.

PARTICIPANT—*Pourriez-vous nous dire un mot à propos de la télévision, de la politique et du citoyen dans leurs rapports?*

Je crois que la télévision a été une force d'unification considérable, d'abord par la rapidité avec laquelle elle s'est répandue dans tout le pays et ensuite parce qu'elle représente un monopole d'Etat et que le pouvoir peut ainsi façonner l'opinion d'une façon considérable. Giscard, qui est quand même un libéral sur le plan de l'information, a essayé de libéraliser les choses mais la réforme de l'O.R.T.F. a mal tourné. Au lieu d'avoir un seul monstre, aujourd'hui on en a sept ou huit. A l'heure actuelle il y a en effet libéralisation en ce sens que l'opposition peut se manifester beaucoup plus. Mais finalement je crois que la majorité s'est rendu compte qu'une des meilleures façons de neutraliser l'opposition, c'était de lui donner beaucoup de temps à la télévision. M. Marchais peut se montrer aussi souvent qu'il le veut. Et je crois que le pouvoir a compris de façon extrêmement subtile que la meilleure façon de couler M. Marchais, c'était de le montrer aux Français à n'importe quelle heure du jour et de la nuit parce qu'il a des côtés quelque peu terrifiants. D'autre part, il y a surtout le côté unification des moeurs, des modes de vie car on s'aligne sur ce qu'on voit à la télévision. A mon avis la télévision est une force de plus entre les mains de l'exécutif.

TRANSFORMATIONS ET CONTRADICTIONS DE LA Ve REPUBLIQUE

LES TRANSFORMATIONS

Dans quelle mesure y a-t-il eu des changements politiques très profonds ou, au contraire, dans quelle mesure la formule: "Plus ça change, plus c'est la même chose" reste-t-elle la définition de la Ve République?

Tout d'abord, je crois qu'on ne peut pas nier l'énorme transformation économique et sociale de la France de ces trente dernières années. Cette transformation a commencé avant la guerre, mais pour qu'elle puisse être menée à bien, il fallait un régime moins fluctuant, plus stable que celui de la IVe. En ce sens, la Constitution de 1958 a passablement contribué au changement. Ce qui est intéressant, c'est qu'à l'heure actuelle, au bout de vingt-cinq ans d'industrialisation accélérée, vous avez l'apparition en France de caractéristiques de pays qui s'étaient industrialisés beaucoup plus tôt—l'Angleterre ou l'Allemagne ou les Etats-Unis ou le Japon—en même temps que l'apparition de ce que les sociologues appellent les traits d'une société post-industrielle. Vous avez une société qui devient à la fois industrielle, alors qu'elle ne l'avait guère été avant, et post-industrielle (je déteste l'expression "post-industrielle" parce que je n'ai jamais compris ce que cela voulait dire, et je préfère distinguer une société industrielle du type du dix-neuvième siècle et une société industrielle avancée avec le développement de l'informatique, de l'électronique, le poids croissant de la science et de la recherche). Ce qu'on voit, c'est la transformation frappante de la carte économique française, l'industrialisation massive du sud-est, de la région Rhône-Alpes, du midi qui jusqu'ici étaient peu développés.

De même, ce qui a accompagné cette industrialisation, c'est la croissance des villes. Avant la guerre on apprenait religieusement aux écoliers que la France était un pays qui avait dix-sept villes de plus de 100.000 habitants, et c'était resté comme cela pendant très longtemps. La plupart de ces dix-sept villes avaient d'ailleurs entre 100.000 et 200.000 habitants, la population rurale étant très forte. Ces vieilles structures ont disparu, la population rurale a fondu au profit des villes et ne représente aujourd'hui qu'à peu près 10% de la population active.

L'autre conséquence de ces changements touche surtout les facteurs de composition de la bourgeoisie elle-même. Si on prend ce qu'on pourrait appeler la grande bourgeoisie, on constate d'abord l'importance croissante des *managers* par rapport aux propriétaires et en fait une importance croissante de la bourgeoisie d'affaires. Dans la France classique, elle était en fait minoritaire au sein de la bourgeoisie. Maintenant, quand on regarde la composition de l'élite dirigeante française, elle est plutôt majoritaire.

En ce qui concerne la petite et moyenne bourgeoisie, alors que dans le passé elle était divisée, il y avait d'une part la petite bourgeoisie de l'argent—petits commerçants, petits industriels—et de l'autre la petite bourgeoisie de prestige—fonctionnaires, instituteurs, petites professions libérales—aujourd'hui nous assistons à une double transformation. Tout d'abord, la petite et moyenne bourgeoisie se compose beaucoup plus de salariés que d'indépendants. Ensuite, par une espèce d'osmose, la hiérarchie du prestige ayant changé, les deux bourgeoisies, celle de l'argent et celle du prestige, se confondent. Devenir instituteur, professeur de lycée ou même avocat ou petit fonctionnaire ne vous donne plus autant de prestige ou de statut que dans le passé. Il vous en donne probablement moins que de devenir un cadre moyen ou supérieur dans une compagnie d'assurance ou de devenir ingénieur dans une usine.

De son côté, la classe ouvrière est, je crois, beaucoup plus différentiée. Son mode de vie au point de vue qualité est cependant moins différent de celui du bourgeois d'avant guerre. Je ne dis pas qu'il y a disparition des classes, bien entendu, mais qu'avec l'élévation du niveau de vie de la classe ouvrière française, il s'est simplement formé un nouveau sous-prolétariat assez misérable qui du reste se trouve miraculeusement composé d'étrangers et que le gouvernement est en train d'essayer de mettre à la porte de façon assez déplaisante.

Les conséquences de toutes ces transformations font que la structure sociale française commence à ressembler beaucoup à celle des pays voisins. Ce qui n'était pas tellement le cas avant. Ce qui a accompagné ces transformations c'est également toute une série de changements d'attitudes et de comportements. Je crois qu'il est très difficile de parler de valeurs parce qu'on ne saisit les valeurs qu'à travers les attitudes et la conduite. De loin, l'attitude nouvelle la plus étonnante est cette espèce de conversion nationale à la croissance. Si le mot clé de la France de l'entre-deux-guerres et de la fin du dix-neuvième siècle avait été le mot "stabilité" avec toutes ses métaphores concernant l'harmonie et la mesure, le mythe-moteur de l'après-guerre aura été la croissance. Or, il est certain que la croissance a été beaucoup plus la volonté des élites que celle du Français moyen. Quand, dans les enquêtes, on demandait aux Français s'ils préféraient une croissance plus rapide ou une vie un petit peu moins secouée, ils avaient tendance à répondre que, mon dieu, ils se satisferaient d'une moindre croissance et d'une vie un peu moins disloquée.

Pourtant, aucune fraction ni de la classe politique ni de la classe syndicale ne s'est jamais prononcée dans la France d'après-guerre pour l'approche anglaise, c'est-à-dire pour une croissance lente et une vie meilleure. En effet, les seuls groupes en France qui aient eu des réserves très nettes à l'égard de la croissance et une certaine sympathie pour la méthode anglaise—égalité d'abord, pas trop de changements dans la vie des individus, croissance lente—ce furent les intellectuels. Précisément, je crois, parce que dans la France d'après-guerre, dans cette France des cadres, des *managers*, des journaux économiques; l'intellectuel, dont le prestige avait été si grand dans la vieille France des avocats, des propriétaires terriens et des instituteurs, cet intellectuel voyait justement ce prestige diminuer de jour en jour.

L'une des différences de comportement les plus visibles chez le Français d'après-guerre, c'est sa ruée vers la consommation, vers l'amélioration des conditions matérielles ce qui n'aurait pas été concevable sans la croissance. Cependant, toutes les valeurs traditionnelles de la société d'avant-guerre avaient été des valeurs de modération. On mettait les gens en garde contre le luxe, contre la consommation trop voyante, on dénonçait l'envie démocratique comme un mal, on disait aux gens de se méfier des aspirations matérialistes. Eh bien, dans la France, d'après-guerre, les aspirations matérialistes des masses se sont exprimées et ont été très largement satisfaites.

Une autre attitude nouvelle est cette espèce de quête et d'attente de la mobilité sociale. Après tout, dans la France traditionnelle, on expliquait aux gens que l'ascension individuelle était quelque chose de très lent. Cela se faisait à travers plusieurs générations, par le travail et par l'épargne. Dans la France d'après-guerre, on assiste à un désir collectif de promotion sociale rapide, individuelle. D'où, parmi les signes les plus évidents, l'explosion de l'éducation secondaire et supérieure, le souci généralisé de formation permanente, la multiplication de tout ce qui permet éventuellement la promotion sociale.

Ces changements d'attitude ont aussi provoqué une nouvelle conception de la vie et du travail. La France reste un pays—ce que les Américains ne savent pas toujours d'ailleurs—où les gens travaillent beaucoup. C'est en France que le nombre d'heures de travail par semaine est le plus élevé à l'intérieur de la Communauté économique européenne. Ce n'est que depuis la montée du chômage et la crise des dernières années qu'on commence à parler sérieusement de réduire la durée hebdomadaire du travail. Comme dans le passé le travail continue à être vu avant tout comme une nécessité et un moyen plutôt qu'un but en soi. Certes, il y a une différence en ce sens que dans le passé le but du travail était la sécurité. Aujourd'hui, la sécurité reste importante, mais c'est avant tout une vie meilleure qu'on réclame. D'où tout l'intérêt que les gens portent aux loisirs, aux voyages, aux résidences secondaires, à la qualité du travail; d'où cette resistance aux travaux monotones et mécaniques.

Ce désir d'une vie meilleure explique en partie la raison pour laquelle le citoyen français s'impatiente tellement contre les obstacles qu'il rencontre et qui viennent de la société ancienne. Pour quelqu'un qui veut une vie meilleure, tout ce qui reste de structure d'autorité classique, tout ce qui dit aux gens d'attendre, d'être patients, de se soumettre à toutes sortes de contrôles extérieurs, tout ce qui paraît répressif est évidemment très mal reçu. De ce point de vue-là, je crois qu'il est très intéressant de comparer ce qu'on pourrait appeler les modes d'intégration sociale de la France d'après-guerre à ceux qui existaient dans la France de la IIIe République, de même de comparer la France et les Etats-Unis où ces modes sont aussi très différents.

Si le tissu social français est beaucoup plus serré, cela tient en partie à une question d'espace. Les Français sont rassemblés dans un espace étroit alors qu'aux Etats-Unis vous avez des kilomètres et des kilomètres d'espace. Ce qui se fait dans telle ou telle ville ou tel ou tel Etat n'a que des rapports lointains avec ce qui se fait dans l'autre. Une autre raison pour cette différence de tissu social tient à la mobilité géographique beaucoup plus grande aux Etats-Unis. Vous avez un pays où—toutes les statistiques le montrent—la composition des villes fluctue beaucoup, les gens viennent et s'en vont au bout de quelques années et trouvent cela tout à fait naturel. Egalement, la densité de la réglementation administrative est beaucoup moins grande aux Etats-Unis.

Si on regarde la façon dont cette intégration serrée était opérée dans la France d'avant-guerre, on voit qu'elle était assurée avant tout par un réseau de restrictions, par un mélange de valeurs communes: ascension individuelle lente, système d'école primaire, famille, petite entreprise familiale qui emploie trois ou quatre ouvriers et bien sûr l'Eglise. Ces valeurs étaient des valeurs nationales. Mais le lieu de l'intégration était un lieu local. Je pense que beaucoup d'entre vous ont lu le fameux *Tour de la France par deux enfants*[4] écrit en 1877, il n'y a donc pas si longtemps. On y présente une France faite avant tout d'une agglomération de petits pays, qui étaient la limite de l'horizon du paysan, du petit industriel et de sa clientèle, ou de l'influence du notable. Bien que ses fonctions fussent limitées, l'Etat contribuait à cette intégration de différentes manières. Il y avait d'abord l'idéologie républicaine diffusée par l'école et par le système électoral. Il y avait en second lieu les différentes idéologies politiques. Alors qu'on reproche toujours aux idéologies françaises d'avoir surtout divisé les Français, ce qui est exact d'ailleurs, il faut aussi se rendre compte que les idéologies politiques étaient aussi une force d'unification dans ce pays coupé en petits morceaux. Les idéologies socialiste ou radicale, voire même l'idéologie maurrassienne rassemblaient les gens à travers ces différents pays. En troisième lieu, il y avait ce que Pierre Grémion appelle les pouvoirs périphériques.[5] C'est-à-dire, une sorte de "jacobinisme apprivoisé", ce système tout à fait remarquable de symbiose entre les agents de l'Etat, les préfets en particulier, et les notables locaux. Vous aviez une certaine complicité mutuelle entre les représentants du pouvoir central et le pouvoir local des notables élus, les maires, les conseillers généraux. Chacun ayant besoin de l'autre, c'est de cette façon que les besoins particuliers de chaque pays, de chaque région, pouvaient s'insérer dans les réglementations de l'Etat.

Si vous regardez l'intégration sociale aujourd'hui, je crois qu'elle a très profondément changé. D'abord le rôle des valeurs communes a beaucoup diminué, ce qui n'est pas très étonnant puisque la bourgeoisie d'où émanaient ces valeurs traditionnelles a elle-même beaucoup changé. Ensuite les contrôles sociaux qui renforçaient et qui émettaient ces valeurs ont très largement disparu. La société actuelle au lieu de dépendre pour sa survie de toute une série de principes et de critères universels, dépend beaucoup plus de l'attraction du progrès matériel. L'intégration est ainsi assurée avant tout par le mode de vie plutôt que par des valeurs. Prenez une institution comme l'école ou comme l'Eglise. Elles se portent relativement bien, mais elles ne semblent plus du tout être des porteuses de valeurs communes. Elles sont là en tant qu'institutions fonctionnelles, elles transmettent des connaissances dans le cas de l'école ou elles transmettent un certain nombre de compétences. L'un des rôles les plus intéressants de l'Eglise catholique dans la

France de l'après-guerre a été de former des cadres pour la vie agricole, pour la vie ouvrière, même quelquefois pour la recherche—je pense aux Jésuites. Aujourd'hui, ce sont moins les valeurs, ce sont plus les institutions dans lesquelles les gens travaillent qui comptent pour l'intégration sociale. D'autre part, je crois aussi que cette intégration est de plus en plus assurée par les associations volontaires. Qu'il s'agisse d'associations de quartier, de parents d'élèves, d'associations d'agriculteurs, on assiste à une croissance remarquable—en nombre, en diversité et en capacité d'action collective—de ces associations volontaires. De ce côté-là, la France s'américanise.

Un autre changement provient du fait que l'intégration est beaucoup moins locale que dans le passé, mais au contraire beaucoup plus nationale. Je reviens à ce que je vous avais dit du rôle de la radio et de la télévision en tant que facteur d'unification. Dans la France classique, les réseaux de communications étaient avant tout locaux et régionaux. En plus, ils portaient des valeurs. L'exemple classique était le journal local qui était un journal d'opinion. A l'heure actuelle, je crois que les réseaux de communications sont avant tout nationaux mais leurs messages sont beaucoup moins clairs. Les opinions sont beaucoup mieux cachées. Le rôle de l'Etat aussi a changé. Il n'y a vraiment plus d'idéologie de l'Etat. Prenez la Ve Republique, quelle est son idéologie? Tout juste une certaine célébration de l'efficacité et de la modernisation économique mais rien de plus. Il en est de même pour les différentes familles idéologiques classiques qui sont également en pleine transformation. S'il reste des idéologies, elles sont plutôt à gauche qu'à droite. Par contre on voit une énorme augmentation des fonctions de l'Etat. L'équilibre très complexe entre les notables locaux et les agents de l'Etat n'existe plus, il a été remplacé par un système national de décideurs bureaucratiques qui vident le gouvernement local du gros de sa substance.

Dans la France classique, les différents modes sociaux d'intégration tendaient à injecter en quelque sorte des valeurs nationales dans les petits groupes, dans les petits pays, dont se composait la France. A l'heure actuelle, tous les modes d'intégration, aussi bien des institutions fonctionnelles que des associations volontaires, tendent à la diversité. Il y a, me semble-t-il, une sorte de conflit entre une société qui devient de plus en plus diversifiée, pluraliste, et un Etat qui essaie de servir de camisole de force, de centralisation à toute cette diversité. Il en résulte un énorme accroissement des fonctions de l'Etat et une prédominance des bureaucrates sur les notables. Si bien qu'à l'heure actuelle, il y a un véritable conflit entre les efforts unificateurs de l'Etat et les tendances de la société à la diversité. Et pourtant, c'est l'Etat lui-même qui a servi d'incubateur et d'agent de la transformation sociale et économique d'après-guerre.

En réalité c'est dès 1944 que la France a été prise en charge par des hommes nouveaux, des équipes nouvelles et des valeurs nouvelles. Ces gens étaient convaincus que le vieux système avait été responsable de la chute de 1940 et qu'il fallait construire à la fois une nouvelle société et un nouvel Etat, remplacer une République à fonctions très limitées par un Etat réformateur. Ce qui est intéressant, c'est de voir que dans une très large mesure ils ont réussi. L'autre paradoxe, c'est que s'ils ont réussi, c'est en partie parce que plusieurs des valeurs et des institutions de la société qu'ils voulaient détruire rendaient possible cette transformation. En effet, ils ont pu se servir de l'enthousiasme du travail qu'avaient les Français. Ainsi, pendant la période de démarrage, de la Libération à 1947, les syndicats, le parti communiste ont poussé à la reprise avec un minimum de grèves. Ils ont pu aussi compter sur l'une des valeurs clé de la société bourgeoise qu'ils voulaient transformer, la valeur de l'épargne et ils ont fait appel à cette épargne pour les énormes investissements que le Plan exigeait à partir de 1947. A partir du moment où la société s'est mise à produire des biens, ils ont de même pu faire appel au vieil appétit paysan et bourgeois pour l'acquisition. De plus, tout l'organisme d'Etat qui dans le passé avait servi au protectionnisme, allait dès lors pouvoir servir au dirigisme. C'est l'Etat qui créera la nouvelle carte industrielle, qui démantelera le vieux réseau protectionniste et ouvrira les frontières pour que la concurrence joue. C'est l'Etat qui décidera de façon radicale de moderniser l'agriculture, sachant que cette modernisation signifie l'élimination d'une bonne partie des paysans. C'est l'Etat encore qui développera le système de sécurité sociale, les logements à loyers modérés.

Toutes ces transformations se sont accomplies premièrement par le réseau des entreprises nationalisées, deuxièmement par la planification dont il ne reste plus grand-chose et troisièmement par ce que j'appellerai le néocorporatisme, c'est-à-dire cette espèce de symbiose assez compliquée entre l'Etat d'une part et les groupes sociaux organisés de l'autre.

Je vous en donne quelques exemples. C'est l'Etat qui, en donnant à la Fédération Nationale des Syndicats d'exploitants agricoles toute une série de subsides et de pouvoirs, renforce ainsi la position locale de cette fédération, qui est une fédération politiquement modérée. Il la renforce au détriment d'une fédération communiste comme le M.O.D.E.F., mais en échange il obtient de cette fédération qui regroupe le gros des agriculteurs français la coopération de ceux-ci pour la politique agricole du gouvernement. En quelque sorte la fédération des agriculteurs devient une sorte de relais pour la politique agricole du gouvernement. Bien entendu le gouvernement est obligé de tenir compte des demandes des agriculteurs, mais il est certain que dans cette curieuse association ce sont plutôt les agriculteurs qui servent de cheval et le gouvernement de cow-boy. C'est un peu la même chose dans les rapports avec le patronat qui a besoin de l'aide de l'Etat pour la modernisation, pour l'exportation et ainsi de suite. C'est finalement le gouvernement qui a pu ou aurait pu—il a souvent raté l'occasion—orienter le développement industriel.

LES CONTRADICTIONS

Tous ces phénomènes, toutes ces tendances ont pris place entre 1945 et 1975 et sont aujourd'hui pratiquement terminés. Et cela pour toutes sortes de raisons y compris le fait que la majorité a grand besoin du vote des agriculteurs, des petits commerçants et qu'elle n'a aucun intérêt à une réduction draconnienne des groupes sociaux sur lesquels elle peut compter. De plus, et je reviens à ce qu'Evelyne Sullerot vous a dit au tout début, cette période de croissance très rapide—avec une force ouvrière en augmentation constante à cause de la démographie en expansion, à cause du retour des colons d'Afrique du Nord, à cause de l'immigration des travailleurs étrangers—prend définitivement fin. Il n'y a plus de pieds noirs qu'on puisse importer, la population n'augmente plus, et on renvoie des ouvriers étrangers à cause du chômage. En fait, les principaux soucis d'avenir ne sont pas comment distribuer la croissance, mais comment faire face au chômage et au coût de l'énergie. Les nouveaux objectifs ne sont plus l'expansion, mais ce qu'on appelle d'un terme merveilleusement bureaucratique "le redéploiement industriel", à vrai dire un euphémisme pour dire la liquidation de branches entières de l'industrie. Autrement dit, la Ve République, qui a atteint sa majorité, elle a maintenant vingt et un ans, doit se consolider et se redessiner en période de crise et de difficultés.

Avant de dresser le catalogue des difficultés auxquelles la France doit faire face, il serait bon de dire un mot sur leur origine. Certaines difficultés proviennent en quelque sorte des résidus du passé. On ne liquide jamais toute une société à la fois et justement, la transformation de la France d'après-guerre s'est faite dans un cadre, dans un moule constitué par la société dont on est en train de se débarrasser. Parmi les résidus qui continuent de peser très lourd sur la France actuelle, il y a en premier lieu le style d'autorité. Ce qui change le moins vite et le moins facilement, c'est à la fois cette tendance à recourir à l'autorité supérieure pour les conflits et la volonté de résister à cette autorité, de peur qu'elle ne devienne arbitraire. Or la France d'après-guerre, c'est l'autorité supérieure par excellence, le supérieur des supérieurs, à savoir l'Etat qui a été l'agent des transformations. Evidemment c'est ce qui explique l'inévitable multiplication des résistances. L'inégalité est le deuxième résidu émanant de la société traditionnelle et qui n'a pas disparu. Cette inégalité se manifeste par les castes de la fonction publique, par un éventail des salaires beaucoup plus ouvert que dans beaucoup de pays, par le système des grandes écoles. Elle se manifeste par la différentiation qui, dans l'enseignement français, sépare non seulement, comme dans toutes les sociétés, l'éducation générale de la formation professionnelle, mais encore sépare ces deux catégories d'enseignement beaucoup plus tôt que la plupart des autres pays. En outre, il existe beaucoup moins de passerelles de l'une à l'autre et on donne un status nettement inférieur à la formation purement professionnelle. Un dernier résidu qui se révèle être important à l'ère industrielle, c'est sans doute ce manque d'aggressivité ou d'initiative des Français dans le monde des affaires. Dans la France traditionnelle le monde des affaires n'était pas très bien vu et dans la France actuelle, c'est toujours l'Etat qui a besoin de pousser les industriels, de les encourager à exporter. Toutes les grandes concentrations d'entreprises qui ont eu lieu depuis dix ou quinze ans ont été initiées par l'Etat, de façon parfois pénible comme dans l'industrie automobile par exemple.

D'une part donc des résidus, d'autre part toute une série de contradictions nouvelles liées à la crise économique de ces dernières années viennent secouer la France. On peut en distinguer quatre groupes qui découlent de problèmes d'efficacité, d'inégalité, d'autorité et de légitimité.

Commençons donc par les problèmes d'efficacité qui, bien entendu, ne sont pas particuliers à la France. Comme tous les pays de l'Europe occidentale, la France est en période de récession, mais elle est particulièrement frappée par la crise pour des raisons purement françaises. Depuis la crise du pétrole, à la fin de 1973, les Français sont devenus très conscients de leur double dépendance à l'égard du monde extérieur. Or cette prise de conscience arrive après une période de quinze ans pendant laquelle on leur a expliqué tous les jours que la France était un pays superbement indépendant. Tout à coup les Français se sont aperçu que d'un côté, ils dépendaient terriblement des pays du Moyen Orient puisque toute leur industrialisation reposait sur le pari d'un pétrole bon marché. Remarquez que ce pari avait été fait par De Gaulle lui-même. Au fait, à un moment donné, la France aurait eu le choix de développer davantage ses propres sources d'énergie, dans le nucléaire par exemple, de diversifier ses importations pétrolières, en acceptant d'importer du pétrole plus cher de différents pays. Autrement dit, la France aurait pu diminuer sa dépendance. Au contraire elle a fait le pari de l'approvisionnement constant et bon marché venant du Moyen Orient. D'un autre côté, on s'est également aperçu à ce moment-là que la France restait finalement très dépendante des Etats-Unis.

L'autre facteur qui rend la crise particulièrement pénible vient du fait que toute la politique de la Ve République reposait sur la croissance qui devait permettre une amélioration de vie sans provoquer des transformations sociales trop déstabilisantes. Or la croissance a pris fin et avec la récession, l'inflation, alors qu'elle servait depuis la guerre comme une espèce d'aiguillon pour l'expansion, présente aujourd'hui de nouveaux problèmes.

Toute la politique économique de la France depuis vingt ans est une espèce de valse-hésitation entre deux pôles. Vous avez d'une part le pôle anti-inflationniste: on essaie de maintenir la compétitivité de l'industrie française et on essaie de maintenir le franc à un niveau relativement élevé. Le coût de cette politique implique la compression sociale. On refuse de relever les salaires, on les contrôle, on donne la priorité aux équipements collectifs par rapport à la consommation individuelle et de temps en temps on ralentit même la croissance et l'investissement pour que la machine ne s'échauffe pas trop. Depuis 1963, c'était la politique suivie par De Gaulle. Le résultat d'une telle politique a provoqué l'explosion de 1968, je parle de l'explosion ouvrière et non pas étudiante. L'autre pôle c'était au contraire un pôle de desserrage des vis. On permettait aux salaires de s'élever. On donnait davantage de crédit aux industriels pour l'expansion. On acceptait un taux d'inflation très supérieur à celui de l'Allemagne. De cette façon-là on avait la paix chez soi. Mais alors le coût de cette politique c'était le franc qui devenait moins stable, la balance des paiements qui se détériorait, et l'industrie française qui n'était plus aussi compétitive. Voilà donc les deux pôles entre lesquels la France a oscillé. Ce qui était un souci pendant la croissance, devient littéralement un cauchemar en période de récession. Comme actuellement il y a en France à la fois inflation et récession, le gouvernement essaie depuis 1975 de trouver une solution. Ce qui est très intéressant c'est que le gouvernement actuel explique aux gens qu'il faut serrer les vis, qu'il faut laisser des branches entières de l'industrie sombrer parce qu'elles ne sont plus compétitives, qu'il faut défendre le franc et la balance des paiements. Toutefois, pour ne pas avoir de troubles sociaux, le premier ministre a décidé de ne pas diminuer le niveau de vie des Français. Or, il est vrai qu'il y a beaucoup moins de troubles sociaux actuellement qu'on aurait pu le croire, même avec plus d'un million de chômeurs. Cependant, le taux d'inflation demeure très élevé.

Lorsqu'on examine l'industrie française, on s'aperçoit qu'elle s'est énormément développée mais que là aussi on découvre certains manques d'efficacité. L'Etat français a un peu succombé à une vieille fascination française pour la technique plutôt que pour la rentabilité. Ce n'est pas pour rien que la bureaucratie française est dominée par des ingénieurs. Or un ingénieur est toujours beaucoup plus séduit par l'élégance technique d'un projet que par la question de savoir s'il est rentable ou non. La France de la Ve République est devenue un peu la spécialiste des découvertes techniques merveilleuses qui malheureusement coûtent tellement cher qu'on ne peut pas les mettre en pratique. Il n'y a qu'à observer le cas du Concorde, le cas de la télévision française en couleurs (la plus belle du monde mais que personne n'a acheté sauf les Russes pour des raisons d'ordre politique), le cas de la filière française de l'énergie atomique (abandonnée au bout de trois ans, si bien que les Français se sont mis à acheter des licences américaines ce qui est un petit peu humiliant pour une politique d'indépendance). Ces cas ne sont pas les seuls et l'erreur probablement la plus coûteuse a été la tentative de l'Etat de renflouer l'industrie de l'acier. De plus, en obligeant certaines industries à fusionner, on s'est aperçu qu'on obtenait souvent le mariage de leurs faiblesses respectives. On a créé un certain nombre de monstres de dimension mondiale mais qui sont extrêmement faibles au point de vue structure. Si bien qu'à l'heure actuelle on en revient à l'idée que peut-être les industries petites ou moyennes sont plus efficaces.

Ce manque d'efficacité n'affecte pas seulement les industries. Le cocon d'Etat dans lequel on a emprisonné l'agriculture est encore plus dense que celui de l'industrie. La transformation de l'agriculture française est toujours célébrée comme l'un des acquis du régime, et à certains égards c'est vrai. Quand on regarde le comportement des associations d'agriculteurs, ils sont beaucoup plus modernes, beaucoup moins négatifs et frileux qu'avant la guerre. Toutefois, l'espèce de marché conclu entre les associations d'agriculteurs et l'Etat est un peu le marché par lequel l'Etat disait à l'agriculteur: acceptez de vous moderniser, acceptez la disparition de certains d'entre vous, acceptez la mécanisation et en échange l'Etat se battra au Marché Commun à Bruxelles pour augmenter les prix. Cette augmentation des prix paiera la modernisation. Egalement l'Etat fera en sorte que vous puissiez vendre vos produits aux Allemands, aux Italiens. Le résultat c'est que l'agriculture française est aujourd'hui moins compétitive que l'agriculture anglaise ou allemande, et les partenaires du Marché Commun commencent à en avoir assez de subventionner l'agriculture française.

Quant au commerce, il n'y a eu comme vous le savez aucune réforme véritable. Il y a eu une velléité de réforme dans la période gaullienne mais avec Pompidou et Giscard on est revenu à la protection des petits commerçants parce que précisément, comme on vous l'a dit, ils votent pour le gouvernement.

L'Etat s'est donc chargé de toute une série de tâches avec l'appareil bureaucratique classique. Or comme toutes les bureaucraties, la bureaucratie française n'est pas toujours très bien équipée pour la politique économique et sociale. La paperasse, les conflits entre différents ministères—on a calculé qu'il fallait plus de vingt-deux opérations et deux ans pour obtenir l'autorisation de construire un collège—la bureaucratie classique, l'ont finalement emporté sur la planification dont il ne reste pas grand-chose.

Abordons brièvement quelques-uns des problèmes touchant l'inégalité. Ils sont très à la mode parce que dans une société où chacun est tellement attaché au maintien de sa position particulière, à son status, la transformation sociale très rapide ne pouvait que créer une peur terrible de reculer ou de ne pas avancer aussi vite que les autres. Cette peur déjà intense en période stagnante, ne fait qu'augmenter en période où tout le monde bouge. Je crois que cette fascination avec l'inégalité provient du fait qu'il y a eu un conflit très visible entre la modernisation d'une part et les vieilles structures d'inégalité, qui servaient en quelque sorte de barrages ou de résistances, d'autre part. Un autre facteur de fascination est d'ordre politique. La majorité étant conservatrice, l'Etat est dirigé par une élite qui se recrute dans un milieu très étroit et il était tout à fait normal que l'opposition saisisse le thème de l'inégalité comme thème principal. Les manifestations de cette inégalité sont assez connues puisqu'on a énormément publié sur ce sujet.

En tous les cas, nous savons que l'inégalité dans la répartition des salaires, des revenus et des richesses est très forte et que l'augmentation générale du niveau de vie n'a pas atténué les différences entre les riches et les pauvres. De même, il existe une inégalité en matière fiscale qui tient du fait que l'Etat français dépend beaucoup plus que la plupart des autres pays des impôts indirects. Parmi tous les pays industriels avancés, la France est de loin celui dans lequel l'impôt sur le revenu occupe la place la plus faible dans les ressources de l'Etat: 23% des ressources. Cela tient en grande partie à ce que l'impôt sur les revenus est agrémenté de toute une série de déductions spéciales. Si vous regardez cet impôt sur le revenu et que vous le comparez à l'impôt américain, vous voyez qu'il y a deux énormes différences. D'abord il y a le système très difficile à expliquer à un Américain, le système des forfaits. Dans l'agriculture, dans les trois-quarts des activités industrielles et commerciales et dans les deux-tiers des membres des professions libérales, on peut payer non pas sur le revenu déclaré mais par forfait, c'est-à-dire en quelque sorte par un contrat fixé à l'avance avec l'administration. Evidemment ce système permet toute sorte de non-déclarations. La deuxième différence, c'est qu'il existe un pourcentage très élevé de fraudes parmi les membres des professions libérales, parmi les commerçants et les industriels. Si bien qu'on a calculé que le revenu imposable ou imposé ne constitue que 40% du revenu total du pays. Autrement dit, pas d'impôt sur 60% des revenus ce qui explique que l'impôt sur les revenus pèse aussi peu dans les ressources de l'Etat. Il en résulte une flagrante inégalité entre les gens imposés par forfait ou sur déclaration non-vérifiable et tous les salariés qui eux sont imposables sur leurs revenus déclarés à la source, qui ne peuvent donc rien cacher et qui sont frappés d'autant plus lourdement par les impôts indirects qu'ils sont moins riches.

Bien entendu, il y a aussi toutes les inégalités du système d'enseignement sur lesquels je n'insisterai pas, les inégalités d'activités professionnelles, les inégalités au sein de la fonction publique, les inégalités entre agriculteurs et finalement, inégalités encore en ce qui concerne l'origine sociale des groupes dirigeants. On s'aperçoit qu'il y a eu très peu de démocratisation et vous avez là une source de frustration, pas seulement parce que la mobilité sociale est faible, mais aussi parce que les gens pensaient qu'en s'engouffrant dans les lycées, dans les collèges techniques, dans les universités, dans la formation permamente, ils pourraient s'élever plus vite. En réalité, ils s'aperçoivent qu'en période de récession on n'embauche plus et personne ne monte.

Les contradictions sont encore plus marquées, dès que nous abordons le domaine de l'autorité. Le développement économique, le désir de consommer davantage, la multiplication des associations volontaires et des groupes de défense ont rendu les gens plus impatients à l'égard des formes anciennes d'autorité et ont provoqué une demande plus vigoureuse de participation et de représentation. Demande qui du reste entre en conflit à la fois avec le point de vue de l'Etat et avec les attitudes des syndicats de façon fort intéressante. L'Etat, la bureaucratie, continue toutefois de se considérer comme représentant de l'intérêt général. Par exemple, j'ai un ami qui, ayant été corrompu par quinze ans de vie aux Etats-Unis, a essayé d'organiser en France un groupement de défense des utilisateurs du téléphone. Il a eu des ennuis épouvantables avec l'Etat et continue d'en avoir avec de hauts fonctionnaires de l'administration du téléphone qui lui font remarquer qu'il n'y a absolument pas besoin d'une association des usagers. Après tout, c'est l'Etat qui représente les usagers, donc pourquoi une association privée s'arrogerait-elle le droit de critiquer. De la même façon, les syndicats expliquent qu'ils représentent leurs membres à la fois comme producteurs et comme consommateurs. Alors pourquoi y aurait-il besoin d'associations de consommateurs?

Il y a longtemps que Michel Crozier décrit la France comme une terre de commandement, mais ce qui est intéressant à l'heure actuelle c'est qu'il y a de plus en plus de contestations du commandement. Certains des bastions du commandement traditionnel—la famille et l'Eglise—voient leur autorité nettement diminuer ou sinon changer passablement de style. L'autoritarisme classique, cependant, reste profondément incrusté dans les entreprises françaises où le patronat français maintient des critères de hiérarchie comme principes d'organisation du travail. Le travail est très hiérarchisé en France, bien plus qu'en Allemagne, et les règles d'autorité y sont souvent déguisées comme règles impersonnelles de *management*. Mais finalement, un contremaître ou un cadre français ont beaucoup moins d'influence dans l'entreprise qu'un contremaître ou un cadre allemands. Lorsqu'on en vient aux salaires ou aux négociations syndicales l'Etat intervient encore de façon décisive. C'est l'Etat qui fixe directement les salaires dans tout le secteur nationalisé et indirectement dans le secteur privé, en disant au patron, si vous voulez l'aide de l'Etat, il ne faut pas dépasser telles limites. Lorsqu'il y a des négociations collectives, elles portent sur des zones de salaires mais rarement sur les salaires réels dans une entreprise particulière. Ce qui est très frappant quand on compare les négociations collectives françaises à celles qui ont lieu aux Etats-Unis par exemple, c'est de voir que les accords qui sont signés entre ouvriers, patrons et Etat sont en général des accords au niveau national ou au niveau de la branche industrielle, jamais au niveau de l'entreprise. Les patrons refusent en gros de s'engager au niveau de l'entreprise où ils veulent garder leur liberté de manoeuvre. Les syndicats eux-mêmes n'insistent pas beaucoup, parce que les syndicats sont eux-mêmes très souvent très faibles au niveau de l'entreprise. Encore une fois, une bonne partie des ouvriers français ne sont pas syndiqués. Les syndicats sont beaucoup plus forts au niveau bureaucratique de la branche ou, bien entendu, à l'échelle nationale qu'au niveau de l'entreprise.

Nous retrouvons le même phénomène dans cet autre bastion de l'autorité classique que représente le système scolaire. C'est le Ministère de l'Education qui contrôle l'ensemble du système. Les professeurs et les instituteurs préfèrent cette situation où ils dépendent en théorie à la fois du ministre et de leur syndicat à Paris plutôt que du chef d'établissement ou du proviseur du lycée où ils travaillent.

Ces phénomènes de commandement sont en grande partie responsables de l'échec de la planification. Peu à peu les syndicats se sont retirés de la planification parce qu'ils trouvaient qu'on ne les écoutait pas et peu à peu c'est le gouvernement qui a décidé des principaux sujets: consommation par rapport à investissement, équipement public par rapport à la consommation individuelle. De plus, le gouvernement, pour garder cette liberté de manoeuvre préfère négocier avec des groupes comme le patronat ou la fédération syndicale des exploitants agricoles, plutôt qu'à travers le mécanisme du plan, parce que le mécanisme du plan est un mécanisme public. Un des charmes de la planification c'est la transparence. Or la transparence, l'explication de comment les choses fonctionnent, les rouages transparents font horreur aux Français. C'est pour cette raison d'ailleurs qu'ils résistent tellement à "l'inquisition fiscale". On n'aime pas que quelqu'un ait le droit de mettre son nez dans vos affaires. Et l'Etat lui-même a horreur de la transparence. N'oubliez pas, par exemple, que le parlement français n'a pratiquement aucun des pouvoirs d'enquête dont dispose le Congrès américain.

L'autre domaine de commandement intéressant à observer est celui qui implique la relation entre le gouvernement local et l'Etat central. Là encore, la plupart des réformes ne sont jamais allées très loin. Il y a bien eu la création des régions en 1964 mais celles-ci n'ont aucune autonomie réelle et leurs conseils existent à titre purement consultatifs. A l'heure actuelle le gouvernement prépare—depuis des années d'ailleurs—une réforme communale. Le malheur c'est que cela n'a aucun sens. Si vous voulez vraiment décentraliser un pays, cela veut dire donner des pouvoirs effectifs à un groupe qui est capable d'en exercer. Or, augmenter les pouvoirs de 38.000 communes n'a aucun sens parce que la commune est un échelon beaucoup trop petit pour avoir une autorité effective. Cela signifie simplement qu'on donnera au maire le droit de créer une piscine sans avoir à attendre deux ans la permission d'un ministère. Mais cela n'ira pas beaucoup plus loin que la piscine. Si on veut créer un échelon effectif, il faudrait, comme le pensait De Gaulle et comme le pensait aussi un certain nombre de non-gaullistes, comme Michel Crozier en particulier, créer des régions, parce que c'est la seule dimension effective. Or aucun gouvernement à l'heure actuelle n'y pense plus. Le résultat c'est qu'on en est resté au système territorial classique—commune, conseil municipal élu et maire élu par le conseil municipal, département avec assemblée qui s'appelle Conseil Général, à pouvoirs très réduits et où l'exécutif est le préfet, c'est-à-dire l'agent du gouvernement central. Dans la France classique, cette formule marchait assez bien parce que le préfet qui était l'agent de l'Etat négociait avec les maires des communes et avec les notables du Conseil Général. Il y avait cette symbiose dont j'ai parlé et ce besoin d'appuis réciproques. Le système était parfaitement élitiste, le jeu se jouait entre notables et préfet. C'est un peu le même genre de jeu qui se déroule à l'heure actuelle entre l'Etat et le patronat, ou entre l'Etat et les agriculteurs. Toutefois ce jeu n'existe plus aujourd'hui dans le gouvernement local, parce que les décisions effectives sont prises à Paris par le ministère de l'équipement, par la D.A.T.A.R., par le ministère des finances, par le ministère de l'industrie, voire par le premier ministre. On assiste à un renforcement de l'un des deux pôles de l'Etat. D'autre part, les notables ne représentent plus grand-chose parce que les conseils généraux sont composés de telle façon qu'ils donnent la prédominance aux représentants des communes rurales qui justement pèsent de moins en moins dans les décisions. Sur les 38.000 maires, il y en a 37.800 qui représentent de toutes petites communes en voie de disparition. Donc non seulement le renforcement de l'Etat, mais encore le dépérissement des notables compromettent cet équilibre assez délicat qui faisait de la France classique un pays à la fois centralisé mais à vie locale très forte malgré la centralisation.

A l'heure actuelle vous avez une centralisation qui pèse beaucoup plus lourde et un pouvoir local très réduit. La seule exception c'est dans le cas des maires des grandes villes parce qu'il est évident qu'un maire de Lyon, de Marseille, ou de Bordeaux, peut encore équilibrer le gouvernement, surtout lorsque ce maire est en même temps député. Mais si vous avez affaire à un maire d'une commune moyenne ou d'une petite ville, il est complètement entre les mains du pouvoir. Ce qui fait qu'il y a beaucoup moins de vie locale, sauf dans les grandes villes, qu'il n'y en avait dans la France de la IIIe République. Donc déséquilibre très très important. Encore une fois, la réforme communale qu'on est en train de préparer n'aurait de sens qui si elle était accompagnée de deux réformes qui, hélas, ne viendront pas. L'une est une réforme des impôts locaux qui sont tellement faibles que les communes dépendent pour 80% de leurs ressources ou des subventions de l'Etat ou de délégation par l'Etat d'une partie des ressources centrales. L'autre obligerait les communes de se grouper, mais les maires s'y opposent. En effet, si vous regroupez cinq communes, il n'y aura jamais qu'un maire. Le renforcement du pouvoir de l'Etat par le double déplacement du parlement vers l'exécutif et vers les hauts fonctionnaires a mis fin à ce contrôle croisé entre les élites locales et l'Etat.

Au niveau des associations volontaires il se passe aussi un phénomène intéressant. Lorsque des Américains ont envie de faire quelque chose, ils se réunissent et ils essaient de le faire. Lorsqu'un Français trouve qu'il faudrait faire quelque chose, il s'adresse à l'Etat. Si par malheur il ne s'adresse pas à l'Etat mais essaie de créer sa propre association volontaire, il s'aperçoit très vite qu'il n'en a pas les moyens et que l'Etat lui barre la route. Que les associations volontaires se heurtent à la résistance de l'Etat, cela se comprend, mais ce qui est beaucoup plus surprenant c'est surtout la résistance des maires. Après tout, le maire a un tout petit pouvoir, et il voit souvent dans l'association volontaire un rival. Dans beaucoup de municipalités, le maire fait savoir aux citoyens que c'est au maire de régler telle ou telle histoire et que ce n'est pas aux citoyens de s'organiser eux-mêmes. Dès lors, beaucoup de ces associations deviennent de simples groupes de pression qui restent extrêmement timides.

Un autre bastion d'autoritarisme, probablement le plus résistant de tous, c'est le Parti Communiste, terre de commandement par excellence. Ce n'est pas seulement un vieil anti-communiste comme moi qui vous le dit, mais des gens comme Jean Elleinstein et Louis Althusser qui ont comparé l'organisation interne du Parti avec celle de l'armée et de la bureaucratie de l'Etat. Les dirigeants y sont choisis par pure cooptation, leurs mesures sont exécutées par une armée de permanents qui n'ont aucun droit à la décision, et la seule instabilité dans le parti existe au niveau des membres et non pas des dirigeants, parce que les membres de temps en temps ne renouvellent pas leur carte ou sont mis à la porte. Tout cela n'a guère changé, même si on n'expulse plus les dissidents, on les marginalise quand même. Il y a eu des changements de doctrine, il n'y a eu aucun changement d'organisation, et le parti après tout insiste toujours sur sa volonté de rester vraiment communiste et de ne pas devenir un parti social-démocrate. A l'heure où l'Eglise catholique a perdu son autoritarisme antérieur, il ne reste qu'une seule Eglise autoritaire en France, c'est l'Eglise communiste. Et c'est d'autant plus intéressant que l'autoritarisme au sein du parti survit en quelque sorte aux dogmes. Les dogmes s'effritent peu à peu, y compris le dogme de la supériorité de l'Union Soviétique ou de la dictature du prolétariat, mais l'autoritarisme institutionnel n'a pas bougé.

Je voudrais enfin terminer par une ou deux remarques rapides sur les problèmes de légitimité. En matière d'économie, il y a un concensus très vaste autour de la notion de croissance et de modernisation. Seuls certains intellectuels sont pour une croissance zéro. En matière politique, il est frappant de voir que la gauche a fini par accepter en gros les institutions du régime. Une des raisons pour lesquelles Mitterrand et l'union de la gauche ne sont pas passés tient au fait qu'un grand nombre de personnes favorables à la gauche par principe et par instinct en ont assez des promesses et des paroles. Les paroles c'est bien, mais des chiffres seraient mieux . . . Or, l'une des faiblesses de la gauche, c'est de ne pas avoir été capable de chiffrer ses projets au moment où les électeurs deviennent beaucoup plus pragmatistes. A mon avis, le pays est peut-être beaucoup moins divisé, beaucoup moins idéologique que la classe politique. Néanmoins, il y a quand même au point de vue légitimité un certain nombre de signes de fragilité.

Prenons d'abord le système économique. Il n'est toujours pas accepté par tout le monde. C'est le moins qu'on puisse dire. Au fond, aux Etats-Unis à peu près tout le monde accepte le système économique, ce qui d'ailleurs est très fatigant et rend la critique très difficile. En France, dans les rapports entre les entreprises, l'Etat et les syndicats, on s'aperçoit que presque tous les sujets d'entente ou de désaccord sont liés à l'acceptation ou au refus du système. On peut en effet parler des conditions de travail ou de la formation permanente, mais dès qu'on touche à l'organisation de l'entreprise, à la hiérarchie ou même aux salaires, la légitimité du profit, la légitimité de la propriété privée, la légitimité du système capitaliste sont en cause. Dès qu'il est question, comme à l'heure actuelle, du déclin de certaines branches, il n'y a pas moyen d'obtenir des accords parce que les syndicats disent, "Attention! c'est la preuve que le système capitaliste est pourri, nous réclamons un système socialiste où l'Etat prendrait en charge tel ou tel secteur." Evidemment, l'Etat et le patronat répondent: "Surtout pas." Donc le fait qu'il reste un conflit très profond sur la légitimité du profit et de tout un système économique fondé sur le profit, limite de beaucoup les possibilités, sinon de paix, du moins d'accord et de concensus en matière économique et sociale. Il n'y a qu'à voir la popularité des thèmes anti-capitalistes pour s'en rendre compte. Non seulement à gauche, mais même chez les gaullistes. Dans la mesure où ils essaient de faire du recrutement, les gaullistes n'hésitent pas de temps en temps à reprendre certaines idées de participation en vogue à l'époque du Général; après tout l'organisation des entreprises ne serait pas tellement légitime, il faudrait augmenter les pouvoirs, non pas des syndicats, dont on se méfie, mais des ouvriers dont les trois-quarts ne sont pas syndiqués. Ce thème participationniste est un thème que le patronat rejette avec fureur. On comprend dès lors que dans l'ensemble le patronat soit beaucoup plus giscardien que gaulliste. Le Général et le patronat n'ont jamais été tout à fait d'accord. De Gaulle n'a jamais oublié que le gros du patronat français a collaboré sous Vichy. Cependant si les rapports sont un peu meilleurs avec Giscard, ils ne le sont pas entièrement. De même à gauche, le thème des nationalisations cher aux communistes et le thème de l'autogestion de Rocard et de la C.F.D.T. sont deux formules à la fois très différentes, mais ont en commun de nier la légitimité du profit et le droit des capitalistes à gérer leur firme.

Donc pas de légitimité profonde du système économique, pas plus que de légitimité profonde du système d'éducation en ce sens que personne ne sait plus très bien quelles sont ses fonctions. Enfin, en ce qui concerne le régime lui-même, j'ai un peu l'impression qu'il ne sera vraiment légitimé que le jour où il y aura l'altérnance dont j'ai parlé au début, c'est-à-dire le jour où, par exemple, la gauche serait maîtresse de l'assemblée avec un président de droite ou vice versa. L'autre problème de légitimité politique repose sur cet éventail des désaccords et des clivages dans la classe politique française. Celui-ci reste quand même beaucoup plus large et profond qu'en Allemagne, en Angleterre, ou aux Etats-Unis. Cela tient en partie, je crois, au fait que la gauche reste profondément idéologique. Certes, le changement le plus intéressant reste cette espèce de "désidéologisation"—si vous me permettez ce mot affreux—de la droite. Dès que l'on compare la droite française actuelle avec la droite d'avant-guerre, il y a une révolution complète. Que vous preniez l'extrême droite de Maurras ou la droite conservatrice classique, la droite française d'avant-guerre était anti-industrielle, anti-urbaine, anti-moderne. Par contre les giscardiens et les gaullistes ont ceci d'intéressant, non seulement d'accepter la société moderne mais de réclamer à grands cris l'industrialisation, l'urbanisation, le changement économique, et tout ce qui est moderne.

A gauche, l'idéologie au contraire reste très marquée. D'abord parce que c'est une arme et quand on est dans l'opposition en permanence, la tendance à se durcir est très forte. Je crois que si la droite s'est "désidéologisée", c'est parce que l'expérience du pouvoir l'a amenée à un certain pragmatisme. La gauche au fond n'est plus au pouvoir depuis une éternité, et elle se considère toujours comme l'espérance. Or, l'espérance a toujours tendance à être un peu messianique.

Ces différentes formes d'absence de légitimité continuent de peser sur le pays malgré les profondes transformations économiques et sociales. En effet, on retrouve quand même beaucoup de la France traditionnelle dans la France contemporaine. Quand on additionne l'Etat, l'école, les entreprises, le Parti Communiste, on est bien obligé de constater la survie dans un large domaine de ce que Crozier appelle le phénomène bureaucratique, c'est-à-dire cette espèce d'armature du style d'autorité refusant l'affrontement direct et le "face à face". Un autre facteur de permanence de la France traditionnelle provient de ce que la classe ouvrière n'est pas totalement intégrée à la société. Par le mode de vie et par l'attachement à l'entreprise, elle reste en partie intégrée mais dans la mesure où les syndicats refusent de reconnaître la légitimité du système capitaliste, dans la mesure où les deux-tiers de la classe ouvrière votent pour l'opposition, les ouvriers continuent à se sentir et à se comporter en exclus.

Ce qui a également changé—et ce qui est très grave, mais n'est pas vraiment notre sujet—c'est ce qu'on pourrait appeler la spécificité du rôle de la France dans le monde. Au fond, la Ve et même la IVe Républiques, à leur manière un peu maladroite, ont toutes les deux essayé de trouver pour la France un rôle spécifique. Ce qui est frappant c'est de voir que la politique étrangère de De Gaulle, cette série extraordinaire d'acrobaties, n'a finalement pas tellement bien marché. De plus, depuis De Gaulle, pour des raisons qui ne tiennent pas du tout aux présidents successifs de la République mais à ce que De Gaulle avait l'habitude d'appeler "la nature des choses", la spécificité de la France dans le monde est allée en se rétrécissant. La fameuse Europe de l'Atlantique à l'Oural n'existe évidemment pas.

La Communauté française, le nom nouveau de l'Union française qui était lui-même le nom nouveau de l'Empire français, n'existe guère. La France est simplement intégrée dans l'ensemble des pays industriels avec la dominance américaine que les Français n'aiment pas mais qu'ils sont bien obligés d'accepter. Il est donc de plus en plus difficile de trouver un domaine où il y ait une politique spécifiquement et absolument française. Un autre changement que je regrette personnellement, c'est l'évolution de la vie intellectuelle française. Très active, très dynamique dans un certain nombre de domaines que vous me pardonnerez d'appeler ésotériques, cette vie intellectuelle n'a toutefois plus rien à voir avec la pensée politique. Si l'on considère que le rôle classique de l'intellectuel français depuis le début du dix-huitième siècle avait consisté en quelque sorte à penser des problèmes de société et des problèmes d'autorité politique pour l'ensemble du monde, il n'en reste plus rien à l'heure actuelle. On peut même se demander dans quelle mesure ce silence intellectuel—dans les matières qu'on pourrait appeler non-ésotériques, c'est-à-dire tout ce qui touche l'avenir politico-social—est lié au déclin politique de l'Europe en général et de la France en particulier. C'est une question décourageante à laquelle je n'essaierai pas de répondre.

PARTICIPANT—*Pourriez-vous nous dire un mot de cette dichotomie entre l'anti-américanisme idéologique de certains Français et la récupération des modèles américains dans la vie quotidienne par ces mêmes Français?*

C'est vraiment très compliqué, il faudrait tenir compte de tant d'ambivalences. Il y a des anti-américanismes très différents les uns des autres. Je crois qu'on peut distinguer plusieurs anti-américanismes. Pour simplifier, j'en énumérerai trois. Vous avez un anti-américanisme de droite classique. L'Amérique est considérée comme une société artificielle où règne la machine, l'argent, l'insécurité perpétuelle par comparaison avec les sociétés rurales. L'Amérique est une société fondée sur la mobilité permanente par rapport à la stabilité des sociétés traditionnelles et sur l'égalité, alors que chacun sait qu'une société véritable se compose d'inégalités. C'est un peu ce qu'on retrouve dans la nouvelle droite actuelle, laquelle est souvent violemment anti-américaine.

L'anti-américanisme de gauche est très différent. Il n'est ni anti-industriel ni anti-égalitaire mais repose sur l'anti-capitalisme et l'anti-impérialisme. La société américaine est une société hypocrite dans laquelle il existe une hiérarchie très marquée et dans laquelle tout le monde est manipulé par les riches. Cet anti-américanisme est celui qui s'exprime dans *Le Nouvel Observateur*, dans *Les Temps Modernes* et qui met l'accent sur le traitement des minorités opprimées aux Etats-Unis.

Le troisième, plus intéressant et très différent, est l'anti-américanisme gaulliste, qui n'est ni contre l'industrialisation ni contre la modernisation économique. Après tout, que voulait le Général de Gaulle? Il voulait le Concorde, il voulait une technique française d'énergie atomique, il voulait une industrie française des ordinateurs. Mais anti-américain parce qu'on veut que ce soit français. On veut garder les traditions culturelles françaises et que tout se fasse sous contrôle français. On est anti-américain non pas parce qu'on est contre la société américaine mais parce que l'Amérique est la puissance dominante dans le camp où on se trouve, volontairement d'ailleurs. Il y a bien sûr des points communs avec l'anti-américanisme de gauche, parce que pour les gaullistes l'Amérique c'est aussi l'impérialisme. C'est du reste pour cette raison que la politique intérieure de De Gaulle penchait à droite alors que sa politique extérieure a toujours eu une certaine résonnance à gauche dans la mesure où elle était anti-impérialiste.

Ces trois formes d'anti-américanisme sont assez différents les unes des autres. Toutefois, il ne faut rien exagérer, beaucoup d'Américains qui vont en France et à qui on a tellement expliqué que c'est un pays ennemi reviennent en disant que personne ne les a frappés. En réalité ils ont surtout constaté que les Français ont adopté en masse bien des modes américaines et que la loi contre l'usage du franglais n'a jamais pénétré la culture populaire française. L'anti-américanisme français est en effet beaucoup plus lié à la classe politique et aux intellectuels dans le sens large du terme.

Notes

1. Alexis de Tocqueville, *L'Ancien Régime et la Révolution*, introduction par Georges Lefebvre. Fragments et notes inédites sur la Révolution. Texte établi et adapté par André Jardin (Paris: Gallimard, [1856] 1953), 2 vol.

2. Ezra N. Suleiman, *Elites in French Society; the politics of survival* (Princeton: Princeton University Press, 1978) [*Les élites en France. Grands corps et grandes écoles*, traduit par Martine Meusy (Paris: Seuil, 1979)].

3. Valéry Giscard d'Estaing, *Démocratie française* (Paris: Fayard, 1976).

4. Mme Alfred Feuillée Bruno, *Le Tour de la France par deux enfants* (Paris: Belin, [1877] 1976).

5. Pierre Grémion, *Le Pouvoir périphérique. Bureaucrates et notables dans le système politique français* (Paris: Seuil, 1976).

Claude Fischler

*Attaché de recherche au C.N.R.S., Claude Fischler a participé en 1970
à la fondation du Groupe de Diagnostic Sociologique dirigé par Edgar
Morin. Cette équipe de recherche, affectée au C.E.T.S.A.S. (Centre
d'études transdisciplinaires: sociologie, anthropologie, sémiotique) de
l'Ecole Pratique des Hautes Etudes, se donne pour mission d'appliquer
les principes d'une "sociologie de l'événement": études "à chaud"
d'événements, crises ou minicrises, toutes occurrences diverses
apparemment marginales, anomiques, anecdotiques, mais révélant des
tendances nouvelles, des dynamiques souterraines du changement social
et civilisationnel, que la sociologie classique, qui s'attache surtout aux
structures et aux grandes permanences, ne peut prendre en compte.*

Claude Fischler a collaboré à plusieurs ouvrages, tels que Le Retour
des astrologues, La rumeur d'Orléans; *il a participé à des enquêtes
et à la rédaction de rapports sur le quartier de la Défense, sur le complexe
industrialo-portuaire de Fos-sur-Mer. Récemment, il vient de préparer le
numéro 31 de* Communications: La nourriture.

ARCHAISME ET MODERNITE:
UNE APPROCHE "CLINIQUE" DU CHANGEMENT SOCIAL
DANS LA FRANCE DES ANNEES 1970

Je me propose, au cours de ces quelques jours, de vous présenter
un "échantillon" extrait de dix années de recherche sur le terrain.
Pendant cette période, ce que nous avons tenté de faire, c'est de
détecter et d'analyser des tendances profondes, des dynamiques
nouvelles de la société française en mutation: pour cela, nous avons
étudié des événements ou des phénomènes apparemment
circonscrits, d'importance locale, marginale ou même parfois
anecdotique. D'où l'apparente hétérogénéité des thèmes traités (de
l'aménagement du territoire à la cuisine). Mais, de même que le
biologiste, qui, dans son microscope, examine aussi bien la mouche

drosophile que les bactéries *escherichia coli* pour étudier la matière vivante, de même nous choisissons événements et phénomènes en raison de leur intérêt révélateur.

C'est pourquoi nous avons privilégié l'événement contre les grandes structures, le changement contre les permanences—à la différence de ce que pratique le plus souvent la sociologie classique (techniques de questionnaires, sondages et enquêtes d'opinion, etc.): il s'agit pour nous de faire une sociologie "clinique", fondée sur des études de cas, sur le diagnostic porté "à chaud" sur l'événement, sur la crise.

Mais le phénoménal renvoie au fondamental; et si j'ai choisi ce titre (archaïsme et modernité), c'est que, me semble-t-il, il y a là une constante. On se représente souvent le changement social comme une sorte de marche implacable de la modernité, qui détruit ou submerge, plus ou moins aisément, l'ordre ancien. Or, il apparaît souvent que la modernité en marche, au lieu de résorber l'archaïsme, en secrète, remet au jour des couches profondes, oubliées, un peu comme le développement récent du transport aérien et du tourisme lointain a donné lieu à une résurgence annuelle, dans les pays développés, d'une maladie infectieuse oubliée depuis un siècle ou presque: le choléra.

L'AMENAGEMENT SANS MENAGEMENT[1]

Fos-sur-Mer, c'est un bourg de deux mille cinq cents habitants environ, qui se situe à une cinquantaine de kilomètres de Marseille, au bord du golfe de Fos, et dans une vaste plaine qui s'étend au nord jusqu'à Arles, la plaine de Crau. A Fos, le gouvernement a décidé de construire un complexe portuaire, industriel et urbain colossal. L'activité dominante du complexe, c'est la sidérurgie. A l'époque de la conception du projet, en effet, la théorie économique en vogue, connue sous le nom de "théorie des pôles d'industrialisation", voulait que les industries lourdes donnent lieu automatiquement à une industrialisation de plus en plus diversifiée: en réalisant à Fos une unité de production gigantesque, on pensait déclencher le développement de toute la région. Ce développement de la région devait s'inscrire lui-même dans un ensemble de stratégies conçues à l'échelle du territoire national et même international. Nous avons fait à Fos une enquête qui a commencé en 1972 et qui a duré jusqu'en 1976. Je voudrais très brièvement vous raconter cette histoire de Fos, et, à travers elle, celle de l'aménagement du territoire et donc des processus et des modes de pensée qui ont joué un rôle déterminant dans le développement, le changement et la crise qu'a connus la France dans les années 70. Je vous parlerai très rapidement de la genèse de ce pari de Fos, de la mise en oeuvre de ce projet, du véritable séisme qu'il déclenche dans la région, des perturbations que ce séisme, en retour, va introduire dans le développement du complexe lui-même (son cours sera profondément modifié); enfin, j'essaierai de dresser un diagnostic sur la pensée que j'appelle utopique-techniciste, qui a présidé à l'élaboration et à la réalisation de ce projet, à son échec relatif, en illustrant mon propos à l'aide des données que j'ai recueillies au cours d'une autre enquête concernant une autre grande réalisation de la France gaullienne: le quartier de la Défense à Paris.

LA GENESE

Le projet d'un complexe industriel à Fos est en fait le résultat de la convergence plus ou moins aléatoire de logiques diverses. D'abord, une logique marseillaise. Depuis le XIXe siècle, Marseille a entrepris une sorte de poussée vers l'ouest qui lui était nécessaire pour sortir de son cadre géographique trop étroit et garder ainsi sa place de premier port méditerranéen. Cette poussée s'est exercée vers l'étang de Berre; mais, au-delà de l'étang de Berre, elle a rêvé depuis longtemps de s'exercer vers cette plaine de Crau, cette plaine qui, mythologiquement, constituait une sorte de Belle au Bois Dormant qui attendait son prince charmant, c'est-à-dire une mise en valeur. On rêve en outre de joindre Marseille au Rhône, et ce rêve s'est affirmé avec les développements économiques du XXe siècle. D'abord, la logique du pétrole. L'étang de Berre est très tôt un important centre industriel pétrolier. Après la deuxième guerre mondiale, on y installe un port pétrolier que se révèle très rapidement trop étroit pour les gigantesques *tankers* qu'on voit apparaître. Entre-temps, Marseille a connu une crise sérieuse: c'est un port colonial, et il souffre gravement de la décolonisation. D'autant plus que, avec la mise en place de la Communauté Economique Européenne, la concurrence avec le nord de l'Europe, en particulier avec Rotterdam, devient dure. Marseille se trouve à la remorque du continent, car, de plus, elle ne s'est pas adaptée aux techniques modernes de transport maritime. Sa nouvelle ambition est donc de se transformer à la fois sur le plan industriel et portuaire, pour devenir le centre d'une véritable région moderne. Il y a donc convergence entre la logique de la navigation et du développement portuaire de Marseille, la logique de l'industrie pétrolière, et celle des industriels marseillais. Et en 1962, les notables du patronat et de l'industrie locale, de la Chambre de Commerce, forts d'un consensus quasi-général dans la région (y compris les syndicats et le Parti Communiste qui tonne depuis longtemps contre le sous-emploi permanent), arrivent à la conclusion qu'il faut faire à Fos un grand port pétrolier et de commerce qui permettra à la ville de tenir son rang sur le plan européen. Ce projet est conçu comme un projet d'intérêt régional. Le problème, pour les notables marseillais, sera de "vendre" ce projet aux pouvoirs publics de manière à ce que l'Etat finance tout ce qui, dans cette entreprise, pourrait ne pas être rentable, c'est-à-dire, essentiellement, les équipements d'intérêt public.

C'est ici que les logiques diverses que je viens d'énumérer en rencontrent une autre, qui est celle de l'Etat gaullien. Pour "vendre" leur projet, nos notables vont mettre en avant certains avantages naturels. J'ai là une brochure qui résume bien les arguments avancés: la plaine de Crau, ce sont de vastes surfaces sans contrainte; il y a peu d'expropriations à opérer puisqu'il y a peu de propriétaires, et de très grandes surfaces. Il y a peu de population au voisinage, et donc on peut installer les industries les plus polluantes. Il y a un sol et un sous-sol résistants qui peuvent soutenir de lourdes charges. Enfin, il y a cet argument climatique qui aura une importance décisive dans l'avenir de l'opération: "le mistral, les vents dominants venant du Nord, qui soufflent un jour sur deux au moins, chassent les fumées vers la mer, et les agglomérations du voisinage (. . .) sont suffisamment éloignées pour ne pas souffrir du voisinage industriel."[2]

Les représentants de l'Etat central vont volontiers se laisser convaincre par les notables marseillais. Ils vont reprendre et transformer le projet régional en une entreprise nationale beaucoup plus vaste et ambitieuse, qui échappera dès lors à ses initiateurs. C'est que les raisons de ces initiateurs rencontrent des raisons différentes, essentiellement celles de la DATAR (Délégation à l'Aménagement du Territoire et à l'Action Régionale) qui va prendre en main l'affaire. En échappant aux Marseillais, l'idée de Fos a pris de telles proportions qu'il ne s'agit plus de répondre à une crise commerciale, portuaire ou industrielle, mais de construire de toutes pièces un ensemble gigantesque qui va pouvoir défier l'espace, le temps et mettre la France à l'heure de l'an 2000. En ce sens, le projet revu et corrigé par la DATAR reflète un éthos de la France gaullienne des années 60, et une vision de l'avenir qui arrive à son apogée à cette époque, avant de connaître un renversement ou un bouleversement dans le cours de la décennie suivante, comme on va le voir.

1962, c'est l'époque où la France coloniale a vécu. La métropole doit maintenant faire face aux nouveaux impératifs de l'économie mondiale. Pour répondre au grand pari de l'avenir, on a vu surgir une nouvelle génération de fonctionnaires frais émoulus de l'ENA et des grandes écoles, dont beaucoup ont fait leurs premières armes d'aménageurs dans les pays coloniaux (le plan de Constantine en Algérie), et pour qui le changement des sociétés est conditionné presque exclusivement par l'évolution économique et technologique. 1962, c'est l'aube de la prospérité, et il règne dans les esprits un technicisme extraordinaire. Le climat intellectuel de l'administration en France en est à une sorte de futurisme parfois délirant, aux frontières de la science fiction. On rêve d'une société de haute technologie, de croissance continue et linéaire, de consommation, de loisirs, et on pense que des processus inexorables, liés à l'évolution technologique, vont ouvrir une ère nouvelle qui symbolisera cette date magique dont on peut, suivant les cas, tout attendre ou tout redouter: l'an 2000. Le rôle des responsables, dans la pensée des hauts fonctionnaires de l'époque, c'est de permettre au pays d'assumer le choc du futur, de prendre le train du changement technique à temps, et donc de regarder l'an 2000 comme un espoir radieux. D'où la revendication technocratique de l'époque: le pouvoir aux hommes compétents, tendus vers le futur, dont la tâche est de conduire le changement, de structurer ce pays archaïque, et de le conduire vers des horizons mirifiques, en renversant au passage les obstacles qui pourraient se dresser, c'est-à-dire essentiellement les pesanteurs, les résistances au changement. Je pense qu' au coeur de l'éthos gaullien des années 60, il y a bien cette volonté quasi millénariste de pouvoir faire face aux échéances de l'an 2000, et que c'est dans cette atmosphère que peuvent se comprendre les nombreux grands projets, parfois avortés, de l'ère gaullienne: Fos, mais aussi la Défense, le Concorde, le plan calcul, le programme nucléaire, etc. . .

Au moment où le projet de Fos est pris en main par le pouvoir central, en particulier par la DATAR, s'est déjà dessinée une vaste politique, dite d'aménagement du territoire, qui est devenue, selon les termes du Premier Ministre Pompidou "la grande affaire de la France", c'est-à-dire la priorité des priorités. Je voudrais dire quelques mots, trop rapides et trop sommaires, sur les antécédents de cette idée d'aménagement du territoire, qui a conduit à la création de la DATAR au début des années 60. La prise de conscience initiale date sans doute de 1945, avec la parution du livre d'un géographe du nom de Jean-François Gravier: *Paris et le désert français*. Cet ouvrage montrait comment l'hypertrophie de la "tête" parisienne condamnait le reste du corps national à un sous-développement économique, industriel, urbain, social et culturel. Après de longs cheminements, la création de la DATAR survient, dans le but de rééquilibrer le territoire français. Trois options s'offrent pour faire du pays une puissance économique compétitive face à la concurrence européenne. La première option consisterait à renforcer les pôles industriels qui existent déjà (l'est, le nord, etc.), à les rendre compétitifs en les modernisant. A partir de ces "réduits" de modernité, on pourra graduellement moderniser le reste du territoire en décentralisant et en industrialisant. La seconde option, au contraire, consisterait à moderniser immédiatement les régions sous-développées, en particulier toute la partie ouest de la France, de manière à ouvrir la façade atlantique vers l'Angleterre et surtout vers les Etats-Unis. Enfin la troisième option, c'est ce que j'appellerai l'option Nord-Sud. Il s'agirait de donner à la France une sorte de colonne vertébrale industrielle et économique, qui serait en gros l'axe rhodanien prolongé de Marseille à Rotterdam (le premier port du monde). C'est cette dernière option qui sera finalement retenue. Elle aura bénéficié de l'appui d'un grand nombre d'intérêts dont, notamment, des industriels et des notables partisans du développement d'une grande région industrielle française circonscrite dans un triangle Lyon-Perpignan-Marseille, et connue sous le nom de "grand delta". Au premier rang de cette coalition d'intérêts, d'idées et de personnalités, figure un personnage très important dans le développement de la France dans l'après-guerre, Philippe Lamour. Dans la convergence des logiques qui président à la genèse du projet fosséen, en voici donc une de plus. Mais ce n'est pas la seule. Le projet de Fos s'inscrit bien dans la problématique de l'aménagement du territoire, il va rééquilibrer le sud sous-développé par rapport au nord, mais il va aussi s'intégrer à d'autres éléments de la politique gaulliste de l'époque, et notamment la politique méditerranéenne. C'est qu'à cet axe nord-sud, il faut ajouter un axe est-ouest. Fos est en somme à la jonction entre l'Espagne industrielle et l'Italie industrielle. Il peut donc jouer un rôle décisif dans le développement d'une Méditerranée qui, dans les vues du Général de Gaulle, doit être fortement influencée par le *leadership* français.

On voit donc que le projet de Fos, une fois repris par l'Etat central, devient un élément qui s'intègre dans une vision stratégique planétaire globale, et même davantage: il devient le lieu d'une véritable *utopie*. Il s'agit de créer quelque chose de spécifiquement français, un *"French way of life"* de l'an 2000 (selon un des slogans de la MAEB-Mission d'Aménagement de l'Etang de Berre, l'un des organismes étatiques chargé de l'aménagement sur place). Cette utopie est véritablement fort ambitieuse. Il s'agit de réconcilier la nature et la culture, l'industrie et la ville, la sidérurgie et le soleil. Pour illustrer cette utopie telle que la voient les aménageurs, j'ai sous les yeux un document de la MAEB, une sorte de prospectus à l'usage des visiteurs, dont voici le slogan principal: "Vivre dans une région de civilisation très ancienne, profiter simultanément de la nature méditerranéenne, des avantages de l'ambiance de la ville. Pour une urbanisation qui s'attache à créer un cadre de vie humain". C'est donc dans ces conditions, dans cet état d'esprit et dans cet esprit du temps que commence, à la fin des années 60, la réalisation du grand projet.

LE SEISME DE FOS

Au moment où nous arrivons sur place, c'est-à-dire en 71−72, nous trouvons un climat de conquête de l'ouest. Le port, dont les travaux ont commencé depuis la fin des années 60, est déjà très avancé. Mais c'est surtout l'aménagement de la zone industrielle, une surface immense égale à une fois et demie celle de Paris, qui marque le début du séisme de Fos. Toute la région est devenue un chantier permanent, et pour la première fois, les habitants entrent véritablement en contact avec la réalité de cet avenir jusque-là abstrait. Il y aura jusqu'à 18.000 ouvriers qui travailleront sur les chantiers des futures usines.

Il faut dire quelques mots sur la physionomie du Fos d'avant cette ruée vers l'or, cette conquête de l'ouest. Fos est un bourg très peu industrialisé, puisqu'il ne possède que deux usines très archaïques.

La vie est marquée par les cycles saisonniers et par l'écologie particulière de la plaine de Crau. La pêche, la chasse, la cueillette sont des activités qui font encore partie de la vie quotidienne, et qui peuvent perturber le fonctionnement des usines. On va caler les filets de pêche avant l'embauche; si la pêche est bonne, le temps passe et, ma foi, on s'aperçoit qu'il est trop tard pour aller travailler. Au moment de l'ouverture de la chasse ou de la pêche, l'absentéisme atteint des proportions remarquables. C'est une culture plébéienne traditionnelle encore influencée par une provençalité essentielle. Les rapports sociaux sont marqués par de vieux réflexes d'égalitarisme. Mais c'est loin d'être un Eden. Fos et sa région subissent un exode rural, les conflits de notables, les rivalités de familles, les pesanteurs gérontocratiques qui filtrent les innovations, figent les traditions même décadentes, s'opposent opiniâtrement à la ville qui est toujours perçue comme le lieu de la débauche et de la perdition.

Tout ceci fait que la perspective du grand projet d'industrialisation est loin de faire peur à tout le monde. Les responsables de la municipalité, notamment, fondent de grands espoirs sur ce projet, et ils espèrent que les impôts locaux payés par les entreprises de la future zone industrielle tomberont dans les escarcelles de la municipalité.

Si on analyse le choc du séisme fosséen sur cette micro-société rurale archaïque, on s'aperçoit que la première prise de conscience passe probablement par le rapport à l'espace. Le signe avant coureur du séisme, le premier indice, c'est que l'on voit arriver les arpenteurs. On n'y a pas toujours fait attention, mais voici que le deuxième choc survient: le quadrillage du terrain, l'apparition de pancartes, de fils de fer barbelés, et cela change radicalement les rapports de voisinage (on commence à savoir qui est propriétaire de quel terrain), et marque la fin de ce système traditionnel où subsistaient en somme les résidus d'une sorte de communisme primitif: l'étendue marécageuse où sera réalisée la zone industrielle n'était délimitée par aucune clôture, aucune séparation. D'une manière générale, les habitants se sentent dépossédés de leur espace. Avec l'arrivée massive des ouvriers de chantier, on assiste à un afflux de population dans les lieux que les fosséens s'étaient appropriés de manière immémoriale et traditionnelle, comme les bancs des vieux, les cafés, les terrains de boules (transformés en parkings), etc. Les équipements, notamment routiers, sont extrêmement en retard, ce qui provoque des encombrements gigantesques; les bureaux de poste, les hôpitaux sont surchargés; certains cafés commencement à être investis par certains groupes ethniques, par exemple des maghrébins, et on assiste à l'apparition de tensions raciales. Dans ces conditions, les habitants ont tendance à se replier sur la cellule familiale et sur l'espace domestique. On voit se désagréger le mode de vie traditionnel, marqué par la grande communauté, la solidarité de voisinage, des rapports quotidiens interpersonnels étroits. Le nouveau mode de vie tend à se rapprocher de plus en plus de celui de la grande cité, avec la famille mononucléaire recroquevillée sur l'univers domestique. La politique locale va être aussi profondément modifiée. Toute la vie politique va en effet désormais se structurer en fonction de deux tendances: ceux, d'une part, qui ont parié sur le développement de Fos et comptent bien en profiter, et ceux, d'autre part, qui pâtissent de l'affaire ou la subissent à leur corps défendant. Un petit *lobby* se met en place pour faire pression sur la municipalité, et aboutit à la prise de pouvoir d'une nouvelle équipe municipale qui va succéder à l'ancienne mairie socialo-communiste, avec à sa tête un garagiste, une sorte de petit cacique local d'étiquette gaulliste de gauche. Pendant ce temps, la situation économique locale est également extrêmement perturbée, les prix augmentant de façon considérable. Les problèmes de logement sont énormes et entraînent une hausse en flèche des prix de l'immobilier. Tout cela—rivalités, désagrégation des structures traditionnelles, nouveaux clivages politiques, évolution des conditions de vie, etc.—contribue à atomiser la société locale. Chacun se trouve confronté à lui-même, à son propre avenir, à ses propres décisions. Il y a ceux qui vont choisir de jouer le pari de l'enrichissement, tout en gardant le projet ultime de fuir, fortune faite, ce monde devenu quelque peu hostile. Il y a ceux qui sont résignés au changement, à défaut de parier sur lui. Il y a ceux qui le combattent plus ou moins vigoureusement. Le séisme de Fos nous apprend beaucoup sur le sens profond d'une notion cardinale de la société, occidentale en général, et française en particulier: le Progrès. "On n'arrête pas le progrès", dit la sagesse populaire. De fait, à Fos, lorsque se déclenche la mise en oeuvre du projet, le sentiment général est qu'il s'agit d'une force implacable, d'une sorte de fatalité technique que l'on ne peut que subir. Les bulldozers nivellent le terrain à une vitesse ahurissante. Ce progrès implacable, pas question de l'arrêter, d'autant que sur lui reposent tous les espoirs d'une vie meilleure. Mais le séisme lui-même va déclencher un processus de crise qui va accentuer la face négative du progrès au détriment de sa face radieuse. A l'espoir succède l'angoisse. Progressivement, la façon de voir les choses s'inverse. On va s'apercevoir que le projet a quelque chose de monstrueux; on va voir fleurir dans les conversations, dans les discours, dans les fantasmes, le regret d'une civilisation et d'un mode de vie dont on prend conscience au moment de les perdre. Voici que cette angoisse se cristallise dans un certain nombre de thèmes mythologiques dont le plus puissant sera celui de la souillure, de l'impur: la pollution. On se souvient tout à coup de la légende de la Tarasque, ce dragon mythique qui, selon la chronique, sévissait sur le Rhône, dévorant tout sur son passage. La Tarasque se réincarne dans la pollution, mot-clé d'acception polysémique, qui servira à nommer toutes les perturbations, tous les troubles de la vie locale, depuis les fumées d'usines jusqu'à "l'invasion" des travailleurs immigrés.

La question écologique n'est pas seulement un thème mythologique et fantasmatique. C'est la première perturbation qui va remettre en cause radicalement l'ensemble du projet. Nous sommes à une période où s'opère simultanément une maturation à l'échelon local, national, international, de la conscience écologique. Les remous locaux vont entraîner des difficultés politiques: agitation des municipalités concernées, mouvements divers dans les organisations politiques locales, apparition de nouveaux groupes de pression, de nouveaux types de conflits. Cette situation crée véritablement une urgence politique qui va décider l'Etat central à "faire quelque chose", d'où l'envoi d'une mission administrative. C'est cette mission qui conclura à la nécessité de modifier certains projets d'installation à Fos.

C'est la commune de Fos-sur-Mer qui va être au centre de la première agitation liée à la préoccupation écologique. Je vous rappelle qu'au moment de la conception du projet, on n'avait nullement pris en compte le problème des pollutions industrielles; bien au contraire, on faisait ressortir les avantages du site et la vertu quasi miraculeuse de purification du mistral (il s'avérera plus tard que le mistral est loin d'être le vent dominant dans la région).

Nous sommes en 1971, l'année où a été instauré un nouveau ministère: le Ministère de l'Environnement. L'année aussi des élections municipales, à l'occasion desquelles, à Fos, le thème de la pollution devient un thème politique. Le maire de Fos est en situation électorale délicate. Certains intérêts privés tiennent beaucoup à sa réélection. Le maire Féraud doit en effet réaliser un programme de construction immobilière sur sa commune. On envoie donc à Fos un agent électoral qui se montrera extrêmement ingénieux et actif. Sa première action, c'est de procéder à l'achat d'un appareil de mesure de pollution atmosphérique qu'il promène symboliquement dans les écoles, pour mobiliser la population. Pour comprendre cette stratégie électorale, il faut savoir que les organismes gouvernementaux chargés de l'aménagement de la région de Fos et de l'étang de Berre ont conçu un schéma dans lequel la croissance future du village de Fos proprement dit est sacrifiée aux nuisances de l'industrie. On s'est en effet aperçu très rapidement que les fumées d'usines, mais surtout celles des centrales électriques d'Electricité de France envisagées dans le projet risquaient fort de rendre irrespirable l'atmosphère de la commune. C'est donc ce risque de pollution qui menace le développement futur, l'urbanisation de Fos-sur-Mer. Le maire et son aide ont donc beau jeu d'ameuter la population et les autorités en demandant ce que vont devenir les habitants de Fos. Faudra-t-il tous les déporter? Ou bien devront-ils supporter l'insupportable? Il faut donc, dit la municipalité sortante, revenir sur le schéma d'aménagement, prévoir une urbanisation, qui garantira le règlement du problème de la pollution industrielle. Le maire Féraud est réélu. Le problème de la pollution industrielle émerge au grand jour. Les remous politiques sont tels que le gouvernement envoie une mission sur place. La conclusion du rapport est que, effectivement, si l'on construit à Fos les centrales thermiques prévues, on risque de créer une pollution suffisamment importante pour provoquer la formation d'un "smog" oxydant. Il faut donc, conclut le rapport, créer sur place un organisme *ad hoc* chargé de gérer la pollution, et surtout réviser en baisse certaines prévisions, notamment en matière de centrales électriques, ce qui, par contrecoup, implique qu'il faudra peut-être réviser en baisse l'ensemble du programme. Dès ce moment, l'administration va tout mettre en oeuvre pour minimiser les pollutions industrielles, pour régler le problème ou pour le réguler, au moins sur le plan politique. Le secrétariat préfectoral *ad hoc* mis en place suscite la création d'une association d'industriels locaux qui vont eux-mêmes prendre en charge la régulation des pollutions. On met en place un central informatisé qui mesurera les émissions polluantes et les concentrations dans l'air et qui, en cas de situation inquiétante, intimera l'ordre à telle ou telle usine polluante de stopper ou ralentir sa production.

Une partie serrée se joue donc entre les municipalités, les forces politiques locales, l'administration, les industriels. Mais dans le même temps s'est manifesté un autre phénomène sur lequel je voudrais maintenant vous dire quelques mots. Il s'agit du mouvement associatif éco-régional, constitué par un ensemble de mouvements militants, activistes divers. Ce mouvement est assez représentatif du phénomène associatif et de la conscience néo-régionaliste d'une part, écologique d'autre part, qui se manifeste en France avec une vigueur nouvelle dans les années 70. Lorsque se déclenche le séisme de Fos, au début des années 70, sur le site des opérations (qui, je vous le rappelle, est d'un rayon extrêmement vaste), il y a une sorte de latence; on ne trouve pratiquement aucune mobilisation ni opposition active au projet. C'est en 1973 qu'on assiste soudain à une floraison extraordinaire de groupuscules ou de groupes, d'associations locales et régionales axés sur des préoccupations éco-régionales. Le souffle de la Tarasque est passé et, au moins à la périphérie de la région touchée par Fos, l'indifférence ou le consensus initiaux ont fait place à l'anxiété puis à l'hostilité. Mais ce sont toujours des mini-événements localisés, des affaires locales qui cristallisent cette anxiété et déterminent cette hostilité.

Essayons de dresser une typologie sommaire de ce mouvement associatif militant. Le premier type d'associations, chronologiquement, est constitué par ce que j'appelle les défenseurs des sites. Les défenseurs des sites se mobilisent sur la protection d'un paysage, d'un site urbain, d'une richesse archéologique ou historique, etc. Il y a par exemple, une association de défense des calanques de Marseille, une association de défense des Alpilles, des collines de la Sainte-Victoire, de la Sainte-Baume, etc. Le trait commun entre toutes ces associations, c'est que les éléments moteurs, dans la plupart des cas en sont, non pas des enfants du pays, mais soit des retraités, soit des propriétaires de résidence secondaire, soit des artistes ou des intellectuels installés dans la région. C'est un type de mouvement qui se veut fondamentalement apolitique, qui prône des modes d'action que je qualifierais de "diplomatiques": on agit auprès des notables par contact personnel, influence, négociation d'égal à égal, etc.

La deuxième catégorie est constituée d'une part par des petits propriétaires fonciers et, d'autre part, par ce que nous appelons les "professionnels de la nature". Les petits propriétaires sont des gens qui ont spéculé sur Fos, ou simplement cru à son avenir, acheté des terrains autour de l'étang de Berre, et qui ont été déçus dans leurs espérances par les mesures administratives prises dans le cadre des schémas d'aménagement. A l'occasion d'expropriations, ces petits propriétaires, d'origine modeste pour la plupart, sont parmi les premiers à se rebeller contre l'administration et l'Etat central. Certains groupes politiques, en particulier le Parti Socialiste, le mouvement Occitan, les premiers militants du mouvement écologique, vont apporter leur appui à ce mouvement, rencontrer en son sein un certain écho lorsqu'ils tenteront d'y injecter des idées régionalistes, écologistes, etc. Vers 1973−74, on assiste à la formation d'un curieux syncrétisme poujadisto-écologico-régionaliste qui aura assez d'importance pour obtenir de négocier avec la Préfecture.

Quant aux professionnels de la nature, ce sont ceux qui sont appelés par leur activité à vivre en contact étroit avec les éco-systèmes menacés par l'industrialisation. Au premier chef, les pêcheurs. Mais on peut dans une certaine mesure classer dans la même catégorie les manadiers de la Crau, ces grands propriétaires terriens qui jouent le rôle de gardiens du mode de vie traditionnel en même temps que des intérêts économiques. Ce sont, en effet, des "entrepreneurs" de spectacles locaux (courses de taureaux ou ferrades); ils emploient un nombreux personnel de salariés agricoles—les fameux gardians—avec qui ils ont des rapports paternalistes, et ce sont en somme les "big men" de cette société rurale traditionnelle, qui redistribuent sous forme de festivités et d'ostentation une partie de leurs richesses. Les pêcheurs comme les manadiers vont se mobiliser contre les effets nuisibles de l'industrialisation, avec l'appui actif du Parti Communiste, puissant dans les Bouches-du-Rhône. Les pêcheurs de Martigues se mobilisent pour réagir contre la pollution de l'étang de Berre, qui n'est pas un phénomène nouveau, puisqu'elle remonte déjà aux années 50, date à laquelle les industriels de la pétro-chimie avaient "racheté" le droit de pêche contre un dédommagement forfaitaire. Mais entre-temps, l'anguille a proliféré dans l'étang de Berre, au moment même où s'ouvraient de nouveaux débouchés pour l'exportation, de sorte que ce regain de rentabilité de la pêche provoque un regain de combativité des pêcheurs. Il se trouve que le Parti Communiste exerce une influence extrêmement puissante sur la corporation, et les manifestations de pêcheurs sont organisées sous l'égide de la C.G.T. et du P.C.F. De même, paradoxalement, les manadiers vont également accepter de fonder une association de défense à l'appel d'un élu communiste.

La troisième catégorie de militants éco-régionaux, ce sont ceux qui appartiennent au mouvement écologique proprement dit, au "pouvoir vert" qui, à cette époque, a commencé en France à rassembler une bonne partie de l'héritage de Mai 68 et des thèmes existentiels nouveaux, à pénétrer l'univers adolescent et juvénile. Il s'agit de petits groupes très minoritaires, essentiellement citadins (Aix-en-Provence, Marseille, Avignon), liés soit à des mouvements nationaux ou internationaux comme les "Amis de la Terre", soit à des petits comités locaux qui se constituent autour d'un instituteur, d'un professeur de lycée, d'un animateur, etc.

On a donc d'une part des défenseurs des sites, apolitiques; de l'autre, des mouvements fortement soumis, à partir d'une prise de conscience initiale, à des pressions d'organisations politiques traditionnelles; enfin, des groupes marginaux, héritiers de la contre-culture des années 60. Ces groupes hétérogènes tentent de s'organiser et de se fédérer, avec les difficultés qu'on imagine. Un certain nombre d'actions spectaculaires ont cependant lieu (port barré, marche sur la Préfecture, etc.) De la même manière que l'administration centrale a réussi, sinon à régler définitivement le problème de la pollution, du moins à le réguler en le prenant en main, de la même manière, le Parti Communiste, qui a favorisé la mobilisation éco-régionale lorsqu'il l'a jugée utile, pousse à la normalisation ou à la régulation lorsque le mouvement menace de lui échapper ou de se gauchir.

Tandis que se déclenchait cette perturbation écologique, on assistait à une véritable révolte des collectivités locales contre l'autorité et l'autoritarisme étatique. La fronde de la commune de Fos a en effet été suivie par un mouvement plus ample dans lequel les municipalités communistes de la région ont là encore un rôle important (Martigues, Port-de-Bouc, Port-Saint-Louis-du-Rhône, Arles, etc.), de même que Marseille, la métropole régionale, fief du socialiste Gaston Defferre. On ne peut ici entrer dans le détail de ces péripéties pourtant passionnantes. Notons simplement que ces perturbations déclenchent une sorte de renversement de l'image de Fos, et vont aboutir à une sorte de moratoire implicite de l'industrialisation et du développement fosséens. Les projets initiaux, en effet, étaient démesurés. Après avoir établi une zone industrielle sur la commune de Fos, on envisageait de poursuivre l'industrialisation vers le nord, vers Arles, sur des surfaces absolument gigantesques. Le moratoire de Fos aboutit à l'abandon ou à l'oubli provisoire de ces projets grandioses. A l'occasion de ces péripéties, on a découvert en somme que les implications d'une affaire comme celle-là étaient beaucoup plus vastes et beaucoup plus complexes qu'on ne l'imaginait. Ainsi, vers 1974, on se trouve dans une situation où Fos existe, les usines tournent, des logements ont été construits,[3] des emplois ont été créés (en quantités incommensurablement plus faibles qu'on ne l'espérait). Mais ce Fos est en somme fossilisé. Ce qui se dresse sous les yeux des aménageurs, ce n'est pas l'utopie qu'ils avaient rêvée, ce n'en est qu'une partie. Ces bâtiments neufs, ce sont en somme les ruines d'un projet qui n'a jamais pris corps, les ruines de l'image de l'avenir—de l'avenir tel qu'on se le représentait dans les années 60. Fos existe, mais il n'a rien à voir avec ce qu'il devait être.

RAISON ET DERAISON D'ETAT

On a donc vu que le grandiose projet de Fos a été remis en cause par des perturbations dont certaines sont nées de son développement même. En somme, l'utopie, c'est-à-dire par définition quelque chose qui est censé échapper au devenir historique en le maîtrisant, a été remodelée—autant dire ruinée—précisément par des processus socio-historiques. Cette pensée utopique qui croit pouvoir dominer l'Histoire, la contrôler, et qui de ce fait nie l'évolution sociale, je l'appelle ici déraison d'Etat. On a vu au début que c'est la raison d'Etat qui a présidé au démarrage de l'opération de Fos. Je voudrais essayer maintenant de montrer que, avec cette raison d'Etat, va de pair une déraison d'Etat. J'ai en effet essayé au début de cet exposé de résumer très brièvement les logiques qui ont présidé à la genèse du projet de Fos. Il y avait des raisons géographiques, pratiques, politiques, économiques, il y avait la convergence d'intérêts locaux, d'un éthos national, etc. Mais n'y a-t-il pas aussi quelque déraison dans toute cette raison affichée? Je veux dire: n'y a-t-il pas du mythe, du fantasme, de l'illusion, n'y a-t-il pas du rêve et de l'imaginaire? Il me semble que c'est là une interrogation importante, à la fois sur le plan général, presque anthropologique, et sur le plan spécifiquement français. Cette pensée technocratique est celle qui a structuré pendant au moins une décennie les changements de toute la société française urbaine, industrielle. Cette pensée technocratique, on la retrouve dans d'autres événements, phénomènes, manifestations de cette période, et notamment l'entreprise tout aussi grandiose de la Défense.

La pensée technocratique est, sans doute, l'une des formes de la pensée utopique en général. Un de ses traits dominants, c'est de croire que la société est une table rase, une cire vierge, sur laquelle on peut créer ce que l'on souhaite, ou du moins ce que souhaite l'Etat. En ce sens, il y a une parenté entre les révolutionnaires et les technocrates aménageurs. Souvenez-vous de la phrase de Marx: "l'important n'est plus de comprendre le monde mais de le changer". Voici sans doute une devise qu'auraient pu admettre, dans un sens, les tenants du volontarisme étatique. Mais peut-on vraiment changer le monde sans le comprendre? L'expérience semble bien montrer que toutes les tentatives ont rencontré de sérieuses difficultés. Chacun s'accorde à souhaiter que les expériences de manipulation génétique soient entourées des plus grandes précautions, personne ne se soucie d'exiger les mêmes précautions pour les manipulations sociales. Pourtant, personne encore, à ma connaissance, n'a découvert en matière sociale l'équivalent de l'ADN en biologie.

Voyons d'un peu plus près, si vous le voulez bien, la démarche de cette fameuse couche technocratique, qui se veut l'avant-garde de la rationalité, d'une pensée héritée de Descartes, Colbert et des jacobins. On y trouve, me semble-t-il, certains biais du raisonnement, du mythe, du fantasme, peut-être du délire. Le raisonnement: quand la décision de faire à Fos un complexe colossal a été prise, on a décidé que le pilier en serait la sidérurgie. J'ai déjà dit que cette décision s'appuyait sur la théorie dite des pôles de développement. Mais arrêtons nous un instant à cette notion des pôles de développement: il me semble qu'elle renvoie à une mythologie assez ancienne, probablement consubstantielle aux civilisations occidentales. Mircea Eliade a parlé des liens mythologiques entre le Prince et le forgeron: il est clair que le Prince a souvent, en France, considéré que le forgeron détenait les clefs du pouvoir sur l'avenir de la société, c'est-à-dire du progrès. La sidérurgie de Fos, c'est un peu les forges de Vulcain.

La coïncidence d'une théorie économique avec un mythe immémorial ne suffit pas à prouver que la décision prise a été influencée par ce mythe. Mais considérons la démarche qui a présidé à cette décision. Les "soupçons" s'alourdissent. Des études sont en effet commandées par la DATAR à des organismes privés. Il s'agit de dresser un tableau de la situation démographique, économique et sociale en 1964, d'étudier les possibilités d'industrialisation du golfe de Fos, et de prévoir les conséquences de cette industrialisation en 1975 et 1985. Or, les résultats des études sont extrêmement précis. Par exemple, le rapport prévoit que en 1985, le complexe de Fos aura créé 35.610 emplois. Et pour cette industrialisation génératrice d'emplois, les besoins en espace sont décrits à l'hectare près, et avec une précision tout à fait extraordinaire.

PARTICIPANT—*Est-ce qu'on peut vraiment prévoir avec une telle précision?*

C'est bien là la grande question! Le moins qu'on puisse dire, c'est que cela paraît peu probable; en tout cas, les faits ont démenti les prévisions. En l'occurrence, tout se passe comme si les certitudes étaient proportionnelles au nombre des inconnues. On est tenté de penser, en fait, que le choix de Fos est un choix politique et non technique, un pari, avec toute la dimension d'incertitude que cela implique, et non le résultat d'un calcul qui détermine la décision à prendre. En fait, ce qu'on fait par ces études, c'est arriver à justifier des décisions, déjà prises ou souhaitées, par la quantification. Il s'agit de *rationaliser à posteriori*, la decision et non de la former. D'abord, on fixe les objectifs du développement; ensuite, on demande quels sont les moyens pour y parvenir; une fois fixés les seuils à atteindre et le nombre d'emplois à créer, il suffit de transformer les objectifs en prévisions, et on obtient le résultat recherché. C'est-à-dire qu'on transforme les désirs en objectifs, les objectifs en prévisions, et les prévisions en plans d'aménagement.

On peut trouver un autre type de distorsion du raisonnement dans le rapport des technocrates à l'espace. L'aménagement, c'est ordonner l'espace. Pour ordonner l'espace, il faut d'abord le considérer et l'examiner. A Fos, tout se passe comme si les aménageurs avaient vu les choses de très haut, je dirais du point de vue de l'hélicoptère. C'est très important: vue de haut, la plaine de Crau *est* un désert, une terre vierge. La population est faible et dispersée, le relief est tel que l'image qu'il offre au passager de l'hélicoptère est typiquement celle du sous-développement. Vus de haut, les traditions, les rapports entre les hommes, les modes de vie, tout cela est fortement atténué. Dès lors, la place est libre pour la puissance des mythes; les stéréotypes ou les archétypes peuvent se projeter. Ainsi, le désert, mythologiquement, c'est le lieu où l'homme communique avec les dieux, découvre sa petitesse face au cosmos. Le marais (en bordure du golfe de Fos, le sol est marécageux), lui, est ce lieu de putréfaction d'où émergent monstres, gnomes, fantasmes: il repousse l'homme. Et, comme le désert, il appelle les grandes tâches humaines. Ce sont là territoires à conquérir, à mater, à civiliser. Soit des tâches destinées par nature aux technocrates.

Comment ordonner cet espace à conquérir? D'abord, il faut le situer et l'orienter. Tout fondateur de ville, dans toutes les mythologies, commence par situer son oeuvre au carrefour des quatre points cardinaux. Il s'agit de se situer non seulement dans l'espace terrestre, mais aussi dans l'espace cosmique. A Fos, on sera, nous dit-on, à la croisée de deux axes économiques, l'axe Nord-Sud et l'axe Est-Ouest. Et on sera aussi à la jonction de deux territoires mythologiques, celui du septentrion et celui du midi, c'est-à-dire à l'articulation même de l'identité française: la mission humaniste de la France n'est-elle pas de réconcilier la méditerraneïté civilisée et le septentrion barbare? En développant Fos, en réalisant cette utopie grandiose, on fera quelque chose de bien français, de spécifique, de diférent. L'aménageur, lui aussi, souffre de ce que j'appelle le syndrome de Citroën.[4]

Mais l'élément central, dans le rapport des aménageurs à l'espace, c'est le zonage: le découpage de l'espace en tranches dont chacune est affectée à une fonction unique et pré-définie. C'est là le comble du *social engineering*. On commence par énumérer les fonctions à remplir; puis, à chacune d'elle, on affecte un lieu, un espace. Tout espace est affecté à un usage social, même ce qui n'est pas "aménagé": ainsi les enclaves comme les parcs naturels deviennent des zones affectées aux loisirs des citadins, futurs habitants de la région de Fos. Mais ce zonage local, régional, s'insère lui-même dans un zonage plus vaste, à l'échelon national. Dans le projet des aménageurs, on aura une partie méridionale industrialisée, une façade atlantique ouverte sur le commerce international, le Languedoc-Roussillon, la côte d'Azur à vocation touristique, etc. Le territoire entier sera organisé, découpé en rondelles fonctionnelles.

Pour remonter aux origines immédiates de ce mode de pensée, il faut consulter Le Corbusier qui expose dans *La Charte d'Athènes*, dès les années 40, les principes d'une architecture du futur sur lesquels vont reposer, effectivement, la plupart des réalisations architecturales et urbanistiques en France, après la seconde guerre mondiale. Pour Le Corbusier, la ville ancienne est construite de manière contraire au bien public. Il faut la réformer en substituant au zonage social le zonage fonctionnel, afin que, sans discrimination de classe ou de rang social, chacun puisse avoir accès à ce que l'architecte nomme les "conditions de nature" minimales, sortes de droits imprescriptibles du citadin, et qui se ramènent à trois éléments clefs: le soleil, la nature, l'espace. Les fonctions que doit remplir l'architecte urbaniste, cet ingénieur de la société, sont quatre: habiter, travailler, se récréer, circuler. Fos et l'aménagement du territoire semblent bien les héritiers de ce corbusiérisme fonctionnaliste. Ce sont bien ces fonctions (métro-boulot-dodo-loisirs, si l'on peut dire)que l'on a remplies à Fos. La conséquence de cet aménagement par zonage, n'est-ce-pas, en fin de compte, qu'en inscrivant les fonctions ainsi définies dans l'espace, on les a aussi inscrites dans le temps quotidien des habitants? Découper l'espace, c'est découper la vie des gens qui y vivent. On analyse le mode de vie, on le découpe en tranches, on le rigidifie en l'appliquant àdes tranches d'espace: l'aménagement impose des normes de vie.

Les propos que je viens de tenir sur la "déraison d'Etat" et sur la pensée utopique techniciste, on peut les illustrer et les élargir à la lumière d'un autre exemple, celui de la Défense.

La Défense est un ensemble de bureaux et d'habitations qui constitue lui aussi une utopie, au sens où cet ensemble intégré devait constituer une sorte de modèle de la ville de l'an 2000 où toute distance entre le travail, l'habitation et la récréation serait abolie. Là aussi, là surtout, la séparation des fonctions chère à Le Corbusier est fondamentale. La Défense est construite en trois dimensions (il y a plusieurs niveaux superposés); la rue a disparu, conformément aux voeux de Le Corbusier, qui la vouait aux gémonies. D'où perturbation très sérieuse de la perception de l'espace, et une certaine anxiété. Le premier niveau, celui de la dalle de surface, c'est celui de l'animation urbaine visible (l'animation est conçue comme une fonction à assurer, et non pas comme le résultat "naturel" du fonctionnement complexe d'une ville qui vit vraiment). Le second niveau est le niveau intermédiaire. On le nomme l'*entrepont*. C'est là qu'arrivent les taxis, c'est là que s'effectuent les livraisons, la collecte des ordures, etc. C'est, en somme, dans l'organisme urbain, le siège des fonctions vitales. Les autres niveaux qui se situent plus bas, plus profondément, sont réservés à la circulation des automobiles, qui n'apparaissent donc pas en surface, et aux parkings gigantesques. Si on regarde rapidement le plan de la Défense, on peut faire plusieurs remarques. D'abord, bien entendu, il s'agit d'une conception urbanistique dont l'un des traits dominants est le monumentalisme, c'est-à-dire l'affirmation par l'architecture du pouvoir symbolique, la glorification de la puissance et la commémoration. C'est le propre, d'ailleurs, de toutes les grandes réalisations architecturales dans l'Histoire, ou presque. Mais ici, il y a un conflit entre l'affirmation monumentale du pouvoir symbolique d'une part, la fonction (habitat, travail, etc.) d'autre part.

En second lieu, la Défense est un immense bâtiment. Et le jeu de mots est ici plein de sens: l'ensemble de la Défense est en effet conçu suivant des métaphores et des symboliques curieusement navales. Le parallèle entre l'architecture navale et l'architecture tout court n'est certainement pas récent (voir la "nef" des cathédrales), mais il prend une dimension symbolique particulièrement achevée dans les réalisations de la période récente en France. Prenons l'exemple des grandes stations de sports d'hiver construites dans les Alpes, comme de grands vaisseaux clos sur eux-mêmes, hors de l'espace et du temps, protégés du monde. A la Défense, certaines tours portent des noms qui pourraient être des noms de navires, il y a même un immeuble qui s'appelle France. Les coïncidences ne s'arrêtent pas là: le niveau intermédiaire s'appelle, on l'a vu, *entrepont*; les couloirs sont des *coursives*; les ponts piétonniers des *passerelles*, etc. L'architecte de l'un des grands immeubles, dans son projet, dit explicitement qu'il a cherché à donner à sa construction la forme d'un paquebot (il a d'ailleurs oublié les passerelles: les mères de famille n'avaient pas d'accès pour les poussettes d'enfant). Le personnel des services généraux des grandes tours verticales (entretien, climatisation, sécurité, etc.) est très souvent composé d'anciens marins . . . L'ennui, c'est que la nef, sécurisante à la montagne, car elle protège des problèmes de la vie de tous les jours, devient anxiogène à la Défense car elle nous y tient enfermés.

Revenons une dernière fois sur cette notion de déraison d'Etat. Claude Lévi-Strauss dit que, si les sociétés dites primitives s'appellent aussi des sociétés sans Histoire, c'est qu'elles reposent entièrement sur un mythe des origines. C'est ce mythe qui "explique" tout ce qui s'est produit dans le cours de cette société. Si les choses sont ce qu'elles sont, ce n'est point le fait de l'Histoire mais la conséquence de la rencontre immémoriale du soleil et d'un héros, de la lune ou d'un génie, etc. Dans la pensée utopique techniciste qui a connu son apogée dans les années 60 et qui est entrée en crise dans les années 70, il y avait, me semble-t-il, déplacement, transposition de ce mythe des origines, du passé en direction de l'avenir. En d'autres termes, dans nos sociétés historiques, le "consensus" social repose sur une vision, un mythe de l'avenir, et non sur un mythe du passé. Et en somme, ce mythe de l'avenir qui était celui de l'an 2000, il me semble que dans les années 70, il s'est fissuré avec la crise, comme s'est fissuré le rêve fosséen. L'an 2000 qui devait inaugurer le millénium, c'est-à-dire mille ans d'âge d'or, voici qu'il ne préfigure plus guère qu'une apocalypse au pire, au mieux un déclin. Dans le *Zeitgeist* de la fin des années 70, l'euphorie du futur a fait place à l'angoisse de l'avenir. On ne croit plus guère à la concrétisation des utopies. Et je voudrais finir en utilisant un jeu de mots bilingue. Les aménageurs, avais-je dit, sont des utopistes qui veulent concrétiser leur utopie. Ils le veulent doublement: songeons que *concrete*, en anglais, signifie béton. Aujourd'hui nous refusons les utopies bétonnées.

HABITUDES ALIMENTAIRES ET ESTHETIQUES CULINAIRES

L'homme est un omnivore qui se nourrit de viande, de végétaux mais aussi d'imaginaire. Et c'est justement parce que l'imaginaire est un nutriment qui nous est indispensable presque au même titre que les protéines et les hydrates de carbone, que la cuisine et l'alimentation constituent une voie royale pour accéder à l'esprit du temps, à la conscience ou à l'inconscient d'une société. Or, si on en croit beaucoup de nos contemporains, la caractéristique de l'alimentation moderne, ce serait précisément qu'elle serait vidée de ses saveurs à la fois imaginaires et proprement gustatives. La modernisation de l'alimentation se serait traduite par une perte d'identité des aliments et, par contre-coup, du mangeur lui-même. Cette perte d'identité dépasserait singulièrement l'univers strictement alimentaire et s'étendrait à toutes les zones de la culture. On la baptise généralement de ce nom qui sonne comme un glas sinistre aux oreilles de ceux qui tiennent à leurs racines: l'américanisation.

L'assimilation de toute modernité à l'Amérique, c'est sans doute une constante, et pas seulement en France. Mais dans le domaine alimentaire, elle prend, bien entendu, un sens spécialement redoutable car, aux yeux du chauvinisme ou de la fierté culinaire français, l'Amérique ne le cède guère qu'à l'Angleterre en matière d'ignorance ou d'aberration gastronomiques. A vrai dire, l'Amérique paraît plus redoutable encore que l'Angleterre: assimilée à la modernité, elle semble en partager le caractère inéluctable. L'américanisation donc, dans la conscience française, c'est l'industrialisation des produits alimentaires, c'est la stérilisation des saveurs, c'est l'empire de la cellophane et des colorants, c'est le triomphe du surgelé et du supermarché, c'est la mort d'une cuisine traditionnelle et des petits plats mijotés au profit des *fast-foods* et des *self-services*. Et certes, il faut bien admettre qu'une bonne partie de ces changements se sont d'ores et déjà effectivement produits. De sorte que le discours du "tout fout le camp", l'apocalyptisme culinaire, ont beau jeu. Jean-Paul Aron publiait récemment dans *Le Nouvel Observateur* un article proprement épique sur la décrépitude moderne des fromages français. Il décrivait avec une morose délectation, une sinistre jubilation, la déroute des camemberts, l'effondrement des roqueforts, la dégénérescence des reblochons et autres tommes de Savoie, au profit de la pasteurisation et des carrés de l'Est fabriqués en Touraine.

Et pourtant, au moment même où se produisent des changements effectivement radicaux dans l'alimentation, voici que l'on découvre des indices qui semblent témoigner d'un regain d'intérêt ou même de passion pour la cuisine. Depuis la fin des années 60, on a vu se développer en France une presse et un discours culinaire nouveaux; on a vu renaître le restaurant comme institution fondamentale dans la vie culturelle du pays; on a vu surtout accéder les chefs de cuisine au vedettariat — phénomène considérable. En effet, jusqu'à une période très récente, le cuisinier n'était guère qu'un domestique de rang plus ou moins élevé. Déjà, lors de la Révolution française, les maîtres-queux des familles d'émigrés avaient essaimé dans Paris pour fonder les premiers véritables restaurants. Mais, à l'exception de quelques célébrités, comme le grand Carême et quelques autres, aucun maître-queux jamais n'atteignit à la gloire et à la popularité des Bocuse, Troisgros, Chapelle et autres Senderens.

D'autres indices montrent à l'évidence l'intérêt croissant et résurgent pour la cuisine. Des enquêtes récentes de l'INSERM (Institut National de la Santé et de la Recherche Médicale) confirment la réalité de ce phénomène, en particulier dans les couches citadines, jeunes, de niveau socio-économique moyen et supérieur. Les restaurateurs eux-mêmes s'accordent à constater une relative démocratisation du grand restaurant: on voit des jeunes, de plus en plus fréquemment, s'offrir occasionnellement de grandes fêtes gastronomiques.

Nous sommes donc devant quelque chose qui peut passer pour un paradoxe: d'un côté, tous les signes d'un dessèchement de l'alimentation; de l'autre, tous les signes d'une passion gastronomique. Faut-il choisir entre les deux constatations? Nullement. En réalité, en effet, elles ne constituent que les deux faces d'un seul et même phénomène.

En tout temps et en tout lieu, il faut distinguer entre l'alimentation ordinaire et la cuisine festive, célébrative. L'alimentation humaine est marquée par l'alternance plus ou moins régulière de périodes grasses et maigres. Dans certaines sociétés, à certaines époques, certaines classes sociales ont pu supprimer l'alternance et arriver, en quelque sorte, à faire gras tous les jours. La gastronomie traditionnelle leur doit d'ailleurs beaucoup: la grande cuisine française, c'est celle de la bourgeoisie parisienne du XIXe siècle, qui pouvait quotidiennement absorber 5000, 6000 calories ou davantage. Dans notre société, quoique pléthorique, l'ordinaire nous paraît terne, morne, insipide. Et c'est précisément parce que les nourritures modernes nous paraissent "dures à avaler" que nous aspirons de plus en plus à une évasion gastronomique à la fois vers la pureté et la subtilité.

Je voudrais essayer de vous présenter les deux versants de ce qui constitue, à mon sens, la crise de l'alimentation contemporaine, crise particulièrement aigüe dans la conscience française.

LA MODERNITE ALIMENTAIRE

Pour la première fois sans doute dans l'histoire de l'humanité, le problème de la pénurie a été réglé: dans l'Occident développé, l'homme mange à sa faim, et même au-delà. En France, c'est à partir des années 50 que les changements, dans tous les domaines et dans toutes les dimensions de la culture et de la société, ont été le plus considérables. Ce pays essentiellement rural a vu s'accélérer l'essor de l'industrie, de la technologie, de l'urbanisation. De nouvelles couches sociales se sont développées, incarnant un nouveau mode de vie, de nouveaux modèles de consommation, de nouveaux standards de prestige et de statut social. Dans ce nouveau mode de vie urbain, l'alimentation est de plus en plus contrainte par les impératifs du travail, de la rentabilité. La modification des rythmes de vie entraîne une modification des rythmes alimentaires. On cesse de rentrer chez soi à midi, et se développe l'alimentation collective (cantine, self-service, *fast-food*). Le soir, le repas familial reste le dîner, mais il est profondément modifié par l'apparition d'un convive nouveau: la télévision. En effet, alors qu'aux Etats-Unis la télévision a attiré vers elle l'alimentation (plateau TV) et a contribué à destructurer encore la commensalité, en France, c'est la table qui a fait une place à la télévision. Le présentateur du journal télévisé est devenu un invité supplémentaire, qui bien souvent fait taire tous les autres.

La prospérité économique des années 60 a eu au moins une conséquence sur la gastronomie: les notes de frais s'enflant considérablement dans toutes les entreprises, les restaurants de luxe en ont connu une fortune subite. Le savoir-manger chez les grands *managers* a toujours constitué un signe de prestige; mais, à cette période, cette charge prestigieuse s'enfle encore, avec les tours de taille.

Dans le système agro-alimentaire moderne, un nombre de plus en plus important de produits alimentaires voient leur préparation se déplacer de la cuisine vers l'usine. Le temps consacré à l'achat, à la préparation et même à la consommation des aliments s'est remarquablement réduit. La qualité hygiénique des aliments s'est elle aussi améliorée. Mais cette modernisation a entraîné avec elle une sorte de crise de la modernité alimentaire. D'une part, la dimension affective, sociable, communicationnelle du manger a tendu à se dessécher, à être reléguée dans une zone de plus en plus restreinte de la vie privée. D'autre part, aux anxiétés et aux angoisses millénaires liées à la recherche et à la conservation de la nourriture, voici que succèdent de nouvelles anxiétés, dans une société qui, pourtant, connaît la pléthore.

Le souci a longtemps été de conjurer le péril de la dégradation biologique des aliments. On a développé des techniques de conservation de plus en plus perfectionnées, qui ont atteint dans les années 60 des niveaux de sophistication insoupçonnés jusque là. En fait, c'est de manière obsessionnelle, presque névrotique, que l'hygiène s'est répandue dans l'industrie et surtout le commerce de l'alimentation, à l'inspiration des modèles américains. La cellophane s'est imposée partout. Tandis que les conserves, les boissons instantanées, etc., entraient dans les moeurs, la symbolique de l'hygiène envahissait tout: la couleur blanche devenait dominante (pain blanc, veau blanc, blouses blanches du personnel des rayons alimentaires, etc.); la cellophane recouvrait peu à peu tous les produits comestibles qui n'étaient pas encore en boîte ou surgelés. De sorte que l'aliment était doublement stérilisé, sur le plan réel et symbolique. Mais du même coup cet aliment sous cellophane, coupé de toute contamination, était coupé de ses origines et de son consommateur. Et voici qu'une méfiance nouvelle sourd peu à peu, une crainte qui ne concerne plus le poison biologique mais le poison chimique: colorants, additifs, conservateurs menacent, nous dit-on, notre santé, d'une manière plus insidieuse.

Que s'est-il passé? Pour la première fois sans doute dans l'histoire de l'humanité, nos sociétés connaissent une situation alimentaire où la majorité de la population consomme les aliments sans avoir à aucun moment participé ou assisté à leur production ou même à leur distribution. De sorte que l'aliment contemporain est bien cet objet inconnu, venu d'ailleurs, sur lequel peuvent donc peser de sérieux soupçons, à tort ou à raison. Dans une société traditionnellement gourmande et rurale comme la France, le soupçon est particulièrement vif. Considérons en effet les sociétés rurales traditionnelles. Nous voyons que la production agricole et la consommation alimentaire s'y inscrivent dans ce que les écologistes appellent des *écosystèmes domestiques diversifiés:* on produit un ensemble de cultures variées et on consomme, au rythme des saisons, presque exclusivement ce que l'on produit sur place. Les seules exceptions concernent des aliments "de luxe" ou d'exception venus d'ailleurs, comme le sucre et les épices. Bien entendu, l'alimentation est en fait répétitive. Le seul élément de diversité tient au fait que dans les espèces cultivées existe un grand nombre de sous-variétés qui tendent aujourd'hui à disparaître.[5]

Que se passe-t-il dans les sociétés développées? Les écosystèmes domestiques diversifiés ont été remplacés par des écosytèmes domestiques hyper-spécialisés: par exemple, la plaine de la Beauce ne produit pratiquement que du blé, et elle s'inscrit dans le cadre d'un système de production agricole qui n'est plus local, mais régional, national, et même international. Nous voici précipités dans une situation qui est l'inverse de celle du terroir, de l'écosystème domestique diversifié: tout ce que nous mangeons vient d'ailleurs, de l'extérieur; nous l'achetons dans des grandes surfaces, même et surtout lorsque nous appartenons au monde rural. L'identité alimentaire du terroir s'est dissoute, a été remplacée par une alimentation riche, diversifiée, mais en même temps standardisée, homogénéisée, qui tend, d'un bout à l'autre du pays et du continent, à se ressembler de plus en plus.

Or, ces produits alimentaires qui viennent d'ailleurs, dont nous ignorons l'origine, l'histoire, la nature profonde, voici que nous apprenons qu'ils sont effectivement souvent trompeurs. L'industrie est désormais capable de reconstituer de la viande hachée sans un gramme de protéine animale. Elle maîtrise la texture, la consistance, les goûts et les saveurs au point que nous sommes fondés à nous demander, comme le faisait récemment l'hebdomadaire *L'Express,* si nous savons vraiment ce que nous mangeons. Je voudrais ici, pour essayer d'éclairer cette angoisse du mangeur moderne, revenir sur des considérations qui ont été avancées par les biologistes. L'homme, disais-je, est un omnivore. Et ceci lui autorise une grande liberté, une grande capacité d'adaptation: il peut faire face à presque toutes les situations, car il a une grande souplesse d'alimentation. Mais être un omnivore implique aussi une contrainte: c'est qu'il est *obligé* de consommer une grande variété d'aliments, pour faire face à tous les besoins en nutriments de son organisme. C'est de là que naît le paradoxe de l'omnivore, qui doit sans cesse innover, mais qui doit aussi sans cesse se méfier de l'innovation qui lui est pourtant indispensable. Dans toute nourriture nouvelle, il y a un danger potentiel, réel ou imaginaire. L'alimentation moderne, industrialisée, tend à réveiller, chez les omnivores que nous sommes, la part de la méfiance, la peur de l'empoisonnement.

On voit donc, dans cette situation de sécurité, de pléthore alimentaire sans précédent, monter de l'inquiétude, de l'anxiété un peu partout. J'en viens maintenant à une autre source d'anxiété, la plus importante peut-être, celle qui, à mon sens, détermine véritablement l'apparition d'une crise de la modernité alimentaire.

Si nous sommes des omnivores, comment se fait-il que nous ne mangions pas tout ce que nous pouvons manger? Rien ne nous empêcherait de manger du chien ou du chat (certaines cultures le font, d'ailleurs). C'est que le caractère comestible ou non comestible d'un aliment ne résulte pas exclusivement d'impératifs biologiques (le chien ne serait nullement toxique): il y a un arbitraire culturel, une "décision", qui intervient. Chaque culture procède en quelque sorte implicitement à une sorte de taxonomie générale, à une classification des espèces et des choses, entre comestibles et non-comestibles. Elle établit un système de représentations et de codes, dont les anthropologues structuralistes ont montré toute la complexité. Il y a davantage: les aliments ne peuvent pas être consommés n'importe où, n'importe comment, n'importe quand. Tout un système de règles, une véritable grammaire, une syntaxe, régissent notre consommation alimentaire, la façon de se tenir à table, de préparer les aliments, de les servir, de les associer, etc.

Or, dans la société française comme d'ailleurs dans bien d'autres cultures, l'un des éléments cardinaux de ce système de contrôle socio-culturel en matière alimentaire, c'était le repas. Le repas, c'est en effet la forme hautement socialisée de l'alimentation. Voici que nous assistons, dans la société moderne urbaine, industrielle, à la remise en cause de la place centrale du repas. On assiste en effet à une désagrégation du repas au profit d'un mode d'alimentation caractérisé par ce que l'on nomme en franglais—faute d'un terme propre en français—le *snack*. Le *snack* est au repas ce que le paradigmatique est au syntagmatique.

Si les sociétés occidentales ont aujourd'hui des problèmes de pléthore, il faut bien voir que, pourtant, la "grande bouffe" est très largement un mythe. Nous ne mangeons plus du tout comme nos parents et surtout nos grands-parents. L'alternance des menus quotidiens uniformes et des festins gigantesques dans les grandes occasions a fait place, dans de nombreux cas, à une sorte de grignotage uniforme. Ce nouveau type d'alimentation qui repose sur de multiples petits repas fractionnés, friandises, sucreries, etc., présente la particularité d'échapper en partie aux contrôles sociaux, aux règles et aux contraintes de l'alimentation française traditionnelle.

La conséquence de tout ceci, c'est que l'alimentation, cette pratique sociale si importante, est renvoyée de la sphère collective, culturelle, à la sphère individuelle. Le choix des aliments devient un problème, et un problème qui pèse désormais sur l'individu seul. Dans la situation traditionnelle, on ne s'interrogeait guère sur le choix des aliments: il était dicté soit par les ressources disponibles, soit par les règles culturelles et familiales, etc. Aujourd'hui, devant l'infinité des choix qui s'offrent à lui, soumis aux multiples pressions contradictoires (publicité d'un côté, mises en garde médicales et consuméristes de l'autre), l'individu se retrouve seul. Pour faire un calembour sociologique, je dirai que l'on est passé d'une situation gastro-nomique à une situation gastro-anomique. L'anomie, notion clef de la sociologie durkheimienne, désigne la situation dans laquelle les individus membres d'une société ne sont plus contraints et réglés par les règles et normes (nomos = la loi) sécrétées par cette société. Les sociétés traditionnelles, ai-je dit, sont contraignantes sur le plan alimentaire; la désagrégation de ces systèmes normatifs constitue une gastro-anomie anxiogène.

Notons au passage que l'industrie alimentaire tend à encourager et à utiliser ce processus. Si, en effet, les codages traditionnels de certains aliments s'émiettent, leur consommation, dans certains cas, pourra s'accroître librement. Ainsi, si l'on court-circuite le code des usages du sucre dans l'alimentation, on laisse libre cours à notre attirance naturelle pour le sucré. C'est sans doute pourquoi le saucisson Olida lui-même contient du sucre: le fait que selon les classifications traditionnelles cet aliment appartienne à la catégorie "salé" nous empêche sans doute de percevoir autrement que de manière sub-liminale sa saveur sucrée. Or, des expériences de psycho-physiologistes ont montré sans l'ombre d'un doute que la saveur sucrée a pour effet de nous faire manger davantage . . .

Bien entendu, une fois de plus, nous nous trouvons ici devant des phénomènes qui concernent l'ensemble des sociétés occidentales et des pays développés. En quoi ces phénomènes présentent-ils en France des aspects spécifiquement français? Il me semble qu'en France, le désarroi est peut-être plus aigu qu'ailleurs, alors même que les processus de "modernisation" alimentaire sont moins avancés qu'ailleurs. Ceci sans doute parce que, précisément, les cadres normatifs socio-culturels de l'alimentation traditionnelle étaient extrêmement rigides et importants, et que leur désagrégation est fortement ressentie. C'est peut-être pour les mêmes raisons que les réponses à la crise, les contre-tendances suscitées par la tendance hégémonique de la modernité alimentaire sont plus riches et plus cohérentes qu'ailleurs.

LA CONTRE-TENDANCE; L'EMERGENCE DES VALEURS DE NATURE

La modernité alimentaire que je viens de décrire se développe dans tous les pays occidentaux; la crise de l'alimentation qui en résulte est, elle aussi, un phénomène général. Partout, le régime (alimentaire) est en crise. Les réponses à ce flottement des critères du choix alimentaire sont multiples. On recherche de nouvelles normes, de nouvelles lois, de nouveaux critères pour gouverner le choix des aliments. Ce peuvent être des croyances magico-religieuses: les sectarismes alimentaires renaissent. Mais on assiste aussi à l'incroyable floraison des régimes, plus ou moins fantaisistes, plus ou moins médicaux, mais toujours drapés dans le manteau de la science. Partout aussi, on l'a vu, on assiste à un regain d'intérêt pour la chose culinaire, dans les couches qui vivent au plus près le changement social.

Mais la France est sans doute le pays où ces contre-courants ont pris la forme la plus élaborée, constituant une véritable contre-tendance dans laquelle, au mythe de la nature conquise, qui dominait l'euphorie techniciste qui a régné jusqu'aux années 60, a succédé le mythe de la nature retrouvée. La cristallisation de cette contre-tendance générale, c'est sans doute ce courant esthétique culinaire qui est apparu depuis le début des années 70 et que l'on a baptisé—déclenchant ainsi la polémique—la nouvelle cuisine.

Déjà dans les années 60, pourtant, on avait assisté à l'émergence d'un néo-naturisme gastro-culinaire. Mais ce néo-archaïsme des grillades, des crudités, des buffets "campagnards", ne constituait guère que le volet alimentaire de la civilisation du *week-end*, des poutres apparentes, de la cheminée. Selon la formule d'Edgar Morin, c'était la civilisation de l'alternance: la modernité urbaine et laborieuse dans la semaine, la rusticité chaleureuse, paresseuse du *week-end*, des vacances. Dans les années 70, on peut dire que l'alternance ne suffit plus, on cherche une alternative. Ce qui semblait la condition même des loisirs dominicaux il y a quinze ans paraît aujourd'hui la négation de la vraie vie. On avait assisté dans les années 60 à des phénomènes marginaux qui tendaient précisément à instaurer une alternative à la société urbaine, technicienne: les communautés de retour à la terre, l'échappée vers les philosophies orientales, etc. Les mêmes ferments étaient en somme alors dans le cours central de la société. Voici donc que l'appel de la nature, la réconciliation avec le corps, le besoin de communication, le refus des contraintes technocratiques, bureaucratiques s'affirment comme les aspirations générales et fondamentales.

Sur le plan culinaire donc, le néo-archaïsme rustique ne suffit plus. On raconte qu'à la fin des années 60, un restaurant de grillades de Saint-Germain-des-Prés affichait avec son menu la proclamation suivante: "toutes nos grillades sont faites au feu de bois coupé à la hache)". Ce restaurant, aujourd'hui, s'est peut-être converti à la nouvelle cuisine.

Pour résumer l'analyse qu'on peut faire de la tradition culinaire française, on peut dire qu'elle est symbolisée par deux personnages: la cuisinière et le maître-queux. Il y a en effet d'un côté une mosaïque de folklores culinaires, transmis oralement, de bouche à oreille féminines, et dont la fierté est celle que l'on tire de la fidélité à une tradition et aux valeurs humbles de l'artisanat. De l'autre, il y a la cuisine servie à la table des princes et des rois, une cuisine faite par des hommes, qui ont appris un métier enseigné dans des filières institutionnelles, dont les secrets sont transmis dans les livres, et qui s'arrogent le monopole à la fois de la grande tradition et de l'invention: cette cuisine des chefs se veut du grand Art.

Jean-Paul Aron a montré dans *Le Mangeur du XIXe siècle* que la cuisine de la cuisinière est sortie de l'univers purement domestique au début du XIXe siècle, avec l'apparition des restaurants. Mais jusqu'à une date extrêmement récente, c'est la cuisine des hommes, des chefs, qui s'arrogeait le haut du pavé. Pourtant, entre les deux guerres, on assiste à un premier mouvement de promotion des valeurs féminines en matière culinaire. Curnonsky, prince des gastronomes, prône la simplicité, les saveurs du terroir. Marcel Rouff, dans son roman *La vie et la passion de Dodin Bouffant* oppose à la haute cuisine somptueuse, somptuaire, prétentieuse, incarnée par le prince d'Eurasie et son chef, une philosophie culinaire de la modestie, de l'amitié chaleureuse, de l'humilité provinciale, toutes valeurs un peu "popotes" et pantouflardes intériorisées par le génial gastronome Dodin-Bouffant et sa cuisinière. Le gastronome ira jusqu'à épouser sa cuisinière pour éviter qu'elle ne soit débauchée par le potentat oriental . . .

Cette morale culinaire de la simplicité apparaît aujourd'hui comme une préfiguration des tendances récentes de la gastronomie française. Ce qui s'est passé d'abord, c'est que les héritiers de la tradition des chefs, des maîtres queux, ne dédaignent plus d'intégrer à leur répertoire celui de la cuisinière traditionnelle. La tradition aristocratique intègre en la réinterpretant la tradition populaire, maternelle, féminine, du terroir. Le chef, parfois, ne revendique plus d'autre titre que celui, humble mais noble, de cuisinier. En même temps, de jeunes cuisinières revendiquent, elles, le droit à l'innovation. Voici donc une nouvelle génération de cuisiniers, qui se chargent de révolutionner nos palais.

La nouvelle cuisine repose sur une véritable morale culinaire et cette morale a quelque chose de socratique. La cuisine en effet, ce n'est plus comme dans la grande tradition du XIXe siècle l'art d'accomoder les aliments, c'est-à-dire de transformer la matière première alimentaire jusqu'à la rendre méconnaissable, littéralement la dé-naturer. C'est l'art de retrouver et de mettre en valeur la vérité essentielle des produits, dans leur choix et leur préparation. Le cuisinier n'a donc plus ce rôle de *condottiere* des fourneaux qui était chargé de dompter la nature en accomodant les mets; c'est désormais un accoucheur de la vérité culinaire, un maïeuticien de la cuisine, dont le travail est de mettre au jour et en valeur l'essence naturelle des mets.

Les conséquences de ce véritable changement de paradigme culinaire sont profondes. Un certain nombre de piliers traditionnels de la grande cuisine française sont radicalement remis en cause. Vous connaissez tous les caractères essentiels de la nouvelle cuisine: allègement (ou même disparition) des sauces, cuisson réduite, simplification en général des préparations, redécouverte de certains légumes méprisés ou oubliés, etc. Je ne m'étendrai donc pas là-dessus. Tout ceci s'accompagne d'une subversion généralisée des signes et des codes traditionnels de la cuisine. On peut boire le vin rouge frais, et on peut en accompagner les huîtres ou le poisson. L'innovation culinaire devenant une valeur centrale, on voit fleurir du même coup l'imitation, le plagiat, la caricature. Dans le sillage de la haute couture gastronomique se développe un prêt-à-porter, une industrie de la nouvelle cuisine, qui singe plus qu'il n'invente. Ce prêt-à-porter banalise et transforme en stéréotypes les créations de la nouvelle cuisine. Ainsi, on voit se répandre et se généraliser les sempiternels petits légumes, les petits concombres, les terrines de poisson, l'usage systématique d'un petit répertoire d'ingrédients hautement symboliques de la nouvelle cuisine (menthe fraîche, concombre cuit, oseille, purées diverses ou mousses de légumes, etc.). La hardiesse se mue souvent en préciosité ridicule. On se borne parfois à renverser purement et simplement les pratiques traditionnelles, on exagère les préceptes néo-culinaires au point de supprimer les cuissons et de réduire l'intervention du cuisinier à sa plus simple expression. Bien entendu, donc, le fait que les règles traditionnelles de la cuisine française soient transgressées ne signifie nullement qu'il n'y ait plus de règles: la cuisine, comme le dit Jean-François Revel, est un art normatif. De nouvelles règles se substituent aux anciennes et dès lors, elles concourent à établir des discriminations, entre ceux qui ne savent pas, entre les "connaisseurs" et les béotiens.

Dans la société française de 1980, comme dans les sociétés développées en général, l'alimentation est donc en crise, à l'image de la culture entière. Les règles structurant l'alimentation étant en crise, il faut en inventer de nouvelles. Et dans cette brèche, on voit grouiller un véritable mouvement brownien de courants diététiques, esthétiques, de chapelles et de sectarismes alimentaires, de croyances individuelles et collectives, d'échappées contradictoires vers l'avenir et le passé, de prescriptions et de mises en gardes médicales, etc. Des pans entiers de la société se mettent au régime ou aux fourneaux, ou aux deux à la fois. L'intéressant dans ce qui se passe en France depuis quelque temps, c'est que la préoccupation esthétique, la préoccupation médico-sanitaire, la préoccupation écologique et consumériste semblent en somme converger vers ce qui, peut-être, pourrait devenir l'alimentation de demain, une alimentation qui réussirait à concilier ces deux pôles que depuis longtemps l'homme avait reconnus incompatibles: le bon et le sain. La sagesse populaire, en France, dit: "ce qui est bon ne peut pas faire de mal". Le développement récent de l'alimentation et de la médecine semblait prouver le contraire. D'où la crise. Mais la crise, c'est la fin de quelque chose mais aussi, peut-être, le début d'autre chose. Peut-être à la faveur de cette crise, à son issue, verrons-nous émerger, notamment en France, pays dont l'identité même est liée à la fierté culinaire, un art culinaire accomodant subtilement le plaisir et la santé.

Notes

1. L'exposé sur le complexe de Fos qui suit est inspiré d'un travail mené en collaboration avec Bernard Paillard, à qui revient la paternité d'une très grande partie des données et des idées présentées ici.

2. Brochure du Port Autonome de Marseille à l'usage des investisseurs (1971).

3. Les usines tournent, mais à capacité réduite; les logements ont été construits, mais ils restent souvent inhabités . . .

4. Toute création technique française doit obéir, outre à l'impératif de progrès

technique, à celui de la différence, de la spécificité, même au sacrifice des intérêts économiques. C'est pourquoi la télévision française fonctionne d'abord sur 819 lignes (625 partout ailleurs), l'esthétique des Citroën ne ressemble (malheureusement) à nulle autre, et c'est peut-être aussi pourquoi Concorde a connu le destin qui fut le sien...

5. L'ethno-botaniste Jacques Barrault a dénombré dans le catalogue d'un pépiniériste du Vaucluse du dix-neuvième siècle une trentaine de variétés de figues, contre deux ou trois aujourd'hui.

Jean-Marie Domenach

Journaliste, directeur de la revue Esprit *jusqu'en 1976, enseignant actuellement au Centre de Formation des journalistes, Jean-Marie Domenach fait partie de ceux que Raymond Aron appelle "les intellectuels au grand coeur". De la Résistance à nos jours, il a intensément vécu les multiples combats intellectuels que la France a connus.*

Auteur d'innombrables essais, d'articles de presse, il a suivi en témoin attentif et en participant engagé l'évolution et les mouvements du monde de la pensée. Parmi ses ouvrages: Gilbert Dru, celui qui croyait au ciel, La Propagande politique, Barrès par lui-même, Le Retour du tragique, Mounier par lui-même, Le Christianisme éclaté *(en collaboration avec Michel de Certeau),* Le sauvage et l'ordinateur, Ce que je crois.

LE MONDE DES INTELLECTUELS

Il se trouve que je corresponds assez bien au sujet que je vais traiter puisque je suis un intellectuel, quelqu'un du métier. Je serai donc par moments moi-même et par moments l'observateur de moi-même et de mes congénères, ces intellectuels français qui sont peut-être, comme les baleines bleues, une espèce en voie de disparition.

Comment peut-on parler à la fois de ces intellectuels que je vais chercher à définir et de ces média tournés vers les masses? N'y a-t-il pas contradiction, non seulement théorique mais contradiction vécue entre les intellectuels de l'élite et les média de la masse. Je dirais que c'est justement là notre sujet: parler à la fois de cette élite ou prétendue élite des intellectuels, qui tout en étant consciente d'être une élite, reste désireuse de se fondre dans la masse, de s'identifier avec un peuple. Sans aucun doute, les média ont causé en France des troubles, une gêne, un malaise tout à fait particulier à cause de la structure ancienne du pays, à cause du rang éminent qu'occupait il y a encore quelques années l'intellectuel. En effet, d'emblée, on peut se poser cette question: comment l'intelligence française se débrouille-t-elle avec les média? Je crois qu'elle se débrouille assez mal. Les média n'ont pas encore été vraiment intégrés au fonctionnement intellectuel de la France même si les Français ont réussi à vendre leur philosophie à travers la télévision. Cette gêne provient à mon avis du fait que nous n'avons pas, comme vous avez aux Etats-Unis, ce corps de journalistes professionnels, ces *newsmen* ou *newswomen* dont le métier est de travailler vraiment dans l'actualité. Le journaliste en France était traditionnellement un écrivain, parfois—comme François Mauriac—un très bon écrivain, mais la plupart du temps, un sous-écrivain. Il en résulte que le journaliste français reste quelqu'un qui a un complexe d'infériorité à l'égard de l'homme de lettres. Le journaliste en France n'a pas tout à fait trouvé son statut autonome. Le journaliste reste pris entre la littérature et sa fascination pour la belle écriture d'une part et, d'autre part, le pouvoir politique qu'il n'ose pas vraiment affronter et dont il subit souvent les influences et les directives.

Je commencerai donc—je sais bien que vous trouverez là une des manies françaises—par faire quelques *flashbacks* historiques. Je crois que c'est indispensable pour deux raisons. Premièrement, il y a des modes que les Français savent admirablement vendre à l'étranger, et ces modes disparaissent vite. Vous êtes exposés, peut-être par désir de bien connaître ce qui se passe en France en ce moment, à négliger des constantes, des facteurs beaucoup plus profonds qui continuent d'agir dans notre pays. Il ne faut pas croire que la télévision, que la "nouvelle philosophie", que tout ce qui est mis en scène avec cette habilité qu'ont les Français pour conditionner, vendre et exporter leurs trouvailles, il ne faut pas croire que tout cela balaye ce qui reste de notre passé. Il faut aussi tenir compte des transformations profondes qui sont beaucoup plus lentes que les journalistes ou les média de masse pourraient le laisser croire. Deuxièmement, si l'histoire a une influence aussi forte en France, c'est que ce pays existait avant l'industrie et que l'industrie n'est pas contemporaine de la naissance de notre nation comme aux Etats-Unis. Il y a donc ce dialogue et ce conflit permanent chez nous entre la modernité et une structure rurale, qui subsiste malgré tout, même s'il faut parfois voler assez haut pour en apercevoir, comme dans les photos archéologiques, les structures et les traces. Il existe une profondeur d'imprégnation considérable que nous ne devons jamais oublier. Il y a fréquemment conflit entre les innovations techniques et cette rémanence, cette permanence des structures anciennes. Ces conflits ont été parfois tragiques et se sont traduits dans des formes politiques et littéraires particulières. Le Gaullisme s'explique beaucoup par ce conflit entre l'ancien et le nouveau et par la nécessité politique de les accorder. Je crois aussi que ce qu'on a appelé le Nouveau Roman, le Nouveau Théâtre—celui de Beckett et d'Ionesco, que j'ai analysé dans *Le Retour du tragique*—ont été très liés à cette discordance entre l'ancien et le nouveau.

Quel est encore le prestige de l'intellectuel dans mon pays? Je commencerai par deux anecdotes. Il y a quelques années, j'étais témoin dans un accident de la route et je parlais avec un gendarme qui avait vu sur ma carte d'identité ma profession de journaliste. Au moment de rédiger le constat, il m'a dit: "Nous autres intellectuels . . .", et je voyais que cet homme était fier d'écrire et se considérait par là-même comme un intellectuel, potentiellement. Un jour, au début de l'année 1968, j'avais l'honneur de parler avec le Général de Gaulle, et je lui faisais certaines critiques sur sa politique. Il m'a dit: "Alors, qu'est-ce que vous proposez?", et je lui ai répondu: "Je ne suis pas un homme politique, je suis un intellectuel." Il s'est mis en colère et m'a dit: "Moi aussi!" C'est quand même un drôle de pays, où un gendrame veut être intellectuel, le président de la République veut être intellectuel—et moi, alors, qu'est-ce que je suis? C'est moi l'intellectuel; ce n'est ni le gendarme, ni le président de la République. C'est un fait qu'il existe une sorte d'admiration à l'égard de l'intellectuel, ambiguë d'ailleurs parce que quand on admire une profession, on la jalouse en même temps et on est prompt à la critiquer. Mais je dirai que les Français respectent leurs intellectuels, quitte à les mépriser brutalement le lendemain. Il y a une sorte d'aura, de prestige autour de l'intellectuel—celui qui sait écrire, celui qui sait parler. Si De Gaulle était d'une certaine manière un intellectuel, on peut se demander si l'actuel président de la République, Valéry Giscard d'Estaing, en est un. En réponse à un journaliste qui l'interrogeait et qui lui demandait: "Si vous n'étiez pas président de la République, qu'est-ce que vous aimeriez être?", il a répondu: "Un grand intellectuel". Et par là même, il évoquait une des personnes pour lesquelles il a le plus d'admiration, c'est-à-dire Raymond Aron.

D'où vient cette réputation de l'intellectuel? Sans doute d'une époque éloignée où seules quelques personnes savaient écrire, savaient parler: les clercs, comme on disait, et les humanistes, ceux qui connaissaient la langue. Cette figure du clerc, de l'humaniste, qui fut si importante pour la formation de la nation française s'est prolongée à l'époque moderne par une autre figure cléricale, celle de l'instituteur. Je ne m'attarderai pas sur ces conflits terribles entre ces deux clergés, celui de l'Eglise et celui de l'Université, qui se disputèrent longtemps le prestige et l'influence qu'ils désiraient exercer sur le peuple. Disons toutefois que l'instituteur, dans la seconde partie du dix-neuvième siècle, a joué le rôle que jouait le clergé à l'époque du Moyen Age, de la Renaissance et encore du dix-septième siècle. L'intellectuel, l'humaniste, l'homme qui vit des métiers de l'esprit est un homme qui appartient à un secteur qui n'est pas celui de la production et de la consommation, un secteur où les hiérarchies de civilisation sont très subtiles, très fortes, et où les définitions sont données non point par le salaire mais par la considération, par la réputation. D'où les problèmes terribles qui se posent en France lorsqu'il s'agit de rémunérer un service intellectuel. C'est une des choses qui surprennent le plus les Français, lorsqu'ils viennent aux Etats-Unis, que, dans la lettre où on leur dit, "Monsieur, voulez-vous faire une conférence, voulez-vous faire un cours," on ajoute: "vous serez payé tant". C'est sympathique, mais c'est presque gênant, parce qu'en France on ne mélange pas l'argent avec l'esprit, et lorsqu'on demande un service intellectuel à quelqu'un, c'est avec beaucoup de timidité qu'on lui offre une modeste rémunération.

L'origine même du terme "intellectuel" sous sa forme substantive est tout à fait récente. Autrefois, il était employé sous sa forme adjective, et assez rarement. On disait "un métier intellectuel" en opposition à "un métier manuel", mais on ne disait jamais "un intellectuel". Ce mot a été lancé sous la forme substantive en 1898 par un célèbre manifeste publié par *l'Aurore,* où ceux qui prenaient la défense de Dreyfus étaient considérés comme des "intellectuels"—du genre abstrait et déraisonnable—opposés évidemment aux manuels qui étaient des gens sérieux. Cette affaire Dreyfus, je l'évoque parce que ce fut le baptême des intellectuels, une des grandes batailles historiques qui a marqué le coup d'arrêt contre le nationalisme en France.

Employé par des gens de droite comme une sorte d'injure, on

retourna vite le mot en disant: "Nous sommes des intellectuels, nous faisons les métiers de l'intelligence, c'est à cause de ce travail que nous faisons et que nous prenons au sérieux, que nous voulons témoigner contre la passion nationaliste et raciste. Nous sommes des rationalistes." Voilà ce que disaient ces gens-là. Ils voulaient avant tout examiner le cas Dreyfus de façon scientifique comme ils examinaient au microscope les tissus, comme ils traduisaient rigoureusement les textes. Le mot "intellectuel" restera toujours marqué par cette naissance, il gardera cette coloration de gauche, au large sens du mot, au point que "intellectuel de droite", cela se dit, mais cela ne va pas de soi. Quand on dit, "Ah, c'est un intellectuel," cela veut généralement dire qu'il pense à gauche. Il faut savoir aussi que si le mot entraîne une certaine considération en France, en même temps, il peut être un objet de mépris. L'intellectuel, c'est aussi l'idéaliste fumeux, celui qui n'est pas capable de traduire ses idées en réalités, le naïf qui va toujours être la victime de ses grandes utopies. Le mot a ainsi un double sens et s'emploie en France d'une façon codée.

Quelles sont les définitions possibles de l'intellectuel? Une première serait la définition traditionnelle. C'est un homme qui, travaillant dans un métier qui a rapport avec l'intelligence, prend position dans les affaires de la cité et du monde dans une perspective de défense des valeurs. Il lutte pour la Vérité, pour la Justice, pour les grands idéaux du dix-huitième siècle et de la République, il pense qu'il est engagé dans cette bataille en fonction même de ses responsabilités de savant, d'enseignant, d'artiste. C'est un prophète combattant. Malraux a donné une belle définition que je cite de mémoire: "J'appelle intellectuel un homme dont une idée quelle qu'elle soit oriente et engage la vie." Une autre définition plus sociologique serait celle de Seymour Martin Lipset: "Nous considérons comme intellectuels tous ceux qui créent, qui distribuent et mettent en oeuvre la culture, cet univers de symboles qui comprend la science, l'art et la religion." C'est une bonne définition qui n'est pas exactement la mienne, la mienne étant plus chargée de valeurs, plus dynamique, plus polémique.

Ces deux définitions restent cependant très floues. Qui est intellectuel? A la limite, le gendarme qui écrit son rapport. Vous savez que plus de la moitié du Produit national brut des Etats-Unis provient d'activités dites intellectuelles. Quelqu'un s'occupant de publicité commerciale exerce un métier intellectuel mais son image est aux antipodes de celle d'un intellectuel. Nous avons donc affaire à deux définitions qui se chevauchent et qui parfois se combattent. D'abord une définition sociologique qui désigne la masse grandissante des travailleurs intellectuels appartenant au secteur tertiaire.

A la limite peut-être aujourd'hui pourrait-on appeler intellectuels plus de la moitié des travailleurs dans nos pays. D'un autre côté vous avez la définition orientée, la définition polémique de l'intellectuel qui témoigne dans l'ordre des valeurs, à partir des disciplines qui sont les siennes. C'est la difficulté de notre réflexion parce que nous serons à cheval entre l'une et l'autre.

Personnellement, j'emploie le mot plutôt dans son sens strict, dans son sens français. Etre intellectuel, c'est orienter et engager sa vie pour des idées, c'est témoigner dans l'ordre politique et philosophique. Mais quand le mot est employé comme épithète, nous pouvons difficilement le limiter à ces intellectuels engagés. Il faut donc tenir compte de la perspective. Tout homme qui écrit n'est pas forcément un intellectuel. La société des Gens de Lettres comprend près de 12.000 écrivains en France. Combien d'intellectuels parmi eux? Très peu finalement. Et ceci ne comporte aucun mépris de ma part. C'est pour vous faire sentir la subtilité de ces définitions. Je parlais tout à l'heure d'Ionesco et de Beckett. Je mets Beckett extrêmement haut, son théâtre est pour moi quelque chose d'aussi grand que le théâtre de Shakespeare ou de Racine, mais Beckett n'est pas à mes yeux un intellectuel. En revanche, Ionesco en est un. Beckett n'a jamais voulu parler. Je ne le lui reproche pas, de ma part il n'y a aucun jugement de valeur. Je constate que Beckett ne s'est pas engagé dans la bataille politique. Ionesco, lui, s'y est engagé depuis quelques années. Quant à l'enseignant, pour des raisons qui touchent à l'histoire de France et à cette bataille pour les lumières menée surtout contre l'Eglise, contre le féodalisme, en tant que professeur ou instituteur, il a souvent été un intellectuel. Autrefois presque toujours, aujourd'hui beaucoup moins. Donc difficulté d'une définition nette entre les professions intellectuelles et les intellectuels professionnels.

Le prestige de l'intellectuel français bénéficie d'une certaine histoire. Je pense à Voltaire et à l'affaire Calas qui a été une sorte de répétition avant l'affaire Dreyfus, j'évoque Victor Hugo qui a représenté le triomphe de l'intellectuel français au dix-neuvième siècle. On venait le consulter de Pologne, de Bolivie, pour des constitutions. Il était l'homme qui donnait son avis sur tout. Universellement compétent, il prophétisait la victoire de la lumière sur la nuit avec une bonne conscience que nous lui envions maintenant. Il s'imaginait que remplacer une prison par une école, vendre les journaux bon marché, tout cela amènerait automatiquement le progrès des esprits et des moeurs. Cela n'a pas été le cas. Cette puissance d'enthousiasme et d'espérance, aujourd'hui perdue, caractérisait les grands intellectuels romantiques.

Alfred de Vigny était lui aussi un très grand intellectuel dans un style moins fracassant que Hugo. C'est lui qui écrivait dans son *Journal* cette devise admirable: "L'homme d'esprit doit se porter sur les points menacés du cercle de l'esprit humain et s'y rendre fort sur ce qui manque à la nation." Vous y trouvez cette idée qu'il y a des hommes d'esprit, qu'il y a un cercle de l'esprit humain et que l'intellectuel est responsable à l'égard des déficiences de sa nation. Si je cite cette phrase, c'est qu'elle contient cette ambition, cette préoccupation à la fois universelle et patriotique de l'intellectuel responsable à l'égard de l'esprit humain. C'est dans la liaison avec son peuple qu'il doit affronter cette attaque contre l'intelligence humaine qui vient de la barbarie. C'est évidemment la grande époque romantique où Jules Michelet concevait Paris à la tête de la France et la France à la tête du monde. Cela était tout simple, cela procurait de l'énergie, de la confiance—probablement un peu trop—cela permettait à beaucoup d'intellectuels de s'engager, de témoigner, de parler, d'écrire. Malheureusement, c'est au moment où cette solidarité entre l'esprit universel et le peuple français ne sera plus aussi évidente, vers les années 50−56, qu'éclatera le drame de l'intelligence française.

Entre 1900 et 1914, la bataille politique en France reste une bataille d'intellectuels: intellectuels dreyfusards contre intellectuels nationalistes. Même s'il est difficile de parler d'intellectuels de droite, la droite garde une importance considérable dans le débat intellectuel et philosophique. *L'Action Française* en particulier est très puissante. La guerre de 1914−1918 va marquer, après l'affaire Dreyfus, une sorte de défaite de l'intelligentsia de gauche. Tous se sont mobilisés, sauf Romain Rolland, pour la défense de la patrie française identifiée encore une fois avec la cause de la civilisation. Après la Grande Guerre, la bataille reprendra entre une intelligentsia de droite extrêmement forte qui se regroupe derrière

Maurras, Drieu La Rochelle et plus tard Brasillach. Mon propos n'est pas de faire de l'histoire mais de rappeler que la bataille a été féroce et que cette intelligentsia de droite détenait à l'époque des positions très fortes dans les média, en particulier dans les grandes hebdomadaires comme *Gringoire* et *Candide*. Hebdomadaires que la France ne retrouvera plus par la suite et dont les articles d'une terrible violence et d'une qualité d'écriture étonnante sont rédigés par des écrivains. En face se trouvent les intellectuels de gauche, qui vont être les initiateurs de la seconde grande bataille engagée par la République contre l'extrême droite, contre les ligues, contre le fascisme. En 1934, Alain, Paul Rivet, Jacques Soustelle, André Chamson lancent le comité de vigilance des intellectuels anti-fascistes. Ce sont ces intellectuels de gauche qui sauront rassembler le Parti Communiste, le Parti Socialiste et le Parti Radical socialiste dans un Front Populaire qui va l'emporter aux élections de 1936. Cela pour dire que l'action des intellectuels, si ridicule par certains côtés, a quand même été une action historiquement importante en France, ce qui explique peut-être en partie la prétention de certains dans l'époque actuelle, prétention qui est probablement moins fondée qu'en 1936. Il serait très intéressant de rôder autour des intellectuels engagés d'avant-guerre, André Malraux, André Gide, de même que Jean Guéhenno et Michel Alexandre, mes deux maîtres, lorsque j'étais en Khâgne et que je préparais Normale Supérieure. C'était une époque tout à fait extraordinaire; nous étions, en 1939−40, des apprentis intellectuels, mais nous vivions le grand conflit mondial à travers ces écrivains. C'est la lecture de Malraux qui m'a préparé à la guerre, et c'est l'enseignement de Guéhenno qui m'a préparé à la Résistance. Je me rappelle au printemps de 1940, au moment où les Allemands envahissaient la France, Jean Guéhenno en littérature et Michel Alexandre en philosophie se disputaient. Le disciple de Michelet nous appelait à la Résistance et le disciple d'Alain nous appelait au pacifisme.

C'était pour nous évidemment une atmosphère excitante et grandiose. La guerre de 1940−1945 allait marquer le triomphe de l'intellectuel engagé, un triomphe ambigu du reste. L'intellectuel retrouve son peuple mais il y a des retrouvailles comme celle-là qui sont trompeuses. Il retrouve son peuple, et tous ces grands idéaux universels et patriotiques dont je parlais tout à l'heure sont réconciliés. On lutte pour la paix en faisant la guerre, on est facilement patriotes contre le nazisme, on peut se laisser aller, même à un certain nationalisme qui rappelle le grand nationalisme de l'époque de Michelet. La France apparaît à nouveau à ces intellectuels comme un exemple, comme une fidélité où tout se mêle: les souvenirs de l'histoire et les idéaux utopiques. Nous sortons de cette guerre convaincus que la Libération allait s'épanouir en révolution, convaincus que le Parti Communiste français—et là était bien l'illusion de notre nationalisme—était d'une espèce différente des autres. Nous pensions que la tradition de la Révolution Française, de la Commune, le pousserait vers un nouveau destin qui deviendrait l'élément moteur de cette grande révolution libératrice dont les Européens sentaient le besoin.

1945 marque le moment de la floraison de l'intellectuel engagé. Ce n'est pas Sartre qui a inventé le mot, mais Emmanuel Mounier qui l'employait déjà en 1932, au moment où il lançait le premier numéro de la revue *Esprit*. Ce mot ne s'emploie plus guère aujourd'hui, l'époque a changé, le mot a comme un relent militaire. L'engagement de l'intellectuel provenait d'une attitude philosophique, existentialiste, d'un profond désaccord avec le monde. Rappelez-vous Camus sur la plage, contemplant le ciel muet. Désaccord avec les autres, avec une société stupide et visqueuse. Rappelez-vous Sartre et le Roquentin de *La Nausée*. Désaccord enfin avec le système socio-politique dans lequel se trouve la France, avec le capitalisme. Conscience malheureuse, conscience isolée qui s'efforce de rejoindre le peuple, la classe ouvrière, dont le représentant est censé être le Parti Communiste Français.

Je crois qu'il faut bien sentir cette décennie qui va, en gros, de 1945 à 1956 pour comprendre ce qui se passe actuellement dans l'intelligentsia française. Il faut se replonger dans ce moment intense que les historiens ont tellement de mal à restituer. Je lis, par métier, de nombreux témoignages sur cette période de délire, et aucun ne me paraît vrai. Probablement parce que j'ai vécu intensément cette époque et, comme Charles Péguy l'a dit à propos de l'affaire Dreyfus, quand un jeune homme était venu lui apporter un article là-dessus: "Je lui donnais du réel, il recevait de l'histoire."

Il y a eu l'affaire Dreyfus, il y a eu le Front populaire, tout un roman de l'intellectuel et du peuple, presque un roman d'amour. Mais le grand drame de l'intellectuel, c'est de se sentir au fond séparé, culpabilisé, et cette séparation tourne en frustration. On a assisté à de grandes sottises ou parfois de grands crimes qu'ont commis des intellectuels à droite comme à gauche, un Drieu La Rochelle prônant l'Allemagne hitlérienne, voire même un Sartre qui sans jamais s'avilir a donné dans les grandes fumisteries du stalinisme par naïveté, par générosité. Dans tous les cas, vous trouvez ce malheur existentiel de l'intellectuel qui voudrait être un homme du peuple, qui voudrait avoir son métier dans ses mains. L'intellectuel est quelqu'un qui est fier d'être intellectuel mais en même temps souffre terriblement de n'être pas un ouvrier, un militaire ou un sportif, et donc, il surcompense. C'est pourquoi les intellectuels font des flics extraordinaires, des militaires magnifiques, des militants terribles, des gens qui vont coller des affiches à cinq heures du matin. C'est beau, encore faut-il voir ce qui est écrit sur l'affiche. Combien de jeunes camarades de mon âge qui sortaient de la guerre et pour qui l'essentiel c'était de servir allaient vendre, le visage extasié, *l'Humanité* le dimanche dans les rues, dans les marchés. C'était pour eux la compensation de ce privilège dans lequel ils se trouvaient vivre de par les hiérarchies qui sont profondément celles de la France. Comme l'intellectuel est aussi un scrupuleux, un tourmenté, il surcompense par cette activité militante et il présente de lui souvent deux faces. Il s'astreint à des besognes inférieures, il répond à toutes les réquisitions pour dire souvent n'importe quoi. Aragon pour le Parti Communiste, Sartre à 70 ans vend des journaux à la porte des usines. Moi-même, je suis allé aux usines Renault en grève, j'ai harangué la classe ouvrière juché sur une machine.

Les intellectuels voulaient témoigner pour la vérité, la justice, la liberté et en même temps contre l'impérialisme représenté par les Etats-Unis et les puissances fascistes ou réactionnaires. Certains d'entre eux étaient en faveur de l'Union Soviétique censée être la puissance libératrice.

Plus tard, c'est la lutte contre le colonialisme qui a mobilisé les intellectuels. C'est dès 1947, que datent mes premiers souvenirs de militantisme anti-colonialiste, mes premiers articles, mes premières manifestations contre la guerre d'Indochine qui était alors une guerre française. Là aussi je dois dire que cette longue lutte que nous avons menée de 1946 à 1962 contre le colonialisme et contre notre propre gouvernement a profondément marqué les intellectuels français et a aussi été une des origines de leurs erreurs. Erreur car après avoir eu raison dans l'affaire Dreyfus, dans le Front Populaire, au moment de l'exaltation de la Résistance et de la lutte anti-fasciste, les intellectuels ont aussi la certitude d'avoir raison contre la quasi-totalité du peuple français et surtout contre les autorités dans les affaires coloniales. Ce qui fait que les intellectuels n'ont pas toujours examiné avec assez de rigueur leurs références: la civilisation américaine qu'ils avaient tendance à noircir, le système soviétique qu'ils avaient tendance à blanchir. Mais nous ne sommes pas ici pour rendre la justice historique mais pour évoquer simplement des moments pathétiques qui continuent de peser très lourd sur nous.

L'intellectuel français est donc quelqu'un qui se sent chargé d'une responsabilité à l'égard de sa nation et en particulier de la mémoire de sa nation. C'est lui qui porte la tradition et en même temps qui désigne l'avenir. Vision romantiquè, mais qui est restée assez présente et que nous allons voir d'une certaine façon se manifester dans l'insurrection de mai 68. Cette notion esthétique de l'intellectuel qui maintient l'authenticité d'une civilisation est d'ailleurs à l'origine de certains mouvements fascistes, nationalistes, régionalistes, qui voyaient disparaître la beauté dans l'enfer industriel. Pour beaucoup d'intellectuels, l'industrie était une agression. Qu'ils fussent marxistes ou anti-marxistes, qu'ils fussent dreyfusards ou anti-dreyfusards, de gauche ou nationalistes, l'industrie représentait pour eux la destruction du patrimoine national. C'était les paysans déportés dans les banlieues, transformés en esclaves. En termes marxistes on disait "prolétariser", en langage barrésien on traduisait cela par "déraciner". Et comme vous l'a déjà signalé Stanley Hoffmann, en ce qui concerne la critique qui est faite de la civilisation américaine, l'accord est complet également entre les gens de droite et les gens de gauche. Ce dont ils ont horreur aux Etats-Unis c'est de ce pays sans mémoire, de ces masses qui écrasent toute espèce de hiérarchie, de cette mécanisation odieuse.

Je ne me pose pas ici comme l'intellectuel de gauche méprisant les réactionnaires. Je pense que les réactionnaires du début de ce siècle avaient vu parfaitement ce que les écologistes ont redécouvert: l'abus de l'industrie et de l'urbanisation, déséquilibrant, abîmant, détruisant tout ce qui fait le charme de la vie, dans un vieux pays comme la France. Encore une fois, il y a une différence énorme entre l'histoire d'une nation comme la nation américaine dont le système politique s'est constitué simultanément avec l'expansion industrielle et la révolution technique, et l'histoire d'une nation comme la nation française dont toute la structure, les deux tiers de ses paroisses, de ses villages existaient au douzième siècle. La structure des routes, le découpage du pays datent de bien avant la révolution industrielle. De même dans le langage et dans les moeurs, l'industrie a été ressentie comme un traumatisme déstructurant. C'est d'une certaine manière une tragédie nationale et européenne. La recherche de l'identité nationale par laquelle tous les peuples d'Europe ont passé à la fin du dix-neuvième et au début du vingtième siècle, par laquelle passent en ce moment les peuples d'Afrique ou d'Asie, c'était, c'est une recherche collective. Aujourd'hui c'est pour nous une recherche individuelle. "Qui suis-je?"—voilà la question qui remplace "Que sommes-nous?", "Quel peuple sommes-nous?", "Que va-t-il rester de nous qui sommes menacés?" On se disait menacé par l'étranger, menacé par l'industrie, mais c'est toujours de la destruction du patrimoine national dont on parlait. "Les gens ne savent plus chanter," disait Paul Claudel.

Michel Foucault a bien montré qu'une époque se meut, se débat, discute à l'intérieur d'une certaine sphère et que finalement les conflits qui paraissent sur le moment dramatiques sont souvent enveloppés dans un consensus. Il y a toujours eu consensus entre intellectuels de droite et intellectuels de gauche sur cette idée que la France était un modèle de civilisation équilibrée, rationnelle, heureuse. C'était une nation qui avait réussi à amasser tant de souvenirs qu'elle en tirait de riches leçons. Tout ce trésor risquait d'être détruit par ce délire technique dont les Américains donnaient l'exemple au monde.

J'ajouterai que l'intellectuel français est quelqu'un qui est connu, respecté, salué, et qui a le sentiment que sa mission ne peut être évaluée ni en termes de carrière ni en termes d'argent. Or la société technique, industrielle, productiviste et capitaliste est une société qui ne lui reconnaît plus cette honorabilité et cette fonction. Combien d'intellectuels français ont été conquis au communisme lorsque voyageant dans les démocraties populaires, ils se trouvaient reçus comme des hommes d'Etat. Le malheureux intellectuel français, souvent pauvre, se voyait attendu par une splendide limousine avec chauffeur, reçu par un ministre qui venait le chercher à l'aéroport, placé dans un superbe hôtel et souvent on lui offrait des distractions folkloriques. Il revenait enchanté en disant: "Enfin nous avons connu des pays qui savent ce que c'est que la poésie, qui savent ce que c'est que la littérature, la philosophie, et nous reçoivent conformément à notre dignité." On ne doit jamais oublier cet élément important, ridicule et touchant, qu'est la distinction.

Permettez-moi une petite parenthèse sur la distinction! Vous venez de l'apprendre, Madame Evelyne Sullerot et moi avons fait l'objet, ce 14 juillet, d'une distinction. Nous avons tous deux reçu la Légion d'honneur. Eh bien, à cette occasion, j'ai fait une découverte stupéfiante. Quand j'étais directeur d'*Esprit*, je l'avais refusée pour ne pas mettre mes camarades mal à l'aise. Ayant quitté *Esprit*, je l'ai acceptée, cela faisait plaisir à ma mère, mon père l'ayant eu, et finalement cela ne me déplaisait pas, car après tout je suis Français. Cela n'a rien changé à l'idée que je me fais de moi, mais ce qui m'a surpris, ce sont les réactions que cette décoration a provoquées dans mon entourage. Je croyais que cela n'avait plus d'importance mais pas du tout, et plus on descend l'échelle sociale, plus les réactions ont été vives. Dans le bureau où je travaille, les employés ont organisé une fête en disant; "C'est magnifique!", "Comment avez-vous attendu si longtemps?" ou encore "Cela honore vraiment les décorations qu'un homme comme vous soit décoré." Et je comprends mieux combien les Français tiennent à ces idées de distinction, ils veulent être différents des autres, ne pas être rejetés dans la grisaille, dans la masse. C'est une chose très profonde chez nous, qui a des côtés aussi bien ridicules qu'honorables. La Légion d'honneur ou l'Académie française sont des institutions assez grotesques. Toutefois, il faut quand même reconnaître que ce sont des institutions qui ne dépendent pas de l'argent. Les gens sont évalués par rapport à d'autres critères, telle que la valeur intellectuelle ou la valeur militaire. Cette dernière servant de référence à toutes les valeurs puisque Napoléon avait assimilé aux mérites militaires les mérites civils. En France, un seul ordre honore à la fois le courage militaire et les vertus civiques.

Passons à l'insurrection de Mai 68. Ce phénomène gigantesque relève par certains côtés du théâtre, par d'autres il constitue le plus grand mouvement social ayant eu lieu en Europe depuis très longtemps. Il y a eu douze millions de grévistes. Ce fut une des plus grandes grèves mondiales et on n'en finirait pas de réfléchir là-dessus. Il me semble que mai 68 manifeste l'importance de l'intelligentsia française et les possibilités d'imprégnation de la population par les idées. Je disais tout à l'heure qu'il ne faut pas surestimer les intellectuels, il ne faut pas les sous-estimer non plus. Les idées qu'ils ont lancées se sont transformées en une force sociale et politique extraordinaire qui ne debouchera pas mais qui, par contre, modifiera profondément les conditions de la vie française. Comment? Je ne saurai pas l'expliquer, mais je dirai que mai 68 représente l'apogée des marxismes. Je dis marxismes et non pas Parti Communiste car dès la révolte hongroise de 1956, la grande majorité des intellectuels français avaient rompu avec le P.C. Par contre, les chapelles marxistes restent extrêmement fortes, elles se répandent brusquement partout, en vagues confuses, parfois opposées, autour de thèmes variés parmi lesquels celui de l'autogestion qui restera le plus vivant. Mais en même temps, comme un feu d'artifice où les fusées se consument en l'air, mai 68 marquera la fin de cette "marxisation" de l'intelligentsia française. Paradoxe étrange: comme le gaullisme d'ailleurs, cette grande explosion révolutionnaire amènera la France à accélérer ce qu'on a appelé son américanisation.

Sans doute De Gaulle avait plus ou moins américanisé la France sous les grands vocables de la grandeur française, de l'industrie, de l'urbanisation. Mais le phénomène s'accélère à partir de mai 68, il bouleverse les moeurs et les institutions. L'effondrement de l'enseignement secondaire, une université qui n'est plus une université humaniste et devient une université de *self-service*, les relations sexuelles avant le mariage, l'espèce de fraternité de génération entre les jeunes, l'émancipation à l'égard des normes, des traditions . . . ce sont des phénomènes qu'on voyait aux Etats-Unis et qui deviennent des phénomènes français après mai 68. Pourquoi? Comment? Je ne sais pas très bien. Je le constate. C'est ce que Hégel appelle la ruse de l'histoire: les choses arrivent autrement, par d'autres canaux, et il est étrange que cette grande explosion révolutionnaire ait finalement accéléré le processus de modernisation, d'américanisation de la France.

J'aurai l'occasion à propos des nouveaux philosophes de définir plus nettement la frontière entre les intellectuels restés marxistes et ceux qui sont devenus anti-marxistes. Cependant, je crois qu'il faut préciser une des raisons, rarement comprise du reste, pour lesquelles tant d'intellectuels français sont ou ont été marxistes. En partie, je crois que c'est parce que le marxisme permet à l'intellectuel d'être révolutionnaire tout en étant conservateur. Il est conservateur pour lui, il est révolutionnaire pour les autres. C'est-à-dire qu'il garde son statut d'interprète de la vérité, il garde son statut de clerc, de prophète, c'est lui qui parle pour la classe ouvrière et à la classe ouvrière. Il est enfin réconcilié avec le peuple, tout en étant d'accord avec son propre statut éminent. Le marxisme est la doctrine qui convient parfaitement à l'intellectuel. Dans les pays communistes, le marxisme, théorie de la classe ouvrière, est en réalité devenue celle de l'intelligentsia plus ou moins technocratique, c'est-à-dire la classe dominante. En France, le marxisme a offert aux intellectuels cette merveilleuse possibilité de se rassembler avec les ouvriers, donc de surmonter leur frustration, de maintenir leur fonction et leur statut privilégiés tout en étant des révolutionnaires. D'où cette figure ambiguë et assez hideuse de l'intellectuel à la fois serviteur et critique du pouvoir.

Le déclin des grands intellectuels traditionnels débute à l'époque du débat Sartre-Camus en 1953, il se poursuit avec le début de la guerre d'Algérie et coïncide avec ce moment où la France cesse d'être rurale pour entrer dans la société de consommation. C'est la période de la guerre d'Algérie qui marquera l'apogée de François Mauriac. Sa bataille annonce d'une certaine manière celle de Soljenitsyne, je veux dire celle d'un homme seul luttant par la force de son écriture contre un pouvoir. Cet écrivain de 70 ans fut une opposition à lui tout seul. Mais le déclin des intellectuels, qui débute en 1953, est inexorable: en 1958 avec la fin de la IVe République, on assiste à l'exil et à la marginalisation de l'intellectuel. Même si De Gaulle se prétend un intellectuel, il a tous les intellectuels ou presque contre lui. C'est peut-être d'ailleurs une querelle de famille. Ajoutons le déclin du P.C.F. (non des marxismes) et de son influence, de sa puissance sur les intellectuels. L'intellectuel se trouve de plus en plus réduit à n'être qu'un contre-pouvoir. Sartre avait défini l'intellectuel comme un fonctionnaire du négatif". Attention, il se moquait un peu de lui-même, et il faut prendre le mot "négatif" dans son sens philosophique hégelien. La négation, c'est ce qui fait avancer la résolution du conflit dialectique. Il ne dit pas que l'intellectuel est seulement un contestatire, mais le mot est drôle, et il est vrai que la contestation deviendra le lieu préféré des intellectuels. Mai 1968, je l'ai dit, marque le choc entre les idéologies révolutionnaires et la modernisation.

Est-ce alors la fin de l'intellectuel sous la forme spécialement française dont j'ai parlé? Ce que j'enregistre aujourd'hui, c'est la décadence de l'humanisme. D'abord par la montée des spécialités qui interdisent la synthèse aux intellectuels de mon espèce. L'homme qui prétend juger de tout, n'en a plus guère les moyens dans une société où il y a tellement de branches spécialisées. D'autre part, le passage de l'existentialisme au structuralisme est fondamental. Sartre, en 1946, pouvait affirmer que "l'existentialisme aussi est un humanisme"; aujourd'hui les intellectuels contemporains, qu'il s'agisse de Lévi-Strauss, Barthes, Foucault, Althusser, se présentent comme les ennemis résolus de l'ancien humanisme. Ajoutez la montée technique des moyens de communication et l'explosion de l'enseignement qui ont "intellectualisé" des millions de Français et ont enlevé au clerc une grande partie de son originalité. Ce déclin du clerc face à l'intellectualisation de la société est un phénomène que vous connaissez bien aux Etats-Unis car il a eu lieu chez vous antérieurement. En France par contre, il s'est produit d'une façon beaucoup plus rapide et plus bouleversante. Sans vouloir me lancer dans des explications trop réductrices, je dirai quand même que si tant d'intellectuels français se sont enfermés dans l'hermétisme, dans un style très particulier et souvent incompréhensible, c'est par une sorte de panique devant les média de masse, une rétraction sur les parties les plus spécialisées des sciences humaines et sur un travail de critique extrêmement raffiné.

Pour moi, mai 1968 aura été le dernier des rassemblements de l'histoire de France. J'ai vécu ce moment comme un extraordinaire finale où des milliers de gens défilaient avec des drapeaux rouges et noirs. Nous avons chanté *l'Internationale*, et j'avais bien conscience que c'était la dernière fois que je la chantais et que c'était celle de mon adolescence, celle du Front Populaire. Cet événement sera prolongé par un épisode étonnant, indispensable pour la compréhension de ce qui se passe actuellement, c'est l'épisode maoïste d'entre 1968 et 1978. Pendant une dizaine d'années, les meilleurs, les plus vivants, les plus intelligents des jeunes intellectuels de 68 vont militer dans l'extrême gauche pro-chinoise et deviendront de fervents partisans de la Révolution culturelle. On assiste à cette étonnante liaison entre des intellectuels libertaires et le maoïsme chinois. Ce mouvement a été important et fécond. Il a non seulement donné naissance au journal *Libération,* un des plus vivants quotidiens de la presse française, mais encore c'est dans ses rangs que se sont recrutés un bon nombre des "nouveaux philosophes".

Sans doute sommes-nous entrés dans une nouvelle modernité de façon un peu traumatique. Il ne faut quand même pas croire que tout a été aboli. Certes, nous avons constaté l'affaiblissement des valeurs, la disparition des grandes références. Pourtant, l'intervention d'un François Mauriac pendant la guerre d'Algérie, l'intervention d'un Michel Foucault contre les atrocités dans les prisons, l'intervention récente des "nouveaux philosophes" qui ont réussi à réconcilier dans une scène historique deux grands intellectuels qui ne s'étaient plus jamais parlé depuis l'époque où ils étaient ensemble à l'Ecole Normale Supérieure—Raymond Aron et Jean-Paul Sartre—autour de cette magnifique initiative qu'était l'envoi d'un bateau médical au Cambodge, toutes ces interventions montrent que la figure traditionnelle de l'intellectuel, même si elle est très compromise, n'a pas entièrement disparu. Il a perdu sa place de maître, de clerc, de prophète, mais il continue de jouer un rôle, et nous allons essayer de voir un peu quels sont les rapports entre les "nouveaux philosophees" et les intellectuels traditionnels et de quelle manière les idées circulent aujourd'hui en France.

Dans un moment je parlerai de cette nouvelle constellation. Je vais beaucoup employer le mot "nouveau" mais ne vous laissez pas abuser. Il y a au moins autant de permanence que de nouveauté. Le nouveau n'est souvent qu'un masque pour cacher le retour de l'ancien. Parmi ces permanences, j'en relève immédiatement deux sur lesquelles je n'ai pas assez insisté. Premièrement, cette distinction, cette éminence de l'intellectuel par rapport au manuel est quelque chose qui a des conséquences énormes sur toute la société française, sur son organisation, sur son système bureaucratique, au point même que le président de la République a trouvé nécessaire, afin de revaloriser le travail manuel, de nommer un secrétaire d'Etat au travail manuel. Incidemment, le détenteur de ce poste, Lionel Stoléru, est aussi chargé des *public relations* du président de la République avec les nouveaux philosophes. Cette coupure manuel-intellectuel est constitutive de la société française. Elle est peut-être plus profonde que la lutte des classes en France et la recoupe d'une certaine manière. C'est cette coupure qui finalement donne à la séparation et à la lutte des classes en France ce caractère parfois violent, en tout cas très imprégné, très investi de sentiments à la fois de fierté et d'humiliation. On ne peut pas comprendre ce qui s'est passé en 1936 au moment du Front Populaire, ni en mai 1968, ni ce qui se passe en France actuellement sans savoir qu'il y a un poids d'humiliation très fort. L'humiliation est du reste un sentiment très ambigu. Le complexe d'infériorité est aussi un complexe de supériorité. L'ouvrier, celui qui détient sa force et son art dans la main se croit supérieur à celui qui ne sait rien faire. Mais dans la réalité des choses, il est humilié. Toutes les chansons le disent: 'Nous qui devons des pieds, des mains, de tout le corps lutter sans cesse, sans abriter nos lendemains contre le froid et la vieillesse . . ." C'est l'histoire des canuts de Lyon qui ont la fierté ouvrière de l'ouvrage bien fait. C'est la vieille évocation du bâton de chaise qui revient souvent chez Charles Péguy dont la mère était rempailleuse de chaises. Pour bien comprendre la France, je crois qu'il faut bien saisir cette dialectique du travail manuel et du travail intellectuel qui reste encore très vivante. Quand l'intellectuel que je suis rencontre un mécanicien de moto ou un paysan, il est dans cette position très ambiguë de supérieur à inférieur, de celui qui est considéré comme supérieur par l'ouvrier mais que l'ouvrier lui-même tient comme inférieur par rapport à celui qui détient la noblesse du travail manuel. Si je dis noblesse, c'est parce que finalement, dans ce pays révolutionnaire, la question de noblesse est toujours présente. Il n'y a pas longtemps, dans certains milieux bourgeois, c'était une déchéance que d'abandonner le travail intellectuel pour un métier manuel, une véritable honte pour la famille. Cela a changé, et Gérard Vincent vous en a déjà donné des exemples. Ce que je voulais souligner, c'est la perspective plus féodale qu'industrielle de ces interférences de la distinction, de cette coupure entre manuels et intellectuels.

Une deuxième permanence, c'est Paris, le centralisme parisien. Paris, sans quoi la France n'existerait pas. Paris; qu'il est devenu de bon ton de critiquer et on a sans doute raison de le faire. Paris qui vide la province, qui l'empêche de réaliser ses propres performances, qui empêche la France d'avoir d'autres capitales comme en ont l'Allemagne ou l'Italie. Paris, la force et la faiblesse, le cerveau et le cancer de la France. Intellectuellement, culturellement on ne peut vraiment réussir qu'à Paris. On ne peut pas vraiment faire de l'édition en dehors de Paris. Il n'y a de grands journaux qu'à Paris. Paris est l'une des trois ou quatre villes cosmopolites du monde. Le Père Hugo disait volontiers qu'il reconnaissait au détour de la rue de Rivoli ou au Café de la Paix les fantômes de Dante ou de Shakespeare qui réincarnés revenaient naturellement habiter la seule ville fréquentable par des intellectuels. Sans parler de ces illustres disparus, on rencontre beaucoup de gens intéressants à Paris, en particulier énormément d'étrangers. Aux réunions de la revue *Esprit*, il y avait plus de la moitié d'étrangers. Quelle stimulation pour l'esprit! Actuellement, l'arrivée des Russes exilés a été quelque chose de considérable et a provoqué un véritable choc dans l'intelligence française.

Notre sujet d'analyse s'inscrit dans ce décor de double permanence, coupure sociologique entre manuels et intellectuels d'une part, prépondérance de Paris de l'autre. Ce qui a changé par contre, c'est l'environnement, ce sont les moeurs. Dans la société de consommation, les valeurs—ce qui ne peut être ni produit ni consommé—perdent de l'importance. Les gens dépensent sans gêne, ils se précipitent dans les supermarchés, ils empruntent, ils ont des dettes. La télévision et l'automobile renforcent le privé par rapport au public. Le livre de poche, l'achat de disques et de chaînes hi-fi permettent d'accéder à un standing culturel plus élevé. Enfin, l'explosion démographique de l'enseignement secondaire et supérieur dont on vous a déjà parlé font que nous avons affaire à une société dont les loisirs et le travail s'intellectualisent. Superficiellement tout au moins. L'intellectuel, ce n'est donc plus une petite minorité, c'est devenu une foule de gens qui ont de l'instruction et des moyens et qui peuvent se croire intellectuels. Sans aucun doute la vie intellectuelle française a une nouvelle allure.

Les modes intellectuelles qui autrefois ne touchaient que les cénacles parisiens sont devenues des modes qui atteignent ce nouveau public intellectualisé. Des vedettes nouvelles sont apparues, une nouvelle espèce d'écrivain s'est manifestée. Ce ne sont pas en réalité des écrivains mais souvent des gens qui parlent ou qu'on fait parler dans les magnétophones, des hommes politiques, des chirurgiens, des stars du cinéma, des coureurs cyclistes, voire des bandits, des gens qui se sont acquis une notoriété, qui réalisent des livres à grand succès et qui concurrencent tout le secteur de l'écriture traditionnelle. L'écrivain traditionnel se sent évidemment menacé par ces faux écrivains qui nous écrasent de leur notoriété et de leurs tirages, alors que nous, les pauvres, nous vendons péniblement 10.000, 15.000, parfois 30.000 exemplaires. Parfois un ancien ministre se présente, et on lui lance son livre. Avec de la chance, il arrivera comme M. Peyrefitte à vendre deux millions d'exemplaires. Des modes, des vedettes catapultées par la télévision et surtout par cette caisse de résonance qu'est Paris. On frappe un coup de tambour à Paris et toute la France est ébranlée. Vous pouvez toujours jouer du tambour à New York ou à Washington, vous ne serez pas forcément écouté dans le Texas ou l'Ohio. Voilà comment les modes françaises s'épanouissent dans toute la France et parfois débordent sur le monde entier.

De 1945 à 1956, c'était le règne des trois grands humanismes, le personnalisme, l'existentialisme et le marxisme. Vers 1954, le paysage se transforme avec le théâtre de l'absurde et les attaques de Robbe-Grillet contre le roman traditionnel. Enfin, viendra le structuralisme qui achèvera de détruire le sens de l'histoire en nous présentant le monde sous forme d'une circulation de signes, circulation synchronique (en opposition à l'histoire diachronique), ensemble de déterminismes, système anonyme et contraignant. Lévi-Strauss nous montre que l'histoire n'est qu'une particularité ethnologique des Européens. Je ne vous décrirai pas ici toutes les chapelles, tous les mouvements critiques, toutes les revues, toutes les personnalités de Barthes à Foucault, de Lacan à Derrida, qui ont marqué ces vingt dernières années toutes les disciplines intellectuelles et y ont parfois apporté des changements. Mais cette entreprise de démolition qui n'a débouché jusqu'ici, sur aucune construction et a frayé la voie à ce dont nous allons parler dans un moment: la "nouvelle philosophie", la "nouvelle droite", le "nouveau romantisme". L'intelligence française s'est dépensée avec un brio extraordinaire dans un travail de critique, de "déconstruction". On a voulu vraiment rompre avec les valeurs, avec le discours mais en s'établissant au niveau du discours seulement. C'est une contestation enfermée dans l'univers des signes, où elle a fait un énorme travail. Je ne veux pas du tout impliquer dans cette polémique les chefs-d'oeuvre de la "nouvelle critique" et les approches sémiotiques.

Toutes ces tendances ont été corrosives, mais il est vrai que les philosophies de l'après-guerre, avec au premier plan celle de Jean-Paul Sartre, ont convergé vers la négation des doctrines et des traditions, qu'il s'agisse de l'histoire, de la littérature, du droit, de la justice, de la morale.

Sartre a été l'homme-orchestre de ces 35 dernières années et reste profondément l'inspirateur de ce qui se fait, de ce qui s'écrit maintenant. C'est lui qui a désorganisé les références traditionnelles de l'intelligentsia française en proclamant la liberté volcanique de l'individu, son intolérance aux autres, une espèce de guerre sociale continue. Il en résulte que l'institution est mensongère et néfaste; toute la pensée à la mode en France depuis 1946 s'inspire de cette conclusion.

Une fois l'institution retournée, bafouée, une fois qu'on a bien démontré qu'elle était un outil contre la lutte des classes, au service de la peur, au service des mystifications religieuses, il ne reste plus de possibilités de construire quelque système social ou politique, quelque entreprise médiatrice que ce soit. Le travail de l'existentialisme, du stucturalisme et de la sémiotique, peut être résumé comme une entreprise concertée de destruction de toute médiation philosophique et sociale.

La télévision a apporté un formidable renfort à l'extrémisme intelletuel. Ceux qui crient: "A bas l'Etat! l'Etat, c'est le mal!" ont plus de succès que ceux qui prônent la médiation, le "metaxu" de la philosophie platonicienne. Je crois qu'il y a là une frénésie typiquement française. La France n'a cessé d'osciller entre des formes autoritaires, hiérarchiques, où l'institution s'aliène, et des formes de fraternisation égalitaires où les individus communiquent directement, passionnément, par le sentiment. Or les institutions qui assurent l'articulation des entreprises humaines dans les pays anglo-saxons n'ont jamais pu s'établir solidement en France. S'il y a une chose méprisée chez nous, c'est le droit. L'absence de conscience de son droit chez le citoyen est significative. Le Français a *son* droit comme automobiliste, mais une fois descendu de son automobile, il n'a plus de droit, il n'est que piéton. J'ironise, mais le droit est toujours plus ou moins subordonné à la hiérarchie, et la restauration du droit exige par conséquent des mouvements de contestation et de révolution extrêmement violents. Si la Révolution française a pris la dimension métaphysique qu'on connaît, c'est bien à cause de cela, et nous n'en sommes d'ailleurs pas encore sortis. J'ajouterai aussi que mobilisé, politisé, plongé dans des engagements historiques de 1936 à 1968, le monde des intellectuels aspirait à un retour aux sentiments, à la subjectivité. Un peu comme quand, après les grandes guerres de Napoléon Ier, on a vu Musset et Lamartine réclamer le droit à l'amour.

Voilà donc le décor qui permit de mieux comprendre l'apparition de cet animal que l'on a appelé la "nouvelle philosophie". Qui sont ces "nouveaux philosophes"? Pour la plupart, ce sont des agrégés de philosophie; certains sont beaux, ce qui est très important pour la télévision. Beaucoup d'entre eux viennent de l'extrême gauche, du marxisme, du maoïsme, mais sont des convertis qui ont abjuré le marxisme, soit pour le libéralisme soit pour certaines formes de spiritualisme ou de christianisme. Notre société de consommation leur fait donc fête puisque celui qui change d'avis est quelqu'un qui a le privilège du nouveau. Il y a du reste un certain antagonisme de fond entre la société de consommation qui veut toujours du nouveau et le travail intellectuel qui exige de la concentration, de la réflexion, de la méditation. Nous avons actuellement en France de grands philosophes tels que Lévinas, Ricoeur, Castoriadis, Jankélévitch, et quelques autres. Mais ils ne paraissent pas à la télévision, leurs travaux ne restent connus que d'une petite fraction d'intellectuels et ne tirent qu'à 3 ou 4 milliers d'exemplaires. Or certains "nouveaux philosophes" tirent à plus de 100.000 exemplaires.

Les plus connus sont Jean-Marie Benoist, assistant de Lévi-Strauss, auteur de *Marx est mort* et *L'homme structural*; André Glucksmann dont *La Cuisinière et le mangeur d'hommes* et *Les maîtres penseurs* ont fait beaucoup de bruit; Jean-Paul Dollé qui a écrit notamment *Haine de la pensée* et *L'Odeur de la France*; Bernard-Henri Lévy dont *La barbarie à visage humain* et récemment *Le Testament de Dieu* battent les records de librairie. A cette liste, il faudrait ajouter Michel LeBris, Philippe Nemo, Lardeau et Jambet qui ont écrit un livre ahurissant, *L'Ange,* de même que leur metteur en scène, leur oncle à tous, Maurice Clavel, vrai philosophe dont les travaux sur Kant sont tout à fait remarquables. En profondeur, il y a peu de points communs entre tous ces auteurs; en surface ils se ressemblent. Plus essayistes que philosophes, la plupart ont été formés à l'Ecole Normale Supérieure. Ils ont eu pour maître Althusser, celui qui a structuralisé le marxisme. Adeptes de Lacan, ils voient dans le discours un pouvoir oppressif. Ils ont d'abord été bouleversés par les événements de mai 68, certains ont cru trouver dans le maoïsme une forme libérée du marxisme. Par la suite ils ont été influencés par la pensée des dissidents soviétiques. Leurs essais sont parfois bien écrits, écrits justement au niveau où on touche ce public intellectualisé qui a d'autant plus besoin d'idées cohérentes que le marxisme, les progressismes, les anciennes valeurs se sont effondrés. Ils sont arrivés au bon moment, avec un style nouveau qui tient beaucoup du style à l'"emporte pièce" des hebdomadaires. Leurs écrits sont bourrés d'affirmations massives mais la substance en est souvent faible.

Du moment qu'on avait détruit l'histoire, il devenait possible de mettre directement en rapport les théories philosophiques avec les événements ou les structures politiques. Ces "nouveaux philosophes" sont tous bouleversés par le totalitarisme. Mais au lieu d'entreprendre une réflexion sérieuse sur le totalitarisme, ils se sont lancés dans une mise en accusation de la philosophie et des idéologies dont ils estiment avoir été les dupes. Ils l'ont fait avec cette frénésie bien française qui consiste à brûler ce qu'on a adoré, avec l'excès de colère aussi de ceux qui ont été dupés et dupés par le meilleur d'eux-mêmes. Pendant un moment ils ont cru que la révolution culturelle chinoise, cette "crise mystique du marxisme", serait une manière de sauver le marxisme du stalinisme. Et puis ils ont découvert le maître éternel, le maître oppressif, le maître tel que le voit Lacan, ce philosophe du freudisme. Derrière la révolution culturelle, c'était le maître qui manipulait le désir de révolte, qui en faisait un simulacre, une parodie, d'où le couple maître-rebelle, le rebelle devenant lui-même un maître, éternel cercle vicieux. Au maître absolu devait s'opposer le rebelle absolu. Voilà peut-être le point commun de tous ces gens-là. Hantise du maître et proclamation de la révolte absolue contre l'illusion et le détournement. Où est-il, ce rebelle absolu? C'est ici que cela devient curieux. Le livre que j'ai mentionné, *L'Ange*, de Lardeau et Jambet, avance que le modèle du rebelle absolu se trouve chez les Chrétiens du premier siècle, dans une sorte de révolution morale plus radicale encore que la révolution culturelle. Dans une dépossession complète, dans une révolution angélique. Il n'y a finalement que l'ange qui soit capable de répondre à ce désir de libération totale, d'épanouissement complet. On revient à ce thème de l'expansion de la personne, très proche du personnalisme d'Emmanuel Mounier mais avec cette réserve que tous ces auteurs ont été plus ou moins touchés par la vérole sartrienne. Je veux dire par là cette intolérance, cette sorte d'exaspération de l'individu qui ne voit dans tout rapport interpersonnel qu'une violence, une domination. Seuls les moines des premiers siècles dans leur dépossession totale, dans leur austérité et leur chasteté, ont pu être à la hauteur de cette exigence d'absolue pureté de la révolution. L'ange, rebelle irrécupérable, libéré du désir et libéré du travail. Voilà le tableau étrange que dresse ce livre qui, lui, n'est pas un ouvrage bâclé pour être vendu.

L'ange est la seule figure révolutionnaire qui puisse tenir contre cette conspiration du bourreau et de la victime, contre cette fabrication des bourreaux par les victimes elles-mêmes, contre cette oppression par l'Etat et par la raison logique qui aboutit forcément à l'Etat. Et on comprend mieux cet acte d'accusation dressé contre les maîtres penseurs. Les vrais coupables ne sont ni Marx, ni Staline, mais Hegel, Nietzsche, Freud, voire Descartes. J'ai participé à une table ronde avec Garaudy il y a quelques jours à Avignon. Garaudy a fait le procès de Descartes pendant une demi-heure. Pour être à la mode, il faut faire le procès de Descartes. Le vrai fasciste, l'auteur du goulag, c'est Descartes, avec son grand-père Platon. Mais pas Socrate, "ce juif de Socrate" comme le dit Clavel dans le titre d'un de ses ouvrages. Tous ces jeunes auteurs ont le génie des titres, le génie de la mise en scène. Tous ont le sens des relations publiques, de la vedettisation. Ils se sont tous, ou presque tous, soutenus, cités, entrecités, entrevendus. Finalement, pour eux tout est discours ou contrediscours, et on ne doit plus se laisser prendre aux articulations rationnelles d'autrefois. Les modes logiques de penser écrit Jambet, l'exercice raisonnable de penser m'ont interdit de penser la rébellion. Toute pensée articulée étouffe le rebelle. Il faut donc faire front contre l'Etat qui est par essence asocial, ajoute LeBris. Avec un culot tranquille, LeBris commence ainsi un de ses livres: "J'ai conçu le projet (. . .) d'écrire la fin du politique." Souvent nous avons affaire à des pensées proférées sur un ton triomphal qui sont en fin de compte des pensées banales. Je vous cite une phrase de Bernard-Henri Lévy: "Je dis qu'il faut casser, démanteler la machine à sens, je prétends qu'il n'est de solution que dans une mutinerie d'insensé, un ludisme ontologique qui saura, un à un, dissiper ces mirages de cohérences."[1] Là-dessus, Lévy se lance dans une apologie de la Bible, le seul manuel de la résistance. Leur idée fixe—en ceci ils sont tous restés plus ou moins marxistes, hégeliens—c'est de trouver un sujet révolutionnaire radical. Pour Foucault, il y aura eu les détenus, pour Clavel le sous-prolétariat, pour LeBris les gitans, pour Glucksmann les déportés. Nous sommes en présence d'un mélange d'une très grande générosité avec cette idée post-marxiste, qu'il faut trouver un sujet négatif qui remplace la classe ouvrière laquelle a trahi ou a été intoxiquée à la fois par le communisme et par la bourgeoisie.

Pour Claude Roy, les "nouveaux philosophes" sont des gens qui, après avoir été marxistes, staliniens, maoïstes, se permettent de faire la leçon à tout le monde. "C'est une conjonction de mauvaise mémoire et de bonne conscience," dit-il. Je n'irais pas jusque-là. Je crois qu'il était bon pour la respiration française qu'on en finisse avec l'intimidation, le conformisme marxiste ou progressiste, ou simplement de gauche. Il fallait faire éclater ce carcan. Et ils l'ont fait d'une façon tapageuse, ils ont permis que se rouvre un espace de discussion, de contestation et de réflexion. Ils ont trouvé l'oreille du public de la télévision. Ils ont aussi allégé, libéré un grand secteur de l'intelligence française. Je pense qu'on peut les créditer aussi d'avoir renforcé l'esprit de résistance à l'égard du totalitarisme, la vigilance à l'égard de tout ce qui est entreprise de dictature, de terrorisme. Ils ont quand même réussi à réconcilier Aron et Sartre pour demander à Giscard d'Estaing d'ouvrir plus largement nos frontières aux réfugiés du Viet Nam. Cette affaire est probablement la première en France depuis trente ans qui ne se soit pas insérée dans la mécanique droite-gauche. Autrefois, chacun avait ses réfugiés comme on avait ses pauvres. Il y en avait des bons et des mauvais. Les gens de l'Est pour les gens de droite. Les réfugiés d'Argentine, pour les gens de gauche. Il y a donc des aspects positifs au bilan de ces jeunes philosophies.

Mais il y a aussi beaucoup d'éléments négatifs. En attaquant le rationalisme, en attaquant tout discours logique, les "nouveaux philosophes" préparent le terrain à toutes sortes de fantaisies. Celles de la "nouvelle droite" ou celles du "nouveau romantisme". Mon intention n'est pas de procéder à un amalgame quelconque, mais il est vrai que c'est dans ce paysage intellectuel que renaît une "nouvelle droite" et que se manifeste aussi le "nouveau romantisme". Je parle de cette mode lancée par la station de radio *Europe 1* qui demande aux gens de redevenir romantiques, d'avoir des sentiments, de pleurer. Comme les gens aujourd'hui ne savent plus rien faire par eux-mêmes, on leur explique. Il y a des cours pour marcher, pour faire l'amour. A la radio, on vous dit: "Riez, pleurez, ayez du coeur." Cela correspond à cette réaction anti-intellectualiste, anti-rationaliste. Parallèlement, le fin du fin pour l'intellectuel, c'est aussi d'être anti-intellectuel. Les "nouveaux philosophes" tonnent contre tous les systèmes dans ce que Lévy appelle lui-même cette "mutinerie de l'insensé". Cependant, certains de leurs succès de librairie sont pleins de références fausses, de passages plus ou moins recopiés et qui souvent manquent de sérieux. Cela est grave pour la réputation de l'esprit français dans le monde. Et un des plus mauvais côtés de la vie intellectuelle en France en ce moment, c'est justement cette absence de critique et la difficulté que nous avons à discriminer entre les oeuvres de valeur et les oeuvres médiocres.

PARTICIPANT—*Mis à part les "nouveaux philosophes", ne voit-on pas un déclin généralisé des marxismes? Pourriez-vous élaborer un peu plus sur l'influence et la présence du marxisme en France*

Le déclin du marxisme a deux faces. Premièrement, déclin de l'influence du Parti Communiste sur les intellectuels. Deuxièmement, déclin du marxisme comme doctrine. En 1948 le P.C.F. détenait encore une influence considérable sur les intellectuels. Disons que la plupart des grands intellectuels, et des petits, étaient soit communistes soit "progressistes", c'est-à-dire proches du communisme. En 1978-79, cette situation est complètement transformée. Le P.C.F. détient encore des positions importantes dans l'université, parmi les enseignants, mais à des niveaux inférieurs. Il ne possède plus aujourd'hui de grands intellectuels à l'exception de Louis Aragon, qui est un monument historique. Le niveau de sa production est assez lamentable, ses organes théoriques sont très mauvais et le prestige du parti a beaucoup décliné.

Quant au marxisme, il a été une sorte de référence commune à un grand nombre d'intellectuels français pendant quinze ou vingt ans. Sartre lui-même s'y est rallié en disant que le marxisme était "l'horizon indépassable" de notre époque. A la suite du déplacement même des problèmes qu'ont opéré les structuralistes, la problématique a totalement changé. Althusser a essayé de sauver le marxisme en en faisant une sorte de grammaire des sciences de l'homme, une épistémologie, en attelant le marxisme à l'esprit du temps. Cela a provoqué une rupture à l'intérieur du marxisme entre son école, la seule encore vivante, et les autres marxismes humanistes qui se perdent à travers des discours éclectiques comme celui de Roger Garaudy, discours plus religieux que philosophiques.

En ce qui concerne l'influence ou la présence du marxisme en France, il m'est très difficile de vous répondre d'une façon précise parce que nous n'avons pas d'enquêtes d'opinion à ce sujet; mais croyez-moi, j'ai par métier beaucoup de contacts, je fais le tour de France chaque année pour faire des conférences, je vois énormément de gens dans les milieux intellectuels. Le déclin du marxisme dans l'intelligentsia française est considérable. Le marxisme s'est éloigné de Paris. Il s'est réfugié dans les provinces et dans les pays sous-développés francophones. Je dis cela sans aucun mépris. C'est un fait typiquement français. Il y a quinze ans, lorsque je faisais une conférence n'importe où, à Paris ou en province, il y avait toujours deux ou trois marxistes pour me donner la réplique. Je suis récemment allé faire une conférence sur la violence dans une école du Parti Communiste et je me suis trouvé en face d'une trentaine de jeunes gens qui, au moment de la discussion, me disaient: "Monsieur, vous savez, notre philosophie qui n'est pas tout à fait la même que la vôtre . . ." Je leur ai dit: "Mais dites que vous êtes marxistes tout simplement . . ." Il y a une espèce de gêne, de honte d'être marxiste. J'ai écrit un jour en plaisantant que le dernier des marxistes français serait dans trente ans un chanoine breton qui prêcherait sur la dictature du prolétariat. A Paris on ne rencontre presque plus de marxistes. Vous me direz, c'est la mode parisienne, mais quelqu'un qui proclame: "Moi, je suis marxiste," cela est devenu très rare. Sauf pour quelques étudiants noirs des pays africains francophones à qui le marxisme donne une espèce de condensé des vérités de l'occident. Croyez-moi, ce n'est pas du *wishful thinking* de ma part, l'importance du marxisme a beaucoup diminué, ce qui ne veut pas dire qu'il n'y ait plus de traces de marxisme en France. Nous continuons de nous servir du marxisme, mais dans une toute autre perspective. Les coups portés par Lévi-Strauss, Foucault, Lacan ont été tels qu'on ne peut plus maintenant raisonnablement procéder comme les marxistes d'autrefois et affirmer une vérité catégorique et cohérente.

PARTICIPANT—*Parmi les déclins idéologiques ou les déclins touchant certains aspects de la vie culturelle française, ne faudrait-il pas inclure le catholicisme et l'Université?*

Depuis vingt-cinq ans, on a vu une désorganisation, une déstructuration du catholicisme français, dans ses hiérarchies, dans ses références, dans ses dogmes, dans ses pratiques. C'est venu par tous les bouts. Renan disait déjà que le protestantisme disparaîtrait et que l'Eglise catholique deviendrait protestante. C'est un peu vrai, le protestantisme a perdu de sa vigueur et le catholicisme est devenu protestant parce que des opinions très variées coexistent et que la liturgie est devenue complaisante à l'égard des fidèles. D'abord on a supprimé le latin sous prétexte qu'on ne le comprenait pas. En réalité on comprend encore moins ce qui se dit en français parce que ce qui est difficile à comprendre c'est le mystère, ce n'est pas le mot.

On a supprimé bien des obligations touchant au Carême, touchant aux pénitences, aux sacrements, et l'Eglise a perdu cet aspect normalisateur qu'elle avait fortement constitué comme référence. Cependant en perdant de son autorité, l'Eglise libérait la force que cette autorité contenait. Paradoxalement, si on peut dire que depuis vingt-cinq ans la puissance de l'Eglise s'est affaiblie, on assiste en même temps à un regain de l'influence de la fécondité intellectuelle des catholiques. Du reste, ils ne s'appellent même plus catholiques, mais chrétiens, ou croyants. Voyez les titres de leurs journaux: *La Vie Catholique* est devenu *La Vie* tout simplement, *Panorama Chrétien* est devenu *Panorama*. Les évêques ont cessé de figurer à côté des préfets dans des défilés militaires, d'être les notables parmi les notables. Autrefois les évêques condamnaient la gauche, les manifestations, les grèves. Maintenant ils soutiennent les grévistes, ils ouvrent leurs églises à des gens non catholiques qui font la grève de la faim. On a même vu à Lyon une église occupée pendant tout un mois par des prostituées qui demandaient la reconnaissance de leur spécialité et la Sécurité Sociale.

A ce propos, il est intéressant d'étudier les cantiques pour apprécier l'évolution de la civilisation française. Autrefois nous chantions: "Catholique et Français toujours . . ." Aujourd'hui on a remplacé les cantiques par des chants assez fades que les malheureux fidèles n'arrivent pas à chanter parce qu'il n'y a plus de charpente musicale. Si vous allez dans les églises en France—et il faut y aller car cela fait partie de la civilisation française—vous verrez deux choses. Premièrement que la messe est devenue une espèce de culte protestant, on ne sait pas quand elle commence, on ne sait pas quand elle finit. Le curé n'arrête pas de parler, il commente l'actualité, ou bien ce sont des paroissiens qui lisent des psaumes ou font de petits discours. C'est un peu gênant pour ceux qui ont été élevés dans les saintes traditions. Mais, deuxièmement, incontestablement, il y a une foi qui n'existait pas à la messe de onze heures, cette messe de onze heures, admirablement décrite par Jean-Paul Sartre dans *La Nausée*, où on allait pour se faire voir. D'une certaine manière, je regrette les rituels, mais je dois admettre que l'Eglise d'hier était devenue un conservatoire des conservateurs. Le ton et la ferveur des nouvelles cérémonies me console de l'abandon de certains rites et de certaines liturgies qui avaient plus d'allure que ces sermons politisés et ces cantiques décadents. Tout cela fait partie de ce que j'ai appelé le christianisme éclaté. Nous vivions en France dans un régime de religion dominante, le protestantisme étant toujours mal à l'aise. Or maintenant l'Eglise catholique a éclaté hiérarchiquement et doctrinalement en libérant une richesse humaine extraordinaire. Je tiens à vous rappeler que tout ce qui est nouveau ou presque dans la vie politique et syndicale française provient de milieux chrétiens.

Quant à l'Université, vous avez absolument raison. Dans son livre sur le pouvoir et les intellectuels, Régis Debray[2] distingue justement trois grands moments historiques, trois phases. De 1880 à 1930, la France intellectuelle fut dominée par les universités qui étaient alors de grands centres de rayonnement. De 1920 à 1960, nous avons connu la phase éditoriale, celle des grandes maisons d'édition, des revues, et à partir de 1968 a débuté la phase des média. Encore aujourd'hui la carte géographique de l'intelligentsia française est marquée par l'Université, les maisons d'édition, la presse, la radio et la télévision.

Revenons un instant à cette phase universitaire. Jaurès, Blum étaient de grands universitaires. Le Parti Socialiste sortait davantage des universités que des usines. Thibaudet parlait de la "République des professeurs". Mais l'Université n'est jamais arrivée à prendre cette dimension qu'a l'Université américaine. Pour bien des raisons. Elle commence à se ratatiner, à perdre de son importance dès les années 30. Mai 68 jaillira justement de l'inadaptation de l'Université à l'égard du monde environnant, mais va paradoxalement accélérer la décadence de l'Université. La loi Edgar Faure de 1968 cherchera à l'adapter au monde moderne en lui donnant son autonomie, mais ce sera un compromis bâtard avec le centralisme. Les étudiants ne jouent pas véritablement le jeu. Le pouvoir a peu d'argent. L'Université périclite au profit des Grandes Ecoles. Produit typique, et par certains côtés admirable, du centralisme jacobin français, les Grandes Ecoles installées par la Convention nationale de Bonaparte vont trouver curieusement leur apogée à partir de l'après-guerre. Mais même l'Ecole Normale, qui était la grande pépinière de l'accès au pouvoir des intellectuels et des hommes politiques, ne représente plus aujourd'hui ce qu'elle était. Comme vous l'ont montré Stanley Hoffmann et Gérard Vincent, c'est de l'E.N.A. ou encore de Polytechnique que sortent aujourd'hui les dirigeants de la République. Incontestablement, on assiste à une montée progressive de la technocratie et on peut se demander dans quelle mesure cette nouvelle couche est-elle intellectualisée.

Encore une fois, il faut souligner cette grande différence de polarisation dans la vie intellectuelle entre la France et les Etats-Unis. Ni les universités, ni même les Grandes Ecoles françaises, contrairement aux universités américaines, ne jouent le rôle d'animation de la vie culturelle nationale. Ce qui nous manque en France, ce sont de grandes universités rayonnantes comme le fut la Sorbonne et comme elle ne l'est plus depuis qu'elle a éclaté en petits morceaux. Hier on parlait encore de l'Université avec respect, au singulier; aujourd'hui on parle *des* universités et il existe de grandes inégalités entre elles. Ce déclin est probablement un des plus graves que la France devra affronter dans les prochaines années.

LE MONDE DES MEDIA

Avant de parler des média, arrêtons-nous un instant sur cette phase éditoriale. Au début du siècle, ce sont les grandes maisons d'édition qui, comme le dit Debray, donneront à des familles d'esprit "un toit, des murs et surtout des fenêtres".[3] Il y a entre autres la maison Grasset fondée en 1907, la maison Gallimard fondée en 1910, et qui comprend le milieu de la *Nouvelle Revue Française*, la N.R.F. Plus tard il y aura les éditions du Seuil.

La France est un pays cultivé mais où on lisait assez peu. Il y a dix ans la moitié des Français ne lisait pas un livre par an, ce qui était vraiment étonnant pour un pays qui se présentait souvent comme le plus cultivé du monde. Ce chiffre a beaucoup changé. Du côté de la production, la France a publié 26.584 titres en 1978 pour 53 millions d'habitants et est en quatrième position après l'Allemagne, les Etats-Unis (41.216 titres en 1978 pour 217 millions d'habitants) et la Grande-Bretagne. L'apparition du livre de poche et la démocratisation de l'enseignement ont donné un coup de fouet à l'édition française. Les Français lisent certainement plus. Est-ce qu'ils lisent mieux? Je crains que non. Il est vrai que, comme l'argent va à l'argent, la culture va à la culture. On s'est aperçu que c'étaient les mêmes en France qui bénéficiaient des festivals, qui achetaient des livres et il faut donc se méfier des statistiques globales. Si on vous dit qu'il y a dix millions de gens qui sont allés écouter une symphonie de Beethoven en 1979, cela ne veut pas dire qu'il y a dix millions de gens qui y sont allés mais probablement qu'un million de personnes y sont allées dix fois. En tous les cas, l'édition française est extrêmement active et publie une vingtaine de titres par jour, ce qui submerge les libraires. Or le secteur de la librairie est un secteur en train de mourir. Nous allons vous rejoindre dans une situation que je trouve regrettable. Pôle de la vie culturelle française, les libraires sont en train de faire faillite les uns après les autres. En partie à cause des charges financières qui étouffent les petits commerçants, en partie aussi à cause de leur sottise, qui n'est pas générale, mais fréquente. Les libraires font partie d'une profession qui n'a pas su s'adapter. Nous avons ainsi vu la naissance de la F.N.A.C., cette coopérative qui vend les livres avec réduction et qui fait aujourd'hui près du tiers des ventes du livre français. Ce phénomène a eu de bonnes et de mauvaises conséquences. Le livre en France est cher et la F.N.A.C. a stimulé la vente. Toutefois, elle peut aussi l'orienter dangereusement car très souvent ce sont les succès qui étouffent les livres les plus sérieux. Les trois quarts des titres français tirent entre 2.000 et 5.000 exemplaires. Un nombre infime tire à plus de 30.000 et les autres entre 5.000 et 30.000. Le tirage moyen en livre de poche est entre 15.000 et 30.000.

En ce qui concerne les romans, vous connaissez les moeurs françaises. Vous savez que nous sommes les champions des prix littéraires. Vous connaissez cette extraordinaire foire aux prix qui se tient chaque année à Paris au mois de novembre avec le Goncourt, le Renaudot, le Médicis, l'Interallié, le Fémina. Ce sont les grands prix que se disputent avec acharnement les auteurs et les éditeurs par des moyens de corruption souvent subtils. Ce n'est pas l'argent nécessairement qui corrompt les personnes de ce milieu. On offre des déjeuners, des week-ends, on propose de publier leur femme, leur cousine, leurs amis ou petites amies. On publie telle personne en sachant que telle autre personne qui est au jury du Goncourt tient énormément à cette première personne. C'est un jeu de billard. Cependant, les prix, malgré toutes ces petites combines, finissent par dégager bon an mal an des valeurs littéraires importantes. Ils stimulent le public dans la lecture de romans qui, une fois sur deux, ont de la valeur. Ce n'est déjà pas si mal. Evidemment, celui qui n'a pas de prix est malheureux et il est éclipsé. On tend à créer ainsi deux catégories dans la littérature, mais ces deux catégories existaient déjà. L'influence des média a eu pour effet de couper en deux la production. Il y a les livres dont on sait à l'avance qu'ils ne feront jamais plus de 5.000 exemplaires, sauf s'il trouvent une seconde vie au paradis des livres de poche, et puis il y a les autres qu'on lance comme des best-sellers. Ce sont souvent des prix littéraires décernés par des jurys qui, tout corrompus qu'ils soient, ont quand même un certain goût littéraire et ne vont pas lancer n'importe quelle savonette sur le marché. Il existe quand même un minimum d'honnêteté au métier. Le système est typiquement français: c'est une forme de méritocratie, ce sont des décorations, mais des décorations qui rapportent puisque le Goncourt est assuré d'un tirage important.

Dans cette phase éditoriale, il faut aussi inclure les hebdomadaires comme *L'Express, L'Observateur,* qui deviendra *Le Nouvel Observateur, Le Point,* ainsi que les journaux quotidiens qui ont été traditionnellement en France une expression de l'intelligentsia et qui le sont de moins en moins. Il y avait le prestigieux *Combat* où écrivait Albert Camus et tant d'autres, *Le Quotidien de Paris* qui a disparu il y a un an. Cette phase éditoriale ne se termine pas en 1960, elle se poursuit. Les dates de Debray indiquent une primauté davantage qu'une durée. L'université, les maisons d'édition continuent d'exercer leur influence dans le monde intellectuel sinon leur prédominance. Cependant à partir de 1960, l'évolution de la télévision, de la radio et des magazines, dont le style de présentation relève d'un tout autre état d'esprit, transformera le climat de la vie intellectuelle française.

Quelle est donc la situation des média en France aujourd'hui? Les quotidiens sont 85 environ, et ils tirent à 12.000.000 d'exemplaires, ce qui n'est pas énorme. Les Français consomment deux fois moins de quotidiens que les Britanniques. Le quotidien n'est pas très bien entré dans les moeurs en France bien que le journalisme y soit très ancien. Les rapports des Français avec leur presse sont d'ordre conflictuels. Il existe un certain mépris à l'égard des journaux qui remonte très loin. Proudhon disait déjà que le journal était "le cimetière des idées".

Cette presse quotidienne a évolué de la manière suivante. Avant la guerre, la presse parisienne était la plus importante et donnait le ton. La coupure de la France en deux pendant l'Occupation a provoqué en partie l'expansion de la presse quotidienne provinciale. En 1914, il y avait soixante quotidiens à Paris; en 1939, trente; en 1979, il n'en reste plus qu'une dizaine (*Le Figaro, Le Parisien libéré, L'Aurore, L'Humanité, Le Matin, Libération, France-Soir, La Croix*, parmi les plus connus, et évidemment *Le Monde*, le plus prestigieux, fondé en 1944). De plus, ces tirages de la presse parisienne n'ont fait que diminuer depuis la Libération. En province, en revanche, les chiffres ont eu tendance à monter un peu en liaison sans doute avec le développement de l'alphabétisation, la hausse du niveau culturel, et cela malgré la concurrence de la radio et de la télévision. La presse provinciale vend à peu près 6.200.000 exemplaires, alors que Paris en vend plus de trois millions. Je ne vais pas ici vous faire la revue détaillée et complète de tous les quotidiens de province. Hélas, le niveau de ces journaux, avec quelques honorables exceptions, est très faible. La différence est très nette avec la presse américaine où il existe hors de la capitale de grands journaux d'importance nationale. Il n'y en a pas en France. Aucun journal de province, même de qualité comme *Ouest-France* (Rennes), ou *Les Dernières Nouvelles d'Alsace* (Strasbourg) par exemple, n'est vraiment pris en considération à Paris. C'est une expérience que j'ai souvent faite. J'écris régulièrement dans *Ouest-France*. Je peux y écrire tout ce que je veux, personne ne m'en parlera jamais. Par contre, si j'écris cinq lignes dans *Le Monde*, je recevrai aussitôt cinq coups de téléphone. Récemment, parmi mes quarante-cinq étudiants journalistes, cinq seulement acceptaient d'aller en province. Les autres préfèrent être chômeur à Paris plutôt que de travailler en province. Il faut aussi les comprendre. La plupart des journaux de province sont aussi stupides que ceux qu'il m'est arrivé de lire en Californie ou au Colorado. Il faut bien avouer que la presse provinciale aux Etats-Unis n'est pas toujours brillante. Presque tous mes étudiants rêvent donc d'entrer au *Monde*. A part *Le Monde*, la presse quotidienne n'a pas de veritable impact dans la vie intellectuelle française.

La constellation des hebdomadaires, des périodiques, est aussi considérable. J'ai cité *L'Express*, *Le Nouvel Observateur* et *Le Point*, il faudrait aussi mentionner *Le Figaro-Magazine*, porte parole de la "nouvelle droite" ainsi que *Les Nouvelles littéraires, La Quinzaine littéraire* qui s'efforcent de pallier tant bien que mal l'insuffisance de la critique française. Je ne vous cite pas les innombrables magazines spécialisés, les illustrés, les magazines féminins, ou ceux de "la presse du coeur", de la presse "à sensation", de la presse sportive. C'est dans cette constellation que les modes et les changements de goût de la France sont les plus marqués, d'où les créations et les disparitions nombreuses.

Les revues mensuelles ou trimestrielles restent toutefois les organes d'expression des milieux intellectuels. On peut les classer grossièrement. Il y a les anciennes qui survivent de leur ancien prestige mais n'intéressent plus vraiment: *La Nouvelle Revue des deux mondes, La Nouvelle Revue française, La Nef*. Il y a toujours les revues autour desquelles la vie intellectuelle s'était polarisée entre 1945 et 1955: *Esprit, Les Temps modernes, La Nouvelle critique*, organe des intellectuels communistes. Si *Esprit* a su garder son mordant et sa prise sur l'actualité, les autres semblent avoir perdu de leur vitalité. Une autre revue de droite qui s'appelle *Contrepoint* est apparue. Le Parti Socialiste a aussi lancé *Faire*. En revanche, *La Nouvelle critique* va disparaître car elle meurt étouffée par un stalinisme qu'elle a mal digéré.

Il me faut maintenant dire deux mots du statut de la radio et de la télévision parce que même les Français n'y comprennent rien. Nous avions l'O.R.T.F. (Office de la Radio et Télévision Françaises) qui a éclaté en 1974 en six organismes différents, sous prétexte de leur donner chacun plus d'autonomie.

Il y a d'abord la télévision avec ses trois chaînes: TF 1, Antenne 2, et FR 3—France Région. La différence entre TF 1 et Antenne 2 n'est pas sensible à l'oeil nu. En revanche, il y a une grande différence entre les deux premières chaînes et la troisième qui est une chaîne pauvre, moins "médiatique", destinée davantage à la culture, avec des discours souvent ennuyeux de tous ceux qui croient avoir quelque chose à dire, apôtres des sectes ou des partis politiques. C'est là où on reçoit tous les messages et où, soi disant, on donne la liberté de parole complète. Evidemment, on parle, on parle, et personne n'écoute. Cependant, cette troisième chaîne a quand même un avantage, c'est la seule chaîne qui soit régionalisée. Il y a donc un début timide de régionalisation.

Il y a ensuite la radio avec ses trois émetteurs contrôlés par l'Etat qui sont: France Inter, France Culture et France Musique, qu'on appelle joliment "France Mu" et "France Cu". Quand on pense qu'ils ont créé un concours pendant six mois pour trouver un titre et qu'on en est arrivé là!

Viennent ensuite des organismes étranges dont il faut quand même que vous connaissiez les sigles: la S.F.P. (Société Française de Production) qui nous a causé énormément d'ennuis ces derniers mois et dont les grèves ont marqué l'actualité. Cette société est chargée de tourner des programmes pour les trois chaînes de télévision. Seulement comme c'est une bureaucratie très lourde, elle est concurrencée à son détriment par des sociétés privées, qui lui prennent les marchés à la télévision française, ou par les "merveilleuses" productions que vous nous envoyez à des prix défiant toute concurrence. Les autres organismes sont la S.F.D. (Société Française de Diffusion) dont il n'y a pas grand-chose à dire et l'I.N.A. (Institut National de l'Audiovisuel) où j'ai travaillé et où j'ai acquis pendant dix-huit mois une expérience fascinante de la bureaucratie française. L'I.N.A. est cet organisme extraordinaire et presque unique au monde qui regroupe toutes les archives audiovisuelles de la France depuis 1936. En plus des archives, l'I.N.A. s'occupe aussi de la production de films éducatifs et culturels, de la recherche et de la formation en matière audiovisuelle. Malheureusement, ses services éclatés aux quatre coins de Paris et de la banlieue sont difficiles à contrôler. Quand j'assistais aux réunions de direction, j'avais l'impression de me trouver dans une assemblée de barons féodaux où chacun défendait son fief. C'est là un peu toute la tragédie de ces bureaucraties culturelles. Les dirigeants s'imaginent souvent que la culture, c'est eux. D'autre part, les partis et les syndicats possèdent chacun leur fief, leurs hommes, leur morceau de pouvoir. Il s'ensuit qu'un tas de gens riches en créativité sont stérilisés par ces bureaucraties effroyables. Depuis trente ans, chaque régime laisse une strate et on n'expulse jamais personne.

L'effort de restructurer l'O.R.T.F. a donc été un échec. Ce qui ne veut pas dire que la télévision française ou la radio soient les pires du monde, mais elles n'ont pas progressé et, en ce qui concerne la télévision, le recul est indéniable. Le grave défaut de ces organisations, c'est qu'elles n'ont pas été véritablement déconcentrées. Toutes sont restées à Paris et toutes se concurrencent bêtement. La télévision comme le voulait le président Pompidou, c'est hélas "la voix de la France". En effet, elle exerce un peu le rôle d'un magister, elle a quelque chose de sacré. D'ailleurs il vous suffit de regarder le journal parlé d'une heure à TF 1 lorsque Monsieur Giquel, notre curé national, prend son air grave et concentré et exprime, par ses propos moralisateurs, tout le malheur que l'on peut ressentir des catastrophes qui surviennent dans le monde. En réalité, il officie pour la France, il est pénétré de sa responsabilité. Cela dit, les animateurs d'émissions télévisées ont aujourd'hui un rayonnement et une puissance extraordinaire. Une émission comme celle d'*Apostrophes*, animée par Bernard Pivot, représente un point d'unification du champ intellectuel français. Tout le monde aspire à passer dans cette émission prestigieuse, c'est la consécration, c'est recevoir l'onction nationale, ce qui fait que vous serez reconnu, salué dans le métro, que les gens vous considéreront comme quelqu'un d'une autre espèce. Deux institutions consacrent en France: la télévision et *Le Monde*.

La vie intellectuelle a donc beaucoup changé. Il y a vingt ans on se jetait sur *L'Express* pour savoir ce que pensait François Mauriac. Et c'est autour de ce qu'écrivait François Mauriac qu'on se battait. Aujourd'hui on écoute les éditorialistes de la radio ou de la télévision. Ces derniers sont du reste tout à fait remarquables. Je n'ai pas mentionné les postes périphériques, mais par exemple *Europe 1* et *Luxembourg* sont des postes qui tout en étant populaires, donnent des informations et des émissions politiques d'une excellente qualité. Guy Thomas, par exemple, fait une excellente émission contre la bureaucratie française où il soulève des questions, expose des injustices. Jean Boissonnat, le directeur d'*Expansion*, fait le point sur les questions économiques avec une clarté, une intelligence éblouissante. Par contre, sur le même poste peuvent coexister des émissions d'une vulgarité et d'une sottise consternantes.

Quelles considérations générales peuvent résumer mes propos sur les média? Premièrement on constate la persistance de la centralisation et de l'influence parisienne. Si cette persistance n'est plus assurée par les quotidiens nationaux, elle est assurée par la télévision qui est parisienne et par les hebdomadaires, genre *Nouvel Observateur* par exemple, qui représentent un phénomène typiquement parisien. Rarement un provincial intervient dans ces hebdomadaires. Deuxièmement, il y a un phénomène très inquiétant, qui est celui de la timidité de la presse écrite et de la presse audiovisuelle. Je dois souligner la faiblesse du journalisme français, sa servilité dans la critique et dans la politique. Peut-être ai-je tendance à surestimer, après Watergate, l'indépendance et la liberté d'esprit des journalistes américains, mais il suffit d'ouvrir son poste de télévision, il suffit de lire un peu les quotidiens en France, d'entendre l'interview d'une personnalité politique pour s'apercevoir du degré de complaisance des interviewers. A ce propos, il existe un film remarquable intitulé *Le Micro et la cravate*. C'est un film qui reprend depuis 1936 avec Léon Blum les meilleurs et les pires interviews des hommes d'Etat français faits par la télévision. Les deux personnages qui ressortent sont De Gaulle et Georges Marchais. Mais les journalistes sont d'une servilité pathétique:

"Monsieur le président, êtes-vous content de votre voyage? Monsieur le président . . ." Jamais on ne lui pose une question directe. On est parfois insolent, mais le journaliste n'a pas cette solidité, cette assise qu'ont les grands journalistes Anglo-Saxons. Les meilleurs d'entre eux sont conscients d'exercer une fonction, mais plus une fonction de moraliste que de journaliste. Ils osent rarement affronter les puissances. Comme disait *Le Canard enchaîné* à l'époque des grandes conférences de presse du Général de Gaulle: "Messieurs les journalistes sont priés de préparer des questions pour les réponses du président." De Gaulle veut parler sur tel sujet. Voulez-vous lui poser la question? C'est la même chose dans la critique. Il n'y a plus de critique indépendant, vraiment capable de tenir tête aux maisons d'édition ou aux auteurs, au point que, pour la plupart des publications françaises, ce sont les auteurs ou les services de presse des maisons d'édition qui organisent la critique des livres. Quand un auteur apporte son livre, on lui demande quels sont les personnes qui lui feront des critiques dans les journaux. C'est tout à fait consternant, tout le monde se renvoie l'ascenseur.

Cette faiblesse constitutionnelle du journalisme français est probablement un des points les plus graves de notre vie intellectuelle en ce moment. Mais elle est en partie compensée par quelques journaux d'opposition, en particulier *Le Canard enchaîné*. Vous remarquerez qu'il faut avoir recours à un journal spécialisé dans la dénonciation pour connaître la vérité sur le fond des choses. *Le Canard* est chargé de dire ce que les autres ne disent pas. C'est une institution nationale, avec ce qu'elle a d'exaspérant d'ailleurs, institution difficile à pratiquer pour ceux qui ne sont pas au courant de tous les détails de la vie française. Enfin, il y a *Le Monde* qui mériterait toute une analyse. J'ai écrit dans *Le Monde* pendant vingt ans. J'ai rompu avec eux à la suite d'un article que nous avons publié dans *Esprit* en 1972 contre les sottises qu'ils écrivaient sur la révolution culturelle chinoise. C'est en partie *Le Monde* qui a fomenté le maoïsme français avec des journalistes qui se comportaient en partisans et non en journalistes. *Le Monde*, qui était un très grand journal, dirigé par un homme qui fut mon chef dans la Résistance, Hubert Beuve-Méry, fait après son départ une crise de gauchisme juvénile. En 68, la plupart des dirigeants du *Monde* avaient entre quarante et cinquante-cinq ans, ils avaient des enfants entre quinze et vingt ans. Ils se sont trouvés dépassés, critiqués par leurs enfants, ils se sont trouvés en déséquilibre, mis en cause, et ils ont voulu récupérer leur prestige à l'égard de leurs enfants en faisant de la surenchère. C'est une des raisons de la dérive du *Monde* après 68.

Depuis la situation a passablement changé. *Le Monde* a rectifié son attitude à l'égard de la Chine, renoncé à ses complaisances à l'égard du Viet-nam. *Le Monde* reste parmi les plus grands journaux mondiaux. On peut lui faire beaucoup de critiques, *Le Monde* est une institution comme la télévision, il joue un rôle qui n'est pas celui d'un journal ordinaire. Il est le second prêtre, après la télévision, de ce culte où les gens sont baptisés "intellectuels". Régis Debray a des phrases amusantes à son propos: "Bulletin officiel de la société française, *Le Monde* sert aussi de boîte aux lettres entre la haute intelligentsia et le haut personnel de l'Etat." Ceci est très vrai. C'est à travers ce quotidien que communiquent les intellectuels et cette classe étonnante, extraordinairement cultivée, que constituent la plupart des hauts fonctionnaires. Ils y écrivent, eux aussi, et ils y rivalisent de savoir et de style. Ecrire dans *Le Monde*, c'est être lu par tout ce qui compte en la France et je vous assure que j'ai payé très cher mon dissentiment avec *Le Monde*. C'est peut-être, parmi les batailles, celle qui m'a coûté le plus, en tous les cas en argent sinon en réputation, du moins en influence.

Les revues continuent d'être des ferments d'intellectualité. Mais lorsqu'on observe la façon dont les idées et la culture circulent en France, il ne faut pas oublier les innombrables groupes qui se situent comme médiation entre l'intelligentsia et les milieux syndicaux, politiques, administratifs. Il existe tant de groupements qu'il m'est impossible d'énumérer ici mais qui sont vivants parmi les mouvements de jeunesse, les associations ouvrières, les associations de formation permanente, les associations de culture populaire, que j'ai peu mentionnés jusqu'à maintenant. J'ai coutume de dire par manière de plaisanterie que ce que l'Université française a de meilleur en ce moment, c'est d'une part les écoles maternelles et de l'autre les instituts comme l'I.F.O.C.A.P. (*Institut de Formation des Cadres Paysans*) où de jeunes paysans et paysannes viennent prendre des cours aussi bien sur les techniques de gestion que sur la philosophie. Je vous assure que parler de Platon à de jeunes paysans français, c'est une expérience enrichissante. L'appétit de culture est considérable en France et il existe tout un monde d'animateurs culturels, qui est considérable et assez vivant, très marqué par les idées de gauche et quelquefois tenu par le Parti Communiste.

PARTICIPANT—*A ce propos pourriez-vous justement élaborer quelque peu sur la diffusion de la culture et sur l'intervention, le rôle que joue l'Etat?*

L'intervention de l'Etat dans le domaine culturel est un phénomène bizarre qui mériterait une longue explication. L'idée même de politique culturelle est étrange, la culture étant quelque chose de très différent de la politique, et je conçois que l'on s'inquiète lorsqu'on entend parler de l'intervention du gouvernement dans la culture. Il faut que vous preniez conscience d'une mentalité assez regrettable qui continue de régner en France à l'égard de la culture. Les Français pensent qu'ils sont naturellement cultivés, ils pensent l'être de par leur tradition, de par leur histoire, de par leur fréquentation constante des monuments. Passer tous les jours devant le Louvre ou sur la place de la Concorde est une chose qui aide peut-être à la culture mais cela ne suffit pas. Toutefois, les Français ne se sentent guère tenus de faire des efforts pour la culture. Edouard Herriot a dit, "La culture, c'est ce qui reste quand on a tout oublié." Je dirais plutôt qu'en France la culture c'est ce qui reste quand on a tout dépensé. Je veux dire qu'en France la part du budget culturel du citoyen est, à l'exception des hi-fi et des disques, toujours en queue de liste. Il en résulte que l'Etat centralisé se sent responsable à l'égard de la culture. La culture est une grande tâche nationale et on a fait un certain nombre de choses pour la culture, ce qui paraît étrange. L'Etat, c'est-à-dire les autorités de Paris, ont donc en charge le patrimoine et le développement culturels de la France. A propos du patrimoine, je n'insiste pas. Vous savez le nombre fabuleux de monuments que nous avons à entretenir et cet entretien coûte plus de la moitié du budget de la culture. Ce budget culturel est d'ailleurs assez pauvre. Il fait 0,56% du budget national. Il faut y ajouter, cependant, des subventions qui viennent d'autres ministères que du ministère qui s'intitule maintenant Ministère de la Culture et de la Communication.

Il existe donc une politique culturelle, mais elle est assez difficile à définir. Elle varie et s'enveloppe de titres différents, elle s'appelait "développement culturel" jusqu'à ces dernières années, elle s'appelle "action culturelle" maintenant. C'est plus modeste. Je crois que l'Etat a compris qu'il ne pouvait finalement pas faire grand-chose en dehors de cette responsabilité qu'il assume à l'égard des monuments français, des monuments en pierre. On voudrait qu'il soit aussi généreux à l'égard des monuments en chair et en os, comme les

Japonais qui, eux, considèrent que des individus peuvent être aussi précieux pour la nation que les monuments, et qui ont créé cette admirable institution des "trésors vivants". En réalité, l'Etat a compris que son action culturelle ne pouvait pas vraiment rivaliser avec la puissance des *businessmen* de la culture, ceux qui fabriquent les disques, les livres, les films. Son rôle est donc plutôt un rôle de correction, de complément, d'orientation. Et il tend à agir de plus en plus à travers les municipalités qui, elles, dégagent de plus en plus de crédits pour l'action culturelle.

Il y a un mot que je n'ai pas encore prononcé, celui de bibliothèques. Vous êtes au courant de la situation assez lamentable des bibliothèques françaises, qui commence d'ailleurs à se modifier grâce à l'action des municipalités et grâce à de nouvelles installations comme la bibliothèque de Beaubourg. Beaubourg a été la question la plus controversée de l'intervention étatique dans notre culture. J'ai été associé au devenir de Beaubourg et je continue de m'y intéresser beaucoup. C'est à mon avis un très grand succès qui a coûté cher à l'Etat. La moitié du budget du Ministère de la Culture est affectée à Paris. Les Parisiens consomment la moitié de l'argent culturel de la France, alors qu'ils sont moins du cinquième de la population française. Paris est une sorte de monument culturel de la France, dont tous les Français sont censés bénéficier. Beaubourg, un peu comme l'avait été la politique de grandeur culturelle de Malraux et ses maisons de la culture, comme l'avait été le T.N.P. de Jean Vilar, appartient à cette tradition, cette époque de la grande culture française.

Il y a eu un progrès considérable dans la diffusion de la culture en France; il ne faut pas le sous-estimer—de la culture au sens large du mot. Mais la création n'a pas suivi. C'est une question à laquelle nous devons réfléchir. Est-ce parce qu'on consomme plus de culture qu'il y a moins de création culturelle? Est-ce la consommation qui tue la création? Je ne l'ai pas dit. Je constate seulement une simultanéité entre l'affaiblissement de la création et l'expansion de la consommation culturelle.

La décadence de l'enseignement public est un phénomène que connaissent tous les pays industrialisés. Il est d'autant plus néfaste en France que l'histoire y est ancienne, déterminante—et difficile à expliquer. Le succès actuel des livres historiques peut être interprété comme la nostalgie d'un passé de grandeur, comme une recherche des racines, mais aussi comme un dépaysement à l'égard d'une vie monotone, et qui, depuis 1962, est devenue pacifique. Mais, à l'exception d'*Asterix*, les média ne sont pas parvenues à tirer du fonds national des légendes qui passionnent les masses. Les feuilletons télévisés sont appréciés à cause de leur exotisme, de la richesse de la mise en scène, mais ils n'ont guère de valeur historique, ils ne contribuent pas à faire comprendre aux gens le passé de leur nation, et le lien qui les rattache, bon gré mal gré, à ce passé.

Il faut en convenir: la culture française, qui s'est constituée pour l'essentiel aux XVIe et XVIIe siècles, c'est-à-dire à l'époque de la Cour, à l'époque où l'écriture et les idées étaient l'apanage d'une élite, cette culture n'a pas réussi à lancer des produits de masse qui aient une valeur esthétique, pédagogique, ou tout simplement divertissante. La faiblesse du dessin animé français est un exemple typique. Et c'est la culture américaine qui s'est substituée à elle dans ce rôle. D'où des réactions agressives contre "l'américanisation", à droite comme à gauche. Mais qu'y faire? Les impératifs financiers, déterminants à la télévision, vont dans le même sens que le déclin de l'enseignement et que l'aristocratisme de l'intelligentsia. La France est confrontée à cette menace dont Stanley Hoffmann a récemment souligné la gravité pour les peuples européens: de ne plus se comprendre parce qu'elle ne connaît plus, elle ne comprend plus son propre passé, elle a perdu contact avec sa tradition culturelle. Est-ce un phénomène spécifiquement français? Les Etats-Unis sont parvenus à créer des modèles pour la culture de masse; leur propre histoire a été transformée en légendes à l'usage des spectateurs de cinéma: ce sont les *Westerns*. La France n'y est pas parvenue. Les épisodes fondateurs de notre histoire tiennent à une époque lointaine, presque incompréhensible aujourd'hui. Clovis, les Croisades, Jeanne d'Arc . . . , une époque où l'on combattait à coups de lance et où, à l'exception d'une mince couche de notables, les Français étaient des paysans. Qui parviendra à nous restituer la vie quotidienne au Moyen Age? A nous faire comprendre ce que signifiait alors la religion, la croyance en Dieu?

Un progrès considérable a été accompli dans la science historique, sous l'impulsion de l'Ecole des Annales. Il existe maintenant, non seulement à Paris, mais dans de petites villes de province, des historiens qui, par des recherches dans les archives négligées, recréent la vie concrète des petites gens, et plus seulement des héros. Les disciples de Marc Bloch et de Lucien Febvre ont acquis un prestige international. Le nom de Le Roy-Ladurie est connu partout.

Une revue récente, l'*Histoire,* prouve que ces recherches peuvent être vulgarisées. Mais les Français ne reprennent pas pour autant conscience des liens qui les rattachent à leur histoire. D'autant que l'enseignement de l'histoire à l'école, sous prétexte d'alléger la mémoire, est devenu morcelé, incohérent. On peut se demander avec inquiétude quel langage commun restera aux Français dans les prochaines années si les références nationales continuent à disparaître.

Les média peuvent partiellement compenser le déclin de la faculté de parler, de communiquer, déclin qui a précédé la télévision et que celle-ci a accentué. Partout où la technique avance, la parole recule. Je regrette sincèrement la perte de ce pouvoir du verbe, des métaphores, des proverbes. C'est à cela peut-être qu'un intellectuel est le plus sensible. Vous direz peut-être que je suis nostalgique, archaïsant, un peu misonéiste. C'est que je regrette l'époque où les hommes avaient cette merveilleuse disponibilité à la parole, disponibilité que l'on retrouve encore quelquefois dans le Midi.

Parce qu'ils possédent un certain art du bien dire, les Français ne se sentent pas vraiment responsables de la situation culturelle de leur pays, d'où cette pauvreté des équipements culturels que déplorent les partis de gauche. Nous considérons volontiers que ce qui est imprimé doit être distribué gratuitement et ne doit pas être acheté. Nous considérons que l'argent doit servir à la vie et aux vacances mais non pas à la culture. La culture, c'est l'Etat qui en est chargé. D'où cette intervention de l'Etat pour compenser ce que l'initiative privée a de déficient. Car, chez nous, à la différence de l'Allemagne et de l'Italie, les riches sont rarement des mécènes, et les fondation sont peu nombreuses: pour la quasi-totalité des hommes d'affaires, c'est perdre son temps et son argent que de les consacrer à des activités intellectuelles.

Toutefois, depuis quelques années, on assiste à une véritable explosion d'associations culturelles qui prennent en main la rénovation de leur quartier, la gérance d'une bibliothèque, l'alphabétisation des travailleurs immigrés. Donc quelque chose se passe—et c'est le bon côté de cette modernisation que je déplorais tout à l'heure. L'*affluent society* produit corrélativement des effets d'abrutissement et des effets de stimulation de l'initiative. Nous sommes entrés dans ce nouveau monde où des associations commencent à se sentir responsables de l'environnement, du quartier, du niveau culturel de leur pays.

LES INTELLECTUELS ET LE POUVOIR

J'ai évoqué en commençant la figure de l'intellectuel français dressé contre le pouvoir et l'ordre établi. Voltaire narguant le roi, Victor Hugo sur son rocher insultant l'Empire. Cette tradition de lutte contre le pouvoir et l'ordre établi a été renforcée en France par l'affaire Dreyfus, par le lutte anti-fasciste, par la Résistance. Elle a connu son apogée en 1968 par la révolution intellectuelle, peut-être la seule de l'histoire qui fût une pure révolution d'intellectuels. Il y a donc des justifications historiques à cette position de l'intellectuel français, qui est souvent une attitude, une pose. Il y a aussi des facilités personnelles dans cette attitude qui nous donnent de l'allure—l'homme seul ou le petit groupe contre la machine de l'Etat et de l'administration, ça a de la gueule. L'intellectuel en France, traditionnellement, se pense comme l'envers du pouvoir, une sorte de contre-pouvoir qui n'a pas à se mélanger au pouvoir. Celui qui se laisse prendre dans les filets du pouvoir, est suspecté par ses congénères d'être un traître. L'image du professeur devenu conseiller du prince, du tyran ou du président hante l'intellectuel. C'est la trahison même.

Il y avait une distinction très forte en France entre les ordres, entre les niveaux, entre particulièrement le business, le pouvoir et l'intelligence— les trois ordres par degré ascendant. Ainsi, au moment où Pierre Massé qui avait dirigé le Commissariat du Plan, abandonnait ses fonctions et comme le bruit s'était répandu qu'il allait devenir P.-D.G. d'une entreprise, De Gaulle lui avait dit: "Massé, vous n'allez quand même pas entrer dans les affaires!" Cette attitude tend à disparaître, mais les traces en sont toujours présente dans la vie française. De la même façon, le pouvoir est quelque chose qui peut être attrayant mais qui est moins noble que l'exercice de la liberté intellectuelle. L'intellectuel se pense donc comme un contre-pouvoir et volontiers il use et il abuse de ce privilège d'irresponsabilité politique, quitte à s'engager avec beaucoup de courage lorsque les choses tournent mal et lorsqu'il faut se battre.

L'intellectuel contre le pouvoir, exerce lui-même un pouvoir aux ramifications multiples. Il occupe le champ du discours. C'est lui qui circonscrit ce champ et il y a aujourd'hui de nouveaux lieux du pouvoir, ce n'est plus l'Université que le Parti Communiste continue de coloniser petitement et d'une façon plus syndicale qu'intellectuelle. Mais il y a *Le Monde, Le Nouvel Observateur,* certaines émissions de télévision. Le nouveau domaine du pouvoir intellectuel, c'est moins l'humanisme que les sciences de l'homme, qui d'ailleurs rapprochent l'intellectuel des zones dangereuses. Lorsqu'on fait de la psychologie, de la sociologie, on est plus près de la politique, on peut louer ses services à des organismes de sondage ou à des cabinets d'études économiques.

Cependent, le travail de l'intellectuel depuis une vingtaine d'années a consisté à se situer essentiellement dans le domaine du langage. La critique structuraliste, la sémiologie, le travail de Barthes, Derrida, Lacan, Foucault, Sollers, Kristeva, Baudrillard et tant d'autres a abouti à déplacer le champ de la réflexion et de l'étude vers ce reflet, ce miroir qu'est le langage et le discours, ce qui d'une certaine façon éloigne l'intellectuel du pouvoir et d'une autre façon le rapproche. Elle l'éloigne parce qu'il s'enferme en quelque sorte dans une coquille où les profanes n'ont pas accès. En même temps, ce transfert assure le pouvoir de l'intellectuel puisque c'est lui qui commande le champ du discours. C'est lui qui décrète que toute réalité est discours car telle est la grande affirmation qui domine l'intelligentsia depuis vingt ans. Autrefois on considérait que le langage était un reflet plus ou moins suspect de la réalité, maintenant c'est la réalité qui devient un reflet du langage. Tout est signe, et dans le domaine des signes et des symboles, celui qui est créateur de symboles, c'est-à-dire l'homme de l'art et l'homme de l'intelligence, manipule à son aise tous les signes qui commandent cet univers. L'intellectuel s'est donc installé au centre du champ du discours, et il y règne sans conteste. Si je voulais être méchant, je dirais, l'intellectuel proclame: "tout est discours," et il ajoute à voix basse: "et c'est moi qui fais le discours," c'est moi aussi qui l'interprète, le "décode".

Le discours de la critique systématique abolit l'intervention du sujet dans l'histoire. C'est une proclamation de Levi-Strauss reprise à sa manière par Althusser, qu'il n'y a pas véritablement d'histoire, ou bien que, dans la mesure où existe une histoire, l'homme n'y peut rien. Il y a des instances, des systèmes anonymes et contraignants. Le discours abolissant le sujet dans l'histoire pose la justification théorique de l'irresponsabilité de l'intellectuel. L'attaque contre le sujet, contre la figure traditionnelle de l'homme, qui a été au centre du travail intellectuel finit par déresponsabiliser celui-là même qui détient le pouvoir du verbe. L'ancienne conviction de l'intellectuel humaniste de pouvoir quelque chose sur l'histoire, de pouvoir la modifier, de pouvoir, comme disait Emmanuel Mounier, se mettre en travers de l'histoire, ("un rocher bien placé," disait-il, "peut détourner le cours d'un fleuve"), cette conviction succombe sous la proclamation des mécanismes abstraits.

PARTICIPANT—*Avez-vous tout de même l'impression, à travers les combats menés par* Esprit *d'avoir pesé sur le cours de l'histoire?*

En quoi est-ce que notre action, celle d'*Esprit*, a pesé sur l'évolution des mentalités en France et par là même indirectement influencé l'histoire? Je dirais d'abord en ce qui concerne les guerres coloniales en France, que notre rôle a été efficace, parce que nous avons permis à un certain nombre de Français de prendre une position progressivement anti-colonialiste, alors que c'était très difficile. C'était plus difficile aux Français qu'aux Américains parce que la France se trouvait en perte de vitesse et que les colonies représentaient pour elle le substitut de sa puissance, le témoignage de sa grandeur passée. Et je ne sais pas si les Américains ont bien senti la tragédie que représentait la guerre d'Algérie pour la plupart des Français. L'Afrique du Nord en général mais surtout l'Algérie où s'était implantée une population française, c'était ce qui restait de l'Empire français. Et les Français étaient extrêmement attachés à ce témoignage de leur puissance et de leur valeur à l'étranger. Le fait que des Arabes, des Marocains, des Algériens, des Africains fussent théoriquement Français, parlent français, c'était la représentation en quelque sorte visuelle de la grandeur française, de cette grandeur à laquelle nous tenions d'autant plus que notre position se réduisait dans le monde. Il faut se mettre un peu dans notre peau pour comprendre quelle tragédie a été la réduction de la France à ce qu'on appelle l'hexagone. Et ce n'est pas seulement par vanité, par goût de la puissance, mais aussi parce que nous avons été accoutumés à respirer dans une certaine dimension universelle. Nous ne pouvons pas nous imaginer que nous sommes réduits, confinés sur notre territoire. C'est notre différence avec les Japonais par exemple. Les Japonais sont clos dans leur univers qui est d'une richesse d'ailleurs extraordinaire. La civilisation japonaise est introvertie. La civilisation française est extravertie. Donc vous comprenez quel a été l'esprit de la lutte qu'*Esprit* a mené depuis 1946. Nous avons été parmi les tout premiers en France contre le colonialisme français à Madagascar, en Indochine, en Afrique du

Nord, en Algérie. Et ce n'est pas le fait d'avoir été arrêté cinq fois ou le fait que la revue a souvent été saisie et que nous avons été harcelés par la police, qui a été dur. Ce qui a été dur, vraiment, c'est d'être constamment, pendant vingt-cinq ans, en contraste, en opposition non seulement avec les autorités de son pays mais aussi avec la majorité du pays, avec l'opinion. C'est dur pour des intellectuels qui rêvent d'avoir le peuple avec eux. Et c'était dur, d'une autre façon, pour moi qui ai été élevé dans le culte de la grandeur nationale.

En ce qui concerne le totalitarisme des communistes, c'est un peu la même chose. Je crois qu'une de nos réussites historiques c'est d'avoir—tardivement sans doute, mais l'histoire est lourde à remuer—contribué à la désintoxication de l'intelligence française, non sans peine, depuis 1950. Je dirai que nous avons préparé pédagogiquement le terrain. Nous avons commencé à publier les premier témoignages des camps de concentration soviétiques que nous avions de la peine à admettre. Parce que, là aussi il faut comprendre. Quand on avait connu l'horreur des déportés qui revenaient des camps de concentration nazis et qui souvent avaient été libérés grâce à l'armée rouge, il était difficile d'admettre que les Soviétiques faisaient la même chose.

Un autre point où notre action est beaucoup plus claire, beaucoup plus saisissable, c'est le domaine du catholicisme français. La revue *Esprit* n'est pas une revue catholique et ses comités de rédaction comprennent de nombreux non-catholiques. Toutefois, ses directeurs, Emmanuel Mounier, Albert Béguin et moi-même, ont tous été catholiques. La revue a toujours eu un rapport privilégié avec l'Eglise catholique et notre influence sur le monde catholique a été considérable. Nous avons été au premier rang de ceux qui ont détaché le catholicisme du pouvoir et de la France. De même, le travail intellectuel et théologique, les grands numéros spéciaux sur le catholicisme ont, avec les groupes, les réseaux *Esprit*, influé sur l'évolution de la pensée catholique. Evidemment, notre tâche principale a aussi été de mener sur le front des idées et de la culture de belles batailles contre les existentialistes, les marxistes, les structuralistes. Alors d'une certaine manière, je dirai qu'*Esprit* par sa revue, par ses groupes, a pesé dans l'évolution de la société française.

Si nous revenons à la situation actuelle, à la "nouvelle philosophie" par exemple, nous voyons au contraire qu'elle nie l'histoire et pratique des amalgames et des courts-circuits fantastiques entre Platon et Staline, Jéhovah et la rébellion, comme si l'effort des hommes pour accéder à la lumière de la raison, à la démocratie, était nul et non-avenu. Négation de l'histoire. Négation renforcée du pouvoir. Là aussi, nous retrouvons un trait caractéristique de l'intelligentsia française. Je dis renforcé. Pourquoi? Il m'est difficile de donner tort à Clavel, Glucksmann, ou Lévy, parce que l'intelligence européenne s'est souvent avilie dans la servitude politique. Toute une partie de l'intelligentsia européenne a servi le stalinisme. Elle n'a pas fini encore d'effacer cette tache de sang. Comme disait Eluard, "Toute l'eau de la mer n'effacera pas une seule tache de sang intellectuel." Tout pouvoir devient dans cette perspective un pouvoir dictatorial et totalitaire. Le pouvoir, c'est le mal. Pour Bernard-Henri Lévy, L'Etat, c'est le mal. On se réfugie donc dans la prophétie, dans la subjectivité religieuse, et on posera le dilemme: d'un côté il y a la masse amorphe et le pouvoir tyrannique qui se soutiennent mutuellement, qui se complètent en quelque sorte; de l'autre côté une minorité de rebelles, une poignée de révoltés et peut-être simplement une conscience branchée sur la divinité.

Voilà à quoi aboutit en 1979, provisoirement, cet itinéraire de l'intellectuel et des pouvoirs. Je répète que cela n'est pas seulement discours. Même cette proclamation du discours et cette condamnation portée contre toutes les figures du pouvoir correspondent à une situation historique, correspondent à cette expérience totalitaire qui fut si éprouvante pour l'Europe et que l'Amérique n'a pas connue: avoir vu s'effondrer toute cette architecture de pouvoir, ces hiérarchies de notables, devant la tyrannie des Nazis, avoir vu la masse des gens se coucher devant la terreur, avoir mesuré la force de la peur. On nous reproche d'être aristocrate, et je crois avoir suffisamment montré que j'avais conscience de cette critique. Cependant lorsque 90 ou 95% des Français étaient favorables au maréchal Pétain, nous étions résistants. Combien y avait-il de Français en 1946−47 contre la guerre d'Indochine? Une infime minorité. Combien y en avait-il contre la guerre d'Algérie en 1955−56? Une infime minorité. Tout cela, bien sûr, a contribué à renforcer notre prétention d'intellectuels à détenir une lucidité particulière. Peut-être que cela permet d'excuser ce que l'intellectuel français a par moments d'orgueilleux. Cette conviction que reposent sur nos épaules des choses aussi importantes que la démocratie, que la liberté, que les droits de l'homme, elle peut être excessive. Elle a ses raisons. On ne peut pas compter sur la masse. On ne peut pas compter sur "le peuple." Le peuple, c'est quelque chose que nous voulions faire exister, mais que nous ne trouvions pas toujours à nos côtés dans les moments difficiles.

Cette tradition de résistance intellectuelle est encore dominée par le souvenir des dictatures, qui du reste se perpétuent à mille kilomètres de Paris. Cette tradition nous pousse vers ce dilemme: l'intellectuel sera un rebelle, ou bien il passera au service du pouvoir et deviendra le conseiller du prince. Ce dilemme, que vaut-il? Depuis quelques années j'ai tendance à le critiquer de plus en plus fortement. Ce dilemme, cette alternative pathétique laisse de côté tout le domaine du social. Il y a une société, cessons d'être fascinés par le pouvoir. La fascination du pouvoir, c'est ce qui a mené tant d'intellectuels, les uns au fascisme, les autres au stalinisme. Ce n'est pas le pouvoir seul qui fait l'histoire, mêmes s'il pèse lourd quelques-fois, ce sont les hommes aussi, la société, leurs associations, leurs groupements. Je crois que la tâche de l'intellectuel français aujourd'hui est de passer de l'idéologie du pouvoir à la conscience du social, à la critique du social, à l'action sur et dans la société. C'est un travail qui a déjà commencé. Michel Crozier, dans son dernier livre, [4] met en cause précisément cette action des intellectuels, et propose d'abandonner les idéologies pour la capacité de trouver des modes de raisonnement nouveaux, de poser des problèmes à partir des faits, et d'expérimenter des solutions. L'intellectuel aristocrate est dépassé et l'intelligentsia française qui a longtemps oublié le risque de la réalité, doit prendre la responsabilité de cette action sur le mécanisme social.

L'intellectuel classique est donc en difficulté. J'ai évoqué les média de masse qui l'ont troublé, qui l'ont mis mal à l'aise. Certes, il éprouve un certain désarroi devant la diffusion de la culture par les média de masse. Ce qui était sa chose se trouve en quelque sorte profané, exposé à tout le monde, et souvent vulgarisé d'une façon déplorable. Nous avons l'impression que ces nourritures précieuses sont débitées au public en *self-service* et n'ont plus aucun goût. Voilà pourquoi le réflexe de l'intellectuel le pousse à se crisper sur des proclamations abstraites, sur la défense de son système idéologique. Alors l'intellectuel contemporain en France se trouve coincé, si j'ose dire, entre la dissidence à l'égard du pouvoir, du système social, de la technocratie, de l'industrie culturelle et l'envie de passer à la télévision, d'écrire des livres à succès. Est-ce que je serai une vedette ou est-ce que je me placerai aux côté des révoltes? Tout le malaise est là.

Dans son ouvrage, Régis Debray accuse ses confrères intellectuels de se transformer en serviteurs de la machine capitaliste et du pouvoir politique de Giscard. Une telle position débouche sur l'impasse suivante: il faut rester avec la classe ouvrière, adhérer au Parti Communiste ou tout au moins être son compagnon de route. Or la classe ouvrière, aujourd'hui, est probablement la plus embourgeoisée de toutes les classes sociales en France. Quant au Parti Communiste, il a à son actif un long passé d'asservissement des intellectuels. Il me semble donc difficile de préconiser une telle attitude comme si le stalinisme n'avait jamais eu lieu.

Est-ce qu'on peut dire que les intellectuels français comme le prétend Debray, sont entrés dans le système, sont devenus les serviteurs du pouvoir? On a fait un raffut épouvantable parce que le président de la République avait invité à déjeuner quatre ou cinq nouveaux philosophes assortis de quelques membres de l'Académie française. Comme si déjeuner avec le président de la République représentait une compromission indéfendable. Cela est typique de la mentalité qui règne en France, de notre purisme à l'égard de la politique. En réalité, les intellectuels ne détiennent pas les pouvoirs extraordinaires que Debray semble leur imputer. Il y a eu des communications entre l'intelligentsia de gauche et la haute administration française à l'époque du club Jean-Moulin, entre 1958 et 1962. Ce club était à l'origine d'une interpénétration féconde entre des intellectuels et des hauts fonctionnaires comme Bloch-Lainé, Delouvrier, Beullac. Il est vrai que Giscard d'Estaing a beaucoup d'estime pour Raymond Aron. Mais cela ne constitue pas une conspiration entre le pouvoir et les intellectuels, comme Régis Debray le laisse entendre. Si les intellectuels avaient eu une telle puissance, ils auraient empêché la guerre d'Algérie d'éclater. Le Parti Socialiste qui détenait à l'époque des professeurs de très grande qualité, les meilleurs spécialistes de l'Islam, n'a pas vu la nécessité de les consulter. Si les intellectuels avaient été si forts, ils auraient réussi à empêcher le Général de Gaulle de gouverner, puisqu'à partir de 1958, il avait tous les intellectuels contre lui à trois ou quatre exceptions près. Alors n'exagérons pas quand même la puissance des intellectuels, mais ne la mettons pas à zéro non plus.

Sans aucun doute mai 68 a été une sorte de révolution faite par les intellectuels à travers l'enseignement, à travers les média, à travers certains journaux—*Le Monde* en particulier et *Le Nouvel Observateur*. Il est vrai que les intellectuels exercent un certain pouvoir politique au niveau du discours; ils lancent des mots, des modes. Ils influencent indirectement certaines sphères du pouvoir par l'infiltration de l'idéologie dans les couches éduquées de ce pays. Il est certain que la classe enseignante a un pouvoir en elle-même et il faut en avoir bien conscience. Il est certain aussi que ce que nous appelons les sociétés de pensée, les revues et leurs groupes sont des lieux de fermentation intellectuelle qu'il ne faut pas négliger.

L'intellectuel français a quand même bien changé. Il a presque renoncé à ses paradis qu'il allait rechercher en terres lointaines. L'exotisme révolutionnaire avait été une de ses caractéristiques. Malraux était parti vers la Chine. On lui doit cette justice qu'il y est parti en 1926, c'est-à-dire bien avant les autres. D'autres sont partis en Russie, hélas, et n'en sont toujours pas revenus. D'autres sont repartis vers la Chine après la guerre. Où sont les terres bénies, les terres promises de la révolution? Elles tendent à se rétrécir. Il y a eu Cuba, mais cela n'a pas duré très longtemps. Il y a eu le grand mouvement du Tiers Monde, dont il faudrait longuement parler, car là aussi la responsabilité des intellectuels français est gravement engagée. C'est dans nos universités qu'étudient des dizaines de milliers d'étudiants noirs, sud-américains, asiatiques. Le plus récent de ces paradis révolutionnaires a été l'Iran. Hélas, l'Iran aussi a déçu et les intellectuels se trouvent renvoyés à leur France, à leur pauvre pays, riche d'histoire mais un peu pauvre maintenant en possibilités politiques et culturelles.

L'intellectuel doit-il pour autant renoncer à sa mission? Si je proteste contre cette facilité à récuser tous les pouvoirs, je maintiens que l'intellectuel a une responsabilité politique. Je crois qu'il y a encore du travail pour la mission traditionnelle de l'intellectuel si celui-ci sait renoncer à être le clerc, le prophète sur sa montagne. Dans une société qui a de plus en plus de peine à parler, qui se trouve asphyxiée par l'avalanche des objets, paralysée par la mécanisation, il est quand même important qu'un certain nombre d'hommes—sans usurper la parole comme le font trop d'intellectuels—continuent de parler. Fussent-ils seuls pour dire certaines choses. Bernanos, qui reste pour moi un modèle, nous avait invité à lutter contre cet avilissement de la pensée, de la conscience, contre ces idées tièdes qui se répandent autour de nous. De même,

Malraux voulait rendre conscients les gens de la grandeur qu'ils ignorent en eux. Ce qui m'a poussé à m'engager, c'est bien cette impression que les hommes ont des possibilités qu'ils utilisent très peu, que des masses d'hommes continuent de vivre dans une conscience atténuée ou larvaire. Que cette misère de la conscience leur vienne de la pauvreté matérielle ou de la pauvreté spirituelle, qui est si fréquente dans nos pays très développés, le résultat reste le même. La constante de l'intellectuel, pour reprendre ici la pensée de Jürgen Habermas, serait d'être non pas celui qui légitime le pouvoir, mais d'être celui qui accélère la communication, un homme qui a un rapport particulier avec le langage et qui par la même travaille à la repolitisation d'une société.

Cependant, il y a un problème grave. Le drame de l'intellectuel de l'occident, tel que je le sens, c'est qu'il a toujours voulu témoigner pour des valeurs universelles. Ce qui a fait la grandeur de nos intellectuels occidentaux, c'est non seulement d'avoir toujours interrogé la vie mais d'avoir toujours témoigné pour l'universalité des valeurs. Nos valeurs ne nous sont pas réservées. Elles sont valables pour tous. Mais je suis arrivé il y a une douzaine d'années à la conviction que l'occident, entraîné par la société industrielle, crée un type de société dans laquelle les valeurs ne peuvent plus être universalisées. Et pourquoi? Parce que, simplement, si le monde entier devait vivre au standard occidental, il ne pourrait pas vivre. Les ressources naturelles même seraient bientôt épuisées. On ne peut donc pas dire maintenant aux autres, "Mes valeurs sont aussi pour vous." L'occident va devoir choisir. Son choix n'est pas seulement de consommer un peu plus ou un peu moins, son choix sera de savoir s'il persistera dans ce modèle, qui a chez lui peut-être encore un avenir pour quelques années mais qui n'a pas d'avenir pour la totalité du monde. Ou bien—et c'est le nouveau défi que nous nous sommes donné—s'il cherchera à éduquer les gens, à les influencer de telle sorte qu'un nouveau modèle puisse surgir de notre société industrielle, un modèle où le besoin d'être aurait plus d'importance que le besoin d'avoir.

Notes

1. Bernard-Henri Lévy, *Le Testament de Dieu* (Paris: Grasset, 1979), p. 229.

2. Régis Debray, *Le pouvoir intellectuel en France* (Paris: Editions Ramsay, 1979), p. 48.

3. Ibid., p. 74.

4. Michel Crozier, *On ne change pas la société par décret* (Paris: Grasset, 1979).

Bibliographie: La France et les Français (1975–1980)

Comment choisir dans le flot de livres consacrés à la France et aux Français? Comment établir une bibliographie s'adressant aux professeurs amenés à étudier et faire étudier la culture (au sens anglo-saxon du terme) et la civilisation de la France contemporaine? Plutôt que de submerger le lecteur sous une masse de titres, souvent inaccessibles, il nous a semblé préférable de procéder à un choix limité et thématique. Nous n'avons donc retenu que des travaux français relativement récents dont la consultation est indiscutablement utile. En outre, nous avons privilégié les enquêtes, les interviews dévoilant un côté subjectif de la culture telle qu'elle est vécue. Il en résulte que certains ouvrages n'y figurent pas pour leur valeur intrinsèque mais parce qu'ils témoignent, en tant que document, du phénomène culturel français.

Vouloir saisir l'image de la France et des Français à l'aide d'une bibliographie, aussi exhaustive fût-elle, reste une entreprise mégalomaniaque. Cette image traverse tant de prismes déformants: mass-media, culture de masse, culture populaire, culture d'élite, variétés régionales. Chaque document recensé est lui-même porteur de signes révélateurs. Nom d'auteur, maison d'édition, tout renvoie aux pluralismes, aux nuances, aux contradictions que vit actuellement la France.

En définitive, hélas, l'image de la société française n'est claire que dans les manuels stéréotypés. Aussi cette bibliographie s'adresse-t-elle aux "généralistes", soucieux d'une part de tracer les grandes lignes de la société contemporaine dans leurs cours de civilisation, désireux d'autre part d'intégrer certaines données socio-culturelles dans leur enseignement du français.

DOCUMENTS DE REFERENCE

La Documentation Française (29–31, quai Voltaire, 75340 Paris. Cédex 07), principal organisme français d'édition d'Etat, publie et met en vente des périodiques, des documents, des études d'ensemble, des ouvrages spécialisés, des diapositives sur toutes sortes de questions: les départements, les villes et les régions de France, la politique, l'économie, les problèmes sociaux, culturels et administratifs.

Institut national de la statistique et des études économiques (INSEE) *Annuaire statistique de la France 1978 (1979)*. Paris: INSEE (18, bd. A. Pinard, 75675), 1979 (1980). 900 p. (900 p.). Les données essentielles sur tout ce qui touche les conditions démographiques, sociales, économiques du pays. Parmi d'autres études publiées par L'INSEE, *Données sociales* (de prix plus abordable) offre des analyses et des statistiques intéressantes sur la réalité sociale.

LASSERRE, RENÉ (sous la dir. de). *La France contemporaine. Guide bibliographique et thématique*. Tübingen/Paris: Max Niemeyer Verlag/P.U.F., 1978. 743 p. Un ouvrage fondamental qui devrait être à la disposition des étudiants dans toutes les bibliothèques de nos départements et que devraient posséder tous ceux qui font des cours sur la société français. Recense thématiquement 526 ouvrages analysés dans le détail et 1500 autres titres commentés, tous parus avant janvier 1977. Un véritable "portrait de la France et des Français et bilan de la recherche consacrée à ce pays".

L'HISTOIRE CONTEMPORAINE

AGULHON, MAURICE. *Marianne au combat. 1789–1880*. Paris: Flammarion, 1979. 256 p. Les multiples significations de la République sous forme de femme, de la Révolution à 1880. Sera bientôt suivi par un *Marianne au pouvoir* de 1880 à nos jours.

AMALVI, CHRISTIAN. *Les Héros de l'histoire de France*. Paris: Editions Phot'Œil, 1980. 316 p. Reproduction des images de manuels d'histoire de la IIIe République, du vase de Soissons au moulin de Valmy, de la casquette du père Bugeaud au chapeau du Petit Caporal. La mémoire collective des Français pour les vertus (l'ordre, le travail, l'épargne) que les réformes de l'enseignement ont aujourd'hui plus ou moins supprimées. Pour une analyse plus poussée du contenu et du discours des livres d'école de la IIIe République, voir l'ouvrage de Dominique Maingueneau: **Les Livres d'école de la République. 1870–1914 (discours et idéologie).** Paris: Le Sycomore, 1979. 340 p.

AUTREMENT. 68/78 Dix années sacrilèges. Paris: Le Seuil, 1978 (no. 12). 296 p. Numéro spécial sur le bilan des changements les plus remarqués des pratiques sociales en France depuis dix ans: famille, sexualité, culture, etc.

BILLARD, CLAUDE, et PIERRE GUIBERT. *Histoire mythologique des*

Français. Paris: Galilée 1976. 314 p. Une extraordinaire anthologie de textes et illustrations des livres d'histoire de l'école primaire qui veut mettre en relief le processus de formation historique des Français.

BRUNO (Mme ALFRED FEUILLÉE), dite G. *Le Tour de la France par deux enfants*. Paris: Belin, 1877, 1976. 322 p. Réédition en fac-similé du bestseller centenaire de l'enseignement primaire, petit manuel de patriotisme positiviste, qui présenta à des générations de Français une peinture mythique de la république bourgeoise région par région. A comparer avec la version contemporaine par Anne Pons: *Le Tour de France par Camille et Paul, deux enfants d'aujourd'hui*. T. 1 (Paris: Tchou, 1977. 335p.). Après avoir gagné un grand concours télévisé, Paul 14 ans et Camille 9 ans, effectuent un voyage d'aventures dans une France "aux mille visages contradictoires ..." De même, pour voir combien l'éveil à dominante géographique et historique reste un facteur important de l'enseignement français, on pourra consulter de S. Begue, R. Ciais et M. Meuleau: *La France et les Français d'autrefois. Fiches pédagogiques*. (Paris: Bordas, 1977. 160 p.), ainsi que *Les Français et la France d'ajourd'hui* (collectif. Paris: Hachette, 1976. 128 p.) dans lequel on trouvera ce que les Français soulignent dans l'enseignement primaire pour présenter la France contemporaine.

CRUBELLIER, MAURICE. *Histoire culturelle de la France, XIXe-XXe siècle*. Paris: Armand Colin, 1974. 454p. Ouvrage fondamental sur l'évolution de la culture populaire, la culture de l'élite, la culture de masse. Une des plus originales et ambitieuses synthèses à ce jour tenant compte des apports de la sociologie et de l'anthropologie.

DROUIN, PIERRE. *Qu'est-ce qui fait courir la France?* Paris: Plon, 1979. 224 p. ("Les temps forts", mythes, crises, choix) économiques et politiques qui ont poussé les Français à l'action de la Libération à nos jours.

ZELDIN, THÉODORE. *Histoire des passions françaises. France 1848−1945*. T. I: *Ambition et amour*; T. II: *Orgueil et intelligence*; T. III: *Goût et corruption*; T. IV: *Colère et politique*; T. V: *Anxiété et hypocrisie*. Paris: Recherches, 1978−1979. 420 p., 390 p., 470 p., 420 p., 520 p. La traduction française des travaux de l'historien anglais, doyen du Saint Anthony's College d'Oxford. Une érudite, détaillée et monumentale description des mœurs et des groupes sociaux durant un siècle. La meilleure introduction (longue et ardue) à une connaissance des attitudes et du comportement des Français de la France actuelle.

OUVRAGES GENERAUX

Les grandes mutations sociales et culturelles que connaît la France contemporaine ont fait l'objet de multiples numéros spéciaux de la part d'innombrables revues. Parmi celles-ci, il faut signaler *Autrement*

(Diff. Le Seuil) créée en 1975 par Henry Dougier, sans doute la plus utile et la plus accessible pour les professeurs de civilisation, de même que pour les étudiants; *Actes de la recherche en sciences sociales* (dirigée par Pierre Bourdieu (Diff. Editions de Minuit); aux U.S.A., *La revue Tocqueville* (Diff. 542 Cabell Hall; University of Virginia, Charlottesville, VA 22910) dont le premier numéro est sorti en automne 1979 ainsi que *Contemporary French Civilization* (Diff. Dept. of Modern Languages, Montana State University, Bozeman, Montana 59717) qui entre dans sa cinquième année.

ARBOIS, JANICK, et JOSHKA SCHIDLOW. *La Vraie Vie des Français.* Paris: Le Seuil, 1978. 298 p. Les rêves, les désirs, les peurs, les réalités quotidiennes des Français à travers une excellente série d'enquêtes et d'interviews. Le meilleur ouvrage en son genre.

BERTAUX, DANIEL. *Destins personnels et structure de classe.* Paris: P.U.F., 1977. 328 p. Description des rigoureuses hiérarchies que connaît la société française et auxquelles il est difficile d'échapper; statistiques, anthroponomie, historique de la formation du prolétariat.

CATHELAT, BERNARD. *Les Styles de vie des Français 1978–1998.* Paris/Montréal: Alain Stanké, 1977. 308 p. Une minutieuse description des multiples aspects psycho-sociaux de la société française d'aujourd'hui et de demain. Un ouvrage dont aucun cours sur les systèmes de valeurs françaises ne pourrait se passer.

CLOSETS, FRANÇOIS DE. *La France et ses mensonges.* Paris: Denoël, 1977. 448 p. Par un chroniqueur scientifique de la télévision: dénonciation des tabous et idéologies pétrifiant la société française.

CROZIER, MICHEL. *On ne change pas la société par décret.* Paris: Grasset, 1979. 198 p. Comment envisager un changement social dans un pays de petits bourgeois attachés aux privilèges, aux hiérarchies, au besoin de sécurité devant l'emploi. La gauche et ses intellectuels, qui souffrent du déclin de leur statut social, sont dépassés. L'école maintient un modèle culturel de peur du face-à-face. Les élites (par leur recrutement même) dominent une administration stérilisante. Crozier préconise de donner plus d'importance aux rapports humains qu'à la théorie de l'Etat: "jouer la province contre la bureaucratie, la connaissance contre la technocratie." Un ouvrage qui plaira sans doute plus aux Américains qu'aux Français.

DANDELOT, MARC, et FRANÇOIS FROMENT-MEURICE. *France.* Paris: La Documentation Française, 1975. 319 p. (Il existe une version anglaise.) Ouvrage de référence clair et pratique sur tous les points touchant la géographie, la société, la politique, la culture.

DARY, BERNARD, JULIE PATOU-SENEZ, et ROBERT BEAUVILLAIN. *Cahier de doléances des Français pour 1978.* Paris: Guy Authier, 1977. 300 p. Etes-vous satisfait de votre condition de vie? Avez-vous des doléances personnelles? Quelles sont les solutions de vos problèmes? Trois questions posées à cinq cents personnes pour savoir ce que veulent vraiment les Français.

DOLLÉ, JEAN-PAUL. *L'Odeur de la France.* Paris: Grasset, 1977. 152 p. Témoignage sur les odeurs de la France de son enfance et de ses livres d'histoire. Peu tourné vers l'avenir. Aujourd'hui, il monterait de la France "une odeur de cadavre".

DUMONT, GÉRARD-FRANÇOIS. *La France ridée.* Paris: Librarie Générale Française, 1979. 480 p. Avec pour collaborateurs, Pierre Chaunu, Jean Legrand et Alfred Sauvy, tous membres de l'A.P.R.D. (Association pour une renaissance démographique), G.-F. Dumont présente le drame démographique de l'Occident et de la France, l'inexorable vieillissement de la population. Des analyses, des propos polémiques, des documents, un tour d'horizon complet et bon marché (livre de poche).

FOURASTIÉ, JEAN. *Les 30 glorieuses ou la révolution invisible.* Paris: Fayard, 1979. 299 p. De 1945 à 1975, les Français ont triplé leur niveau de vie sans vraiment s'en rendre compte. Prenant deux villages, Madère et Cessac, comme point de départ d'une "réalité intime", l'auteur examine ensuite les rapides changements sociaux et économiques qui ont transformé la "réalité nationale". Excellente introduction à la France contemporaine et d'un niveau très abordable pour les étudiants.

La France et sa population aujourd'hui. Paris: La Documentation Française, 1973. 64 p. Sous forme didactique, une excellente synthèse pour les cours de civilisation sur les structures de la population, le mariage, la famille, le vieillissement, la mortalité.

LONGONE, PIERRE. *53 millions de Français.* Paris: Le Centurion, 1977. 103 p. Chiffres détaillés sur l'état présent de la démographie française. Résumé clair et pratique de ce que font et qui sont les Français.

MACCIOCCHI, MARIA-ANTONIETTA. *De la France.* Paris: Le Seuil, 1977. 470 p. Par une journaliste italienne, le portrait d'une "autre France", différente de celle qu'on raconte. Démystification théorique et enquête sur Fos, la Bretagne, le Larzac, Lip, l'ENA . . .

MENDRAS, HENRI (sous la dir. de). *La Sagesse et le désordre: France 1980.* Paris: Gallimard, 1980. 472 p. Des sociologues de l'Adssa (Association pour le développement des sciences sociales appliquées) tentent de cerner les grandes lignes de ce que va devenir la société française. Points de vue de plusieurs disciplines et plusieurs chercheurs parmi lesquels Crozier, Goguel,

Grémion, Mendras, etc. Une étude sur les classes, les institutions, la politique et l'administration.

MILLER, PATRICK, PATRICK MAHÉ, et RICHARD CANNAVO. *Les Français tels qu'ils sont.* Paris: Fayard, 1975. 248 p. Enquêtes, statistiques, sondages, témoignages, recueillis par trois journalistes de *France-soir* sur la vie quotidienne des Français.

MURAZ, ROLAND. *La Parole aux Français. 5 ans de sondages.* Paris: Dunod-Bordas, 1977. 296 p. Les Français à travers une série de sondages sur la vie sociale, économique et politique.

OLLIVIER, JEAN-PAUL. *Une Certaine Idée des Français.* Paris: Laffont, 1976. 214 p. Un portrait, pas toujours flatteur, par le rédacteur en chef de Télé 7 jours.

PABIOT, GÉRARD. *Le Micro baladeur ou les Français sondés.* Paris: Table Ronde, 1977. 256 p. Par un des reporters de la télévision qui pratique le sondage et fait part des réponses sur les sujets les plus divers.

PEYREFITTE, ALAIN. *Le Mal français.* Paris: Plon, 1976. 525 p. Par un homme politique ayant tenu les portefeuilles de plusieurs ministères, un portrait des structures pétrifiées, une description des mentalités qui attendent tout du système, le tout, à travers des dizaines d'exemples circonstanciés. On consultera aussi la réponse apportée par l'extrême-droite: *Le Contre mal français* de Jean-Louis Tixier-Vignancour. Paris: Albin Michel, 1977. 288 p.

PIEM et F. TOMICHE. *La France et les Français.* Paris: La Documentation Française, 1979. 144 p. La vie des Français, non en chair et en os mais à travers les chiffres, les institutions, le tout illustré par Piem. Excellent point de départ pour un cours de civilisation mais qu'il faut absolument compenser par d'autres apports plus réalistes.

PUYO, JEAN et PATRICE VAN EERSEL. *Sacrés Français. Les nouveaux cahiers de doléances.* Paris: Stock, 1978. 392 p. Visitant les Français "du bas du panier", les auteurs présentent une galerie de 44 portraits allant des "gens heureux" aux "râleurs", des "planqués" aux "chômeurs". Intéressant et utilisable en classe.

S.O.F.R.E.S. *L'Opinion français en 1977.* Paris: Presse de la Fondation nationale des sciences politiques, 1978. 304 p. Recense et sélectionne les principales enquêtes sur les attitudes et les comportements sociaux et politiques effectuées au cours de l'année 1977.

SULLEROT, EVELYNE. *La Démographie en France, bilan et perspectives.* Paris: La Documentation Française. 1978. 260 p. L'histoire, la situation actuelle et les perspectives de la population française. Un rapport précieux démontrant quels sont les effets de la nuptialité, fécondité et mortalité sur l'économie, la politique et la société française.

SYLVESTRE, JEAN-MARC. *La France bancale*. Paris: Seghers, 1980. 336 p. Empreinte de traditions culturelles, sociales, politiques très égocentriques, la France est bancale, comme une vieille armoire normande. Elle ne maîtrise pas les conséquences d'une "nécessaire ouverture au monde extérieur". Un journaliste économique passe en revue les dossiers accablants de l'agriculture, de l'industrie, de la recherche, de la fonction publique, des impôts, des syndicats.

VALLET, GILLES. *Les Français sur le vif*. Paris: Encre, 1979. 240 p. Les réalités de la vie quotidienne des Français, le diagnostic de leurs comportements face à l'argent, la justice, l'alimentation, le temps, etc. Des sondages et des statistiques commentés et excellemment répertoirés.

VINCENT, GÉRARD. *Les Jeux français. Essai sur la société moderne. Le spectateur*. Paris: Fayard, 1978. 413 p. Les jeux français, ce sont à la fois l'aléatoire, les systèmes de règles précis, les codes, que les Français pratiquent. Après avoir exposé sa méthode, ses concepts, ses préjugés, l'auteur propose d'excellentes analyses et synthèses sur les classes sociales, la strate dominante, les rôles du P.c. et de l'Amérique en tant que modèles ou contre-modèles à la société française.

LA FAMILLE

Alors, la famille? parents et enfants en questions. Paris: Le groupe familial (4, rue Brunel, 75017), no. 83, avril 1979. 84 p. Cette revue trimestrielle réalisée par l'école des parents et des éducateurs publie des numéros spéciaux sur la vie familiale. Ce numéro, particulièrement intéressant, porte sur les représentations parents/enfants, la répartition des tâches familiales, les attitudes éducatives, etc.

DANA, JACQUELINE. . . . *Et nous aurions beaucoup d'enfants*. Paris: Seuil, 1979. 236 p. Série d'entretiens à partir desquels une journaliste essaie d'expliquer pourquoi les femmes hésitent à mettre au monde les 2,1 enfants que leur demandent les démographes "naturalistes".

GAUSSEN, FRÉDÉRIC et YVES AGNÈS. *Les Nouveaux Parents*. Paris: Grasset, 1979. 252 p. Une enquête sur les comportements des "nouveaux parents", ceux qui n'ont pas connu la guerre et qui avaient moins de 20 ans en mai 68. La famille se porte bien mais ce n'est plus la même: le statut de la femme, la fonction du père, la conception de l'enfance ont changé. Si la société française reste hiérarchique la famille devient anti-autoritaire, permissive. Textes abordables pour les étudiants.

GOUTMANN, MARIE-THÉRÈSE. *Et l'enfant?* Paris: Editions Sociales, 1979. 224 p. La situation de l'enfance dans la France contemporaine. Points de vue économique, social et politique.

D'ISTRIA, HÉLÈNE, et JEAN-JACQUES BRETON. *Les Relations parents-enfants.* Paris: Belfond, 1978. 382 p. Une vaste enquéte, de nombreux extraits d'interviews, au sein de familles appartenant à toutes les catégories socio-professionnelles. Une mine d'or pour éclairer ce lieu difficilement accessible: la famille française.

MARRONCLE, JEANNINE. *Aujourd'hui les couples.* Paris: Ed. Ouvrières, 1980. 186 p. La situation du couple, réussites et échecs, à partir d'entretiens avec des couples venus chercher conseil dans un centre de consultation conjugale.

RAPAILLE, GILBERT C., PASCALE BREUGNOT et BERNARD BOUTHIER. *Et si vous écoutiez vos enfants.* Paris: Mengès, 1979. 257 p. Pour une émission de télévision, 500 enfants sont interrogés par deux reporters et un psychologue qui traitent les questions les plus souvent posées par les petits Français.

SEGALEN, MARTINE. *Mari et femme dans la société paysanne.* Paris: Flammarion, 1980. 216 p. L'autorité masculine et le pouvoir féminin dans la société paysanne traditionnelle.

VALABRÈGUE, CATHERINE. *Des enfants . . . pourquoi? Aujourd'hui un choix.* Paris: Stock, 1978. 182 p. Vouloir ou ne pas vouloir des enfants, les pressions qui s'exercent pour ou contre la procréation dans la société française. A partir d'une série d'entretiens avec des hommes et des femmes entre 25 et 35 ans.

L'ENSEIGNEMENT ET LES JEUNES

AMIOT, MICHEL, et ALAN FRICKEY. *A quoi sert l'université? Une université, ses étudiants et le marché de l'emploi.* Grenoble: Presses Universitaires de Grenoble, 1978. 240 p. Une vaste enquête qui insiste sur le fait que l'université forme des cadres mais que le marché du travail actuel pénalise les jeunes.

BARTHOLIN, M., S. LALICH et J.-G. LÉONARD. *La Première Année à l'université. Accès, réussite, échecs, abandons.* Lyon: Presses universitaires, 1979. 105 p. Enquêtes et statistiques.

BAUDELOT, CHRISTIAN, et ROGER ESTABLET. *L'Ecole primaire divise.* Paris: Maspero, 1975. 221 p. L'école primaire, apparemment unique et la même pour tous, est une course d'obstacles où il est bon d'être fils de cadre moyen ou supérieur: une "malchance" sur dix de redoubler une classe. Par contre, si l'on est fils d'O.s. ou de manœuvre, le parcours est plus difficile: un sur trois redoublera.

BELPERRON, ROLAND. *On a sauvé l'école du village.* Paris: Syros, 1979. 140 p. Les péripéties et les combats des habitants de Verges pour empêcher la fermeture de leur école. Par un militant du P.S.U., instituteur adepte de la pédagogie Freinet.

BERGER, IDA. *Les Instituteurs, d'une génération à l'autre.* Paris: P.U.F., 1979. 184 p. Deux générations d'instituteurs perçus et comparés à travers deux enquêtes, la première établie peu après la guerre, la seconde, vingt ans plus tard. Pour une histoire générale et merveilleusement illustrée des instituteurs, voir l'ouvrage de Jean Vial: *Les Instituteurs: douze siècles d'histoire.* Paris: J.-P. Delarge, 1980. 260 p.

BERGERON, ELISABETH. *Le loup est dans la cave!* Paris: Syros, 1979. 158 p. Journal, réflexions, énumérations des activités d'une institutrice de maternelle. Une excellente et très vivante introduction à cette école, celle qui marche le mieux en France. Sur ces enfants entre 2 et 7 ans, sur les buts et les moyens de l'école maternelle, voir aussi l'ouvrage de Marie-Luce Chabauty: *Les Enfants de la maternelle.* Paris: Le Centurion, 1979, 240 p.

BODIN, JOËL. *Vos enfants à l'école, au collège, au lycée. Guide pratique de la scolarité.* Paris: Technique et Vulgarisation, 1979. 304 p. Ce guide pratique s'adresse surtout aux parents mais représente indirectement un document précieux pour une compréhension du comportement des Français face à l'école.

BOUMARD, PATRICK. *Un Conseil de classe très ordinaire.* Paris: Stock, 1978. 264 p. Enregistré clandestinement, ce conseil de classe de Terminale C dans un lycée de province, met en lumière tous les côtés hiérarchiques, bureaucratiques et arbitraires relevant de l'organisation d'un lycée et des pouvoirs exercés sur les élèves par les professeurs.

CHARLOT, BERNARD, et MADELEINE FIGEAT. *L'Ecole aux enchères. L'école et la division sociale du travail.* Paris: Payot, 1979. 320 p. Analyse idéologique montrant que les rapports de force à l'intérieur du système scolaire sont déterminés par la réalité sociale. L'école s'adapte plus à l'économie capitaliste qu'aux illusions pédagogiques de la gauche ou de la droite.

CRUBELLIER, MAURICE. *L'Enfance et la jeunesse dans la société française, 1800–1950.* Paris: Armand Colin, 1979. 392 p. L'ouvrage le plus sérieux sur l'évolution et le développement de l'enfance, du milieu familial, de la scolarisation et de la socialisation. Comment on devenait Français entre 1800 et 1950.

Dossier cohabitation juvénile. Des jeunes face au mariage. Paris: Ed. du Chalet, 1979. 192 p. Un triptyque: l'institution du mariage et son évolution, la cohabitation des jeunes, des jeunes s'expriment sur leur expérience du couple.

DUQUESNE, JACQUES. *Les 13-16 ans.* Paris: Grasset, 1975. 304 p. Enquête de l'I.F.O.P. sur cette tranche d'âge qui regroupe 3.200.000 individus. Sondages, analyses, interviews qui nous donnent un portrait fascinant d'une jeune génération.

DUVIGNAUD, JEAN. *La Planète des jeunes.* Paris: Stock, 1975. 356 p. Passionnante enquête sur les jeunes (18-24 ans) parlant de leurs préoccupations, de leur conception de la culture, de la sexualité, de leur métier, de la société.

L'Echec au baccalauréat, ses conséquences dans l'éducation et la vie active. Paris: La Documentation Française, 1978. 116 p. Ouvrage technique cernant les conséquences scolaires, professionnelles et sociales.

L'ÉTUDIANT, *Guide pratique 1979–1980.* Paris: L'étudiant (7, rue Thorel, 75002), 1979. Numéro spécial annuel sur les études, la vie quotidienne, etc. Le *vade mecum* de l'étudiant français avec toutes sortes de bonnes adresses et de bons conseils.

FAVRE, CHANTAL. *Les Motards, le "phénomène moto", les jeunes et leur vie communautaire.* Toulouse: Privat, 1980. 160 p. Psychologue, appartenant elle-même au monde des jeunes motards, l'auteur analyse le phénomène culturel, la société, les "clubs", les "concentrations" qui résultent de ce moyen de transport.

FRANCEQUIN-GALLAIS, GINETTE, et MARIE-FRANCE MAZA-LAIGUE. *On n'a pas la honte de le dire. Adolescence au C.E.T.* Paris: Maspero, 1979. 232 p. Un document extraordinaire réunissant les essais, les poèmes, les dessins, les témoignages lucides et acerbes d'une cinquantaine de jeunes filles et garçons de Gennevilliers, banlieue bétonnée de Paris. Ils parlent de leur vie, de leur famille, du travail, de la drogue. La plupart fréquente le C.E.T. (Collège d'enseignement technique devenu L.E.P., lycée d'enseignement professionnel!).

FRÉJAVILLE, JEAN-PIERRE, FRANÇOISE DAVIDSON, et MARIA CHOQUET. *Les Jeunes et la drogue.* Paris: P.U.F., 1977. 232 p. Le Docteur Fréjaville de l'hôpital Necker tente d'éclairer le problème avec la collaboration de deux chercheurs du C.N.R.S.

GALAMBAUD, B. *Les Jeunes Travailleurs d'aujourd'hui. Refus et attentes des jeunes face au travail salarié.* Paris: Privat, 1977. 208 p. Série de témoignages sur la manière dont la jeune génération perçoit la société et le travail.

GAULEJAC, VINCENT DE, et GILBERT MURY. *Les Jeunes de la rue.* Toulouse: Privat, 1977. 234 p. A partir des témoignages d'une cinquantaine de "loulous" d'un quartier parisien, deux sociologues analysent les rapports qu'entretiennent ces jeunes délinquants avec: la bande, les parents, le travail, l'argent, la politique, la vie, la ville, l'alcool et la drogue.

GILBERT, GUY. *Un Prêtre chez les loubards.* Paris: Stock, 1978. 160 p. La violence des jeunes de la rue, l'argot parisien (19e arrondissement) retranscrit sans trop de retouches, le travail d'une équipe d'éducateurs dans un milieu défavorisé.

GONNET, JACQUES. *Les Journaux lycéens. "Je ne veux pas être un mensonge. . ."* Paris: Casterman, 1980. 182 p. Extraits de la presse lycéenne et discussion de l'auteur avec les jeunes sur ces journaux. Donne un excellent aperçu des soucis et des préoccupations du monde lycéen.

HONORÉ, JEAN. *Aujourd'hui l'école catholique.* Paris: Le Centurion, 1979. 192 p. Une mise au point du rôle de l'Eglise dans l'enseignement par l'évêque d'Evreux.

IKNI, GUY-ROBERT (sous la dir. de). *Questions-réponses sur les lycées.* Paris: E.S.F., 1979. 153 p. Ouvrage strictement publié à l'usage des parents qui ont un enfant en instance d'entrer au lycée. Toutefois très révélateur en tant que document sur l'évolution des contenus, l'encadrement, les tris et la sélection des lycéens.

L'Institution scolaire. Paris: Minuit, 1979. 86 p. Série d'études (Bourdieu, Haddab, Oeuvrard, entre autres) sur les manuels, les pratiques pédagogiques, les maîtres et professeurs de l'école primaire et secondaire.

Les Jeunes et le premier emploi. Paris: La Documentation Française, 1978. 544 p. Des adultes, représentants d'institutions pour les jeunes, dialoguent avec des adolescents travailleurs ou chômeurs. D'excellents témoignages utilisables dans les cours. Voir aussi les numéros spéciaux d'*Autrement: Jeunes 16–25 ans cherchent boulot cool. Petits chefs s'abstenir* (Paris: Le Seuil, 1979, no. 21. 210 p.) et des *Actes de la recherche en sciences sociales: Classes d'âge et classes sociales* (Paris: Minuit, mars-avril 1979. 144 p.).

JOUFFA, FRANÇOIS, et SIMON MONCEAU. *Le Cahier à spirale. Les nouveaux adolescents.* Paris: Editions des autres, 1979. Tirés d'une émission de France-Inter, ces témoignages d'enfants, parisiens ou provinciaux, âgés de 11 à 15 ans, sont fascinants et d'une lecture facile pour les étudiants. Toutefois, ces enfants sont parfois trop intelligents, trop doués, trop polis pour donner un authentique portrait des jeunes en France.

KLAUSER, LUCIEN. *Où vont les professeurs?* Paris: Casterman, 1979. 168 p. Témoignage d'un agrégé d'histoire sur la crise du secondaire.

LABORDE, MARIE, et DANIEL AUROUSSEAU. *Parole de bandits.* Paris: Le Seuil, 1976. 240 p. Dans leur langue, cinq jeunes délinquants parlent de leur vie, de ce qu'ils pensent du "milieu", des juges, des "matons".

LEVY-LEBOYER, CLAUDE. *Etude psychologique du cadre de vie.* Paris: C.N.R.S., 1978. 124 p. Déroulement d'une enquête effectuée auprès de jeunes Français de 17 à 24 ans pour connaître leurs besoins psychologiques du cadre de vie. Résultats: désir généralisé d'un espace privé et personnel, de propreté, d'absence de pollution, de vie sociale animée mais exempte de préjugés de classes!

MARCHAND, FRANÇOIS. *Evaluation des élèves et conseil de classe.* Paris: Epi, 1979. 368 p. Huit conseils de classe enregistrés, analysés et publiés pour l'usage des chefs d'établissement, des psychologues ou des parents. Très révélateur sur les méthodes de sélection scolaire.

MICHARD, HENRI. *La Délinquance des jeunes en France.* Paris: La Documentation Française, 1978. 160 p. Du vol de disque à l'emprunt de voiture, du cambriolage d'un pavillon inoccupé à la consommation de drogue; une étude statistique et analytique d'un nouveau phénomène de la civilisation française.

MILLOT, ROLANDE, et RAYMOND MILLOT. *Une Expérience communautaire. Les écoles de la Villeneuve de Grenoble.* Paris: Casterman, 1979. 156 p. L'histoire et le rôle de dix écoles dites "ouvertes" dans la banlieue grenobloise.

PERCHERON, ANNICK, et collab. *Les 10–16 ans et la politique.* Paris: Presses de la Fondation nationale des sciences politiques, 1978. 286 p. Une étude de spécialistes pour spécialistes mais qui contient de précieux matériaux pour un cours de civilisation. Des pages sur la politisation des enfants français, sur la différence entre les U.S.A. et la France à propos des identifications politiques par les enfants, de nombreux sondages et résultats, le tout montrant que les préadolescents sont politiquement plus avertis qu'on ne le pense. Sur les relations entre les jeunes et les partis politiques qui cherchent à attirer les adolescents, voir les ouvrages de Janine Mossuz-Lavau: *Les Jeunes et la gauche.* Paris: Presses de la Fondation des sciences politiques, 1979. 200 p.; et de Gerard Sindt: *Le Plaisir et la peur. Les nouvelles sensibilités politiques des jeunes* Paris: Le Centurion, 1979. 224 p

POUGET, BRUNO DU. *Adolescents de banlieue.* Lyon: Fédérop. 1976. 400 p.

Etude fascinante sur les adolescents de divers quartiers de la banlieue lyonnaise. La vie, les habitudes, les rites, le fonctionnement des groupes d'adolescents.

VINCENT, GÉRARD. *Le Peuple lycéen*. Paris: Gallimard, 1974. 536 p. Résultats d'une vaste enquête menée auprès de 4000 lycéens. Pages de gauche: réponses, entretiens, tracts, journaux. Pages de droite: interprétations. Un document fondamental pour comprendre l'attitude des lycéens face à la famille, l'enseignement, la société, la politique.

GROUPES SOCIAUX OU CATEGORIES SOCIO-PROFESSIONNELLES

LES FEMMES

ALZON, CLAUDE. *Femme mythifiée, femme mystifiée*. Paris: P.U.F., 1978. 424 p. Passe en revue toutes les théories sur les rapports entre les sexes afin d'agir au nom d'un vrai féminisme.

BUISSON, ARMELLE. *La Chasse aux maris*. Paris: Flammarion, 1979. 240 p. Une veuve de 40 ans évoque humoristique et grave les rencontres obtenues grâce aux petites annonces.

Cahiers sur la femme et la criminalité. Paris: Ed. du C.N.R.S., 1979. 192 p. Enquêtes orales et questionnaires se rapportant à de jeunes femmes en institution surveillée et à des filles et garçons (24 à 23 ans) en liberté.

CHRISTOLHOMME, MICHEL. *La Seconde Femme ou le mythe de la secrétaire*. Paris: Nouvelles Editions Baudinière, 1978. 192 p. Sous forme de parodie, de livre conseil, un diplômé de l'Institut d'études politiques dénonce la relation tyrannique patron-secrétaire.

COLLANGE, CHRISTIANE. *Je veux rentrer à la maison*. Paris: Grasset, 1979. 196 p. P.-D.g., l'auteur suggère que les femmes actives devraient avoir plus de temps de loisir pour leur famille entre 25 et 35 ans plutôt qu'à 60 ans.

CORBIN, ALAIN. *Les Filles de noce. Misère sexuelle et prostitution aux XIXe et XXe siècles*. Paris: Aubier-Montaigne, 1978. 570 p. Un livre courageux, pour une meilleure hygiène mentale dans une société admettant le droit des prostituées. Pour une étude concevant la prostitution en tant qu'institution avouable, voir l'ouvrage de Jean-Jacques Lebel: *L'Amour et l'argent*. Paris: Stock, 1979. 448 p.

DARDIGNA, ANNE-MARIE. *La Presse féminine. Fonction idéologique*. Paris: Maspero, 1978. 236 p. La presse française se ferait de plus en plus "féministe" pour mieux "manger" les femmes. Analyse et étude sur la photo de mode.

DHAVERNAS, ODILE. *Droits des femmes, pouvoir des hommes*. Paris: Le Seuil, 1978. 384 p. Analyse-pamphlet pour une égalité légale.

F. *MAGAZINE*. *Les Nouvelles Femmes*. Paris: Hachette, 1979. 224 p. Une enquête présentée par Benoîte Groult et réalisée par *F. Magazine* avec plusieurs témoignages sur la femme d'aujourd'hui.

FRAISSE, GENEVIEVE. *Femmes toutes mains*. *Essai sur le service domestique*. Paris: Le Seuil, 1979. 256 p. Des interviews, des textes syndicaux, des extraits littéraires décrivant le service domestique au sein du foyer, de l'appartement, de la famille. Sur ce même sujet voir l'ouvrage collectif: *18 millions de bonnes à tout faire*. Paris: Syros, 1978. 200 p.

GUERIN, GERARD, et MARTINE VANTSES. *Paysannes. Paroles des femmes du Larzac*. Paris: Albatros, 1979. 190 p. Livre de textes et d'images composé à partir de soixante heures de films tournées avec des paysannes du Larzac qui parlent de leur travail, de leur famille, de la religion et de leur engagement contre la violence. Pour une étude plus ethnologique sur le rôle des femmes dans un village de la Côte d'Or, voir l'ouvrage d'Yvonne Verdier: *Façons de dire, façons de faire: la laveuse, la couturière, la cuisinière*. Paris: Gallimard, 1980. 348 p.

HANS, MARIE-FRANÇOISE. *Esquisse pour une jeune fille*. Paris: Hachette, 1980. 342 p. Par un professeur de lycée une définition, des souvenirs, des citations d'auteurs pour faire le portrait de la jeune fille.

LAVOISIER, BENEDICTE. *Mon corps, ton corps, leur corps*. Paris: Seghers, 1978. 256 p. Le corps de la femme dans la publicité et comment les affiches faussent les mentalités et perturbent la qualité des relations entre hommes et femmes.

LEONETTI, ISABEL TABOADA, et FLORENCE LEVY. *Femmes et immigrées. L'insertion des femmes immigrées en France*. Paris: La Documentation Française, 1979. 288 p. Représentant 40% de la population étrangère, les femmes immigrées traversent toutes sortes de problèmes au cours de leur processus d'insertion dans la société française. Enquête menée auprès de 250 femmes représentant 5 nationalités.

MARUANI, MARGARET. *Les Syndicats à l'épreuve du féminisme*. Paris: Syros, 1979. 274 p. Des dizaines d'ouvrières et syndicalistes ayant participé à des luttes syndicales importantes parlent de leurs revendications et montrent que les conflits de travail ont leur dimension féministe.

MICHEL, ANDRÉE (sous la dir. de). *Les Femmes dans la société marchande*. Paris: P.U.F., 1978. 256 p. Cet ouvrage contient des communications américaines et françaises sur la production domestique non marchande de la femme et permet d'excellentes comparaisons entre les deux pays. Du même auteur, sur l'histoire de la condition des femmes depuis l'âge des cavernes voir: *Le Féminisme*. Paris: P.U.F. (Que sais-je?), 1979. 128 p.

PISAN, ANNIE DE, et ANNE TRISTAN. *Histoires du M.L.F.* Paris: Calmann-Levy, 1977. 272 p. Présentés par Simone de Beauvoir, témoignages de deux animatrices du M.L.F. qui expliquent sans prétention les sources, l'évolution et les conséquences du mouvement.

QUÉRÉ, FRANCE. *La Femme avenir*. Paris: Le Seuil, 1976. 160 p. Pour une prise de conscience de la réalité vécue et des images que l'on a données à la femme.

RABAUD, JEAN. *Histoires des féminismes français*. Paris: Stock, 1978. 434 p. Récit, analyse et critique (sympathique) des mouvements et des personnalités du féminisme français de Christine de Pisan à Gisèle Halimi.

RIGHINI, MARIELLA. *Ecoute ma différence*. Paris: Grasset, 1979. 188 p. Style intellectuel, mode *Nouvel Observateur*, Mariella Righini, au nom de la femme, dit leur fait aux "maîtres baiseurs."

SAIRIGNE, GUILLEMETTE DE. *Les Françaises face au chômage*. Paris: Denoel, 1978. 192 p. Enquête approfondie sur les causes du chômage féminin.

SULLEROT, EVELYNE (sous la dir. de). *Le Fait féminin*. Paris: Fayard, 1978. 524 p. Les communications d'éminents spécialistes des sciences humaines et scientifiques sur la spécificité du fait féminin: le corps, l'individu, la société.

Travail et condition féminine. Paris: La Courtille, 1978. Bibliographie commentée de 1084 livres et articles publiés de 1890 à 1976.

LES AGRICULTEURS

AUTREMENT. Avec nos sabots . . . Le campagne rêvée et convoitée. Paris: Le Seuil, 1978 (no. 14). 244 p. Numéro sur le retour des citadins français à la campagne ou le "néoruralisme." Sur ce même sujet on pourra aussi consulter l'ouvrage de DANIELE LEGER et BERTRAND HERVIEU: *Le Retour à la nature. "Au fond de la forêt . . . l'Etat"*. Paris: Le Seuil, 1979. 232 p.

BAUMIER, JEAN. *Les Paysans de l'an 2000. Un siècle de révolution "silencieuse" dans les campagnes françaises*. Paris: Plon, 1979. 288 p. Malgré un potentiel agricole extraordinaire, l'industrie alimentaire française n'a pas su évoluer au même rythme d'expansion que son agriculture. Malgré l'exode irréversible de la terre à la ville, l'agriculture reste un des atouts principaux du pays. Une excellente enquête et synthèse par un journaliste économique.

BLANC, MICHEL. *Les Paysanneries françaises*. Paris: J.-P. Delarge, 1977. 210 p. Les paysans ne forment pas un groupe homogène en France mais des couches aux conflits et intérêts parfois convergents, parfois opposés. Une étude sociale et économique de ces couches.

BODIGUEL, MARYVONNE. *Les Paysans face au progrès*. Paris: Presse de la Fondation Nationale des Sciences Politiques, 1975. 180 p. Par une psychologue sociale, les réactions des agriculteurs de plusieurs régions de France face à l'innovation et à la modernisation. Ouvrage essentiellement analytique mais de lecture aisée.

CALMES, ROGER, A. DELAMARRE, DURAND-DASTES, J. GRAS et J.-P. PEYON. *L'Espace rural français*. Paris: Masson, 1978. 192 p. Une étude géographique, historique et économique de la population, des activités et des équipements agricoles.

CHOMBART DE LAUWE, JEAN. *L'Aventure agricole de la France de 1945 à nos jours*. Paris: P.U.F., 1979. 376 p. Etude et propositions de réformes de la politique, des institutions et de l'orientation de l'agriculture française face aux pressions de la Communauté économique européenne (C.E.E.) et face aux résistances de la profession même.

CORBEAU, JEAN-PIERRE. *Le Village à l'heure de la télé*. Paris: Stock, 1978. 192 p. Les bouleversements d'habitudes provoqués par la télévision dans le monde rural français, présentés à travers des interviews d'agriculteurs de Tauxigny (Indre-et-Loire).

DIBIE, PASCAL. *Le Village retrouvé. Essai d'ethnologie de l'intérieur*. Paris: Grasset, 1979. 250 p. Ayant quitté Chichery en Bourgogne pour aller étudier les indiens Hopis en Arizona, ce jeune ethnologue revient dans son village pour nous décrire minutieusement, d'une part, les changements qui sont intervenus dans la vie quotidienne et d'autre part les rituels que les mémoires continuent d'entretenir.

DUBY, GEORGES, et ARMAND WALLON, éds. *Histoire de la France rurale*. T. 4: *La Fin de la France paysanne de 1914 à nos jours*. Paris: Le Seuil, 1977. 144 p. Dernier volume de cette série fondamentale à la compréhension du monde agricole. Présente l'évolution de l'urbanisation et les crises des communautés villageoises. Excellente iconographie.

EIZNER, NICOLE, et BERTRAND HERVIEU. *Anciens Paysans, nouveaux ouvriers*. Paris: L'Harmattan, 1979. 248 p. L'industrialisation et la décentralisation ont provoqué l'embauche d'anciens agriculteurs dans des entreprises installées à la campagne. Les paysans doivent ainsi s'adapter à de nouveaux métiers et milieux sociaux. Sur ce même sujet on pourra aussi consulter l'ouvrage d'HENRI DE FARCY: *Un Million d'agriculteurs à temps partiel?* Paris: Le Centurion, 1979. 168 p.

GURGAND, MARGUERITE. *Nous n'irons plus au bois.* Paris: Hachette, 1979. 260 p. Le témoignage d'une femme issue de la petite bourgeoisie paysanne qui évoque avec nostalgie les grandeurs et misères villageoises d'hier et qui assiste, parfois avec humour, à l'effondrement des valeurs anciennes: église, famille, hiérarchies sociales.

Le Monde paysan. Paris: La Documentation Française, 1979. 100 p. Un excellent tour d'horizon de l'évolution et de la situation actuelle des agriculteurs français.

MENDRAS, HENRI. *Sociétés paysannes. Eléments pour une théorie de la paysannerie.* Paris: Armand Colin, 1976. Traits communs des sociétés paysannes définis à travers le temps et l'espace.

MOLLARD, AMÉDÉE. *Paysans exploités.* Grenoble: Presses Universitaires de Grenoble, 1977. 376 p. Une explication de l'exode rural par le fait que la modernisation des exploitations crée des richesses qui seront prélevées pour l'acquisition de nouvelles terres, ce qui condamne d'autres agriculteurs à la prolétarisation en ville.

PINGAUD, MARIE-CLAIRE. *Paysans en Bourgogne. Les gens de Minot.* Paris: Flammarion, 1979. 304 p. Travail d'ethnologie sur la commune de Minot dont les habitants parlent de leur passé et leur présent.

LA NOBLESSE

NÉGRONI, FRANÇOIS DE. *La France noble.* Paris: Seuil, 1974. 142 p. Une description ethnographique des "quatre mille indigènes mondains" qui représentent ce milieu à la fois disparate et homogène de la noblesse contemporaine. Il en résulte que ce qui constitue ou imite l'aristocratie traditionnelle attire toujours les Français.

SCHNEIDER, MARCEL. *Comment peut-on être châtelain aujourd'hui?* Paris: Hachette, 1977. 160 p. Enquête et essai anecdotiques sur le genre de vie que mène un châtelain.

SÈDE, GÉRARD DE. *Aujourd'hui les nobles ...* Paris: Alain Moreau, 1975. 188 p. La place des nobles dans les institutions de la vie française, leurs valeurs, leurs coutumes, leur langage.

CLASSES DIRIGEANTES

ANASTASSOPOULOS, JEAN-PIERRE, et JEAN-PAUL LARÇON.

Profession patron. Paris: Flammarion, 1978. 232 p. Sur le mécanisme du pouvoir à l'intérieur de grandes entreprises françaises.

BIRNBAUM, PIERRE, CHARLES BARUCO, MICHELE BELLAICHE et ALAIN MARIE. *La Classe dirigeante française.* Paris: P.U.F., 1978. 192 p. Une étude systématique des hauts fonctionnaires, industriels, banquiers qui forment une classe fermée sur elle-même et difficilement accessible.

DUROY, LIONEL, et STEPHANE MOLES. *Paroles de patrons.* Paris: Alain Moreau, 1980. 302 p. Des patrons donnent leurs opinions sur leur rôle, leur pouvoir, la politique.

GATTAZ, YVON. *La Fin des patrons.* Paris: Laffont, 1980. 184 p. Fondateur et P.-D.g. d'une entreprise de pointe, l'auteur annonce la disparition de certains types de patrons et fait le portrait du patron idéal dans une entreprise moyenne.

GRUNBERG, GÉRARD, et RENÉ MOURIAUX. *L'Univers politique et syndical des cadres.* Paris: Presses de la Fondation nationale des sciences politiques, 1979. 224 p. D'après un sondage effectué auprès de 1500 cadres, certains croient appartenir à la classe moyenne, d'autres pensent faire partie de la nouvelle classe dirigeante, alors que d'autres encore se sentiraient plus proches des salariés.

HARRIS, ANDRÉ, et ALAIN DE SÉDOUY. *Les Patrons.* Paris: Le Seuil, 1977. 420 p. Par les réalisateurs du film *Le Chagrin et la pitié,* une vaste enquête sur les chefs d'entreprises françaises confrontés par la "crise" et la gauche.

MORDILLAT, GÉRARD, et NICOLAS PHILIBERT. *Ces Patrons éclairés qui craignent la lumière.* Paris: Albatros, 1979. 224 p. La transcription fidèle d'interviews d'industriels à partir du film *La Voix de son maître* (1978).

SULEIMAN, EZRA N. *Les Élites en France. Grands corps et grandes écoles.* Paris: Le Seuil, 1979. 288 p. (Traduction par Martine Meusy de *Elites in French Society: The Politics of Survival,* Princeton University Press, 1978). Sur la perpétuation des élites créées par l'Etat et les grandes écoles, et les conséquences sociales et économiques de cette perpétuation de la classe dirigeante sur la marche de la société française.

VASSEUR, PHILIPPE. *Les Patrons de gauche.* Paris: J.-C. Lattès, 1979. 180 p. Une série d'entretiens avec des industriels de gauche à propos des nationalisations, de l'autogestion, etc.

LES COMMERCANTS

BORNE, DOMINIQUE. *Petits Bourgeois en révolte? Le mouvement Poujade.*

Paris: Flammarion, 1977. 256 p. Les origines et filiations du mouvement poujadiste dans une conjoncture politique et économique.

CLUZEL, JEAN. *Les Boutiques en colère*. Paris: Plon, 1975. 221 p. Histoire et analyse des mouvements politiques des petits commerçants et des artisans de Poujade à Royer en passant par Nicoud et le Cid-Unati.

POUJADE, PIERRE. *A l'heure de la colère*. Paris: Albin Michel, 1977. 256 p. Souvenirs et anecdotes par celui qui donna son nom au mouvement des commerçants dans les années 60.

RODET, ALAIN-PIERRE. *Commerçants et artisans*. Paris: Centurion, 1976. 160 p. Evolution, déclin, efforts d'adaptation, choix professionnels et politiques d'une catégorie sociale défavorisée.

LES OUVRIERS

AUROUSSEAU, LUCIEN. *Une Vie de cheval*. Paris: Belfond, 1977. 224 p. La vie d'un ouvrier racontée dans un style très cru.

BOUVET, DANIEL. *L'Usine de la peur*. Paris: Stock, 1975. 184 p. Deux ouvriers chez Citroën, militants chrétiens, racontent leur lutte quotidienne.

CUBOST, NICOLAS. *Flins sans fin . . .* Paris: Maspero, 1979. 192 p. Ouvrier et délégué C.F.D.T., l'auteur raconte les difficultés et les grèves chez Renault à Flins.

UN GROUPE D'OUVRIERS. *Le Mur du mépris*. Paris: Stock, 1978. 238 p. Sirènes, gardes, numéro en guise d'identité, contrôles, cadences infernales; une analyse et des renseignements sur la réalité du monde ouvrier.

KRIER, JACQUES. *La Jeanne d'Arc est rouillée. Les enfants de Lorraine et les choses de la vie . . .* Paris: Ramsay, 1980. 184 p. Un an après les événements de Longwy, un réalisateur de la télévision fait parler les enfants d'ouvriers français ou immigrés et les enfants d'ingénieurs. Les reflets sociaux d'une région industrielle en crise.

LAOT, LAURENT. *Les Organisations du mouvement ouvrier français aujourd'hui. P.C.F., P.S., C.G.T., C.F.D.T.* Paris: Editions Ouvrières, 1977. 224 p. Points de repère sur les différents organismes des mouvements ouvriers.

LINHART, ROBERT. *L'Établi*. Paris: Minuit, 1978. p. Un professeur d'économie de Vincennes fait le récit d'une année passée à travailler sur la chaîne des Citroën 2CV. Un fascinant portrait de la vie en usine, du racisme, des cadences, des répressions, de la grève.

MANDON, DANIEL. *Les Barbelés de la culture. Saint-Etienne, ville ouvrière.*

Lyon: Fédérop, 1976. 384 p. Historique de la culture ouvrière stéphanoise et les traces de son héritage dans la culture populaire actuelle.

PIERRE, JEAN. *Les Mecs de la boîte*. Paris: Ed. Ouvrières, 1979. 115 p. Témoignage chrétien d'un ouvrier français et des conflits dans son entreprise.

SCARDIGLJ, V. *Ascension sociale et pauvreté. La différenciation progressive d'une génération de fils d'ouvriers*. Paris: C.N.R.S., 1979. 168 p. Enquête et entretiens non-directifs sur l'évolution d'un groupe homogène.

THÉRET, ANDRE. *Parole d'ouvrier* (précéde de *La Condition du mineur* par François Ewald). Paris: Grasset, 1978. 256 p. Un mineur de Bruay, membre de la C.G.T. et du P.C., raconte sa vie quotidienne.

LES TRAVAILLEURS IMMIGRES

ANGLADE, JEAN. *La Vie quotidienne des immigrés en France de 1919 à nos jours*. Paris: Hachette, 1976. 224 p. Vingt-deux récits retraçant le départ, l'arrivée, les difficultés et les espérances d'immigrés d'hier et d'aujourd'hui.

ALOUANE, YOUSSEF. *L'Emigration maghrébine en France*. Paris: Cérè Production, 1979. 182 p. L'émigration des travailleurs conçue comme une dépendance économique, technologique et culturelle.

BENTAHAR, MEKKI. *Les Arabes en France*. Paris: Société marocaine des éditeurs réunis, 1980. 260 p. Extrait d'une thèse d'Etat de 1978 sur la situation des immigrés maghrébins en France et la communauté parallèle qu'ils constituent.

BERNARDI, F. N., J. DISSLER, A. DUGRAND, et A. PANZANI. *Les Dossiers noirs du racisme dans le Midi de la France*. Paris: Le Seuil, 1976. 208 p. Analyse et dossiers sur les affaires racistes ayant eu lieu dans le Midi depuis 1973.

CEDETIM. *Les Immigrés: contributions à l'histoire de l'immigration en France*. Paris: Stock 1975. Travail collectif du "Centre d'études anti-impérialistes" qui complète les ouvrages de Minces et Valabrègue en essayant de rendre compte du phénomène migratoire et qui lie, dans la pratique militante, la solidarité avec les travailleurs étrangers et le combat révolutionnaire.

GRANOTIER, BERNARD. *Les Travailleurs immigrés en France*. Paris: Maspero, 1979. 304 p. Une édition remise à jour d'un classique sur ce sujet.

KARLIN, DANIEL, TONY LAINE, et TAHAR BEN JELLOUN. *La Mal Vie*. Paris: Ed. Sociales, 1978. 296 p. Texte du film conçu pour la télévision française (English version available in P.B.S. video in the U.S.A.) sur la condition des travailleurs immigrés en France.

MINCES, JULIETTE. *Je hais cette France-là.* Paris: Le Seuil, 1979. 94 p. Dénonciation de toutes les formes de racisme qui sévirent en France de Vichy à nos jours. Le portrait d'une France repliée sur elle-même.

Rêves d'en France. Des Africains parlent, qui les écoute? Paris: L'Harmattan, 1979. 184 p. Documents et témoignages sur la vie quotidienne des immigrés africains en France. Sur ce même sujet on pourra aussi consulter l'ouvrage de JACQUES BARON: *Les Travailleurs africains en France.* Grenoble: Presses Universitaires de Grenoble, 1978. 174 p.

SAMUEL, MICHEL. *Le Prolétariat africain noir en France.* Paris: Maspero, 1978. 232 p. Témoignages de paysans maliens, sénégalais et mauritaniens.

VALABRÈGUE, CATHERINE. *Le Droit de vivre autrement.* Paris: Denoël, 1975. 272 p. Enquêtes sur les modes de vie de certains marginaux telles que les mères célibataires, les homosexuels, les membres de communautés, etc. A ne pas confier à de jeunes lecteurs!

AUTRES GROUPES

BAILLET, PIERRE. *Les Rapatriés d'Algérie en France.* Paris: La Documentation Française, 1976. Etude générale présentant les mesures prises par le gouvernément et les problèmes posés à chaque individu par la réintégration.

BRIZAY, BERNARD. *Qu'est-ce qu'un chômeur?* Paris: Librairie générale française, 1979. 544 p. Par un journaliste de *L'Expansion* un voyage dans le monde des chômeurs. Sur ce même thème il existe aussi une série de témoignages publiés par ANNE MATHIS: *Vivre sans travail. Des chômeurs parlent.* Paris: Le Seuil, 1979. 160 p.

DACHER, MICHÈLE, et MICHELINE WEINSTEIN. *Histoire de Louise. Des vieillards en hospice.* Paris: Le Seuil, 1979. 256 p. Une enquête de plusieurs années par une ethnologue et une psychanalyste sur les vieillards dans les hospices. De bouleversants témoignages.

DERLON, PIERRE. *Je vis la loi des gitans.* Paris: Seghers, 1977. 256 p. Lettre ouverte au président de la République sur les persécutions subies par les gitans, suivie du récit de l'auteur qui a partagé la vie quotidienne des gitans de Paris aux Saintes-Marie-de-la-Mer.

LECONTE, DANIEL. *Les Pieds-Noirs, histoire et portrait d'une communauté.* Paris: Le Seuil, 1980, 316 p. Fils de Français, d'Italiens, d'Espagnols, de Maltais, catholiques ou israélites, pauvres colons ou grands propriétaires, les Pieds-Noirs constituent une communauté d'émigrés de l'intérieur.

LENOIR, RENÉ (Présenté par). *Le Temps de vivre un troisième âge heureux.* Paris: La Documentation Française, 1978. 160 p. Excellentes synthèse et introduction sur les problèmes des personnes âgées en France.

FERRAND, SERGE. *Le Busker.* Paris: Laffont, 1979. 336 p. Témoignage d'un "busker" (nom donné aux musiciens qui jouent dans le métro) ayant vécu sept ans dans l'univers marginal du métropolitain. Sur l'histoire, les légendes et les habitants de cet univers sous-parisien on consultera le livre de Benjamin Legrand et Patrick Duval: *Métro entre les lignes.* Paris: Encre, 1979. 130 p.

L'ADMINISTRATION

ARNAUD, ANDRÉ-JEAN. *Clefs pour la justice.* Paris: Seghers, 1977. 240 p. Résumé général sur l'appareil de la justice française et ses rapports avec le pouvoir politique.

BLOCH-LAINÉ, FRANÇOIS. *Profession: fonctionnaire.* Paris: Le Seuil, 1976 254 p. Entretien recueilli par Françoise Carrière d'un haut fonctionnaire qui s'est occupé de la gestion du Trésor Public.

CHEVÈNEMENT, JEAN-PIERRE, et PIERRE MESSMER. *Service militaire et défense nationale.* Paris: Balland, 1977. 200 p. L'armée et la défense nationale: coûts, structures, volontariat, suppression éventuelle.

GRÉMION, PIERRE. *Le Pouvoir périphérique. Bureaucrates et notables dans le système politique français.* Paris: Le Seuil, 1976. 480 p. Sur les mécanismes du pouvoir local face au jacobinisme parisien.

GEVAUDAN, HONORÉ. *Flic, ou les vérités de la police.* Paris: J.-C. Lattès, 1980, 283 p. Un policier qui a 40 ans de métier, explique les méthodes de travail, et les relations de la police avec la justice, la presse, le pouvoir.

HENNION, CHRISTIAN. *Chronique des flagrants délits.* Paris: Stock, 1977. 192 p. Compte rendu sténotypé de 80 audiences de flagrants délits d'une chambre correctionnelle de Paris. La comédie judiciaire française en action.

KESLER, JEAN-FRANÇOIS. *Sociologie des fonctionnaires.* Paris: P.U.F. (Que sais-je?), 1980. 128 p. Synthèse sur les conditions sociales et politiques des fonctionnaires français.

KESSLER, MARIE-CHRISTINE, et JEAN-LUC BODIGUEL. *L'Ecole Nationale d'Administration. T. 1: Histoire: la politique de la haute fonction publique. T. 2: Sociologie: les anciens élèves de l'E.N.A.* Paris: Presses de la Fondation nationale des sciences politiques, 1978. 336 p., 288 p. Histoire de l'E.N.A. et de sa position dans le tissu social et administratif; étude de deux mille anciens élèves.

LANGLOIS, DENIS. *Guide du citoyen face à la police.* Paris: Le Seuil, 1980. 190 p. Un guide révélateur sur les droits et libertés des Français.

LEENHARDT, FRANCIS. *S.O.S. on coule. Comptes et mécomptes de la Sécurité sociale.* Paris: Fayard, 1979. 266 p. Données actuelles et réformes éventuelles. Sur ce même sujet on pourra aussi consulter le compte rendu d'un colloque initulé: *Démographie et sécurité sociale.* Paris: La Documentation Française, 1978. 304 p.

LA NEF. La France assitée. Paris: Tallandier, 1979 (no. 2). 238 p. Numéro spécial sur la notion d'assistance, les droits du citoyen, les devoirs de l'Etat mis en question par des économistes, des médecins, des sociologues, et des hauts fonctionnaires.

L'Organisation judiciaire en France. Paris: La Documentation Française, 1978. 140 p. Document décrivant les organismes et le personnel judiciaires français. Pour un point de vue vécu de l'appareil judiciaire et de ses mécanismes, signalons de livre de JEAN CHAZAL: *Les Magistrats, Paris: Grasset, 1978. 288 p.*

MARANNE, JEAN. *L'Armée de la France démocratique.* Paris: Editions Sociales, 1977. Points de vue du P.C.F. sur l'armée.

SANGUINETTI, ALEXANDRE. *L'Armée pour quoi faire?* Paris: Seghers, 1977. 159 p. Analyse de tous les points épineux par un gaulliste de toujours.

SAVREUX, MARCEL. *Le Préfet, homme à tout faire de la République.* Paris: Alain Lefeuvre, 1977. 300 p. Un préfet se demande si l'Administration doit rester neutre et apolitique.

X, (GÉNÉRAL). *Moi, un officier.* Paris: Stock, 1976. 192 p. Une présentation des difficultés que rencontre l'institution militaire française: formation, tentation politique, discipline, syndicats de soldats.

LA POLITIQUE

A la veille des élections présidentielles (1981) et pendant la période des élections législatives (1978) le nombre d'ouvrages et de revues publiés est et a été simplement ahurissant. Nous ne donnons ici que quelques exemples de cette production:

OUVRAGES GENERAUX

ANTONI, JEAN-DOMINIQUE et PASCALE. *Les Ministres de la Ve République.* Paris: P.U.F., 1976. Sur les 125 personnes ayant fait partie des différents gouvernements de 1959 à 1974. Données, statistiques, analyses.

BAECQUE, FRANCIS DE. *Qui gouverne la France?* Paris: P.U.F., 1977. 216 p. Sur les pouvoirs du chef de l'Etat et ceux du chef du Gouvernement.

BASSOT, HUBERT. *Du chef de l'Etat.* Paris: Hachette, 1978. 188 p. Député à l'Assemblée, chargé de mission auprés du président, l'auteur explique et analyse l'élection au suffrage universel et la légitimité du chef de l'Etat français.

BINOCHE, JACQUES. *Changer de cap. 1968—1978, dix ans qui ont compromis les chances de la France.* Paris: Seghers, 1978. 212 p. Un requisitoire gaulliste contre les gestions de Pompidou et de Giscard d'Estaing.

BIRIEN, JEAN-LOUIS. *Le Fait syndical en France.* Paris: Publi-Union, 1978. 240 p. L'organisation, l'idéologie, le financement, les rapports avec les partis politiques des principaux syndicats français. Voir aussi d'Hubert Landier: *Les Organisations syndicales en France.* Paris: E.m.e., 1980. 160 p.

BON, FRÉDÉRIC. *Les Élections en France. Histoire et sociologie.* Paris: Le Seuil, 1978. 240 p. Sur l'histoire du suffrage universel depuis 1848 et les grandes consultations électorales depuis 1936.

BOULIC, JEAN-YVES. *Questions sur l'essentiel.* T. 1 et II. Paris: Cerf, 1979. 248 p. 224 p. Recueil d'interviews de personnalités politiques exposant leur position sur des questions d'actualité telles que l'avortement, la peine de mort, etc.

CAMPANA, ANDRÉ. *L'Argent secret. Le Financement des partis politiques.* Paris: Arthaud, 1977. 192 p. Sur la façon et les méthodes de financement des partis et des campagnes électorales.

CHANCEL, JACQUES. *Les Giboulées de mars.* Paris: Laffont, 1978. 288 p. Les "radioscopies" de plusieurs personnalités politiques à l'époque des législatives de mars 1978. Comme à la saison des giboulées, on passe d'un extrême à l'autre, de Chirac à Krivine.

COPIN, NOËL. *La Vie politique française. Le Président, le gouvernement, le Parlement, les partis.* Paris: Editions Ouvrières, 1978. 200 p. Sur le fonctionnement, les querelles d'interprétation et les évolutions possibles des institutions.

COT, JEAN-PIERRE, et PIERRE GABORIT. *Citoyens et candidats, la pratique des élections.* Paris: Laffont, 1977. 216 p. Guide pratique pour les élections cantonales, municipales, sénatoriales, législatives et toutes les formes de scrutin.

COTTERET, JEAN-MARIE, CLAUDE EMERI, JACQUES GERSTLÉ, et RENÉ MOREAU. *Giscard d'Estaing/Mitterand: 54774 mots pour convaincre.* Paris: P.U.F., 1976. 168 p. Une analyse du discours politique grâce à l'ordinateur. Y a-t-il des mots de gauche et de droite et ces mots parviennent-ils à modifier le comportement de l'électeur.

FONTAINE, ANDRÉ. *La France au bois dormant.* Paris: Fayard, 1978. 304 p. Sur la léthargie que connaît la vie politique française depuis les élections de 1978.

FOURCADE, JEAN-PIERRE. *Et si nous parlions de demain . . .* Paris: Fayard, 1979. 252 p. Par l'ancien ministre de l'Economie et des Finances, sur les difficultés d'opérer des réformes économiques et politiques en France.

GIROUD, FRANÇOISE. *La Comédie du pouvoir.* Paris: Fayard, 1977. 365 p. Réflexions et portraits politiques après trois ans passés au gouvernement.

GOGUEL, FRANÇOIS, et ALFRED GROSSER. *La Politique en France.* Paris: Armand Colin, 1975. Cinquième édition refondue et mise à jour d'une des meilleures introductions à la connaissance de la politique en France.

HARRIS, ANDRÉ, et ALAIN DE SÉDOUY. *Qui n'est pas de droite?* Paris: Le Seuil, 1978. 396 p. En France, les discours idéologiques sembleraient dissimuler la réalité suivante: il n'y a guère de différences entre une municipalité gérée par des socialistes, des giscardiens ou des communistes. Le titre est trompeur, les aveux et les anecdotes de cette enquête viennent aussi bien de gauche que de droite.

HUSSONNOIS, JEAN. *Les Technocrates, les élus et les autres.* Paris: Entente: 1978. 144 p. Pamphlet dénonçant la complicité existant entre technocrates et élus dans la communauté de Sartrouville. La politique au niveau local.

KAHN, JEAN-FRANÇOIS. *On prend les mêmes et on recommence?* Paris: Grasset, 1978. 241 p. Une incursion dans les pratiques et les petitesses de la campagne électorale de mars 1978.

LA GORCE, PAUL-MARIE DE, et BRUNO MOSCHETTO. *La Cinquième République.* Paris: P.U.F. (Que sais-je?), 1979. 128 p. Les grands moments de la Ve, ses structures, ses institutions et ses partis.

LANCELOT, MARIE-THÉRÈSE, et ALAIN. *Les Élections en France.* Paris: Hachette, 1978. 62 p. Données et explications didactiques sur les élections.

LEFRANC, PIERRE. *Que faire en 1981. Idées simples pour une révolution.* Paris: Plon, 1979, 192 p. L'auteur, ancien conseiller de De Gaulle, formule des propositions pour transformer la société française en 1981.

MASSOT, JEAN. *La Présidence de la République en France.* Paris: La Documentation Française, 1977. 234 p. Le statut, les pouvoirs, les moyens d'action, les rapports du président de la République avec les membres du gouvernement, les partis et l'opinion publique.

PIOTET, JEAN-PIERRE ET PIEM. *Nous sommes tous des candidats.* Paris: Presses de la Cité, 1976. 256 p. Sur les mécanismes concrets des campagnes politiques cherchant avec humour à démystifier les hommes politiques.

REYNAUD, ODILE. *Dansons la carmagnole.* Paris: Chaix, 1978. 189 p. 21 Français issus de catégories socio-professionnelles diverses offrent leurs impressions, négatives ou indifférentes, des politiciens.

SIMON, MICHEL, et GUY MICHELAT. *Classe, religion, et comportement politique.* Paris: Presses de la Fondation Nationale des Sciences Politiques, 1977. 498 p. L'intégration religieuse et l'appartenance (objective ou subjective) à une classe sociale affectent fortement les comportements politiques. Ouvrage spécialisé mais qui contient de nombreux extraits d'entretiens.

DROITE

APPARU, JEAN-PIERRE. *La Droite aujourd'hui.* Paris: Albin Michel, 1979. 400 p. Série de témoignages par des adversaires et des représentants de la Droite.

BENOIST, ALAIN DE. *Les Idées à l'endroit.* Paris: Editions libres-Hallier, 1979. 298 p. Les idées de la "nouvelle droite" par un de ses représentants.

BENOIST, JEAN-MARIE. *Chronique de décomposition du P.C.F.* Paris: La Table Ronde, 1979. 304 p. Un "nouveau philosophe", candidat aux élections pour la majorité dans la circonscription de Georges Marchais, raconte sa bataille contre le leader du P.C.F. Par le même auteur et sur ce même sujet voir aussi: *Les Nouveaux Primaires.* Paris: Editions libres-Hallier, 1978. 192 p.

BRIGOULEIX, BERNARD. *L'Extrême-Droite en France.* Paris: Fayolle, 1977. 250 p. Analyse et histoire des mouvements de droite par un journaliste du *Monde*.

DEBRÉ, MICHEL, et JEAN-LOUIS DEBRÉ. *Le Gaullisme.* Paris: Plon, 1978. 180 p. Thèmes et actualité du gaullisme.

GISCARD D'ESTAING, VALÉRY. *Démocratie française.* Paris: Fayard, 1976. 175 p. Les propositions du Président sur la vie politique et sociale dans une société libérale.

PELLISSIER, PIERRE. *La Vie quotidienne à l'Elysée au temps de Valéry Giscard d'Estaing.* Paris: Hachette, 1978. 276 p. Description détaillée des activités quotidiennes ayant lieu dans "la maison" du Président de la République. Quant aux côtés plus intimes de la vie du Président, ses soirées, week-ends et hobbies on consultera le livre de Joseph Jonas et Anne Nourry: *Giscard et tous les jours.* Paris: Fayolle, 1978. 192 p.

SANGUINETTI, ALEXANDRE. *J'ai mal à ma peau de gaulliste*. Paris: Grasset, 1978. 178 p. Autocritique et pamphlet contre Pompidou et Giscard d'Estaing.

SEGUIN, DANIEL. *Les Nouveaux Giscardiens*. Paris: Calmann-Lévy, 1979. 216 p. Profil et tendances des nouveaux giscardiens. En ce qui concerne l'idéologie, les moyens et les méthodes de la "Republique giscardienne", on consultera le no. 9 de la revue *Pouvoirs* intitulé *Le Giscardisme*. Paris: P.U.F., 1979. 208 p.

TODD, OLIVIER. *La Marelle de Giscard, 1926–1974*. Paris: Robert Laffont, 1977. 492 p. Enquête auprès de membres de la famille de Giscard d'Estaing et de personnalités politiques dont l'ensemble donne le portrait et révèle l'ascension du troisième président de la Ve République.

TOUCHARD, JEAN. *Le Gaullisme: 1940–1969*. Paris: Le Seuil, 1978. 384 p. Une analyse et synthèse des dits du général de Gaulle afin d'en dégager l'unité. Sur ce même sujet on consultera les actes d'un colloque organisé par Gilbert Pilleul sous l'égide de l'Institut Charles-de-Gaulle qui a pour but de faire mieux connaître les idées et les actions du général: *L'Entourage et De Gaulle*. Paris: Plon, 1979. 386 p.

GAUCHE

ALFONSI, PHILIPPE, et PATRICK PESNOT. *Vivre à gauche*. Paris: Albin Michel, 1975. 463 p. Un moyen intéressant de présenter le phénomène politique à des étudiants américains. Ceux qui ont voté à gauche lors des dernières élections présidentielles expliquent les raisons de leur vote tout en se référant à leur condition de vie.

ANDREU, ANNE, et JEAN-LOUIS MINGALON. *L'Adhésion: les nouveaux communistes de 1975*. 238 p. Paris: Calmann-Lévy, 1975. Quelles sont les raisons de votre entrée au Parti? Les réponses parfois émouvantes et les commentaires souvent honnêtes des nouveaux adhérants nous sont présentés de façon vivante. On trouve de tout au P.C.F.: des avocats, des o.s., des employés. D'un témoignage à l'autre, l'image du Parti, c'est le nombre, la solidarité, le bon sens.

ANSART, GUSTAVE. *De l'usine à l'Assemblée nationale*. Paris: Editions Sociales, 1977. Itinéraire d'un ouvrier métallurgiste délégué ouvrier, secrétaire de la Fédération du Nord du P.C.F. et député à l'Assemblée. Histoire d'un cas individuel représentatif des vingt-sept ouvriers investis d'un mandat parlementaire.

BACOT, PAUL. *Les Dirigeants du parti socialiste. Histoire et sociologie*. Lyon: Presses Univ. de Lyon, 1979. 340 p. Une étude sociologique dévoilant les tensions internes. Préfacé par Mitterrand.

BENA, JACKY, et JACQUES GALES. *Les Nouveaux Maires communistes.* Paris: Editions Sociales, 1978. 192 p. Le témoignage de 16 maires de grandes villes recueilli par 2 membres du P.c.f.

BIARD, ROLAND. *Dictionnaire de l'extrême-gauche de 1945 à nous jours.* Paris: Belfond, 1978. 384 p. Il en fallait bien un pour débrouiller les innombrables et éphémères tendances.

BOUILLOT, FRANÇOISE, et JEAN-MICHEL DEVESA. *Un Parti peut en cacher un autre.* Paris: Maspero, 1979. 128 p. Deux jeunes militants du P.c. exposent les hauts et les bas de leur parti.

BOURDET, YVON. *Qu'est-ce qui fait courir les militants?* Paris: Stock, 1976. 302 p. Un militant d'extrême gauche examine les motifs internes et externes de l'enthousiasme des militants.

BOURNAZEL, ALAIN. *La Gauche n'aura jamais le pouvoir.* Paris: Fayolle, 1978. 249 p. La gauche préfère rester éternellement dans l'opposition car ses doctrines l'empêchent d'assumer les responsabilités du pouvoir.

BURLES, JEAN. *Le Parti communiste dans la société française.* Paris: Editions Sociales, 1979. 192 p. Une explication, par un membre du Comité Central du P.c.f., de la présence du parti dans la société française.

DESJARDINS, THIERRY. *François Mitterrand, un socialiste gaullien.* Paris: Hachette, 1978. 280 p. Un portrait du premier secrétaire du Parti socialiste dont les traits seraient proches de ceux de De Gaulle.

DUHAMEL, OLIVIER. *La Gauche et la Ve République.* Paris: P.U.F., 1980. 592 p. Une vaste tentative d'explication sur l'interaction entre le régime et la gauche. Thèse de doctorat par le co-directeur de la revue *Pouvoirs*.

GASPARD, FRANÇOISE. *Madame le . . .* Paris: Grasset, 1979. 256 p. Le Maire socialiste de Dreux évoque les difficultés d'être une femme et de tenir un rôle public et politique.

LAURENT, PAUL. *Le P.C.F. comme il est.* Paris: Editions Sociales, 1978. 180 p. Les préoccupations et le fonctionnement du parti par un des membres de son bureau politique. Questions-réponses avec Roger Faivre.

MONTALDO, JEAN. *La France communiste.* Paris: Albin Michel, 1978. 359 p. Tour d'horizon du phénomène communiste français par un ennemi acharné du P.c.f. Du méme auteur on pourra aussi consulter: *Les Secrets de la banque soviétique en France.* Paris: Albin Michel, 1979. 288 p.

QUILES, YVONNE, et JEAN TORNIKIAN. *Sous le P.C., les communistes.* Paris: Le Seuil, 1980. 285 p. Deux membres du parti communiste conduisent une vaste enquête sur les militants; les interrogent sur leur vie, leurs plaisirs, leur morale.

TOURAINE, ALAIN. *Mort d'une gauche.* Paris: Galilée, 1979. 240 p. Rupture de la gauche, naufrage du Programme commun au fil des articles que le sociologue publie dans *le Nouvel Observateur, Le Matin, Faire* et qui sont réunis dans ce recueil.

POLITIQUE EXTERIEURE

CEDETIM. *L'Impérialisme français.* Paris: Maspero, 1978. 192 p. Ventes d'armes, investissements étrangers, le programme de la coopération dans les pays étrangers, les relations avec les départements et territoires d'outre-mer. Pamphlet militant.

COTTA, ALAIN. *La france et l'impératif mondial.* Paris: P.U.F., 1978. 232 p. La France ne peut se concevoir politiquement et économiquement que dans la constitution d'une entité mondiale.

DUROSELLE, JEAN-BAPTISTE. *La France et les Etats-Unis des origines à nos jours.* Paris: Le Seuil, 1976, 288 p. Retrace deux siècles de relations tantôt froides, tantôt chaleureuses.

GROSSER, ALFRED. *Les Occidentaux: les pays d'Europe et les Etats-Unis depuis la guerre.* Paris: Fayard, 1979. 448 p. Une excellente analyse des données psychologiques, économiques et politiques qui affectent les mutations de chaque pays. On se reportera surtout aux pages consacrées à la France et aux U.S.A.

SMOUTS, MARIE-CLAUDE. *La France à l'O.N.U.* Paris: Presses de la Fondation nationale des sciences politiques, 1979. 400 p. Histoire détaillée des relations de la France avec l'organisation mondiale.

MANIE COMMEMORATIVE, MAI 68–78

Si mai 78 fut plutôt calme, les éditeurs ne manquèrent pas de célébrer cet anniversaire par une pléthore d'ouvrages.

BALLADUR, ÉDOUARD. *L'Arbre de mai. Chronique alternée.* Paris: Atelier Marcel Jullian, 1979. 333 p. La révolte de mai vécue par un proche collaborateur de Pompidou.

BAYNAC, JACQUES. *Mai retrouvé.* Paris: Laffont, 1978. 304 p. A la recherche du mai perdu auprès des participants et spectateurs interrogés par un ancien militant de Censier. Souvenirs, résumés de querelles entre tendances, tracts, manifestes, anecdotes savoureuses.

DELALE, ALAIN, et GILLES RAGACHE. *La France de 68. "Soyons réalistes, demandons l'impossible".* Paris: Le Seuil, 1978. 240 p. Portrait de la France de

68 (toute l'année et toutes les régions) et les influences en provenance de l'étranger sur les événements de mai.

L'Enragé. Paris: J.-J. Pauvert, 1978. 104 p. Siné et Wolinski dirigèrent *L'Enragé* dont les 12 numéros de mai à novembre 68 sont reproduits ici et symbolisèrent l'esprit du temps. On y retrouve aussi Cabu, Reiser, Bosc, Topor. Toujours aussi merveilleux.

GAVEAU, ANDRÉ. *De l'autre côté des barricades.* Paris: J. C. Simoëns, 1978. 228 p. Une réflexion par celui qui dirigeait les forces de l'ordre au Quartier Latin.

COLLECTIF. *Histoires de mai.* Paris: Les Presses du Temps présent, 1978. 192 p. Un très bel album de photos, de gestes, de paroles qui illustrent ce moment d'anti-autorité.

MORIN, EDGAR (dessins de MAREK HALTER). *Mais.* Paris: Néo, 1979. 176 p. D'après le célèbre sociologue, les idéologies de droite ou de gauche ne peuvent plus satisfaire les aspirations de renouveau exprimées par la société française. Le calme actuel ne serait qu'apparent.

L'ECONOMIE

ALBERTINI, JEAN-MARIE. *L'économie française.* Paris: Le Seuil, 1978. 160 p. Une introduction générale.

ATTALI, JACQUES. *La Nouvelle Économie française.* Paris: Flammarion, 1978. 252 p. Conseiller économique du Parti socialiste, l'auteur analyse avec précision l'évolution des activités industrielles et les nouveaux problèmes qu'il faudra résoudre dans un monde où l'ouvrier surveillé, "surveille la production d'outils d'autosurveillance".

BAUDELOT, CHRISTIAN, ROGER ESTABLET et JACQUES TOSIER. *Qui travaille pour qui?* Paris: Maspero, 1979. 224 p. Une analyse marxiste de la production française et de sa répartition sociale et économique.

BELLON, BERTRAND. *Le Pouvoir financier et l'industrie en France.* Paris: Le Seuil, 1980. 252 p. Anatomie des rouages complexes de l'économie. Qui contrôle, qui fait marcher, qui profite, quels sont les liens entre les différents groupes d'affaires à l'echelle nationale et internationale. Inventaire du *big business* français: Suez, Pechiney, Michelin . . .

BIRNBAUM, PIERRE. *Le Peuple et les gros. Histoire d'un mythe.* Paris: Grasset, 1979. 220 p. L'idée répandue selon laquelle une poignée de "gros" détiendrait seule tous les pouvoirs en France est un mythe qui masque les véritables conflits de classe.

CERC (Centre d'étude des revenus et des coûts). *Les Revenus des Français.* Paris: Albatros, 1979. 334 p. Conçu à l'intention d'un large public, ce rapport présente une synthèse sur les revenus connus et inconnus des Français: inégalités, revenus des familles, des personnes âgées, comparaisons locales, régionales et internationales.

Les Chiffres clés de l'industrie français 1979. Paris: La Documentation Française, 1979. 170 p. Tableaux précis, plus ou moins simplifiés mais destinés à un public général.

Décision et pouvoir dans la société français. Paris: U.G.E. 10/18, 1979. 434 p. Actes d'un colloque dirigé par Lucien Sfez, avec la participation des économistes Jacques Attali, Alain Cotta, Jacques Ellul, etc.

GODARD, AGATHE, et FRANÇOIS PEDRON. *L'Argent fait le bonheur.* Paris: Denoël, 1979. 224 p. L'histoire de self-made men français: Trigano (Club Med), Yves Rocher, Jean-Louis David, etc.

Les Grandes Entreprises nationales de 1959 à 1976. Paris: I.N.S.E.E., 1979 110 p. L'évolution et les caractéristiques des entreprises nationalisées: Air France, Air Inter, Postes Télécommunications, S.N.C.F., R.A.T.P., Gaz, Electricité (G.D.F., E.D.F.), et Charbonnages.

KLATZMANN, JOSEPH. *L'Agriculture française.* Paris: Le Seuil, 1978. 256 p. L'agriculture française face à la Communauté économique européenne.

MERMOX, MARCEL. *L'Autogestion c'est pas la tarte!* Paris: Le Seuil, 1978. 240 p. Un patron ayant aboli le salariat raconte sa vie et ses expériences à Jean-Marie Domenach.

SELLIER, FRANÇOIS. *Les Salariés en France depuis cent ans.* Paris: P.U.F. (Que sais-je?), 1979. 128 p. Description générale des transformations de la classe ouvrière, de l'exode rural, des changements de la condition des salariés, de l'instauration de la Sécurité sociale.

Tableaux de l'économie française. 1979. Paris: I.N.S.E.E., 1979. 160 p. Le guide annuel comprenant de façon claire et simple tous les chiffres nécessaires.

L'URBANISME ET L'ECOLOGIE

AILLAUD, ÉMILE (avec la collaboration de SOPHIE LANNES). *Désordre apparent, ordre caché.* Paris: Fayard, 1975. Témoignage d'un des plus grands architectes français, célèbre pour sa cité ouvrière de la Grande-Borne, "une ville couleur d'homme". Aillaud explique son architecture, ses cités oniriques en courbes et en replis qui donnent à la France son nouveau visage urbain.

BRUNIE, PATRICK. *La Ville à prendre*. Paris: Hachette, 1979. 240 p. Des interviews d'habitants qui parlent de leur travail, de l'enfant dans la ville, de la banlieue et des villes nouvelles, de leurs joies ou de leurs souffrances de la ville.

BURGUET, FRANTZ-ANDRÉ. *Attention: campagne!* Paris: Ramsay, 1978. 238 p. Une dénonciation humoristique du retour à la terre, des résidences secondaires ou des résidents très secondaires.

CANACOS, HENRY. *Sarcelles ou le béton apprivoisé*. Paris: Editions Sociales, 1979. 288 p. Le Député-maire communiste de Sarcelles, ville nouvelle de la région parisienne, raconte les péripéties des Sarcellois pour vivre dans une ville pensée par des technocrates.

CHERKI, EDDY, et DOMINIQUE MEHL. *Les Nouveaux Embarras de Paris. De la révolte des usagers des transports aux mouvements de défense de l'environnement*. Paris: Maspero, 1979. 224 p. Le pouvoir, les syndicats, les partis politiques face aux comités de défense des quartiers parisiens.

Les Départements français: 92-Hauts-de-Seine (Ile-de-France). Paris: La Documentation Française 1980. 216 p. Documents sur la réorganisation de la région parisienne depuis 1964 et sur les importantes opérations urbaines, parmi lesquelles la célèbre cité d'affaires de Paris, la Défense.

DERYCKE, PIERRE-HENRI. *Economie et planification urbaines*. T. I: *L'Espace urbain*. Paris: P.U.F., 1979. 416 p. L'économie française est et sera fondamentalement urbaine du fait que plus de quatre Français sur cinq habitent la ville.

DUMONT, RENÉ. *Seule une écologie socialiste ...* Paris: Robert Laffont, 1977. 285 p. Bilan, souvenirs et suggestions d'un des principaux porte-parole écologistes français pour arrêter le gaspillage et l'exploitation anarchique.

FRAPPAT, PIERRE. *Grenoble le mythe blessé*. Paris: Alain Moreau, 1979. 542 p. Grenoble aurait été une ville laboratoire de la Gauche. Une enquête sur la gestion de la ville montre que ce mythe est assez éloigné de la réalité.

GAUDIN, JEAN-PIERRE. *L'Aménagement de la société. La production de l'espace aux XIXe et XXe siècles*. Paris: Anthropos, 1979. 426 p. Comment les différentes disciplines et techniques ont marqué les différentes politiques d'aménagement de l'espace urbain en France.

Guide de l'architecture des villes nouvelles en région parisienne. Paris: Hachette, 1979. 100 p. Aperçu architectural de cinq villes nouvelles de la région parisienne (Cergy-Pontoise, Evry, Marne-la-Vallée, Melun-Sénart et Saint-Quentin-en-Yvelines).

JANNOUD, CLAUDE et MARIE HÉLÈNE PINEL. *La Première Ville nouvelle.* Paris: Mercure de France, 1975. 200 p. Enquête sociologique effectuée auprès des habitants de Sarcelles vingt ans après la création de la ville.

LAURENT, MICHEL. *A l'écoute des villes de France.* Paris: Mengès, 1977. 360 p. Onze personnalités ou maires de différentes communes interviewés sur les problèmes de leurs municipalités et synthèses des réponses d'une centaine de fonctionnaires et d'élus municipaux.

MAZE, JEAN. *L'Aventure du Vaudreuil. Histoire d'une ville nouvelle.* Paris: Vincent et Cie;, 1977. 236 p. Comment a été créée cette cité-dortoir de la région de Rouen; un roman détaillé d'*urban-fiction* avec ses aléatoires administratifs et les multiples propos des individus concernés. Sur ce processus de création des villes voir l'ouvrage de J.-J., Alzua: *Ville nouvelle de Lille-Est. Création d'un quartier; le Triolo.* Paris: Documentation Français, 1978. 80 p.

Paris. Paris: La Documentation Français 1979. 256 p. Introduction générale à la ville et à la région parisienne: histoire, espace, quartiers, population, commerces, transports, culture, tourisme, urbanisme, et bien sûr police. Nombreuses photographies.

PETONNET, COLETTE. *On est tous dans le brouillard (ethnologie des banlieues).* Paris: Galilée, 1979. 256 p. Les banlieues de béton ne font que confirmer physiquement le processus de prolétarisation de nombreux Français.

PINCHEMEL, PHILIPPE. *La Région parisienne.* Paris: P.U.F. (Que sais-je?), 1979. 128 p. Description détaillée de cet espace tentaculaire des villes de banlieue à l'extérieur des vingt arrondissements parisiens.

PIOLLE, SAVIER. *Les Citadins et leur ville. Approche des phénomènes urbains et recherche méthodologique.* Toulouse: Privat, 1979. 432 p. Une étude des diverses couches sociales d'une ville moyenne; en l'occurrence Pau.

RIBES, JEAN-PAUL. *Pourquoi les écologistes font-ils de la politique? Entretiens avec Brice Lalonde, Serge Moscovici et René Dumont.* Paris: Le Seuil, 1978. 192 p. Trois points de vue divergents illustrent les grandes tendances écologiques françaises. Sur ce même sujet voir de Michel Pericard et Jacques Nosari: *L'Écologie, pourquoi f . . .* Paris: Menès, 1978. 180 p.

ROUX, JEAN-MICHEL. *Territoire sans lieux. La banalisation planifiée des régions.* Paris: Dunod, 1980. 208 p. La mise en question de la planification et de la centralisation de l'Administration à partir de documents pris sur le terrain. Une analyse des nouveaux paysages français ni urbains, ni ruraux.

WARGNY, CHRISTOPHE. *Mairies frappées d'autogestion.* Paris: Syros, 1979. 184 p. Un tour de France (Haut-Rhin, Vendée, Gers, Nord, Doubs, Seine-et-Marne) de communautés où l'on se défend contre les bureaucrates et les notables d'hier. Points de vue de maires d'horizons politiques divers.

LES REGIONALISMES OU "L'HEXAGONE ECLATE"

OUVRAGES GENERAUX

DAYRIES, JEAN-JACQUES, et MICHELE DAYRIES. *La Régionalisation.* Paris: P.U.F. (Que sais-je?), 1978. 128 p. Une bonne introduction qu'on pourra compléter par une série de rapports techniques sur les aspects idéologiques, administratifs et économiques: *La Région en question.* Paris: Cujas, 1978. 384 p.

DULONG, RENAUD. *Les Régions, l'Etat et la société locale.* Paris: P.U.F., 1978. 248 p. Sept régions et leurs façons de manifester leur diversité face à l'Etat.

ESSIG, FRANÇOIS. *Datar. Des régions et des hommes.* Montréal-Paris: Stanké, 1979. 168 p. L'ancien directeur de la Délégation à l'Aménagement du Territoire et à l'Action régionale (Datar) explique les mécanismes et l'influence de son administration sur l'ensemble de la France.

FERNIOT, JEAN. *C'est ça la France.* Paris: Julliard, 1977. 386 p. Un tour de France cherchant à renverser les idées "préconçues" d'une hégémonie parisienne. La vitalité et les préoccupations immédiates de la province sont illustrees par le portrait d'une vingtaine de régions: leurs problèmes particuliers, leurs personnages, leurs cas concrets.

DOM-TOM

BALEINE, PHILIPPE DE. *Les Danseuses de la France.* Paris: Plon, 1979. 224 p. Ces danseuses, comme autrefois le riche bourgeois entretenait une danseuse, ce sont les départements et territoires d'outre-mer (DOM-TOM). La France y entretient plus de .120.000 fonctionnaires coloniaux "dont les privilèges sont exorbitants et coûtent une fortune au contribuable français". Vu d'un autre angle, on pourra consulter sur les courants autonomistes et indépendantistes les documents réunis sous le titre: *Quel avenir pour les D.O.M.?* Guadeloupe, Martinique, Guyane, Réunion. Paris: L'Harmattan, 1978. 188 p.

LA BRETAGNE

BURGUIÈRE, ANDRÉ. *Bretons de Plozevet.* Paris: Flammarion, 1975.

Synthèse d'une longue enquête (1962−67) de plusieurs disciplines des sciences humaines. Métamorphoses d'un bourg où de génération en génération on était soit pour la République soit pour l'Eglise. C'est sur ce dualisme que s'ordonnent l'imaginaire politico-religieux, les antagonismes sociaux, les grands bouleversements culturels.

GRALL, XAVIER. *Le Cheval couché*. Paris: Hachette, 1977. 237 p. Une réponse poétique et véhémente au *Cheval d'orgueil* (de Pierre-Jakez Hélias) où l'auteur donne une image de la Bretagne, de ses bardes et militants, ouvriers et paysans, tournée vers l'avenir.

HELIAS, PIERRE JAKEZ. *Le Cheval d'orgueil*. Paris: Plon, 1975. Récit passionnant, souvent scrupuleusement sociologique et ethnographique d'une enfance paysanne et bretonne dans la société presque castifiée de Pouldreuzic, Finistère. Particularismes, interdits, attitudes, valeurs, langage bretons face à l'acculturation française. Du même auteur voir: *Lettres de Bretagne. Langues, cultures et civilisations bretonnes*. Paris: Galilée, 1978. 240 p.

LE LANNOU, MAURICE. *La Bretagne et les Bretons*. P.U.F. (Que sais-je?), 1978. 128 p. Une introduction générale. Sur le mouvement breton, les militants, la nouvelle culture bretonne, et les difficultés actuelles on consultera le numéro de la revue *Autrement: Bretagnes, les chevaux d'espoir. Ces vieux "pays" en crise se réinventent seuls*. Paris: Le Seuil, 1979. no. 19. 232 p.

LA CORSE

OTTAVI, ANTOINE. *Des Corses à part entière*. Paris: Le Seuil, 1979. 190 p. Une fine analyse qui s'attaque aussi bien à l'Etat qui reste insensible aux revendications régionales qu'aux autonomistes que ne comprennent pas que l'avenir de la Corse reste inséparable de celui du continent. Le Corse appartient à deux cultures dont il doit savoir profiter. Pour avoir une collection de documents sur le malaise corse on consultera l'ouvrage de Jean-Paul Delors et Stephane Muracciole: *L'Explosion corse ou la poudrière corse*. Paris: Alain Moreau, 1978. 288 p.

PÉRIER, EDOUARD. *Corse: les raisons de la colère*. Paris: Editions Sociales, 1975. Point de vue et propositions du Parti communiste sur la situation politique, économique et sociale à la lumière des derniers événements survenus dans l'île.

SANGUINETTI, ALEXANDRE. *Lettre ouverte à mes compatriotes corses*. Paris: Albin Michel, 1980. 224 p. L'histoire de la Corse et son indépendance vis-à-vis de la France par l'ancien ministre gaulliste. Du même auteur on consultera aussi son *Procès des Jacobins*. Paris: Grasset, 1979. 294 p.

L'OCCITANIE

ALCOUFFE, ALAIN; PIERRE LAGARDE et ROBERT LAFONT. *Pour l'Occitanie.* Paris: Privat, 1979. 208 p. Une position résolument autonomiste.

GOUGAUD, PIERRE. *L'œil de la source. Mémoires d'un village occitan.* Paris: J. C. Lattès, 1978. 256 p. Une présentation de la culture populaire occitane à travers l'histoire et le milieu des grands-parents de l'auteur.

MARTI, CLAUDE, et MICHEL LE BRIS. *Homme d'Oc.* Paris: Stock, 1975. Témoignage du chanteur occitan qui réclame pour les Occitans le droit de parler leur langue, de vivre sur leur terre, de produire de quoi se nourrir et de réinventer leur vie collective. Désir de ranimer une culture sans préconiser un projet politique ou un retour aux sources.

MUSSOT-GOULARD, RENEE. *Les Occitans. Un mythe?* Paris: Albin Michel, 1978. 256 p. Un tour d'horizon des fondements historiques et littéraires.

CULTURE(S) ET CIVILISATION

ASPECTS DE LA VIE QUOTIDIENNE

BARAGNA, ANDRE, et MARTHE CHOLLOT-VARAGNAC. *Les Traditions populaires.* Paris: P.U.F. (Que sais-je?), 1978. 128 p. Une introduction générale sur les traditions populaires. Pour un dossier français couvrant tous les phénomènes culturels allant du jardin ouvrier aux collections farfelues, on consultera le numéro 16 d'*Autrement: Flagrants délits d'imaginaire.* Paris: Le Seuil, 1978. 300 p.

BAUDRILLARD, JEAN. *De la séduction.* Paris: Galilée, 1979. 270 p. L'auteur du *Système des objets* et de *La Société de consommation,* qui avançait déjà que les signes et symboles sont plus importants que les choses elles-mêmes, analyse ici le phénomène de la séduction. Baudrillard n'est pas d'une lecture facile et a l'habitude de renverser les explications courantes par d'autres hypothèses stimulantes.

BOURDIEU, PIERRE. *La Distinction, critique sociale du jugement.* Paris: Minuit, 1979. 672 p. Les notions de beau et de goût dépendraient plus de la classe sociale à laquelle on appartient et de la culture que l'on a acquise que d'une prétendue universalité.

COTTA, ALAIN. *La Société ludique. La vie envahie par le jeu.* Paris: Grasset, 1980. 288 p. Une étude sur l'évolution du jeu par un professeur d'économie: des jeux d'intelligence au billet de loterie.

DUPIN, HENRI. *L'Alimentation des Français. Evolution et problèmes nutritionnels.* Paris: E.S.F., 1978. Une analyse de statistiques et de rapports sur l'évolution de la consommation des aliments et de la santé des Français. Plus digeste et sur le comportement de quatre types de mangeurs, on consultera le livre du chroniqueur gastronomique du *Figaro*, JAMES DE COQUET: *Lettre aux gourmets, aux gourmands, aux gastronomes et aux goinfres.* Paris: J.-C. Simoen, 1978. 220 p.

DUVIGNAUD, JEAN; FRANÇOISE DUVIGNAUD et JEAN-PIERRE CORBEAU. *La Banque des rêves. Essai d'anthropologie du rêveur contemporain.* Paris: Payot, 1979. 264 p. Il s'agit bien du rêveur français, deux mille rêves recueillis par conversations dans toutes les couches sociales, afin d'établir la corrélation entre les rêves et les stratifications sociales et de dégager une étude de l'imaginaire français. Aussi fascinant et abordable que la *Planète des jeunes*.

GULLER, ANGELE. *Le Neuvième Art. Pour une connaissance de la chanson française contemporaine.* Paris: Vokaer, Weber-Diffusion. 1978. 304 p. De Mireille à Trénet jusqu'à Nougaro, l'art et l'industrie de la chanson française.

HALDAS, GEORGES. *La Légende des cafés.* Paris: L'Age d'Homme, 1977. 80 p. La faune, les légendes, les mystères des cafés. Sur cette institution autonome de la culture populaire on consultera aussi l'essai photographique de François-Xavier Bouchart et Jean Dethier: *Cafés français* (Paris: Chêne, 1977. 80 p.).

RENAULT, PATRICK. *Les Bals en France.* Paris: Musique et Promotion, 1980. 96 p. La France, plus que tout autre pays, pratique le bal (150.000 en 1976) à la ville et à la campagne. 10.000 orchestres sur les chapiteaux, estrades, podiums et places publiques. "Les jeunes les dénigrent mais y reviennent sans cesse".

COLLECTIF. *Le Sport en France.* Paris: Berger-Levrault, 1979. 224 p. Sur l'organisation du sport en France et les multiples responsables de l'activité sportive.

DROLES DE MOEURS

BRIAC, AURELIE. *De la drague.* Paris: Grasset, 1978. 228 p. Une déclaration de guerre et une galerie de portraits du chasseur de femmes-objets.

BURNAT, ANDRÉ. *Les Dossiers croustillants de la brigade des moeurs.* Paris: Presses de la Cité, 1978. 224 p. La brigade des moeurs en voit de toutes les couleurs. Voir aussi de Maurice Vincent: *Les Dossiers mystérieux de la brigade des moeurs.* Paris: Presses de la Cite, 1978. 256 p.

DUPONT, PASCAL. *Vous avez remarqué, les nuits sont de plus en plus courtes.* Paris: Hachette, 1979. 300 p. Les noctambules de tous genres ont la parole.

Pour des confidences plus intimes révélées la nuit sur France-Inter voir l'ouvrage de MACHA BERANGER: *Allô Macha ou la nuit des sans-sommeil.* Paris: Nouvelles Editions Baudinière, 1980. 204 p.

DUTEUIL, MYRIAM. *Le Marché de la solitude.* Paris: Denoël, 1979. 240 p. Témoignage personnel et enquête sur les mauvaises (et quelques bonnes) rencontres que les agences matrimoniales, les marieuses, les clubs de rencontres peuvent vous proposer. D'un point de vue masculin voir de Maximilien Rohmer: *Coeurs à prendre. Chronique des petites announces.* Paris: Flammarion, 1978. 224 p. Dans le même genre mais plus humoristique avec une galerie de portraits de frustrés, pique-assiette voir de Michette Hugo: *J. F., bien sous tous rapports, cherche . . .* Paris: Tchou, 1979. 306 p. Se voulant plus sérieux en établissant une analyse sociologique du phénomène, Nicole S. responsable des petites annonces à *Libération* a publié: *Allô Libé, bobo . . .* Paris: Garnier, 1979. 195 p.

ERNEST-ERNEST. *Sexe et graffiti.* Paris: Alain Moreau, 1979. 350 p. 2400 exemples de ce qu'on trouve de plus typique ou bizarre en France dans cette littérature de Vespasienne.

CONTRASTES OU CONFLITS CULTURELS; FRANCE-U.S.A.

ALBERT, PIERRE (éd.) *La France, les Etats-Unis et leurs presses. 1632–1976.* Paris: Centre National d'Art et de Culture Georges-Pompidou, 1977. 267 p. Pour tous ceux qui analysent la presse de façon comparative: deux conceptions différentes du journalisme.

ANCELOT, ALAIN, et MICHELLE ANCELOT. *Maid in U.S.A. Larbins chez les Ricains.* Paris: Nouvelles Éditions Baudinière, 1979. 246 p. Un couple de journalistes engagés comme domestiques relatent leurs aventures et découvertes aux U.S.A.

BONTEMPS, FRÉDÉRICK. *Il n'y a pas qu'un seul chemin.* Nimes: Le Méridien, 1980. 108 p. Préfacé par Pierre Salinger, le récit du voyage solitaire d'un jeune garçon de 19 ans aux U.S.A. et au Canada. Voudrait "décortiquer" les stéréotypes que "le carcan scolaire a frauduleusement posé sur l'Amérique", sans toutefois y parvenir.

BEAUJOUR, MICHEL, BERNARD MERIGOT et AMIEL VAN TESLAAR. *Fiction et réalité des mythes franco-américains.* Paris: Assoc. France-Etats-Unis (6, Bd. de Grenelle 75015), 1979, 35 p. Trois interventions d'une conférence: les stéréotypes nationaux en tant que véhicule de sentiments de solidarité ou d'anomie, la représentation mythique du *Deep South* par les Français, et l'hypothèse que la culture américaine (moins étrangère aux Français) et la culture française n'ont pas le même statut et le même rapport de symétrie.

GOBARD, HENRI. *La Guerre culturelle. Logique du désastre*. Paris: Copernic, 1979. 128 p. A la fois fascinant et déroutant, comme tous les essais de Gobard (*L'Aliénation linguistique*, 1976). La France perd sa propre culture au profit d'une américanisation des modes de vie français. Si les Français ne résistent pas ils deviendront des "Gallo-Ricains" dans une Europe "ZOA" (Zone d'Occupation Américaine).

MERIGOT, BERNARD. *Les Mythes franco-américains*. Paris: N.Y.U. in France (56, rue de Passy 75016), 1978. 48 p. Compte-rendu des communications d'un colloque rassemblant journalistes, écrivains, critiques et universitaires sur les représentations collectives, les images stéréotypées dont Français et Américains sont à la fois "prisonniers et propagateurs".

THIBAU, JACQUES. *La France colonisée*. Paris: Flammarion, 1980. 334 p. La France, dans les profondeurs mêmes de ses modes de vie comme dans ses centres de décision économiques, financiers et politiques, est de plus en plus dépendante des Etats-Unis.

LA RELIGION

CHABANIS, CHRISTIAN. *Dieu existe? Oui*. Paris: Stock, 1979. 546 p. 25 réponses-entretiens avec des personnalités du monde scientifique, politique et culturel ainsi que quelques personnes du monde quotidien.

GOUDET, JACQUES. *Le Cas de Mgr Lefèbvre*. Lyon: L'Hermès, 1978. 212 p. Les positions et les conflits qui opposent les intégristes à l'Eglise.

GOULEY, BERNARD. *Un Curé picard en campagne*. Paris: Fayard, 1978. 272 p. Témoignage de l'abbé Sulmont sur l'évolution de l'Eglise dans les villages de la région d'Amiens.

HARRIS, ALAIN, et ALAIN DE SÉDOUY. *Juifs et Français*. Paris: Grasset, 1979. 300 p. Série de témoignages de personnalités comme de gens tout à fait obscurs sur ce que c'est qu'être juif en France.

WOODROW, ALAIN. *L'Eglise déchirée*. Paris: Ramsey, 1978. 256 p. Un tour d'horizon, parfois polémique, d'une Eglise qui se défait et devient d'autant plus vulnérable que le monde laïc en pleine crise culturelle cherche à s'agripper à l'Eglise d'hier.

PRATIQUES ET POLITIQUES CULTURELLES

ARON, JEAN-PAUL (éd.). *Qu'est-ce que la culture française?* Paris: Denoël-Gonthier, 1975. 288 p. Essais rassemblés et décrivant les rites, les ruses, les interdits, les subtiles hiérarchies du monde des lettres, des maîtres à penser, des éditeurs. Une description détaillée de la classe cultivée, classe parisienne et savante. La culture française serait avant tout une culture de la parole.

Autrement. La Culture et ses clients. Que veut le public: saltimbanques ou . . . managers? Paris: Le Seuil, 1979 (no. 18). 218 p. Un numéro spécial sur l'action culturelle et son influence sur les comportements individuels ou collectifs.

BAUDRILLARD, JEAN. *L'Effet Beaubourg*. Paris: Galilée, 1977. 60 p. Un essai contre Beaubourg qui serait une machine menaçant la culture, le pouvoir et le social lui-même. Voir aussi de Gustave Affeulpin *La Soi-disant Utopie du centre Beaubourg* (Paris: Entente, 1976. 240 p.), une satire-fiction, datée de 1988, sur la "culture officielle" dont Beaubourg serait le symbole.

BENETON, PHILIPPE. *Histoire de mots: culture et civilisation*. Paris: Presses de la Fondation Nationale des Sciences Politiques, 1975. 165 p. Sur deux mots qui veulent tout dire mais ne signifient pas grand chose. Une des analyses les mieux documentées sur l'évolution sémantique de ces deux termes qui englobent toute l'idéologie occidentale.

BOSS, JEAN-FRANÇOIS, et JEAN-NOEL KAPFERER. *Les Français, la science et les médias. Une évaluation de l'impact de vulgarisation scientifique et technique*. Paris: La Documentation Française, 1978. 276 p. Evaluation quantitative et qualitative des centres d'intérêt du public. Des résultats d'une vaste enquête sur le comportement des Français vis-à-vis de la vulgarisation scientifique. Sur les relations entre les institutions scientifiques, les groupes de pression et les pouvoirs on consultera le livre de Pierre Papon: *Le Pouvoir et la science en France*. Paris: Le Centurion, 1979. 320 p.

CHAPIER, HENRY. *Crée ou crève*. Paris: Grasset, 1979. 180 p. Une mise en garde contre l'idée que les milieux officiels peuvent régenter le monde de la création. Les subventions feraient de la "République" des arts, des lettres et des spectacles "un autre département de la sécurité sociale". Sur l'aspect politique de ce problème, à savoir s'il est possible de pratiquer une politique culturelle sans se heurter à la politique, on consultera le livre de Jean-Denis Bredin, Jack Long et Antoine Vitez consacré à l'aventure du théâtre de Nancy et de Chaillot: *Eclats*. Paris: Simoen, 1978. 240 p.

HUET, ARMEL, JACQUES ION, ALAIN LEFEBVRE, BERNARD MIEGE et RENÉ PERON. *Capitalisme et industries culturelles*. Grenoble: Presses Univ. de Grenoble, 1978. 198 p. Comment le capitalisme rentabilise la culture à son profit: disques, estampes, photos, cinéma, etc.

KONOPNICKI, GUY. *Balades dans la culture (avec arrêts fréquents chez les travailleurs)*. Paris: Editions Sociales, 1978. 206 p. Un animateur culturel communiste tente de rendre compte du niveau d'activités culturelles du monde ouvrier. Cela, à travers une série d'entretiens, d'analyses, de documents dévoilant indirectement les obstacles sociaux que rencontrent les ouvriers face à la culture.

Pratiques culturelles des Français en 1974. Données quantitatives. T. 1 et II. Paris: La Documentation Française, 1978. 168 p. et 176 p. Résultats d'une enquête par sondage établie en 1973–74 sur le comportement des Français vis-à-vis des phénomènes socio-culturels et culturels: loisir, équipements, moyens d'information, typologie des consommateurs de culture, etc. Tableaux, résultats pourcentés, questions, une somme inépuisable de matériaux.

L'INFORMATION

ALBERT, PIERRE. *La Presse française*. Paris: La Documentation Française, 1978. 160 p. Un tableau très complet délimitant la nature, les caractéristiques, les marchés, les structures, les statuts, la distribution, le public, de la presse contemporaine.

ARCHAMBAULT, FRANÇOIS, et JEAN-FRANÇOIS LEMOINE. *Quatre Milliards de journaux: la presse de province*. Paris: Alain Moreau, 1977. 488 p. Enquête approfondie sur les quotidiens de province et leurs responsables (listes des quotidiens édités de 1944 à 1976 et biographies).

AUBERT, PHILIPPE. *Ces Voix qui nous gouvernent*. Paris: Alain Moreau, 1979. 190 p. L'Etat aurait la main-mise sur la plupart des chroniqueurs que l'on entend quotidiennement à la radio.

DEBRAY, RÉGIS. *Le Pouvoir intellectuel en France*. Paris: Ramsay, 1979. 288 p. Malgré ses biais idéologiques, ses attaques parfois féroces, Debray donne d'excellents points de repère sur l'évolution et la nature des relations entre les intellectuels et la société. Après la gloire universitaire, celle des maisons d'éditions, c'est aujourd'hui celle des media avec ses nouvelles hiérarchies et procédures.

DESCAMPS, MARC-ALAIN. *Psychosociologie de la mode*. Paris: P.U.F., 1979. 216 p. Résultats d'enquêtes de psychosociologie sociale portant sur le vêtement et d'autres modes exploitées commercialement.

GESGON, ALAIN. *Sur les murs de France*. Paris: Ed. du Sorbier, 1979. 220 p. Les affaires politiques françaises de la fin du dix-huitième siècle à l'été 1979, en passant par 1968. 600 reproductions montrant le développement du graphisme et de la propagande.

LOSFELD, ÉRIC. *Endetté comme une mule ou la passion d'éditer*. Paris: Belfond, 1979. 226 p. Mémoires de l'éditeur parisien; de ses combats au nom de la liberté, de ses amitiés avec plusieurs surréalistes.

MATTELART, ARMAND, et MICHELE MATTELART. *De l'usage des*

média en temps de crise. Les nouveaux profils des industries de la culture. Paris: Alain Moreau, 1979. 440 p. La culture est une industrie de masse et dans le contexte de la crise économique elle a souvent pour enjeu le contrôle des esprits.

MOUNA, "AGUIGUI". *Aguigui Mouna, métamorphose d'André Dupont*. Paris: Editions Sèves, 1979. 142 p. André Dupont? Vous l'avez peut-être vu et entendu sur l'esplanade de Beaubourg ou au Quartier Latin. Sous le pseudonyme de Mouna, il harangue les badauds et leur vend son journal. Voici ses propos recueillis et transcrits sans modification de style ou de syntaxe.

SIMON, NORA, et ALAIN MINC. *L'Informatisation de la société*. Paris: La Documentation Française, 1978. 163 p. Rapport rédigé à l'intention du président de la République afin de mieux discerner les signes avertisseurs d'une société profondément différente qui se met en place et de mieux comprendre les options que vont offrir les fantastiques progrès des ordinateurs.

RAMBURES, JEAN-LOUIS DE. *Comment travaillent les écrivains*. Paris: Flammarion, 1978. 176 p. 25 écrivains contemporains expliquent leur raison et leur façon d'écrire. Des interviews de Guy Des Cars à Claude Lévi-Strauss, de Françoise Sagan à Roland Barthes ayant paru dans *Le Monde*. Pour d'autres entretiens avec des intellectuels des sciences humaines voir l'ouvrage de Raymond Bellour: *Le Livre des autres. Entretiens*. Paris: U.G.E. 10/18, 1978. 448 p.

REVEL, JEAN-FRANÇOIS (présenté par). *L'Aventure du vrai. Un quart de siècle vu par "L'Express"*. Paris: Albin Michel, 1979. 374 p. Histoire et choix d'articles représentatifs à l'occasion des 25 ans de l'hebdomadaire. On trouvera un autre ouvrage consacré au célèbre hebdomadaire mais qui fut assez mal reçu par les collaborateurs actuels. Il s'agit du livre de Serge Siritzky et Françoise Roth: *Le Roman de "L'Express", 1953–1973*. Paris: Atelier Marcel Julian, 1979. 550 p.

SCHAEFFER, PIERRE. *Les Antennes de Jéricho*. Paris: Stock, 1978. 336 p. Une description de la défunte O.R.T.F. et des problèmes de l'information par son ancien chef du service de recherches. Pour une mise à nu des mécanismes de ce service public et de son potentiel voir aussi HENRI CAILLAVET: *Changer la télévision*. Paris: Flammarion, 1978. 240 p.

SEGUELA, JACQUES. *Ne dites pas à ma mère que je suis dans la publicité . . . elle me croit pianiste dans un bordel*. Paris: Flammarion, 1979. 280 p. Un témoignage sur le monde de la publicité et sur les combats que se livrent entre elles les agences françaises.

THIBAU, JACQUES. *"Le Monde"*. *Histoire d'un journal*. *Un journal dans l'histoire*. Paris: J.-C. Simoen, 1978. 450 p. Création, fonctionnement, choix et rôles politiques du grand quotidien. Sur ce même sujet signalons l'ouvrage de Jean-Noël Jeanneney et Jacques Julliard: *"Le Monde" de Beuve-Méry ou le métier d'Alceste*. Paris: Le Seuil, 1979. 416 p.

VICTOROFF, DAVID. *La Publicité et l'image*. Paris: Denoël/Gonthier, 1978. 192 p. Passe en revue de manière très générale toutes les approches (motivationnistes, sémiologiques, rhétoriques, psychologiques) pour analyser la publicité. Utile pour ceux qui utilisent la publicité dans leur cours mais reste inférieur au travail de LOUIS PORCHER: *Introduction à une sémiotique des images*. Paris: Didier, 1976.

VOYENNE, BERNARD. *L'Information aujourd'hui*. Paris: Armand Colin, 1979. 318 p. Une édition remaniée et mise à jour de *La Presse dans la société contemporaine* faisant le point sur les conditions et les problèmes de la presse, la radio, la télévision en France.

LANGAGES

BLANCPAIN, MARC, et ANDRÉ REBOULLET. *Une Langue: le français aujourd'hui dans le monde*. Paris: Hachette, 1976. 336 p. Sociographie et présentation de divers points de vue sur la langue française en tant qu'institution sociale.

BOUMARD, PATRICK. *Les Gros Mots des enfants*. Paris: Stock, 1979. 296 p. Comment les petits Français font face verbalement aux contraintes ou aux ordres des adultes.

BURNIER, MICHEL-ANTOINE, et PATRICK RAMBAUD. *Le Roland-Barthes sans peine*. Paris: Balland, 1978. 128 p. Une parodie amusante sinon "signifiante".

DUNETON, CLAUDE. *La Puce à l'oreille*. Paris: Stock, 1978. 392 p. Une sorte de dictionnaire expliquant l'origine des expressions anciennes et à la mode ayant traits aux plaisirs, aux institutions, à la vie de tous les jours. Cela va de "prendre son pied", expression miracle des jouissances contemporaines, jusqu'à "comme c'est chouette" (à lire).

GEORGE, FRANÇOIS. *L'Effet 'yau de poêle de Lacan et des lacaniens*. Paris: Hachette, 1979. 224 p. Pamphlet satirique contre le(s) langage(s) des lacaniens.

Introduction à l'analyse du discours en sciences sociales. Paris: Hachette, 1979. 254 p. Un ouvrage important pour tous ceux qui abordent avec leurs étudiants des textes appartenant aux discours des sciences humaines. Des pages empruntées à Lévi-Strauss, Bachelard, Barthes, Ricœur, etc. Des analyses par Greimas, Landowski, Coquet, etc.

MERLINO, JACQUES. *Les Jargonautes. Le bruit des mots.* Paris: Stock, 1978. 214 p. De féroces pastiches et satires de tous les langages hermétiques et conceptualisés qui foisonnent aujourd'hui.

SAUVAGEOT, AURÉLIEN. *Français d'hier ou français de demain?* Paris: Nathan, 1978. 189 p. Une réflexion sur l'avenir de la langue française par un de ses meilleurs spécialistes.

INDEX

Sont en CAPITALES les noms propres de personnes, à l'exclusion des noms cités dans la bibliographie. Sont en *italiques* les noms de journaux. Sont en minuscules, les mots clés renvoyant aux thèmes traités, aux tendances, aux institutions et aux sigles.